Carl Conrad Hense

Poetische Personification in griechischen Dichtungen

mit Berücksichtigung lateinischer Dichter und Shakspere's, 1. Theil

Carl Conrad Hense

Poetische Personification in griechischen Dichtungen
mit Berücksichtigung lateinischer Dichter und Shakspere's, 1. Theil

ISBN/EAN: 9783743657076

Hergestellt in Europa, USA, Kanada, Australien, Japan

Cover: Foto ©Thomas Meinert / pixelio.de

Weitere Bücher finden Sie auf **www.hansebooks.com**

POETISCHE PERSONIFICATION

IN

GRIECHISCHEN DICHTUNGEN

MIT BERÜCKSICHTIGUNG

LATEINISCHER DICHTER UND SHAKSPERE'S.

Dr. C. C. HENSE,

DIRECTOR DES GROSSHERZOGLICHEN FRIEDRICH - FRANZ - GYMNASIUMS
ZU PARCHIM.

ERSTER THEIL.

HALLE,

VERLAG DER BUCHHANDLUNG DES WAISENHAUSES.

1868.

DEM HERRN

GEHEIMRATH Dr. G. BERNHARDY,

OBERBIBLIOTHEKAR UND PROFESSOR AN DER UNIVERSITÄT
ZU HALLE,

IN

DANKBARER VEREHRUNG

GEWIDMET.

Vorrede.

Von den Artikeln, welche die vorliegende Schrift enthält,
sind 36 bereits vor mehreren Jahren in einer Festschrift
gedruckt erschienen. Dieselben sind in diese Schrift wieder
aufgenommen, nachdem sie vermehrt, vermindert, verändert,
verbessert worden sind.

Die Absicht des Verfassers ist, die sprachlichen Wendungen aufzuzählen und durchzugehen, welche insbesondere
bei den Griechen personificirend gebraucht werden. Diese
Wendungen zerfallen in zwei Hauptgruppen. Die erste derselben ist in dem vorliegenden Theile behandelt. Das Charakteristische dieser Gruppe ist, dass die ihr zugehörigen
Wörter und Wendungen die Vorstellung der menschlichen
Körpergestalt erwecken. Es geschieht zunächst durch Wörter, welche Theile des menschlichen Körpers bezeichnen;
die menschliche Gestalt ist es auch, welche von der Bezeichnung durch ϑεός und durch die Beflügelung zur Anschauung gebracht wird.

Die Menschengestalt gelangt ferner zu sichtbarer Indivi-
dualität durch Kleidung, Schmuck, Wohnung und dergleichen;
Waffen, Geräthe und Derartiges erhöhen die Eigenartigkeit
der Erscheinung; auf dem Gebiete der hier bezeichnenden
Wendungen ist der Verfasser vorzugsweise von den mythi-

schen Personen ausgegangen, um durch die angeführten
Beispiele den Reichthum der Alten in der plastischen Darstellung zu veranschaulichen. Schon hier, ferner in den
Wörtern, welche aus der Sphäre der Pietätsverhältnisse
stammen, in den Bezeichnungen durch Lachen, Weinen und
manchen anderen treten Züge des Seelenlebens hinzu; doch
sind sie noch gebunden und die menschliche Körpergestalt,
deren Anschauung durch diese Wendungen hervorgerufen
wird, bleibt das Ueberwiegende und ist das Gemeinsame,
welches alle Artikel dieses Theiles, wenn auch nur mit
lockerem Bande, zusammenschliesst. — Der Verfasser weiss
es wohl und hat es in manchem der folgenden Artikel aus-
gesprochen, dass in vielen dieser Wörter und Verbindungen
die Kraft der Personification verblasst oder erstorben ist,
dass sie durch langen Gebrauch die Schöpfungsfrische verloren haben und Münzen geworden sind von verwischtem
Gepräge; wenn er dessen ungeachtet auch solche Wendungen angeführt hat, so geschah es aus dem Bestreben, den
bildlichen Gebrauch der fraglichen Wörter bis an die
äusserste Grenze zu verfolgen; hat er hier des Guten zu
viel gethan, so mag der unerbittlichen Kritik gegenüber
die „Liebe zum Worte" und das Interesse für die poetische
Sprache wenn nicht als Anwalt, so doch vielleicht als Für-
sprecher für ihn auftreten.

Die zweite Gruppe und der zweite Theil dieser Schrift
wird das Gebiet der Wendungen und Wörter behandeln,
welche Geistesverhältnisse bezeichnen, menschliche Gesinnung und Seelenleben oder eine hieraus entspringende Thätigkeit ausdrücken und personificirend auf Natur- und Zeitverhältnisse, abstracte Begriffe und mechanische Gegenstände
übertragen werden. Auf diesem Gebiet feiert die Sprache
Shakspere's durch Originalität und verwegene Combination
ihre glänzendsten Triumphe, bleibt aber auch der Nieder-

lage durch Anwendung des Seltsamen, Gesuchten und Bizarren nicht immer fern.

Auch in dem vorliegenden Theile hat Shakspere's Sprache ein Contingent von zum Theil sehr originalen Beispielen gestellt. Neben ihm ist von deutschen Dichtern Göthe mit anderen benutzt worden. Aus beiden Dichtern zu schöpfen war dem Verfasser subjectives Bedürfniss. Beide bezeichnen die Summe der höchsten Leistungen, welche der poetische Genius der neueren Zeit hervorgebracht hat; beide, wie verschieden auch unter sich, stehen gleichberechtigt auf der höchsten Höhe dichterischer Genialität. Wenn auch der Satz des G. G. Gervinus zweifelhaft ist, dass Shakspere ein Lehrer von unbestreitbarer Autorität und der wählenswürdigste Führer durch Welt und Leben sei, eine Autorität und Führerschaft. gegen welche G. Rümelin in seinem geistvollen und schön geschriebenen Buche Protest erhoben hat, so ist doch gewiss, dass beide Dichter die freigebigsten Begleiter [1]) auf der Lebensbahn für diejenigen sein können, die es lieben in die Tiefen des Menschenherzens hinabzusteigen, die Mannigfaltigkeit der Schönheitsformen zu erkennen und practische Weisheit in goldnen Sprüchen aus der Hand der Muse zu empfangen. Für die specielle Arbeit des Verfassers war die Benutzung der beiden Dichter auch objectiv geboten. Durch Shakspere wollte er an vielen Stellen den Unterschied des malerisch-individualisirenden Stils von dem antik-plastischen kenntlich machen, ohne für den willigen Leser immer mit dem Finger auf denselben hinzuweisen, durch Goethe die Verwandtschaft mit den Alten.

---

1) Jüngling, lerne du bei Zeiten,
Wenn sich Sinn und Geist erhöht,
Dass die Muse zu begleiten,
Doch zu leiten nicht versteht.

        Göthe.

In dieser ist der deutsche Dichter für den deutschen Philologen ein unvergleichlicher Schatz; denn die Plasticität der Alten·erzog seinen Formensinn, ohne seiner Seele die freie Originalität und die germanische Tiefe zu rauben. Aus dem Grunde der Verwandtschaft hat auch der geläuterte und hohe Formensinn Schiller's Beispiele geliefert und Hölderlin so wie andere neuere Dichter sind Quellen gewesen.

Schliesslich bitte ich die wenigen Leser, welche diese Schrift benutzen wollen, die sinnstörenden Druckfehler zu entschuldigen und die Berichtigungen derselben sich ansehen zu wollen.

Parchim, den 6. Januar 1868.

Hense.

Inhalt.

Seite.

Vorbemerkungen.

G. Bernhardy, der grosse Philolog, den ich mit Verehrung und Dankbarkeit nenne, sagt in dem Grundriss der
griechischen Literatur 1 p. 6 (3. Bearbeitung) von der plastischen Form bei den Griechen: „sie macht den in Freiheit
und Schönheit vollzogenen Vertrag des Geistes mit der Natur
sinnlich klar und fassbar und verkörpert ihn in individuellen
Grössen. In keiner Nation hat die Plastik tiefere Wurzel
geschlagen oder einen gleich weiten Spielraum erworben:
nicht nur ist sie der Ruhm und Lebenspuls des griechischen
Epos, wodurch es in seiner Art einzig geworden, sondern
offenbart sich auch im allgemeinen Triebe zur Mythenbildung,
in der konkreten Gestalt des Bildes und Gleichnisses, vor-
züglich aber durchdrang sie jedes Feld der bildenden Kunst.“
Aus diesem plastischen Sinne der Griechen stammt daher auch
auf dem Gebiete der poetischen Sprache ihre grosse Neigung
zur Personification, die sie vor anderen Völkern des Alterthums zu reicher Mannigfaltigkeit und zu hoher Vollendung
ausgebildet haben. Die Personification gehört indessen der
menschlichen Phantasie und der Poesie überhaupt an; hat die
letztere den Beruf, das Schöne zur Anschauung zu bringen,
und ist das poetische Ideal wesentlich personbildend, so fällt
mit diesem Berufe der Poesie die besondere Thätigkeit der
Personification zusammen. „Alle Mittel der Veranschauli-
chung,“ sagt der berühmte Aesthetiker Fr. Vischer, „drängen
als beseelend wesentlich zur Personification hin.“ Ihr Reichthum erweist sich in der schöpferischen Kraft, dass sie sowohl

verkörpert als beseelt; den Gegenständen, wie sehr sie sich
durch Formlosigkeit, wie Luft, Wind und Wasser, der Schranke
der Gestalt entziehen, giebt sie das Maass anschaubarer Formen; die Verhältnisse des Geistes, ihrem Wesen nach der
sinnlichen Anschauung entzogen, treten durch sie, die ächte
Dichterin, in die Erscheinung und werden sinnlich anschaubare
Gestalten; leblose Gegenstände, von Natur dem empfindenden,
denkenden Leben entfremdet, werden durch sie zum Gefühl
und zur Empfindung erweckt und erhalten eine Seele und
Gesinnung. Auf den Menschen und sein gesammtes Wesen,
auf sein Verhältniss zu den Offenbarungen Gottes, auf seine
Beziehungen zur Natur ist die Darstellung der Kunst und
Poesie gerichtet; in den Kreis des Menschen zieht sie alles
hinein; er allein unter den Wesen dieser Erde ist Person;
die Poesie mit schöner Freigebigkeit theilt daher das menschlich persönliche Leben überallhin aus. Die Schönheit der
Personification besteht nicht bloss in der lebhaften Ver-
anschaulichung, in der tiefen Beseelung überhaupt; als menschlich gestaltete Wesen begegnen uns durch sie die leblosen
Gegenstände, eine menschliche Empfindung und Gestalt bringen uns durch sie die Begriffe und Ideen entgegen, die an
sich nicht fühlen und nicht weinen; in einem ächten Drama
der grossen Griechen, Shakspere's, Göthe's, Schiller's treten
nicht bloss Menschen mit ihren Leidenschaften, Gesinnungen
und Handlungen auf, sondern durch die Personification wan-
deln für das Auge der Phantasie noch viele andere Gestalten
in denselben und vermehren den Reichthum und die Fülle
des persönlichen Lebens. —
 Der Ursprung der Personification ist demnach in der
Phantasie zu suchen. Sie ist schon mit der Sprache selbst
gegeben, indem dieselbe vermöge der Einbildungskraft den
Dingen ein bestimmtes Geschlecht giebt (vgl. Welcker, Griechische Götterlehre 1 p. 72 und J. Grimm, deutsche Grammatik 3 p. 344 flg.). Bei den Griechen ist sie mit der plastischen Kunst, mit der Götter- und Mythen- bildenden Thätigkeit
auf das Innigste verbunden. Die bildende Kunst, von der
religiös plastischen Personification ausgegangen, wirkte auf
die poetische Personification ein. Wenn Pindar (fr. 104)

ausruft: „Im Goldgewande und Wagenthronsitz, o du heiligstes
Gebilde, Theba," wenn derselbe Dichter (Isthm. 1, 1) Theben
anredet: „Meine Mutter, Theba mit dem Goldschilde," so ist
an ein Standbild zu denken, wie es in Griechenland auch von
anderen Städten Statuen gab. Wenn bei Aristophanes in den
Rittern der Demos als Person mit mannigfaltigen Eigenschaften auftritt, so weiss man, dass Pausanias Bilder des sparta-
nischen, des athenischen Volkes, ja sogar der Demokratie
kannte. [1]) Dichter der Anthologie schildern die Persönlichkeit
des Momus nach einem Bilde. Durch die Götter- und Mythen-
bildende Thätigkeit werden bei den Griechen die Erscheinungen der Natur zu Personen der religiösen Anschauung; aber

1) Vgl. Dissen zu Pind. Isthm. 1, 1 in Boeckh's Explic. p. 482.
Kock zu Arist. eq. 43. Jac. Anth. 4 p. 174, No. 272, 273, Teuffel zu
Arist. nub. 995. Dass auch neuere Dichter plastisch-personificirende
Bilder entwerfen, beweisen Shakspere und Göthe. Im Timon von Athen
1, 1 (Del. p. 14.) sagt der Poet:

> Ich stelle dar
> Fortuna, wie auf hohem, schönem Hügel
> Sie thront: der Fuss des Berges ist umrankt
> Von allerlei Verdiensten, mannigfalt'gen
> Naturen, die bemüht, ihr Glück zu machen,
> Zur Busenwölbung ihrer Sphäre streben.
> Und unter diesen Allen, deren Blicke
> Sich heften auf die königliche Frau,
> Stell' einen Mann ich dar von Timons Bildung:
> Den winkt zu sich Fortuna mit der Hand
> Von Elfenbein, und diese Macht der Gnade
> Macht schnell aus allen seinen Mitbewerbern
> Bediente, Sclaven.

Hierauf erwiedert der Maler:

> Sinnige Idee!
> Mich dünkt, der Thron, Fortuna und der Hügel,
> Der Mann, den aus den Uebrigen von unten
> Herauf sie winkt, und der den steilen Berg
> Hinan mit vorgebeugtem Haupte klimmt,
> Das wär' ein schöner Gegenstand wohl auch
> Für unsre Kunst.

Bei Göthe ruft Iphigenie aus:

> So steigst du denn, Erfüllung, schönste Tochter
> Des grössten Vaters, endlich zu mir nieder!
> Wie ungeheuer steht dein Bild vor mir!
> Kaum reicht mein Blick dir an die Hände etc.

dieser religiös personificirende Trieb erschuf nicht allein die
Naturgötter, wie die Eos, den Aeolus, die Flussgötter, die
Nymphen und alle die Gestalten, welche als Gottheiten ein
Naturgebiet beherrschen oder eine Naturerscheinung verkörpern; unter dem Einflusse, durch die Erscheinung der Götter
gewinnt die Natur überhaupt persönliches Leben und individuelle Empfindung. Wenn Poseidon bei Homer über die
Flut fährt, springen die Ungeheuer um ihn empor aus den
Tiefen, und erkennen den Herrscher; frohlockend treten die
Wogen des Meeres auseinander. In einem Hymnus des Al-
cäus auf Apollo fährt der Gott auf einem Schwanengespann
von den Hyperboreern nach Delphi; „die Cicaden, die Schwal-
ben, die Nachtigallen singen ihm zu Ehren, der Kastalische
Quell floss leuchtender, der Kephisos hob seine Wellen
höher." In einem Chore der Antigone des Sophokles wird
Dionysos angerufen als Chorführer der funkensprühenden
Sterne; sie nehmen Theil an dem nächtlichen Reigen, den
der Gott anführt; in der Gegenwart des Dionysos, heisst es
im Euripideischen Chorliede, tanzt der Aether mit dem Ster-
nenantlitz, tanzt der Mond, tanzt die Erde. Als Latona den
Apollo gebar, erzählt der Homerische Hymnus und Theognis,
da lächelte die Erde, die Insel Delos wurde weit und breit
mit ambrosischem Duft erfüllt, es freute sich die tiefe Flut
des Meeres. Beim Nahen des Gottes muss die Natur schweigen. Stellen bei Euripides und Theokrit, des Dionysius Hymnus auf Apollo stellen dieses grossartig dar. [1]

Von Schönheit und Kunst, von Gesang und Poesie wurden die Griechen so tief ergriffen, dass nach der Darstellung
der Dichter die Wildheit vor dem Zauber des Liedes und der
Töne verstummte und die leblose Natur die Wirkungen derselben empfand. Der herrliche Eingang von Pindar's erster
pythischer Ode stellt die Macht dar, welche die goldne

---

1) Vgl. die Stellen: Hom. Il. 13, 27; Alcaeus bei Bergk, poetae
lyrici Gr. (1. A.) p. 569. Leider habe ich nur die erste Ausgabe des
trefflichen Werkes benutzt. Lehrs, populäre Aufsätze aus dem Alter-
thume p. 112, 113; Soph. Ant. 1145 und Schneidew., Eur. Ion. 1089;
Hom. Il. 14, 347, hymn. in Apoll. 118, Theogn. 8; Eur. Bacch. 1077;
Dionys. hymn. in Apoll. 6 (Jacobs, Anth. 1 p. 230), Theocr. 2, 38.

Phorminx, die Poesie ausübt, und der Pythier, der Gesanges-
fürst, bringt mit seiner Lyra selbst die Wogen des Meeres
zur Ruhe. [1])

Daher ist die Personification lebloser Naturgegenstände,
welche der Macht der Schönheit sich nicht entziehen können,
in herrlicher Weise in Sängersagen, insbesondere in der Sage
des Orpheus ausgeprägt. Seinem Gesange folgten, wie Horaz schön sagt (Carm. 1, 12, 7 fg.), willenlos die Wälder, mit
der Kunst der Mutter hielt er den reissenden Lauf der
Ströme auf und die schnellen Winde, und mit dem Schmei-
chelton der Saiten führte er die horchenden Wälder mit sich.
Von vielen Dichtern ist diese Macht der Töne, mit welcher
Orpheus auf die leblose Natur wirkt, besungen worden; wie
eine sprichwörtliche Wendung kehrt dieser Orpheus-Mythus,
diese Naturpersonification bei denselben wieder; nicht allein
Bäume, Felsen, Flüsse, sondern auch die Erscheinungen der
Luft und das rauschende Meer sind des Orpheus seelenvolle
Hörer. [2]) Wie sich die verschiedenen Bäume zu ihm drängen, hat Ovid mit spielend individualisirender Darstellung
besungen und Shakspere hat den tiefen Sinn der Sage nicht
allein benutzt, sondern auch schön gedeutet. „Leise nach
des Liedes Klange fügte sich der Stein zum Stein" zu The-
bens Mauernbau, Arion fesselt die Wogen durch sein Lied,
Hesiodus führt durch seinen Gesang die starren Eschen von
den Bergen herab, und überhaupt wird der Werth des Sän-
gers nach seinem Einflusse auf die Natur gemessen; die
schöne und sangeskundige Nymphe Canens wirkt wie Orpheus

---

1) Pind. Pyth. 1, 1 fg. Vgl. Arist. Thesm. 40 fg., Callim. hymn.
in Apoll. 18, Eur. Alc. 578—587. Dionys. 2, 17 (Jac. Anth. 2 p. 231).
Procl. hymn. in Sol. 20 (Jac. Anth. 3 p. 148, cf. 10 p. 278).

2) Vgl. Aesch. Ag. 1598 Schneidew. Auf Orpheus wird bezogen
Simonid. fr. 51 (Bergk poet. lyr. Gr. p. 764, Ausg. 1). Vgl. Eur. Bacch.
560, Iph. Aul. 1211—14, Alc. 366. Med. 542—44, Cycl. 646. Nauck,
Trag. Gr. fr. adesp. 102 (p. 670), 461 (p. 724); Antipat. Sidon. 67, 1—
4 (Jac. Anth. Gr. 2 p. 24 und 8 p. 62); Demaget. 5, 2 (Jac. Anth. 2
p. 40 und 8 p. 110); Apollon. Rh. 1, 23—31, Orph. Argon. 1010. Virg.
Georg. 4, 454—510. Propert. 3, 2, 1—6. Virg. Ecl. 6, 29—30; 3, 44—
46. Hor. carm. 1, 24, 13.

und in der deutschen Dichtung im Gudrun-Liede übernimmt
Horand seine Rolle.[1]) Nimmt die Natur an dem Leben der Sänger tiefen An-
theil, so bleibt sie auch nicht gleichgültig bei dem Tode derselben. Der Fluss Meles beklagte den Tod des herrlichen
Sohnes, des Homer; beim Tode des Dichters Bion weint er
um den andern Sohn und schmilzt in neuem Grame. Ist
dieses mythisch gedacht von Moschus, so ruft derselbe Dichter in poetischer Personification den Thälern und den Strömen Siciliens zu, dass sie um Bion's Tod weinen; weinen
sollen die Kräuter und die Haine klagen; mit traurigen Kronen sollen die Blumen den Odem verhauchen; den Rosen und
Anemonen soll das Roth zur Trauer werden; der Hyakinthos
soll seine Schrift aussprechen und des Wehes mehr mit den
Blättern flüstern; denn der liebliche Sänger ist todt.[2]) Um
den Tod des Orpheus weinen die starren Felsen, trauert der
Baum, vermehren die Ströme ihre Flut durch Thränen. Im
Sinne der empfindenden Natur ist auch der Wunsch des Dioskorides für den gestorbenen Anakreon gedichtet; mögen die
Gärten ihm von selbst das Veilchen, die den Abend liebenden
Blumen bringen und die Myrte, vom zarten Thaue genährt,
ihm spriessen.[3]) Um den Tod der Schönheit klagen selbst
die Steine. Ueberhaupt trauert die Natur bei dem Tode
bedeutender Menschen. Aus Leid um den Tod des Ptolemäus
hüllt sich die Mondgöttin in Dunkel und verlässt die Sterne
und die Pfade des Himmels.[4]) Dieser mythischen An-

---

1) Ovid. Met. 10, 85 fg. 99. 143. 144. — 11, 1—2. 10—13. 41—43.
Ovid. Tr. 4, 1, 17—18. Shaksp. Henry VIII 3, 1. — Onestes 7, 4
(Jac. Anth. 3 p. 4), cf. Onestes 6. Propert. 2, 1, 43. Anth. Lat. III, 182.
Jac. Anth. 9, 337. Nitzsch, Beiträge zur Geschichte der epischen Poesie
der Griechen p. 73. — Ovid. Fast. 2, 83—84. 115—116. Virg. Ecl.
6, 69—71. 8, 1—5. Ovid. Met. 14, 337—40. Gudrun von Plönnies
p. 21. Hofm. Peerlkamp zu Hor. c. 1, 12, 9.

2) Mosch. Id. 3, 72 und 1—7. Der ersten Stelle ähnlich spricht
Alcaeus Mess. 19, 5—6.

3) Ovid. Met. 11, 44—49. Dioscorid. 24, 4 (Jac. Anth. 1 p. 250).

4) Antip. Sidon. 99, 8 (Jac. Anth. 2 p. 35), Crinagoras 38, 2 (Jac.
Anth. 2 p. 138).

schauung des Antipater Sidonius, welche Crinagoras nach-
ahmte, entspricht es, wenn den Bäumen, die auf dem Grab-
hügel des Protesilaus standen, von Antiphilus Zorn zugeschrieben wird; wenn sie die Mauer von Troja erblicken, vertrocknet der Unmuth ihr Laub. Wegen des Todes des Agricola
weint, wie derselbe Antiphilus darstellt, die Quelle und vertrocknet. [1])

Die Personification der Natur entspringt ferner aus der
Leidenschaft des Menschen. Je lebhafter dieselbe ist, desto
mehr ist er geneigt, der Natur eine moralische Gesinnung
und Theilnahme zuzuschreiben. An die lebendige moralische
Theilnahme der Natur appellirt Prometheus bei Aeschylus
(Prom. 88—95) in seinen gewaltigen Leiden: „o heiliger
Aether," ruft er aus, „schnellbeschwingter Windeshauch, ihr
Stromesquellen, du Meer, das in unzähligen Wogen lacht,
Erde Allgebärerin, und Du allschauendes Auge der Sonne,
Euch ruf ich an! sehet, was ich, ein Gott, von Göttern dulden
muss; erblicket, von welcher Schmach gequält ich Jahrtau-
sende hier mich abhärmen soll." [2])

---

1) Antiphil. 37, 5 (Jac. Anth. 2 p. 164). Antiphil. 39 (Jac. Anth.
2 p. 165).

2) Diese Anschauung kehrt bei neueren Dichtern wieder; in individualisirender Energie bei Shakspere im König Lear. Von der Undankbarkeit seiner Töchter tief ins Herz getroffen ruft der greise König aus
(3, 2; Del. p. 72);

Blast, Wind', und sprengt die Backen! Wüthet! Blast!
Ihr Cataract' und Wolkenbrüche, speit,
Bis ihr die Thürm' ersäuft, die Hähn' ertränkt!
Ihr schweflichten, gedankenschnellen Blitze,
Vortrab dem Donnerkeil, der Eichen spaltet,
Versengt mein weisses Haupt! Du Donner schmetternd,
Schlag' flach das mächt'ge Rund der Welt; zerbrich
Die Formen der Natur, vernicht' auf Eins
Den Schöpfungskeim des undankbaren Menschen.

In Goethe's Drama „Die natürliche Tochter" p. 286 ruft der Herzog aus, da er die geliebte Tochter für todt halten muss:

Ihr Fluthen schwellt,
Zerreisst die Dämme, wandelt Land in See!
Eröffne deine Schlünde, wildes Meer!
Verschlinge Schiff und Mann und Schätze! Weit
Verbreitet euch, ihr kriegerischen Reihen,

Je lebhafter, je erregter die Stimmung ist, desto mehr
wird der Natur Mitempfindung zugeschrieben. Hochpoetische

Und häuft, auf blut'gen Fluren, Tod auf Tod!
Entzünde Strahl des Himmels dich im ¡Leeren
Uud triff der kühnen Thürme sichres Haupt!
Zertrümmr', entzünde sie und geissle weit,
Im Stadtgedräng, der Flamme Wuth umher,
Dass ich, von allem Jammer rings umfangen,
Dem Schicksal mich ergebe, das mich traf!

Bei der Nachricht, dass Tell gefangen und der Freiherr von At-
tinghausen todt sei, ruft der Fischer (Schiller, Wilhelm Tell p. 111) aus:

Erheb' die freche Stirne, Tyrannei,
Wirf alle Scham hinweg! Der Mund der Wahrheit
Ist stumm, das sehnde Auge ist geblendet,
Der Arm, der retten sollte, ist gefesselt!

Der Fischerknabe bemerkt: es hagelt schwer; und der Fischer
fährt fort:

Raset, ihr Winde! Flammt herab, ihr Blitze!
Ihr Wolken berstet! Giesst herunter, Ströme
Des Himmels, und ersäuft das Land! Zerstört
Im Keim die ungeborenen Geschlechter!
Ihr wilde Elemente werdet Herr!
Ihr Bären, kommt, ihr alte Wölfe wieder
Der grossen Wüste! euch gehört das Land.
Wer wird hier leben wollen ohne Freiheit?

Julian in Geibel's König Roderich p. 65 ruft aus, als er die Schande
seiner Tochter erfahren hat:

So brecht
Zusammen denn, ihr Pfeiler dieses Hauses!
Begrabet mich und meine Schmach! Empor,
Du zorn'ge See aus deinen trägen Ufern
Und reisse diesen Fels in deinen Schlund,
Und mit ihm meinen Schandfleck! Auf, ihr Donner
Des Firmaments, und läutet Sturm im Weltall,
Dass man vor eurem Dröhnen nicht die Kunde
Vernehme, wie die Tochter Julian's
Zur Dirne ward.

Grabbe, Kaiser Friedrich:

Vom Himmel stürzet Sonnen! Alpen
Schmelzt hin wie Schnee, wenns thaut im Lenz;
Erdball
Erbebe! Felsen löst euch auf in Rauch
Und Dampf, denn heut vergeht die deutsche Treue.

Stellen sind bei Shakspere. Hamlet bezeichnet die That seiner Mutter, die mit dem Mörder ihres Gemahls sich verbunden hat, als eine so entsetzliche, dass „des Himmels Antlitz
glüht, dass die Erde trotz ihrer Festigkeit und Massenhaftig-
keit mit traurigem Antlitz, als nahte sich der jüngste Tag,
trübsinnig über diese ·That ist." [1]) Im Macbeth 2, 4 (Del.
p. 62) ist durch die grausige Ermordung Dunkan's das Leben der mitempfindenden Natur gestört: „Du siehst es, guter
Vater," sagt Rosse, „wie der Himmel auf diese blut'ge Bühne
niederdräut, als ob das Spiel der Menschen ihn verfinstere.
Der Uhr nach ist es Tag, doch dunkle Nacht erstickt die
Wanderlampe; Uebermacht des Dunkels ist es oder
Scham des Lichts, dass Finsterniss das Angesicht der Erde
umgruftet, während sie der Sonne Kuss beleben sollte."

Eine moralische Indignation wird der Natur zugeschrieben. Dem Mythus gehört an, dass Helios sein Antlitz abwendet von grossen Verbrechen und Vergehungen, eine schöne
Vorstellung, den antiken Dichtern geläufig und von neueren
wie von Göthe in der Iphigenie benutzt, von Aristophanes
zur Verspottung des Kleon gebraucht. [2]) An das moralische
Gefühl des Helios wird daher appellirt, dass er Verbrechen
verhüte, wie in einer Stelle des Ennius; an seine mitempfin-
dende Theilnahme wendet sich das Unglück, wie bei Euripides und Theodectes. [3]) Wie Helios sein Haupt abwendet von
Verbrechen, so empfinden die Quellen schimpfliche Thaten
mit verzehrendem Kummer. Eine Quelle, die reine genannt,
so dichtet Apollonidas, verschwand, weil ein Räuber Männer

Lindner, Stauf und Welf:
  Stürzt vom Himmel, Sonnen, beugt ihr Alpen
  Die Häupter in das Meer! Komm wieder, Chaos!
  Denn heut vergangen ist die deutsche Treue!
1) Shaksp. Haml. 3, 4 (Del. p. 100). Vgl. 1, 1 (Del. p. 15).
2) Vgl. die Stellen bei Welcker, die griechischen Tragödien 1 p. 361.
Ovid. Tr. 1, 8, 1. 2. Loers zu Ovid. Tr. 2, 391. Propert. 3, 22, 30.
Statyll. Fl. 9, 2 (Jac. Anth. 2 p. 240). Eur. Or. 1001—1006. Soph.
OT. 1424—28. Ar. nub. 575.
3) Ennius 237—39. Euripides in Jac. Anth. 1, p. 496. Theodectes,
fr. 10 (Nauck p. 625).

getödtet hatte, die neben ihr ruhten, weil der Räuber die mordbefleckte Hand in dem heiligen Wasser gewaschen hatte; sie verschwand und sprudelte nicht mehr für den Wanderer, denn nun wäre sie die reine nicht mehr genannt worden. Dieselbe Anschauung herrscht in dem nachgeahmten Epigramme des Antiphanes. [1])

Da man der Natur moralische Gesinnungen zuschreibt, erfährt sie für ihre Handlungen auch Tadel oder Anklagen. Durch Schiffbruch Umgekommenen wird eine anklagende Anrede an das Meer in den Mund gelegt von Leonidas Tarentinus. Ein anderer Schiffbrüchiger klagt das Meer an, dass es nicht aufhöre, seine Asche zu beunruhigen. Archias schreibt dem Meere eine feindselige, Antipater Thess. eine unversöhnliche Gesinnung zu. In einer Fabel des Babrius klagt der Landmann das Meer als grausames, den Menschen feindseliges Element an, das Meer seinerseits vertheidigt sich. Seine Verwunderung spricht in schön personificirender Weise Antiphilus über den Winterstrom, Duris über die Wolken aus, aus welchen die Ueberschwemmung von Ephesus stammte. [2]) Wie man die Natur anklagt, ihr Vorwürfe macht, so wird sie auch begrüsst, ihr Dankbarkeit erwiesen. Anmuthig ist das Epigramm des Leonidas Tarentinus, nach welchem Aristokles der Quelle, die seinen Durst gestillt hatte, einen Becher weiht. Freue dich, ruft er aus, kühles aus dem Felsen hervorspringendes Wasser. [3])

Diese personificirende Beseelung der Natur, in der Götter bildenden Phantasie der Alten bereits unermüdlich thätig, ist den neueren Dichtern nicht minder eigen. Oft schliessen sie sich an die mythischen Gestalten des Alterthums an. Göthe's Gedicht an Luna, Rückert's „An die Göttin Morgenröthe," Hölderlin's „Sonnenuntergang" und „Dem Sonnen-

---

1) Apollonid. 11 (Jac. Anth. 2, p. 121). Antiphanes 7 (Jac. Anth. 2 p. 189).

2) Leonid. Tarent. 96 (Jac. Anth. 1, p. 180). Vgl. auch Asclepiades 38 (Jac. Anth. 1 p. 152). Philipp. 81 (Jac. Anth. 2 p. 218). Archias 33, 3 (Jac. Anth. 2, 89). Antipat. Thessal. 69, 1 (Jac. Anth. 2, p. 113). — Antiphil. 31 (Jac. Anth. 2 p. 162). Vgl. Ovid. Amor. 3, 6, 5, Duris (Jac. Anth. 2 p. 59). Babrius 71, 3—6.

3) Leonid. Tarent. 58 (Jac. Anth. 1 p. 169).

gotte" mögen aus der grossen Fülle von Beispielen hervorgehoben werden. Dichter, wie der letztere, von glühender
Liebe zu den Griechen erfüllt, haben auch die mythische Naturpersonification derselben vorzugsweise sich angeeignet, wie
die Elegie „Archipelagus" vor allem beweist. Aber von
allem Mythischen losgelöst in frei poetischer Weise hat die
neuere Poesie diese Belebung und Gestaltung der Natur hervorgebracht und zwar mit einer Individualisirung und Vertiefung, mit einer malerischen Innigkeit, wie sie den Alten fremd war. Mahomet's Gesang von Göthe, Möricke's
„Mein Fluss", Lenau's „Sturmesmythe" personificiren Quell
und Fluss und Meer in tief empfundener, frei poetischer
Weise, während das herrliche Gedicht des Horaz an Bandu-
sia's Quell (3, 13) an das Mythische anknüpft. Ueberaus
häufig erscheint diese personificirende Neigung der Neuern
in der Darstellung der Tages- und Jahreszeiten; mit Herder's
Gedicht an die Nacht mag Rückerts schönes Gedicht (An die
Nacht p. 248) oder das phantasievolle von Möricke „Tag und
Nacht" verglichen werden; in dem Gedichte der Felicia He-
mans (the song of Night) spricht die Nacht selbst von allen
den Gaben, welche sie den Menschen bringt. Welche persönlichen Eigenschaften diesen personificirten Gestalten geliehen werden, geht aus der Stimmung der Redenden hervor:
der finstere König Johann, auf den Tod des Arthur sinnend,
nennt dem Hubert gegenüber bei Shaksp. den Tag stolz, der
von den Ergötzungen der Welt umringt allzu üppig und zu
geputzt sei, um ihm Gehör zu geben; er nennt ihn den brü-
tend wachsamen Tag und Möricke sagt: „der freche Tag
verstummt." Ueberaus häufig ist die Personification des
Frühlings, Herbstes, Winters. In einem herrlichen Gedichte
Tieck's (Sternbald's Wanderungen, Werke 16, 135) ist der
Frühling ein Kind, das den Obstbaum mit röthlicher Hand
rührt, die Aprikosenwand hinaufklettert, in den verschlossnen
Garten in Eile übers Gitter steigt, seine Spielkameraden, die
Lilie, Tulpe, Rose ruft u. s. f. Oder Frühling und Winter
treten selbst als Personen auf, wie bei Shakspere in „Verlor-
ner Liebesmühe", freilich hier nur als allegorische Gestalten.
Je mehr auf dem Naturgebiete die freipoetische Personifica-

tion der Neueren von dem mythischen Bande gelöst ist, an
welchem die antike so oft noch gehalten wird, desto mehr
zittert· in ihr ein bewegtes, empfindungreiches Leben. Einen
Anflug davon haben spätere griechische und römische Dichter;
die Trauer der Natur über den Tod Bion's in dem von Moschus verfassten Epitaphium, bis in Einzelnheiten zur Darstellung gebracht, muthet uns fast an wie modernes Senti-
ment; aber kein antiker Dichter würde 'sich zum Ausdrucke
von Vorstellungen verstiegen haben, wie sie Shakspere hat,
wenn er das frühe Veilchen schilt, dass es seinen Duft dem
Athem des Geliebten gestohlen, die Purpurwange mit seinem
Blute gefärbt, wenn er die Lilie die Diebin seiner Hand, den
Majoran den Räuber seiner Locken nennt.

Die. Personification abstracter Begriffe insbesondere sitt-
licher Ideen und Mächte, ging bei den Alten von dem mythischen Bewusstsein und der götterbildenden Phantasie aus.
Als Götter vorgestellte Wesen, wie Dike, die Erinyen, Nemesis, Peitho und viele andere sind noch religiös geglaubte
Gestalten. Wie nahe es lag, von ihnen in die frei poetische
Personification überzugehen, kann des Bacchylides Päan auf
Eirene, des Aristoteles Gedicht auf die Ἀρετά und das Skolion auf die Ὑγίεια lehren. [1]) Bei Horaz ist in der Personification der virtus das Mythische kaum noch sichtbar und bei
neueren Dichtern ist der Friede, wie von Göthe und Schiller,
„Der du von dem Himmel bist, alle Noth und Schmerzen
stillest," „Schön ist der Friede, ein lieblicher Knabe liegt er
gelagert am ruhigen Bach" in freipoetischer Personification
dargestellt worden. [2]) Der Uebergang aus dem Mythischen

---

1) Bei Bergk, poet. lyr. Gr. p. 823 (Ausg. 1); Jac. Anth. 1 p. 110
und p. 92.

2) Es ist bemerkenswerth, dass in dem Skolion des Aristoteles die
Areta zwar offenbar noch eine mythisch geschaffene Persönlichkeit ist,
aber durch παρθένος, nicht durch θεός oder θεά bezeichnet ist. Ebenso
wenig in anderen Stellen, vgl. z. B. Simonid. 14 (Jac. Anth. 1 p. 61):
Ἔστι τις λόγος τὰν Ἀρετὰν ναίειν δυσαμβάτοις ἐπὶ πέτραις,
ἔν δέ μιν θοὰν χῶρον ἀγνὸν ἀμφέπειν· οὐδὲ πάντων βλεφάροις θνατῶν ἔσοπτος, ᾧ μὴ δακέθυμος ἱδρὼς ἔνδοθεν μόλῃ,
ἵκῃτ' ἐς ἄκρον ἀνδρείας. Mnasalcas 14 (Jac. Anth. 1, p. 126): Ἀδ

zur freibildenden poetischen Personification ist an vielen Gestalten sichtbar, welche von den Dichtern der Griechen erschaf-
fen wurden. Insbesondere waren die Dichter der Komödie
kühn genug, Gestalten zu bilden, die in dem Götterstaate des
Volksglaubens Bürgerrecht weder hatten noch erlangten. [1])

ἐγὼ ἁ τλάμων Ἀρετὰ παρὰ τῇδε κάθημαι Ἡδονῇ, αἰσχίστως κειραμένα
πλοκάμους, θυμὸν ἄχει μεγάλῳ βεβολημένα, εἴπερ ἅπασιν ἁ κακό-
φρων Τέρψις κρεῖσσον ἐμοῦ κέκριται. Mnasalcas benutzte das Epigramm des Aristoteles 6 (Jac. Anth. 1 p. 112): ἅδ᾽ ἐγὼ ἁ τλάμων
Ἀρετὰ παρὰ τῷδε κάθημαι Αἴαντος τύμβῳ, κειραμένα πλοκάμους,
θυμὸν ἄχει μεγάλῳ βεβολημένα, οὕνεκ᾽ Ἀχαιοῖς ἁ δολόφρων Ἀπάτα
κρέσσον ἐμοῦ κέκριται. Antip. Sidon. 65 (Jac. Anth. 2, 24): Σῆμα παρ᾽
Αἰάντειον ἐπὶ Ῥοιτηΐσιν ἀκταῖς θυμοβαρὴς Ἀρετὰ μύρομαι ἑζομένα,
ἀπλόκαμος, πινύεσσα, διὰ κρίσιν ὅττι Πελασγῶν οὐκ ἀρετὰ νικᾶν
ἔλλαχεν, ἀλλὰ δόλος, vgl. Demaget. 9, 5 (Jac. Anth. 2 p. 41). Die virtus
bei Horatius schön personificirt Carm. 3, 2, 17 — 24; vgl. carm. 3, 24,
31, carm. saec. 58, epod. 9, 26. Das Epigramm des Aristoteles übersetzte
Ausonius Ep. III p. 191 (Jac. Anth. 6 p. 369).

1) Dikäopolis redet die Διαλλαγή an Ar. Ach. 953: ὦ Κύπριδι τῇ
καλῇ καὶ Χάρισι ταῖς φίλαις ξύντροφε Διαλλαγή, ὡς καλὸν ἔχουσα τὸ
πρόσωπον ἄρ᾽ ἐλάνθανες; Vgl. Lysistr. 1114. Die Göttin der Bestechlichkeit Δωρώ kommt bei Ar. eq. 529 vor; sie war von Kratinus erschaf-
fen in den Εὐνεῖδαι, wo sie angeredet wird Δωροῖ συκοπέδιλε, cf. Meineke, fr. com. 2, 1 p. 58. Wie Δωρώ ist Λεξώ nach Hesychius ebenfalls von Kratinus gebildet. Dämonen wie Σκίταλοι, Φένακες, Βερέσχε-
θοι, Κόβαλοι, Μόθων werden von dem Wursthändler bei Ar. eq. 635 flg.
angerufen. Wie Δίκη Göttin ist, so bildet Aristophanes eine Göttin des
Trugs, Nub. 1151, ὦ παμβάσιλει᾽ Ἀπαιόλη. Ein Dämon Dummbart, wie
Kock übersetzt, ist bei Ar. equit. 221: σπένδε τῷ Κοαλέμῳ. Wenn
Homer dem Ares den Δεῖμος und Φόβος zu Gesellen und Dienern giebt,
den Κυδοιμός zum Gefährten der Enyo und der Ker (Il. 5, 593. 18, 535,
vgl. Hes. theog. 755) macht, so haben diese Gestalten als Gefolge eines
grossen Gottes, des Ares, noch ein mythisches Gepräge; dagegen ist
freiere, wenn auch mythisch gebildete Personification des Polemos bei
Aristophanes pac. 254. 239. 205. 223, und in den Acharnern (v. 941 —
951) geht der Dichter zur freipoetischen Personification des Polemos über,
indem er ihn παροίνιος ἀνήρ nennt. Ich erinnere noch an die von Aristophanes verspotteten, den Naturphilosophen zugeschriebenen Gottheiten,
wie Ἀήρ (Nub. 264, ὦ δέσποτ᾽ ἄναξ, ἀμέτρητ᾽ Ἀήρ, vgl. Kock), Ἀνα-
πνοή, bei welcher Sokrates schwört (nub. 627), Αἴνος (nub. 828, 1471,
Αἶνος βασιλεύει, τὸν Δί᾽ ἐξεληλακώς, vgl. nub. 380 — 382 und dazu
Teuffel), Αἰθήρ, nub. 570, ran. 892, Χάος, nub. 424, und an das Euripideische Fragment: ὁρᾷς τὸν ὑψοῦ τόνδ᾽ ἄπειρον ἀέρα, τοῦτον νόμιζε
Ζῆνα, τόνδ᾽ ἡγοῦ θεόν.

In die frei poetische Personification ist übergegangen, wenn
bei Cratinus der Oknos, die Methe als Personen auftraten,
wenn Aristophanes die Komödie als Jungfrau darstellt, die
Tragödie als weibliches Wesen, wenn in den Wolken des-
selben der δίκαιος λόγος und der ἄδικος λόγος im heftigen
Kampfe begriffen sind, wenn in den Komödien die Ἀπάτη,
der Φθόνος, der Ἔλεγχος handelnde Personen waren, ja auch
in der prosaischen Darstellung die Ἀρετή und Κακία wie in
des Prodicus Erzählung bei Xenophon oder die Philosophie
und bildende Kunst bei Lucian persönliches Leben haben.[1])
An solchen Gestalten aber, die als freipoetische Personificationen auftreten, ist die neuere Poesie ausserordentlich reich;
statt vieler Beispiele, die in allen Dichtern begegnen, erinnere
ich nur an Rückert's schönes Gedicht „An unsere Sprache"
(Gedichte p. 32) und an die höchst individuelle Weise, mit
welcher Faulconbridge in Shakspere's K. Johann (2, 2) den
Eigennutz zur Person macht, wie Heinrich V (4, 1) die „Cä-
rimonie" und Heinrich IV (II, 3, 1) den Schlaf als persönliche
Wesen anreden. Wie weit in der Personification abstracter
Verhältnisse der Dichter gehen kann, kann eine Stelle in
Tieck's Fortunat zeigen, in welcher die Redensart „Kamt Ihr
gestern" zur Person gemacht ist.[2])

Wie gern die Phantasie der Griechen ganz leblosen
Gegenständen von mechanischer Beschaffenheit ein Leben,
eine persönliche Neigung zugeschrieben hat, beweist schon
Homer. Für die Helden des trojanischen Kriegs ist die
Lanze ein beseeltes Wesen, die sich im Fleische der Feinde

---

1) Vgl. Arist. eq. 517 und dazu Kock, pac. 148, ran. 95, Hor. de
arte poet. 232. Meineke, fr. com. gr. 2 p. 204. Xenoph. Mem. 2, 1,
21 fg., Lucian. Somn. 6. Vgl. die empfundene Anrede Cicero's an die
Philosophie, quaest. Tusc. 5, 2.

2) Schriften 3 p. 314:
   Ja, „kamt Ihr gestern" ist Geschwisterkind
   Mit dem verruchten Balg „ein andermal".
   Die Lumpensippschaft stammt von Lug und Trug,
   Und Kargheit säugte sie an schlaffen Brüsten,
   Wohin man kömmt, sind die Unholde da
   Mit ihrem dummen Zähnefletsch und Grinsen.

sättigen will. [1]) Das Schiff, die Lampe, die Flasche, die
Thür und ihre Riegel und viele andere Gegenstände werden zu persönlichen Wesen und für die Kohlen brennenden Acharner bei Aristophanes ist der Kohlenkorb ein Lands-
mann, ein Kamerad, der nicht verrathen werden darf. [2]) Die
neuere Poesie hat die Personification mechanisch-lebloser Gegenstände insbesondere im Mährchen, wie Andersen, und
statt vieler Beispiele erinnere ich an die phantastische Weise,
mit welcher in Tieck's Zerbino der Stuhl, Tisch, Spiegel, die
Schüsseln, die Geige, die Harfe, Flöte u. a. wie Personen
reden und sich geberden.

Die Form der Personification wird insbesondere durch
das Epitheton, die Apposition, das Verbum mit ihren weiteren Entwickelungen und Zusätzen hervorgebracht; als eine
überaus häufig vorkommende Form ist die Anrede zu erwähnen.
Nicht nur die Lyriker, welche diese Anrede ausserordentlich
oft anwenden, auch die Epiker und Dramatiker benutzen sie.
In diese Anrede legt die Leidenschaft, die Abneigung und
der Hass wie die Liebe und die Sehnsucht, ihre Stärke und
Heftigkeit. Die sittliche Indignation leiht anredend dem
Gegenstande die Macht oder die Schuld, die nur dem Urtheil
oder der Leidenschaft des Menschen angehört; so reden alte
und neuere Dichter personificirend z. B. das Gold oder das
Geld an. [3]) Häufig ist die Anrede an Heimath und Vater-

---

1) Hom. Il. 15, 317, δοῦρα — λιλαιόμενα χροὸς ἆσαι, 21, 69,
ἐγχείη ἱεμένη χροὸς ἄμεναι ἀνδρομέοιο, 4, 125, ἧλτο δ' ὀϊστὸς
ὀξυβελὴς, καθ' ὅμιλον ἐπιπτέσθαι μενεαίνων.

2) Vgl. Arist. eq. 1300. Catull. 4. Hor. carm. 1, 14. — Statyll.
Flacc. 3 (Jac. Anth. 2 p. 238 und 9 p. 269), Marc. Argent. 4, 3, Hor.
carm. 3, 8, 14. 21, 23. — Marc. Argent. 18. 21 (Jac. Anth. 2 p. 246. 247).
— Plaut. Curc. 1, 2. Ovid. Amor. 2, 1, 22. 1, 6, 73. 74. Hor. carm. 1,
25, 4. 5 und Orelli.

3) Inc. fr. trag. 102 (Nauck, tr. gr. fr. p. 670):

ὦ χρυσέ, βλάστημα χθονός,
οἷον ἔρωτα βροτοῖσι φλέγεις,
πάντων κράτιστε, πάντων τύραννε·
πολεμεῖς δ' Ἄρεος
κρεῖσσον' ἔχων δύναμιν,
πάντα θέλγεις· ἐπὶ γὰρ Ὀρφείαις μὲν ᾠδαῖς

land, an geliebte Orte, die bei der Ankunft begrüsst werden, denen beim Abschiede Lebewohl wie empfindenden Wesen gesagt wird. Der Herold in des Aeschylus Agamemnon, der

εἵπετο δένδρεα καὶ
θηρῶν ἀνόητα γένη,
σοὶ δὲ καὶ χθὼν πᾶσα καὶ πόντος καὶ ὁ παμμήστωρ Ἄρης.
Pallad. Alex. 110 (Jac. Anth. 3 p. 136):
χρυσέ, πάτερ κολάκων, ὀδύνης καὶ φροντίδος υἱέ,
καὶ τὸ ἔχειν σε, φόβος· καὶ μὴ ἔχειν σ', ὀδύνη.
Propert. 3, 7, 1 — 4:
Ergo sollicitae tu causa, pecunia, vitae es!
Per te immaturum mortis adimus iter.
Tu vitiis hominum crudelia pabula praebes:
Semina curarum de capite orta tuo.

Shakspere's Timon, von der Undankbarkeit der falschen Freunde bis zum Wahnsinn gekränkt, schreibt sein Unglück nicht seiner eignen Thorheit, sondern der Macht des Goldes zu und charakterisirt es anredend mit dem Hasse individualisirender Vertiefung (4, 3; 5, 1):

Komm her, verfluchter Dreck! Du Alltagsmetze
Der Menschenbrut, die du nur Ungleichheit
Und Zwietracht säst und Volk und Volk verhetzest.

———— —— ————

Du süsser Königsmörder, theurer Meister
Der Scheidekunst, der Sohn und Vater trennt!
Du prächt'ger Sudler, der das keuscheste
Ehbett befleckt! du tapfrer Mars, du feiner
Beliebter, ewig frischer, junger Buhler,
Der weg mit seinem glühend rothen Strahl
Den heilgen Schnee vom Schooss Diana's schmelzt!
Sichtbare Gottheit du, die fest zusammen
Unmöglichkeiten löthet, dass sie küssen
Sich müssen; Redner du, der jede Sprache,
Und der zu jedem Zweck sie spricht! du Prüfstein
Der Herzen! — denke dir, der Mensch, dein Sklave,
Empört sich; hetze sie durch deine Macht
All aneinander.

———— —— ————

Du bist's, der Schiffe rüstet und den Schaum
Des Meers durchpflügt, der Ehrfurcht und Bewundrung
Dem Sklaven schafft. Anbetung
Sei dir! Und deine Heil'gen, die dir fröhnen,
Sie soll ein Dornenkranz von Plagen krönen.

mit des zehnten Jahres Sonne in die theure Heimath zurück-
kehrt, begrüsst dieselbe mit freudiger Anrede, Orestes bei
Sophokles redet heimgekehrt das Land seiner Ahnen an.
Tiefer noch empfunden, weil aus schmerzlichen Empfindungen
entsprungen, ist Richards II. Gruss an das heimathliche Land
bei Shakspere. Von inniger Freude hervorgerufen ist die
anmuthige Anrede Catull's an sein Sirmio, wohin er zurück-
kehrt. Diese Anrede dient auch zum Ausdruck starker Sehnsucht derjenigen, welche von der Heimath fern sind; die
Schiffsmannschaft des Ajas, der Chor der Sophokleischen Tragödie, muss unter grossen Leiden auf den feuchten Wiesen-
gründen am Ida ausharren; sehnsuchtsvoll klingt seine Anrede
an die Heimathsinsel Salamis; eine' tiefpoetische Strophe ist in
Wieland's Oberon die Anrede Scherasmin's an den kleinen fernen
Ort, wo er das erste Licht gesogen, während er mit Hüon dem
Lauf des hohen Euphrat nachzieht durch das schönste Land der
Welt. Diese Anrede gehört ferner der bewegten Empfindung des
Abschiedes an, sei es, dass das Leben überhaupt oder nur
die Heimath verlassen wird. Herrlich ist des sterbenden
Ajas Anrede an die ferne Heimath, der sterbende Béranger
ruft seinem Frankreich in einem schönen Gedichte Lebewohl
zu, die Jungfrau von Orleans sagt den Bergen und Triften
der Heimath, den traulich stillen Thälern, den Wiesen, Bäumen, Grotten und Brunnen für immer Abschied und statt vieler anderer Gedichte will ich nur an Rückert's „Abschied"
(Gedichte p. 236) oder an Geibel's „Abschied von Lindau"
erinnern.[1]) Die Anrede an Abstracta, wie Hoffnung, Genesung
und unzählige andere Vorstellungen ist bei den Dichtern alter
und neuer Zeit zahllos häufig; und wie weit dieses Gebiet
sich erstreckt, mag die so häufig vorkommende Anrede an
die eigne Seele, das Herz, Gemüth beweisen.[2])

---

1) Aesch. Ag. 481—96 Herm., Soph. El. 67—72, Shaksp.
Rich. II. 3, 3. Catull. 31. — Soph. Aj. 597—600. Wielands Oberon 4,
22. Beranger bei Geibel und Leuthold, fünf Bücher, franz. Lyrik
p. 161. Schiller's Jungfrau von Orleans Prol. Sc. 4.

2) Pind. Pyth. 3, 61 μή, ϛίλα ψυχά, βίον ἀθάνατον σπεῦδε.
Ol. 1, 4 εἰ δ' ἄεθλα γαρύεν ἔλδεαι, ϛίλον ἦτορ. Ol. 2, 89 ἔπεχε
νῦν σκοπῷ τόξον, ἄγε θυμέ. Scol. fr. 2, 1 χρῆν μὲν κατὰ καιρὸν

Durch diese Anrede gewinnen auch Gegenstände mechanischer Beschaffenheit eine höchst innige persönliche Beziehung; man denke an die tiefpoetische Weise, mit welcher Faust bei Göthe die „krystallene Schale" anredet und ihre Geschichte erzählt, oder wie Othello, durch innere Qualen um allen Frieden gebracht, dem schmetternden Erze, der muthschwellenden Trommel,' dem munteren Pfeifenklange, dem

---

ἐρώτων δρέπεσθαι, θυμέ, σὺν ἁλικίᾳ. Pind. fr. inc. 133 (Dissen) εἴη καὶ ἐρᾶν καὶ ἔρωτι χαρίζεσθαι κατὰ καιρόν· μὴ πρεσβιτέραν ἀριθμοῦ δίωκε, θυμέ, πρᾶξιν. Sehr bedeutend ist die Stelle des Archilochus fr. 60 (Bergk): θυμέ, θύμ' ἀμηχάνοισι κήδεσιν κυκώμενε, ἀναδέκευ, μένων δ' ἀλέξευ προσβαλὼν ἐναντίον στέρνον, ἐν δόκοισιν ἐχθρῶν πλησίον κατασταθεὶς ἀσφαλέως· καὶ μήτε νικῶν ἀμφάδην ἀγάλλεο, μηδὲ νικηθεὶς ἐν οἴκῳ καταπεσὼν ὀδύρεο. ἀλλὰ χαρτοῖσιν τε χαῖρε καὶ κακοῖσιν ἀσχάλα μὴ λίην· γίνωσκε δ' οἶος ῥυσμὸς ἀνθρώπους ἔχει. Theogn. 695 οὐ δύναμαί σοι, θυμέ, παρασχεῖν ἄρμενα πάντα. τέτλαθι· τῶν δὲ καλῶν οὔτι σὺ μοῦνος ἐρᾷς. Theogn. 1029 τόλμα θυμὲ κακοῖσιν ὅμως ἄτλητα πεπονθώς· δειλῶν τοι κραδίη γίνεται ὀξυτέρη, μηδὲ σύ γ' ἀπρήκτοισιν ἐπ' ἔργμασιν ἄλγος ἀέξων ἔχθεο, μηδ' ἄχθου, μηδὲ φίλους ἀνία, μηδ' ἐχθροὺς εὔφραινε. Ibycus fr. 3 (Bergk) αἰεί μ', ὦ φίλε θυμέ, τανύπτερος ὡς ὅκα πορφυρίς. Anacreontea 62, 24 ἄγε θυμέ, πῇ μέμηνας μανίην μανεὶς ἀρίστην; Soph. Trach. 1259 ἄγε νυν, πρὶν τήνδ' ἀνακινῆσαι νόσον, ὦ ψυχὴ σκληρά, χάλυβος λιθοκόλλητον στόμιον παρέχουσ', ἀνάπαυε βοήν. Eur. Iph. T. 334 ὦ καρδία τάλαινα, πρὶν μὲν εἰς ξένους γαληνὸς ἦσθα καὶ φιλοκτίρμων ἀεί, εἰς τοὐμφύλυλον ἀναμετρουμένη δάκρυ. Ibid. 819 ψυχά, τί φῶ, 854 ὦ μελέα ψυχά, Med. 1242 ὁπλίζου, καρδία, Arist. Ach. 425 ὦ θύμ', ὁρᾷς γὰρ ὡς ἀπωθοῦμαι δόμων πολλῶν δεόμενος σκευαρίων. — Ibid. 456 ὦ θύμ', ἄνευ σκάρδικος ἐμπορευτέα, 459 πρόβαινε νῦν, ὦ θυμέ, 461 ἄγε νῦν, ὦ τάλαινα καρδία, ἄπελθ' ἐκεῖσε, κᾆτα τὴν κεφαλὴν ἐκεῖ παράσχες, εἰποῦσ' ἅττ' ἂν αὐτῇ σοι δοκῇ. Ar. eq. 1194 ὦ θυμέ, νυνὶ βωμολόχον ἔξειρόν τι. Die Aristophanischen Stellen parodiren den Euripides, insbesondere Med. 1057 μὴ δῆτα, θυμέ, μὴ σύ γ' ἐργάσῃ τάδε. Neophr. Med. 2, 1 εἶεν· τί δράσεις, θυμέ; βούλευσαι καλῶς πρὶν ἢ ἐξαμαρτεῖν καὶ τὰ προσφιλέστατα ἔχθιστα θέσθαι. Shaksp. Haml. 3, 2 (Del. p. 94) o heart, lose not thy nature; my tongue and soul in this bo hypocrites: how in my words soever she be shent, to give them seals never, my soul, consent. Göthe, Iph. p. 63: O bleibe ruhig, meine Seele! beginnst du nun zu schwanken und zu zweifeln? Tasso p. 213: So halte fest, mein Herz, so war es recht. Mörike, Gedichte p. 137: Und ich sprach zu meinem Herzen: Lass uns fest zusammenhalten! Denn wir kennen uns einander, wie ihr Nest die Schwalbe kennet, wie die Cither kennt den Sänger, wie sich Schwert und Schild erkennen, Schild und Schwert einander lieben.

Mordgeschoss, dess rauher Schlund des ew'gen Jovis Donner wiederhallt, „Fahr ,wohl" zuruft. Neben der Anrede dient der poetischen Personification die andere Form, dass die Gegenstände als redende eingeführt werden und als eigne Personen sprechen. Diese Form ist häufig bei den Dichtern der griechischen Anthologie: im mythischen Sinne ist es gedacht, wenn bei Onestes Theben über seine Zerstörung klagt, oder bei Munatius Mycenä; aber auch Bäume und Pflanzen sprechen, die Gegend, die Monate, der Brief, das Buch, der Thurm und viele andere Gegenstände; namentlich ist diese Form in der Räthseldichtung der Alten sehr gebräuchlich; ein in epischer Breite ausgeführtes Beispiel ist, dass Edelstein und Perle bei Rückert ihre Geschichte erzählen, während von Tieck im Zerbino Tisch, Stuhl u. s. w. als dramatische Personen behandelt werden. [1])

Der Unterschied, welcher in der Personification der neuern Dichtung im Verhältniss zur antiken hervortritt, liegt in dem Wesen der Plasticität und des malerischen Individualismus. Nirgends tritt dieser Unterschied so stark hervor als bei Shakspere. Er ist mit Recht der malerische Individualist in der Poesie genannt worden; [2]) er ist es auch in der Personification. Die neuere Zeit mit der grösseren Mannigfaltigkeit und Vertieftheit ihrer Lebensverhältnisse tritt auch in Shakspere's Personificationen hervor; wie seine Dramen polymythisch sind im Gegensatz zu der Monomythie in den antiken Dramen, so haben viele seiner Personificationen eine Fülle, eine individuelle Vertiefung und weite Ausführung, wie sie die Alten in ihrer einfachen Plasticität nicht kannten. Man vergleiche die Personification des Schlafes in Shakspere's Heinrich IV (II 3, 1) mit dem Schlummerliede des Chors im

---

1) Onestes 6. 7 (Jac. Anth. 3 p. 4). Anton. Arg. (Jac. Anth. 2 p. 223), Munatius (ib. p. 224). Johann. Barb. 8. 9. 10 (Jac. Anth. 3. p. 234). — Julian. Aeg. 37 (Jac. Anth. 3 p. 203), Zelotus 1 (Jac. A. 3 p. 108), Problem. arith. 14 (Jac. A. 3 p. 184), Menses Rom. (Jac. A. 3 p. 219); Ovid. Tr. 3, 1, 1—2. 5, 4, 1—4. Agathias 34, 1. Epigr. inc. 373. 1— 2 (Jac. Anth. 4 p. 196). Aenigmata (Jac. 4 p. 286 fg.).

2) Von Fr. Vischer, Aesthetik 3 p. 1235. Wir verweisen auch auf den Abschnitt des grossartigen Werkes über die Personification 3 p. 1220.

Sophokleischen Philoktet (827 — 832), oder die Anrede des
Herolds in des Aeschylus Agamemnon mit der Begrüssung des
Vaterlandes durch den heimkehrenden König Richard II, und
man wird den Unterschied des plastischen und individualisirenden Stils auch in der Personification erkennen. Derselbe
lässt sich bis in die grössten Einzelnheiten verfolgen. Es ist
plastische Personification, wenn Aeschylus die Höhen die Nach-
barn der Sterne nennt, individueller empfunden, wenn Shakspere von Hügeln spricht, die den Himmel küssen; es ist
plastisch, wenn Aeschylus sagt, dass Feuer und Meer, sonst
Feinde, sich verschwuren und sich Treue bewiesen, indem sie
das unglückliche Heer der Argiver vernichteten; es ist individuell, wenn Shakspere Meer und Wind alte Zänker (Rauf-
bolde) nennt, die augenblicklich einen Waffenstillstand machen.[1])
Wenn derselbe Dichter den Wind einen Buhler, die Luft einen
ungebundenen Wüstling, das Gelächter einen Gecken, den
Eigennutz einen Herrn mit glattem Angesicht nennt, wenn er
von der Zeit sagt, sie trägt einen Ranzen auf dem Rücken,
worein sie Brocken wirft für das Vergessen; wenn er die Zeit
mit modern individueller Anschauung den alten Glöckner,
den kahlen Küster nennt, so sind das Personificationen, welche
sich bei den Alten nicht finden und nicht finden können.

---

1) Aesch. Prom. 746, ἀστρογείτονας κορυφάς, Shaksp. Hamlet 3,
4 (Del. p. 101), heaven-kissing hill. Vgl. Lucrece 196 (Del. p. 94), wo
von einem Gemälde die Rede ist, auf welchem dargestellt wird the power
of Greece, for Helen's rape the city to destroy, threatening cloud-kissing
Ilion with annoy; which the conceited painter drew so proud, as heaven,
it seem'd, to kiss the turrets bow'd. Aesch. Ag. 632, ξυνώμοσαν γάρ,
ὄντες ἔχθιστοι τὸ πρίν, πῦρ καὶ θάλασσα, καὶ τὰ πίστ' ἐδειξάτην,
φθείροντε τὸν δύστηνον Ἀργείων στρατόν, Shaksp. Troil. 2, 2 (Del.
p. 45), the seas and winds (old wranglers) took a truce.

1. $K\acute{\alpha}\varrho\alpha$, $\varkappa\acute{\alpha}\varrho\eta\nu\nu$, $\varkappa\varepsilon\varphi\alpha\lambda\acute{\eta}$, caput, head.

1. **N**ach der schönen mythologischen Darstellung Ovids birgt der Sonnengott sein Haupt im Ocean, erhebt die Nacht ihr Sternenhaupt, vergl. Met. 15, 30. 31: Candidus oceano nitidum caput abdiderat Sol et caput extulerat densissima sidereum Nox. Ohne Mythologie mit Anlehnung an die Alten, aber in freier Personification spricht Shakspere vom Haupte der Sonne in Sonn. 7: lo, in the orient when the gracious light lifts up his burning head, each under eye doth homage to his new-appearing sight. Vergl. Rom. 5, 3 (Del. p. 124): A glooming peace this morning with it brings, the sun for sorrow will not show his head. Ein Haupt wird von den Dichtern den Bergen zugeschrieben z. B. dem Atlas in einer ausgeführten Personification von Virgil. Aen. 4, 247: Atlantis, cinctum assidue cui nubibus atris piniferum caput et vento pulsatur et imbri, vgl. Avien. perieg. 484 surgit caput Apenninus. Hes. theog. 118. 794 $\varkappa\acute{\alpha}\varrho\eta$ $\nu\iota\varphi\acute{o}\varepsilon\nu\tau\sigma\varsigma$ '$O\lambda\acute{\iota}\mu\pi\nu\upsilon$; Hom. Il. 20, 5 $\varkappa\varrho\alpha\tau\grave{o}\varsigma$ $\grave{\alpha}\pi$' $O\grave{\upsilon}\lambda\acute{\iota}\mu\pi\sigma\iota\sigma$ $\pi\sigma\lambda\upsilon$-$\pi\tau\acute{\iota}\chi\sigma\upsilon$, doch ging die personificirende Kraft dieser Wörter, wie auch in $\varkappa\acute{\alpha}\varrho\eta\nu\nu$ ($O\grave{\upsilon}\lambda\acute{\iota}\mu\pi\sigma\iota\sigma$ $\varkappa\acute{\alpha}\varrho\eta\nu\alpha$, $M\iota\varkappa\acute{\alpha}\lambda\eta\varsigma$ $\alpha\grave{\iota}\pi\varepsilon\iota\nu\grave{\alpha}$ $\varkappa\acute{\alpha}\varrho\eta\nu\alpha$ Il. 2, 869, $K\omega\varrho\acute{\iota}\varkappa\sigma\upsilon$ $\acute{\alpha}\varkappa\varrho\alpha$ $\varkappa\acute{\alpha}\varrho\eta\nu\alpha$, Hymn. in Ap. 1, 39) frühzeitig verloren und in die Bedeutung von „Gipfel" über; beiläufig erwähnen wir Composita: Probl. arithm. 15, 7 (Jac. Anth. 3 p. 185) $\mathring{\Lambda}\lambda\pi\iota\sigma\varsigma$ $\grave{\iota}\psi\iota\varkappa\alpha\varrho\acute{\eta}\nu\sigma\upsilon$, Pind. Parthen. 9, 4 (Dissen) $\tau\varrho\iota\varkappa\acute{\alpha}\varrho\alpha\nu\sigma\nu$ $\Pi\tau\acute{\omega}\sigma\upsilon$ $\varkappa\varepsilon\upsilon\vartheta\mu\tilde{\omega}\nu\alpha$, Ovid. Met. 2, 221 Parnassusque biceps. Vgl. Hölderlin 1 p. 109: wo sein einsames Haupt in Wolken der heilige Berg hüllt; p. 99: Fröhlich baden im Strom den Fuss die glühenden Berge, Kränze von Zweigen und Moos kühlen ihr sonniges Haupt; p. 99: Fernhin schlich das hag're Gebirg, wie ein wandelnd Gerippe,

hohl und einsam und kahl blickt aus der Höhe sein Haupt.
Vom Felsen Shaksp. Lear 4, 1 (Del. p. 98): there is a cliff,
whose high and bending head looks fearfully in the confined deep. Flüssen wird häufig ein Haupt zugeschrieben, im mythischen Sinne sagt Ovid. Met. 5, 487 von der
Nymphe Arethusa: tum caput Eleis Alpheïas extulit undis
rorantesque comas a fronte removit ad aures. Vom Nil sagt
Tibull. 1, 7, 23: Nile pater, quanam possum te dicere causa
aut quibus in terris occulnisse caput? und Ovid. Met. 2, 254:
Nilus in extremum fugit perterritus orbem occuluitque caput.
Sehr schön spricht Shakspere Henry IV. P. I, 1, 3. (Del.
p. 28) vom Flusse Severn: who, affrighted with their bloody
looks, ran fearfully among the trembling reeds and hid his
crisp head in the hollow bank. In stärkster Individualisirung
sagt Shaksp. von den Winden, dass sie beim Scheitel die
tollen Wogen packen, ihnen das ungeheure Haupt krausen:
Henry IV. P. II, 3, 1 (Del. p. 59): take the ruffian billows
by the top curbing their monstrous heads. Dieselbe Anschauung K. Henry VIII, 3, 1 (Del. p. 68) even the billows of the
sea hung their heads. Vergl. Merchant of Ven. 2, 7 (Del.
p. 46) the watry kingdom, whose ambitious head spits in the
face of heaven.

Eine schöne Personification gewinnt durch κάρα die
Stadt Theben. „Im Wogenaufruhr schwankt die Stadt,"
sagt der Priester zu Oedipus, „und kann ihr Haupt nicht
mehr erheben aus der finstern Todesfluth"; Soph. Oed. T. 22:
πόλις γάρ, ὥςπερ· καὶτὸς εἰςορᾷς, ἄγαν ἤδη σαλεύει κάνα-
κουφίσαι κάρα βυθῶν ἔτ᾽ οὐχ οἵα τε φοινίου σάλου. Vergl.
Hom. Il. 2, 117 ὃς δὴ πολλάων πολίων κατέλυσε κάρηνα.
Von lateinischen Dichtern wird caput gern von Rom gebraucht;
verbunden mit vertex und videre von Ovid. Fast. 1, 209: at
postquam Fortuna loci caput extulit huius et tetigit summos
vertice Roma deos; Fast. 4, 256: post ut Roma potens opibus iam saecula quinque · vidit et edomito sustulit orbe caput.
Vergl. Ovid. Amor. 1, 15, 26. Das Emporragen des Hauptes
(Roms) bezeichnet Virgil durch einen Vergleich Ecl. 1, 24:
verum haec tantum alias inter caput extulit urbes, quantum
lenta solent inter viburna cupressi. Propert. 3, 11, 25: iussit

et imperio surgere Bactra caput. Schön sagt Hölderlin, Werke I, p. 97: Denn mit heiligem Laub umkränzt erhebet die Stadt schon, die gepriesene, dort, leuchtend ihr priesterlich Haupt. Ibid. p. 104 von Delos: Rings von Strahlen umblüht erhebt zur Stunde des Aufgangs Delos ihr begeistertes Haupt.

2. *Κάρηνον, κάρα* werden auf Bäume und Pflanzen angewandt; *δρύες ὑψικάρηνοι* Hom. Il. 12, 132, hymn. in Ven. 265; *τοὐκείνης (αἰγείρου) κάρα* Soph. fr. 24 (Dind.); zu vergleichen ist auch Hom. Od. 11, 588 *δένδρεα δ' ὑψιπέτηλα κατάκρηθεν χέε καρπόν.* — Shaksp. Rich. II 3, 4 (Del. p. 72) go thou and like an executioner, cut off the heads of too fast growing sprays, that look too lofty in our common wealth. — Von Pflanzen ist der Mohn zu erwähnen bei Homer Il. 8, 306: *μήκων δ' ὡς ἑτέρωσε κάρη βάλεν, ἥτ' ἐνὶ κήπῳ καρπῷ βριθομένη νοτίῃσί τε εἰαρινῇσιν, ὡς ἑτέρωσ' ἤμυσε κάρη πήληκι βαρυνθέν.* Hiermit vgl. Ovid. Met. 10, 190 ut si quis violas riguoque papavera in horto liliaque infringat fulvis haerentia virgis, marcida demittant subito caput illa gravatum nec se sustineant spectentque cacumine terram, sic voltus moriens iacet. Virg. Aen. 9, 436 lassove papavera collo demisere caput. In Hymn. in Cer. 12 *τοῦ καὶ ἀπὸ ῥίζης ἑκατόν γε κάρην' ἐπεφύκει* ging die Personification wohl verloren. Höchst anmuthig ist Shaksp. Cymbel. 4, 2 (Del. p. 96) they are as gentle as zephyrs blowing below the violet, not wagging his sweet head. — Tieck, Sternbald p. 135: da sterben sie alle am süssen Verlangen (die Blumen), dass sie mit welken Häuptern stehn. Geibel, Gedichte p. 244: Die Halm und Blumen neigen das Haupt im Mondenschein.

3. Theilen des menschlichen Körpers wird wieder besonders ein Haupt zugeschrieben, so bei Paul. Silent. 8, 3 (Jac. Anth. 4, 43): *μῆλα καρηβαρέοντα κορύμβοις.* Jac. Anth. 11, p. 129: *κόρυμβοι* hoc loco sunt papillae in mammis; mammae autem *καρηβαρέουσαι,* quasi capitibus gravatis (cf. Macedon. Ep. 26), quae paulo flaccidiores pendent.

4. Zeitverhältnisse erhalten ein Haupt, von Hor. epod. 2, 16 der Herbst: vel cum decorum mitibus pomis caput

Auctumnus agris extulit. Shakspere spricht von der kahlen und eisgrauen Glatze des alten Winters Mids. 2, 2 (Del. p. 29): old Hiems' thin and icy crown. Hierher gehört noch der weisshäuptige Frost Mids. 2, 2 (Del. p. 29): hoary-headed frosts fall in the fresh lap of the crimson rose. Der Frühling schüttelt froh das Köpfchen dass ihm die Arbeit gelingt (Tieck, Sternbald p. 134). Von der Nacht Fr. Rückert, Gedichte p. 415: Nacht, Allmutter des Lebens, ich preise dich, herrliche Göttin, Königin! keine wie du kränzet mit Sternen ihr Haupt. Von der Zeit vgl. Shaksp. Much ado 1, 2 (Del. p. 18): he meant to take the present time by the top.

5. Ein Haupt und dadurch persönliche Existenz bekommen geistige Verhältnisse und abstracte Begriffe. Mythisch ist die grossartig-plastische Stelle bei Hom. Il. 4, 440 von der Eris: Ἔρις ἄμοτον μεμαυῖα, Ἄρεος ἀνδροφόνοιο κασιγνήτη ἑτάρη τε· ἥτ᾽ ὀλίγη μὲν πρῶτα κορύσσεται, αὐτὰρ ἔπειτα οὐρανῷ ἐστήριξε κάρη, καὶ ἐπὶ χθονὶ βαίνει. Vgl. auch Il. 19, 126 αὐτίκα δ᾽ εἷλ᾽ Ἄτην κεφαλῆς λιπαροπλοκάμοιο. Aus der Mythologie ist auch die anmuthige Stelle bei Theocrit. 16, 5 zu erwähnen: „Wer öffnet unsern Charitinnen (Liedern) sein Haus und nimmt sie freundlich auf und schickt sie nicht ohne Geschenke hinweg? Murrend kehren sie wieder nach Hause, verdriesslich harren sie am Boden des ledigen Kastens, das Haupt auf die kalten Kniee niedergebeugt (ψυχροῖς ἐν γονάτεσσι κάρη βαλοῖσαι). Mörike, Gedichte p. 130: Also geht, ihr braven Lieder, dass man euch die Köpfe wäscht. Trygäus redet die Friedensgöttin (Εἰρήνη) an bei Arist. pac. 665: τὴν κεφαλὴν ποῖ περιάγεις; In Bezug auf die Armuth (Πενία) sagt Chremylus bei Arist. Plut. 611: κρεῖττον γάρ μοι πλουτεῖν ἐστίν, σὲ δ᾽ ἐᾶν κλάειν μακρὰ τὴν κεφαλήν. Tibull. 1, 1, 70: Iam veniet tenebris Mors adoperta caput. In der Stelle des Eur. El. 941: ἡ γὰρ φύσις βέβαιος, οὐ τὰ χρήματα· ἡ μὲν γὰρ ἀεὶ παραμένουσ᾽ αἴρει κακά, hat Tyrwhitt αἴρει κάρα zu lesen vorgeschlagen, was Hermann Aeschyl. 2 p. 502 billigt. Im Sinne der reinen Personification ist gesagt, was Wüstemann ad Theocr. 16, 11 aus Cebes Tab. p. 82 anführt: ἡ τὴν κεφαλὴν ἐπὶ τοῖς

γόνασιν ἔχουσα λύπη. Ovid. Trist. 4, 3, 81 giebt der pietas
ein Haupt: dat tibi nostra locum tituli fortuna caputque con-
spicuum ·pietas qua tua tollat, habet. Shaksp. Jul. Caes. 4, 3
(Del. p. 78): and chastisement does therefore hide his head.
Tim. of Ath. 3, 5 (Del. p. 57): and set quarrelling upon the
head of valour. Shaksp. K. John 2, 2 (Del. p. 44) that broker, that still breaks the pate of faith. Vgl. Macb. 4,· 1
(Del. p. 92) rebellious head, rise never, till the wood of
Birnam rise. Offenbar wird auch der adversity von Shaksp.
As you like it 2, 1 (Del. p. 36) ein Haupt zugeschrieben.
In witziger Weise wendet Aristophanes Haupt und Fuss auf
πράγματα an, Plut. 649: *ἄκουε τοίνυν, ὡς ἐγὼ τὰ πράγματα
ἐκ τῶν ποδῶν ἐς τὴν κεφαλήν σοι πάντ᾽ ἐρῶ.* Plaut.
Asinar. 3, 3, 139 quin nec caput nec pes sermonum apparet. — Wichtig Horat. Carm. 1, 18, 15 et tollens vacuum
plus nimio gloria verticem (über vertex vgl. Forcellini s. v.) —
Vgl. Shaksp. Temp. 5, 1 (Del. p. 74): now does my project
gather to a head. Das Haupt der Rathsversammlung Arist.
equit. 661 *ἐκαραδόκησεν εἰς ἔμ᾽ ἡ βουλὴ πάλιν*, vgl. 655;
von der Volksmenge Shaksp. Henry IV. II, Induct. (Del.
p. 14) the blunt monster with uncounted heads, the still-
·discordant wavering multitude. Dem Testament wird ein
Kopf zugeschrieben von Arist. vesp. 584: *κλάειν ἡμεῖς μακρὰ
τὴν κεφαλὴν εἰπόντες τῇ διαθήκῃ.*

6. Von Gegenständen mechanischer Art erhalten ein
Haupt die Säule bei Göthe in dem Gedichte: Der Wanderer: Wie du emporstrebst aus dem Schutte, Säulen-
paar! Und du einsame Schwester dort, wie ihr, düsteres
Moos auf dem heiligen Haupt, majestätisch trauernd herabschaut auf die zertrümmerten zu euren Füssen,· eure Geschwister! — Antipater, Lid. 26, 2 (Jac. Anth. 2, 12)
nennt die Spindel *καρηβαρέοντα πολυρροίβδητον ἄτρακτον*, von Jac. 8 p. 35 durch fusus in superiore sua parte
lanae globo gravatus erklärt. Ein Haupt hat auch der
Krug, der Spiegel: Arist. Plut. 545 *ἀντὶ δὲ θράνους στά-
μνου κεφαλὴν κατεαγότος ἔχειν.* Plaut. Mostell. 1, 3, 109
(Ritschl) Ei mihi misero: savium speculo dedit: nimis velim
lapidem, qui ego illi speculo dimminuam caput.

Noch möge ἐπινεύειν und annuere hier erwähnt werden, welches zuweilen mit Abstracten verbunden wird, z. B. in aurigarum statuas 49 (Jac. Anth. 3 p. 250) ἀλλὰ πόθῳ οὐκ ἐπένευσε Φύσις, vgl. Catull. 61, 161 usque dum tremulum movens cana tempus anilitas omnia omnibus adnuit. Virg. Aen. 12, 187 si ˙ nostrum adnuerit nobis victoria Martem.

2. Κόμη, φόβη, κομᾶν, λάσιος, βόστρυχος, coma, crinis, hair, πώγων.

1. In den Bäumen wohnen Nymphen, durch die Mythologie haben sie persönliches Leben. Ovid's Erzählung von Erisichthon stellt dies tragisch dar. Erisichthon (Ovid. Met. 8, 758) lässt die heilige Eiche fällen: contremuit gemitumque dedit Deoïa quercus et pariter frondes, pariter pallescere glandes coepere ac longi pallorem ducere rami. Cuius ut in trunco fecit manus impia vulnus, haud aliter fluxit discusso cortice sanguis quam solet etc. Eine ähnliche Stimmung ist in einem von Virgil. Aen. 2, 626 — 631 gebrauchten Vergleiche: Ac veluti summis antiquam in montibus ornum cum ferro accisam crebrisque bipennibus instant eruere agricolae ● certatim; illa usque minatur et tremefacta comam concusso vertice nutat, volneribus donec paulatim evicta supremum congemuit traxitque iugis avolsa ruinam. Den Bäumen, die auf dem Grabmale des Protesilaus standen, wird von Antiphilus Zorn zugeschrieben; wenn sie die Mauer von Troja erblicken, vertrocknet der Unmuth ihr Laub: Ant. 37, 5 (Jac. Anth. 2, p. 164): δένδρεα δυσμήνιτα, καὶ ἤν ποτε τεῖχος ἴδωσι Τρώϊον, αὐαλέαν φυλλοχοεῦντι κόμην. Durch diese Stellen erhält der bei Griechen und Lateinern so beliebte Ausdruck, vom Haar der Bäume zu reden, tiefere Bedeutung. φόβη, κόμη, coma, das Verbum κομᾶν und das Adjectiv λάσιος u. a. W. kommen vor. Wir führen eine Reihe von Stellen an, verkennen aber nicht, dass die Personification oft ganz verblasst ist. Bemerkenswerth ist Hom. Od. 14, 327 τὸν δ᾽ ἐς Δωδώνην φάτο βήμεναι, ὄφρα θεοῖο ἐκ δρυὸς ὑψικόμοιο Διὸς βουλὴν ἐπακούσαι, vgl. Il. 14, 398. Od. 12, 357.

Soph. Ant. 419, πᾶσαν αἰκίζων φόβην ὕλης πεδιάδος. Eur.
Bacch. 679, πρὸς ἐλάτης φόβην. Ion. 120, μυρσίνας ἱερὰν
φόβαν. Bacch. 717, θάμνων δ᾽ ἐλλοχίζομεν φόβαις κρύψαν
τες αὐτούς. Eur. Alc. 172, πτόρθων ἀποσχίζουσα μυρσίνων
φόβην. Sabin. 2 (Jac. Anth. 3, p. 18) ὑπ᾽ εὐπετάλοις φό
βαις. Hom. Od. 23, 195, καί τοτ᾽ ἔπειτ᾽ ἀπέκοψα κόμην
τανυφύλλου ἐλαίης. Catull. 4, 5, ubi iste, post phaselus,
antea fuit comata silva, nam Cytorio in iugo loquente saepe
sibilum edidit coma. Catull. 4, 11, comata silva. Tibull. 1,
4, 30, quam cito formosas (deperdit) populus alba comas.
Hor. carm. 1, 21, 4, laetam fluviis et nemorum coma. 4, 3,
11, spissae nemorum comae. 4, 7, 2, redcunt iam gramina
campis arboribusque comae. Ovid. Met. 10, 647, medio nitet
arbor in arvo fulva comas. 10, 103, et succincta comas hirsutaque vertice pinus. Amor. 2, 16, 36 arboreas mulceat aura
comas. Propert. 1, 7, 54 populeas ventilat aura comas. Hier
mag noch der Vergleich Shakspere's stehen, wenn er Henry V.
5, 2 (Del. p. 116) Hecken, deren Zweige unordentlich nach
allen Seiten hin wachsen, mit Gefangenen vergleicht, denen
im Gefängniss das Haar nicht abgeschnitten wird, her hedges
even-pleached, like prisoners wildly overgrown with hair,
put forth disorderd twigs. Das Verbum κομᾶν kommt in diesem Gebrauche bei späteren Dichtern vor, Apoll. Rh. 1, 928,
αἴγειρος φύλλοισιν κομόωσα. Theocr. 7, 8, αἴγειροι πτε
λέαι τε εὔσκιον ἄλσος ἔφαινον χλωροῖσιν πετάλοισι κατηρε
φέες κομόωσαι. Geistreich und interessant sind die Composita
von κόμη: Eur. Ion. 920 φοίνικα παρ᾽ ἁβροκόμαν, Bacch. 871
σκιαροκόμοι ἐν ἔρνεσιν ὕλης, Alc. 585 ὑψικόμων πέραν
βαίνουσ᾽ ἐλατᾶν und Theocr. 22, 41 ἀκρόκομοι κυπάρισσοι,
Archias 29 (Jac. Anth. 2, p. 87) σκιερᾶς ἀκροκόμου πίτυος,
vgl. Plato 13, 1 (Jac. Anth. 1, p. 105 und 6, p. 349), in
Musarum imagines 6 (Jac. Anth. 3, p. 220) δαφνοκόμοις
Φοίβοιο παρὰ τριπόδεσσι, Iph. A. 759 χλωροκόμῳ στεφάνῳ
δάφνας. Das Adjectiv λάσιος insbesondere auf Eichen angewendet, λασίας δρυός Theocr. 26, 3; Theocr. ep. 5, 5. (vgl.
Passow s. v. λάσιος). Auch deutsche Dichter haben den
Ausdruck „Haar der Bäume" etc. Einige Stellen angeführt von Nauck zu Horat. carm. 4, 7, 2. Vgl. Göthe,

Chinesisch - Deutsche Jahres - und Tageszeiten VIII: Schlanker Weiden Haargezweige scherzen auf der nächsten Flut.

Gesträuchen, Pflanzen und Blumen wird Haar zugeschrieben: ἀνθρίσκου φόβῃ Cratin. bei Meinecke, fr. com. gr. 2, 1 p. 73; ἀσπάλαθοι κομόωντι Theocr. 4, 57; ὡς ἀπ᾽ ἀκάνθας ταὶ καπιραὶ χαῖται Theocr. 6, 16; κόμην γλυκεῖαν αἰγίλου τε καὶ σχίνου Babrius 3, 4; von der Aehre, κομάτας στάχυς Heraclides 3, 4 (Jac. Anth. 2, p. 238); ἀρτικόμαν καρπὸν κειρομένου θέρεος, Meleager 26, 2 (Jac. Anth. 1, p. 11); vom Ephcu εὐχαίτης κισσός Marian. 3, 8 (Jac. Anth. 3, p. 313) und πλόκαμοι κισσοῦ Anacr. 6, 5; Meleager 110, 12, ἐρεψάμενος τρίχα κισσοῦ; Simmias Theb. 2, 1, ἠρέμ᾽ ὑπὲρ τύμβοιο Σοφοκλέος, ἠρέμα, κισσέ, ἑρπύζοις χλοεροὺς ἐκπροχέων πλοκάμους. id. 1, 4 βλαισὸς Ἀχαρνίτης κισσὸς ἔρεψε κόμην. Antipat. Thess. 25, 2 (Jac. Anth. 2, p. 102) αἷσιν Ἀχαρνεὺς κισσὸς ἐπὶ χλοερὴν πουλὺς ἔσεισε κόμην. (vgl. Eur. Antiop. 4 (Wagner p. 94), κομῶντα κισσῷ στῦλον Εὔϊου θεοῦ. Bacch. 1048, θυρσὸν κισσῷ κομήτην). Vom Weinstock: Hic docuit teneram palis adiungere vitem, hic viridem dura caedere falce comam Tib. 1, 7, 34. Vom Rohr: Simmias Rhod. 5, 8, νήσους, ὑψικόμοισιν ἐπηρεφέας δονάκεσσιν.

Die Bäume und Pflanzen selbst bilden das Haar für Berge, Thäler, für die Erde, für Wohnungen: ὑψηλῶν ὀρέων κορυφὰς ἐπὶ δενδροκόμοις Arist. nub. 280; βοσκήσει δελφῖνας ὁ δενδροκόμης Ἐρίμανθος Rufin. 14, 5 (Jac. Anth. 3, 102); ὄρος κεκομημένον ὕλῃ, Callim. h. Dian. 41. Eur. Andr. 284, ὑλόκομον νάπος. Me tegat arborea devia terra coma Propert. 3, 16, 28; ἐναυλείοις ὑπὸ δενδροκόμοις Eur. Hel 1107. Für die Wiesen sind Gras und Blumen das Haar, ἐν κομήτῃ λειμῶνι Eur. Hipp. 210. λειμώνων κόμας Herod. Att. 11 (Jac. Anth. 3, 14); für den Acker die Aehren: Rura ferunt messes, calidi cum sideris aestu deponit flavas annua terra comas, Tib. 2, 1, 48, cf. Ovid. Am. 3, 10, 11.

Vom Haar der Erde spricht Geibel, Juniuslieder p. 141: Sie (die Erde) flicht sich blühende Kränze ins Haar und schmückt sich .mit Rosen und Aehren. Der Berg Atlas hat einen Bart bei Virg. Aen. 4, 251 glacie riget horrida barba. Fr. Rückert, Gedichte p. 165: Die Berge sind kleiner geworden, geschoren ihre freien Locken: über die kahlen Stirnen zieht die Furchen des Kummers der knechtische Pflug. — Ländern und Städten wird Haar zugeschrieben: Ovid. Amor. 1, 14, 45 nunc tibi captivas mittit Germania crines. Propert. 2, 15, 45 nec totiens propriis circum oppugnata triumphis lassa foret crines solvere Roma suos.

Von den Naturgegenständen wird ferner der Morgenröthe, dem Blitze, dem Feuer, der Fackel, dem Strome, dem Winde Haar geliehen. Aus der Mythologie vgl. Ovid. Met. 5, 440 illam non udis veniens Aurora capillis cessantem vidit, non Hesperus, und Amor. 2, 4, 43 placuit croceis Aurora capillis; sehr kühn Aesch. Prom. 1080: ἐπ᾽ ἐμοὶ ῥιπτέσθω μὲν πυρὸς ἀμφήκης βόστρυχος. Aehnlich πυρὸς πώγων bei Aesch. Ag. 291, nachgeahmt von Eurip. im Phrixus (Nauck fr. 833 p. 497). Shakspere: — — the red and bearded fires. Vom Feuer, Seneca Oed. 309, utrumne clarus ignis et nitidus stetit rectusque purum verticem coelo tulit Et summam in auras fusus explicuit comam? Ebenso crinis bei Valer. Flacc. 1, 205. Vgl. Valck. ad Eur. Phoen. 1261. Von Fackeln, Catull. 61, 77 viden', ut faces splendidas quatiunt comas; 61, 99, viden'? faces aureas quatiunt comas. — Fr. v. Stollberg sagt vom Felsenstrom, den er einen unsterblichen Jüngling nennt: Wie bist du so schön˙ in silbernen Locken! Dem Sturme legt Lenau (1. p. 127) „fliegende Locke" bei. In Bezug auf den Notus heisst es bei Ovid. Met. 1, 266 barba gravis nimbis.

2. Der Zeit, den Jahres- und Tageszeiten, wie dem Winter, der Nacht wird Haar zugeschrieben. Sehr charakteristisch war in der allegorischen Figur des Καιρός von Lysippus das Haupthaar behandelt: dasselbe hing vorn lang herab, während der Hinterkopf, ohne ganz kahl zu sein, nur kurzes nicht fassbares Haar trug (Overbeck, Geschichte der griech. Plastik 2 p. 67). Danach sagt Phaedr. fab. 5, 8, 3 von der Occasio, sie sei comosa fronte. Shaksp. Much ado 1, 3 (Del. p. 18) he meant to take the present time by the top. — Ovid. Met. 2, 30 glacialis hiems, canos hirsuta capillos, vgl. Sh. Mids. 2, 2 (Del. p. 29) hoary-headed frasts fall

in the fresh lap of the crimson rose. Geibel, Gedichte p. 203.
Winter mit den eis'gen Locken war mir immer sonst so leid. —
Inc. fab. 81 (Ribbeck, trag. lat. rel. p. 217) Erebo creata
fuscis crinibus, Nox, te invoco, vgl. Valer. Fl. 5, 369 sacro
cum nox accenditur antro luciferas crinita faces; Lord Byron,
Werner 3, 4 the stars are almost faded and the grey begins
to grizzle the black hair of night.

3. Abstracta erhalten Persönlichkeit durch „Haar“;
einen mythischen Anklang hat Ovid. Amor. 3, 9, 3 flebilis
indignos, Elegeia, solve capillos; 3, 1, 7 venit odoratos, Elegeia, nexa capillos. Sehr bemerkenswerth ist Mnasalcas 14 (Jac.
Anth. 1 p. 126), wo die Tugend von sich sagt: ἅδ’ ἐγὼ ἁ
τλάμων Ἀρετὰ παρὰ τῇδε κάθημαι Ἡδονῇ αἰσχίστως κειρα-
μένη πλοκάμους. An dem Grabmale des Ajas sitzt dieselbe
bei Antip. Sid. 65 (Jac. Anth. 2 p. 24) aus Trauer ἀπλόκαμος, vgl. Aristot. 6, 2 (Jac. Anth. 1 p. 112), Auson. ep. 3
bei Jac. Anth. 6 p. 369. Wichtig Martial. 10, 72, 10 siccis
rustica veritas capillis. Bei Aeschylus Ch. 39 steht ὀρθόθριξ φόβος, die Furcht mit grad emporgesträubtem Haar,
nach des Turnebus Lesart, Hermann schreibt ὀρθόθριξ φοῖ-
τος, vgl. Aesch. 2 p. 507. Schön sagt Shaksp., dass Ueberfluss schneller zu grauen Haaren komme, Merch. of Ven. 1, 2
(Del. p. 21) superfluity comes sooner by white hairs, but
competency lives longer. Göthe, Faust (Werke in 40 Bänden)
11 p. 12: Das Mögliche soll der Entschluss beherzt sogleich
beim Schopfe fassen. Geibel, K. Roderich p. 139: wir glaub-
ten den Sieg bereits am lock'gen Haar gefasst. Göthe, Meine
Göttin, von der Phantasie! Oder sie mag mit fliegendem
Haar und düsterm Blicke im Winde sausen um Felsenwände.
L. Tieck, K. Octavian p. 60: Mag alsdann Gefahr mir dräun
mit ihrem wilden Schlangenhaar. L. Tieck, Fortunat p. 469:
Wisst, ich bin alt und gross genug, mir selber mein Gewissen auszukämmen. Geibel, Gedichte p. 24: Schwarzlockig ist
die Liebe, feurig glühend. Sehr kühn Shaksp. Henr. IV. I, 1,
3: die ertränkte Ehre bei den Locken heraufziehn (pluck up the
drowned honour by the locks). Vgl. Virg. Aen. 1, 292 cana
Fides. Bemerkenswerth ist Henry IV. I, 4, 1 (Del. p. 84)
the quality and hair of our attempt brooks no division, wozu

Delius: „hair erklärt Johnson richtig mit complexion, character, indem die Farbe des Haars im weiteren Sinne genommen wurde „Ansehn, Naturell." Wahrscheinlich gehört hierher die Stelle des Cratin. fr. inc. 24 (Meinecke p. 184): τοῦτον μὲν οὖν καλῶς διεπηγνίκισας λόγον, diese Rede hast du mit falschem Haar versehen, d. h. auf Täuschung berechnet.

4. Gegenständen mechanischer Art werden comae zugetheilt. Ovid überträgt auf sein Buch die Zeichen menschlicher Trauer und redet es an Trist. 1, 1, 12: nec fragili geminae poliantur pumice frontes, hirsutus passis ut videare comis. Vgl. Tibull. 3, 1, 10, lutea sed niveum involvat membrana libellum, pumicet et canas tondeat ante comas. Witzig vom Haar des Wamses Shaksp. Temp. 4, 1 (Del. p. 73), now, jerkin, you are like to lose your hair and prove a bald jerkin.

Hier ist auch die Kahlheit zu bemerken. Shakspere giebt der Zeit ein kahles Haupt: Comedy of errors 2, 2 (Del. p. 29): by a rule as plain as the plain bald pate of father Time himself. Ibid. p. 30 Time himself is bald. Vgl. die humoristische Bezeichnung der Zeit in K. John 3, 1 (Del. p. 56) Old Time the clock-setter, that bald sexton, time. Der Winter und der Monat December sind kahlköpfig, Shaksp. Mids. 2, 2 (Del. p. 29) old Hiems' thin and icy crown. Sonnets 97, 3 what freezings have I felt, what dark days seen, what old December's bareness every where. Minder bedeutend sind Wendungen wie kahles Schwatzen, Henry IV. I, 1, 3 (Del. p. 26) this bald unjointed chat. Zu vgl. Cymb. 3, 5 (Del. p. 82) the bare fortune.

Von Rom sagt P. Heyse, Rafael p. 168: Heut eine Greisin, tief gebeugt, kahlhäuptig mit verdorrter Brust, die nie mehr ein Lebend'ges säugt.

3. Ἐγκέφαλος, brain.

In den Aenigmata 3 bei Jac. Anth. 4 p. 286 erzählt eine Pflanze, κινάρα, Cactus oder Artischocke genannt, von sich: ἐγκέφαλον φορέω κεφαλῆς ἄτερ· εἰμὶ δὲ χλωρῇ αὐχένος ἐκ δολιχοῦ γῆθεν ἀειρομένη. — Als gehirnkrank werden von Shaksp. bezeichnet das Verlangen und der Krieg: Lucrece 25 (Del. p. 57) but honest Fear, bewitch'd with lust's foul charm doth too-too oft betake him to retire, beaten away by brainsick rude Desire, Timon of Athens 5, 2 (Del. p. 97) giving our holy virgins to the stain of contumelious, beastly, mad-brain'd war.

4. Μέτωπον, frons, forehead.

1. Den Naturgegenständen wird eine Stirn zugeschrieben, so dass bei Pindar der Berg die Stirn der fruchtreichen Flur heisst, Pyth. 1, 30: ὄρος, εὐκάρποιο γαίας μέτωπον. Bei Shakspere Henry V. 1 Chor. (Del. p. 18) heissen „die Kalkfelsen der einander gegenüber liegenden Küsten von England und Frankreich“ die aufgerichteten Stirnen dieser Länder: two mighty monarchies, whose high upreared and abutting fronts the perilous, narrow ocean parts asunder. Felsen haben eine Stirn inc. poet. epigr. 366, 3, 4 (Jac. Anth. 4, p. 195): ἔξοχα δὲ κραναῇ ῥόον ὕδατος ὤπασεν Ἄσσῳ πολλῶν πετράων σκληρὰ μέτωπα τεμών. Vgl. Ovid. Met. 4, 525: imminet aequoribus scopulus: pars ima cavatur fluctibus et tectas defendit ab imbribus undas, summa riget frontemque in apertum porrigit aequor. Die „sonnbeglänzte Stirn des Berges“ bei Göthe, Wanderer's Sturmlied. Vgl. Rückert, Gedichte p. 504: Wo der Goldberg seine Halde sanft zum Mittagsstrahle kehrt und die Stirn mit Eichenwalde gegen Nord und Ost bewehrt. Geibel, K. Roderich p. 83 vom Berge Calpe: Kühn streckt er seine schroffe Felsenstirn ins Meer hinaus. Shaksp. lässt Glendower von der Stirn des Himmels sprechen, Henry IV. I, 3, 1 (Del. p. 61) at my nativity the front of heaven was full of fiery shapes. Der Mond wird in Chapman's Hymns bei Delius zu Sh. As you like it p. 55 angeredet: Nature's bright eye-sight and the Nights fair soul. that with thy triple forehead doth control earth, seas and hell. Vom Winde mythisch Ovid. Trist. 1, 2, 30: nunc Notus adversa proelia fronte gerit, rein personificirend von den Wolken

Lucret. 6, 117: ut non tam concurrere nubes frontibus adversis possint quam de latere ire.

2. In Bezug auf die Zeit sagt der Langschläfer Menenius bei Shaksp. Cor. 2, 1 (Del. p. 46), dass er mehr Verkehr habe mit dem Hintertheil der Nacht als mit der Stirn des Morgens: one that converses more with the buttock of the night than with the forehead of the morning.

3. Abstracta werden durch frons persönlich. Nicht auffallen kann es, wenn von der βουλή, der Rathsversammlung, von Arist. eq. 631 gesagt wird: ἔβλεψε νᾶπυ καὶ τὰ μέτωπ᾽ ἀνέσπασιν, vgl. Vesp. 655. Bei Hor. serm. 1, 1, 103 wird der senectus obducta frons zugeschrieben, Epod. 13, 5 solvatur obducta fronte senectus. Die grösste Abstraction erhält Leben durch frons bei Hor. serm. 1, 1, 103: pergis pugnantia secum frontibus adversis componere. Babrius 95, 57 sagt von dem Fuchse: ἡ δ᾽ ἀναιδείας ὀφρὺν ἔχουσα καὶ μέτωπον εἰστήκει. Mit der grössten Schönheit spricht Hamlet von der Stirn unschuldvoller Liebe, Shaksp. Haml. 3, 4 (Del. p. 100): such an act, that — takes of the rose from the fair forehead of an innocent love. So spricht Shakspere noch von der Stirn des Kampfes, der Fehler, vom Stirnrunzeln der Fortuna und· des Glücks, des Krieges: Troil. 2, 2 (Del. p. 49) so rich advantage of a promised glory as smiles upon the forehead of this action. Hamlet 3, 3 (Del. p. 96) even to the teeth and forehead of our faults. Henry V. 3, 6 (Del. p 69) Fortune is Bardolph's foe and frowns on him Lear 5, 3 (Del. p. 129) myself could else outfrown false fortune's frown. K. John 3, 1 (Del. p. 49): rough frown of war. Vgl. K. Rich. III. 1, 1 (Del. p. 19): grimvisaged war hath smooth'd his wrinkled front. Göthe, Pilgers Morgenlied: Allgegenwärtige Liebe! Durchglühst mich; beutst dem Wetter die Stirn, Gefahren die Brust. Geibel, Neue Gedichte p. 70: Bis endlich — die Göttin (Freiheit) aufsteigt aus den Schlacken, unschuldig, auf der Stirn den Strahl von oben.

4. Von den leblosen und mechanischen Gegenständen erhalten die Bücher eine Stirn, häufig bei Ovid, z. B. Trist. 1, 1, 127, wo die Personification durch fratres verstärkt wird. Er sagt in der citirten Stelle: Adspicies illic positos ex ordine

fratres, quos studium cunctos evigilavit idem. Cetera turba palam titulos ostendit apertos et sua detecta nomina fronte gerit. · Vgl. ib. 8, 11. Sehr anziehend ist der Ausdruck Ovid. Trist. 2, 241: Illa quidem fateor frontis non esse severae scripta. Diese Stellen und Trist. 1, 7, 33. 34 rechtfertigen es, dass G. Bernhardy, wie Garcke zu Horat. 1, 7, 7, p. 25 seiner Quaestiones erwähnt, in dieser Horazischen Stelle unter frons die 'Stirn des Buches versteht:

5. Κρόταφος.

1. Dem Kaukasus werden Schläfe zugeschrieben von der kühnen Sprache des Aeschylus, Prom. 743: πρὶν ἂν πρὸς αὐτὸν Καύκασον μόλῃς, ὀρῶν ὕψιστον, ἔνϑα ποταμὸς ἐκφυσᾷ μένος κροτάφων ἀπ᾽ αὐτῶν. Ebenso kommt bei Philiades Meg. (Jac. Anth. 1, 80) vor ὑπὸ κροτάφοις Ἑλικῶνος.

2. Sehr anziehend sind die verwandten Ausdrücke πολιοκρόταφον γῆρας und φροντίδες πολιοκρόταφοι. Den ersteren braucht Bacchylides fr. 3 (Bergk p. 821): Παύροισι δὲ ϑνατῶν τὸν ἅπαντα χρόνον δαίμων ἔδωκεν πράσσοντας ἐν καιρῷ πολιοκρόταφον γῆρας ἱκνεῖσϑαι, πρὶν ἐγκύρσαι δύᾳ. Den andern Ausdruck braucht Paulus Silent. 75, 2 (Jac. Anth. 4 p. 71). Vgl. zu˙ der ersten der beiden Stellen Catull. 61, 161: usque dum tremulum movens cana tempus anilitas omnia omnibus annuit.

6. Ὀφρύς, supercilium, brow.

1. Naturgegenständen, wie Hügeln und Bergen, wird ὀφρύς und supercilium zugeschrieben, Homer. Il. 20, 151 ἐπ᾽ ὀφρύσι Καλλικολώνης, Pind. Ol. 13, 106 τὰ ἐπ᾽ ὀφρύϊ Παρνασίᾳ, von Bergen auch Virgil. G. 1, 108, supercilio clivosi tramitis undam elicit. Mit diesen Wendungen mag man die Sophokleische Stelle Ant. 831 vergleichen, wo es von der Niobe, die in einen stets weinenden Felsen am Berge Sipylos nach der Sage verwandelt war, heisst: τέγγει ὑπ᾽ ὀφρύσι παγκλαύτοις δειράδας. Ebenso in der latein. Prosa, vgl. Forcellini. Von Flussrändern kommt ὀφρύς häufig vor, Apoll. Arg. 1, 178 ἐπ᾽ ὀφρύσιν αἰγιάλοιο. 4, 1300 καλὰ νάοντος

ἐπ᾽ ὀφρύσι Πακτωλοῖο. In diesen Wendungen ist keine
Personification, wohl aber bei Arist. nub. 573, wo die Wolken den Athenern sagen: εἶτα τὸν θεοῖσιν ἐχθρὸν βιρσο-
δέψην Παφλαγόνα ἡνίχ᾽ ᾗρεῖσθε στρατηγόν, τὰς ὀφρῦς
συνήγομεν.
Schön ist die Personification des Landes Italien durch
brow bei L. Byron, Child Harold's pilgrimage 4, 42: Italia! oh
Italia! thou who hast the fatal gift of beauty, which become
a funeral dower of present woes and past, on thy sweet
brow is sorrow plough'd by shame.

2.	Städte haben . ohne Personification das Epithe-
ton ὀφρυόεις schon bei Homer. Ἴλιος ὀφρυόεσσα Il. 22,
411; Ἴλιος ὀφρυόεσσα κατήριπεν epigr. inc. in Jac. Anth. 4,
p. 110. Orakel bei Herodot. 5, 92, 2: οἳ περὶ καλὴν Πει-
ρήνην οἰκεῖτε καὶ ὀφρυόεντα Κόρινθον. — Shakspere K.
John 2, 1 (Del. p. 26): our cannon shall be bent against
the brows of this resisting town. — Bei Shakspere heisst
die Nacht black-brow'd, Romeo 3, 2 (Del. p. 76) Mids. 3,
2 (Del. p. 59); vgl. K. John 5, 6 (Del. p. 99): here walk
1, in the black brow of night.

3.	Abstracta bekommen durch ὀφρύς persönliche Ge-
stalt. Mythologisch in dem Hymnus auf die Nemesis sagt
Mesomedes v. 12 (Jac. Anth. 3, 6) νεύεις δ᾽ ὑπὸ κόλπον
ἀεὶ κάτω ὀφρύν. Vgl. Strato 2, 5 (Jac. Anth. 3 p. 68) ἀλλ᾽
ἱλαραῖς Χαρίτεσσι μεμιγμένον ἡδὺν Ἔρωτα καὶ Βρόμιον·
τούτοις δ᾽ ὀφρύες οὐκ ἔπρεπον. Bei Aristophanes Ran. 922
werden von Euripides die Worte des Aeschylus ῥήματα ὀφρῦς
ἔχοντα genannt, womit Antipater Thess. 57, 1 (Jac. Anth. 2,
p. 110) zu vergleichen ist, ὁ τραγικὸν φώνημα καὶ ὀφρυόεσ-
σαν ἀοιδὴν πυργώσας στιβαρῇ πρῶτος ἐν εὐεπίῃ Αἰσχύλος
Εὐφορίωνος, wozu Jac. 8, p. 335 Plutarch p. 68 D. anführt:
ὁ κινῶν ἐν παιδιᾷ λόγον, ὀφρὺν ἀνασπῶντα καὶ σινιστάντα
τὸ πρόσωπον. Babrius 95, 57 sagt von dem Fuchse: ἡ δ᾽
ἀναιδείης ὀφρὺν ἔχουσα καὶ μέτωπον εἱστήκει. Von Shakspere
wird brow der Gnade, der Offenheit, der Gerechtigkeit, dem
Weh, dem Schrecken, der Verschwörung zugeschrieben, vgl.
Macb. 4, 3 (Del. p. 100): though all things foul would
wear the brows of grace, yet grace must still look so.

K. John 3, 1 (Del. p. 53) and make a riot on the gentle
brow of true sincerity. Henry IV. I, 4, 3 (Del. p. 92) by
this face, this seeming brow of justice. Hamlet 1, 2 (Del.
p. 21) our whole kingdom to be contracted in one brow of
woe. K. John 5, 1 (Del. p. 87): outface the brow of brag-
ging horror. Jul. Caes. 2, 1 (Del. p. 38): o Conspiracy!
shamst thou to show thy dangerous brow by night?

7. Πρόςωπον, face, visage.

1. Naturgegenständen wird ein Antlitz zugeschrieben,
in mythologischem Sinne dem Monde von Soph. fr. 786 (Nauck
p. 253) in einem herrlichen Vergleiche: ὥςπερ σελήνης δ'
ὄψις εὐφρόνας δύο στῆναι δύναιτ' ἂν οὔποτ' ἐν μορφῇ μιᾷ,
ἀλλ' ἐξ ἀδήλου πρῶτον ἔρχεται νέα πρόςωπα καλλύνουσα
καὶ πληρουμένη, womit Virg. Georg. 1, 430 zu vergleichen,
wo es von der Luna heisst: at si virgineum suffuderit ore
ruborem, ventus erit. Praxilla fr. 1 (Bergk) κάλλιστον μὲν
ἐγὼ λείπω φάος ἠελίοιο, δεύτερον ἄστρα φαεινὰ σεληναίης
τε πρόςωπον. Schiller, Erwartung: Still hebt der Mond sein
strahlend Angesicht. Im Sinne der Mythologie sagt Shaksp.
Mids. 1, 1 (Del. p. 20): to-morrow-night when Phoebe doth
behold her silver visage in the wat'ry glass, dagegen rein
personificirend Rich. II. 2, 4 (Del. p. 55): the pale-fac'd moon
looks bloody on the earth; Henry IV. I, 1, 3 (Del. p. 31):
to pluck bright honour from the pale-faced moon; Ant. and
Cl. 4, 9 (Del. p. 109) be witness to me, o thou blessed
moon, when men revolted shall upon record bear hateful memory, poor Enobarbus did before thy face repent. Von
der Sonne Ovid. Fast. 2, 785: condere iam vultus sole pa-
rante suos; Göthe, der Fischer: Labt sich die liebe Sonne
nicht, der Mond sich nicht im Meer? kehrt wellenathmend
ihr Gesicht nicht doppelt schöner her? In mythologischem Sinne
sagt Shaksp. Tit. Andr. 2, 5 (Del. p. 44), as Titan's face
blushing to be encounter'd with a cloud, rein personificirend
Henry V. 4, 1 (Del. p. 85) you may as well go about to
turn the sun to ice with fanning in his face with a peacock's
feather. Ueberaus schön Winter's tale 4, 3 (Del. p. 91) the

self same sun, that shines upon his court, hides not his visage
from our cottage, but looks on alike; Venus and Adonis 1
(Del. p. 7) even as the sun with purple-colour'd face had
ta'en his last leave of the weeping morn. Mit Anknüpfung
an griech. Vorstellungen Göthe Iphig. 1, 3: Du wendest
schaudernd dein Gesicht, o König; so wendete die Sonn' ihr
Antlitz weg und ihren Wagen aus dem ew'gen Gleise.
Geibel, Brunhild p. 160: Nun kehrt die Sonne selbst ihr
Antlitz von der thatenlosen Erde und birgt ihr strahlend Aug'
auf immerdar in Finsterniss. — Ein Antlitz haben die Sterne:
Ovid. Trist. 4, 3, 9 redet sie an: inque meam nitidos domi-
nam convertite vultus. Shaksp. Lucrece 218 (Del. p. 100)
and little stars shot from their fixed places, when their glass
fell wherein they view'd their faces. Göthe, Gesang der Geister über den Wassern: „und in dem glatten See weiden
ihr Antlitz alle Gestirne." Vom Lichte Himer. Or. III p. 426
bei Bergk poet. lyr. p. 691 (ed. I) χαῖρε φίλον φάος χαρίεντι·
μειδιόον προσώπῳ, ein Fragment des Anacreon, wahrscheinlich an eine Person gerichtet, wie Sappho fr. 1 (Bergk) die
Aphrodite anredet ὦ μάκαιρα, μειδιάσαισ' ἀθανάτῳ προσώπῳ.
Oefter bei Shaksp. das Angesicht des Himmels und der Erde:
In höchst empfundener Weise sagt Hamlet zu seiner Mutter
Shaksp. Haml. 3, 4 (Del. p. 100): Heaven's face doth glow,
yea, this solidity and compound mass with tristful visage as
against the doom is thougt-sick at the act. K. Lear 3, 4
(Del. p. 81) swore as many oaths as I spake words and
broke them in the sweet face of heaven. Romeo 3, 2 (Del.
p. 76) and he will make the face of heaven so fine; Makb.
4, 3 (Del. p. 99), new sorrows strike heaven on the face;
schwülstig, weil Marokko spricht, Merch. of Ven. 2, 7 (Del.
p. 46) the watry kingdom, whose ambitious head spits in the
face of heaven. Love's labour's l. 3, 1 (Del. p. 34) by the
favour, sweet welkin, I must sigh in the face. — Das Antlitz
der Erde: Makb. 2, 4 (Del. p. 62) is 't night's predominance
or the day's shame, that darkness does the face of earth
entomb, when living light should kiss it? Timon of Ath. 4,
3 redet die Erde an: teem with new monsters, whom thy
upward face hath to the marbled mansion all above never

presented. Tit. Andr. 3, 1 (Del. p. 46) and keep eternal spring-time on thy face. Henry IV I, 2, 4 (Del. p. 49) if manhood, good manhood be not forgot upon the face of the earth, then am I a shotten herring. Von den Kreidefelsen der englischen Küste, K. John 2, 1 (Del. p. 26) together.with that pale, that white-faced shore, whose foot spurns back the ocean's roaring tides. Von England sagt Buckingham in Rich. III 3, 7 (Del. p. 90): this noble isle his want her proper limbs: her face defac'd with scars of infamy. Vgl. ibid. 3, 4 (Del. p. 68) then thousands bloody crowns of mother's sons shall ill become the flower of England's face. Vgl. Ovid. Met. 1, 6 unus erat toto naturae vultus. in orbe. — Das Antlitz des Meeres: Himer. bei Phot. p. 614 ζόφον ἔχει τὸ πρόσωπον τῆς θαλάττης, ὅταν ἀγριαίνῃ ταρασσομένη. Virg. Aen. 5, 848 salis placidi voltus; vgl. Ovid. Met. 8, 738, interdum faciem liquidarum imitatus aquarum flumen eras. Shaksp. Tit. Andr. 3, 1 (Del. p. 53), if the wind rage, doth not the sea wax mad threat'ning the welkin with his big-swoln face. Vom Winde: Shaksp. Romeo 1, 4 (Del. p. 38) turning his face to the dew-dropping south. Erwähnt seien die Städte, welche bei Arist. pac. 533 mit einander sprechen und lachen, obwohl ihre Gesichter furchtbar zerschlagen sind (καὶ ταῦτα δαιμονίως ὑπωπιασμέναι). Hiermit vgl. die βουλή Ar. eq. 646: ἡ δὲ (βουλὴ) εὐθέως τὰ πρόσωπα διεγαλήνισεν, und den δῆμος ibid. 394: ἕως ἂν ζῇ, τὸ βουλευτήριον καὶ τὸ τοῦ δήμου πρόσωπον μακκοᾷ καθήμενον.

2. Der Zeit wird ein Antlitz zugeschrieben: Geibel, Juniuslieder p. 85: Wohl schwillt mir hoch die Brust mit raschem Klopfen, sch' ich, im Angesicht des Schweisses Tropfen, die junge Zeit, wie sie gewaltsam ringt. Vgl. K. Roderich p. 21. Ebenso dem Winter, der Nacht: Ovid. Trist. 3, 11, 9 at cum tristis hiems squalentia protulit ora. Shaksp. Much ado 5, 4 (Del. p. 84) what's the matter, that you have such a February face, so full of frost, of storm and cloudiness. Der Nacht: Shaksp. Venus and Adonis 129 (Del. p. 32) for by this black-fac'd night, desire's foul nurse. Sonnets 27 (Del. p. 130) presents thy shadow to my sightless view, which, like a jewel hung in

ghasly night, makes black night beautous and her old face
new. — Tieck, Genoveva 230: Wie die Nacht mit ernstem
Angesicht hoch in den Himmel stehet aufgericht. Mörike
p. 236: Bedächtig stieg die Nacht ans Land, lehnt träumend an der Berge Wand, ihr Auge sieht die goldne
Wage nun der Zeit in gleichen Schalen stille ruhn.

3. Abstracta erhalten durch πρόσωπον schöne Personification. Der Mythologie gehört an, wenn Eirene bei Arist.
pac. 600 εὐπρόσωπος heisst; Eunapius Exc. p. 42 ed.
Bonn. εὐπρόσωπον εἰρήνην. Hierher gehören die schönen
Worte Arist. Ach. 933, ὦ Κύπριδι τῇ καλῇ καὶ Χάρισι
ταῖς φίλαις ξύντροφε Διαλλαγή, ὡς καλὸν ἔχουσα τὸ πρόςωπον ἄρ᾽ ἐλάνθανες, und Arist. pac. 516 οἷον δ᾽ ἔχεις τὸ
πρόσωπον ὦ Θεωρία. Simonid. fr. 82 (Bergk p. 771),
εὐπρόσωποι ἔρωτες. Soph. fr. 780 (Nauck p. 252), δεινὸν
τὸ τᾶς Πειθοῦς πρόσωπον. Nicht minder schön ist Arist.
av. 1321 τὸ τῆς ἀγανόφρονος Ἡσιχίας εὐάμερον πρόσωπον.
Nach Hermann's Verbesserung steht bei Aesch. Choeph. 963
τύχᾳ εὐπροσωποκοίτᾳ, vgl. Ovid. Tr. 1, 1, 120 Fortunae vultus.
Im Geiste dieser mythologisch-personificirenden Bilder schrieb
Eur. Ion. 621: Τυραννίδος μὲν τῆς μάτην αἰνουμένης τὸ
μὲν πρόσωπον ἡδύ. Der ἄδικος λόγος will dem δίκαιος bei
Arist. nub. 946 mit seinen Ideen Gesicht und Augen zer-
stechen, τὸ πρόσωπον ἅπαν καὶ τὼφθαλμὼ κεντούμενος
ὥσπερ ὑπ᾽ ἀνθρηνῶν ὑπὸ τῶν γνωμῶν ἀπολεῖται. So erhalten die αἰδώς, ἀλάθεια, δικαιοσύνη, τρυφή durch πρόσωπον
persönliche Gestalt. Vgl. Eur. Iph. A. 1089, ποῦ τὸ τᾶς
αἰδοῦς ἢ τὸ τᾶς ἀρετᾶς ἔχει σθένειν τι πρόσωπον; sehr
schön sagt Pindar. Nem. 5, 16 οὔ τοι ἅπασα κερδίων
φαίνοισα πρόσωπον ἀλάθει᾽ ἀτρεκής („die Wahrheit bringet
nicht, enthüllt sie getreulich das Antlitz, stets Gewinn").
Eur. Melan. (Nauck fr. 490 p. 407) hat δικαιοσύνης τὸ χρύσεον πρόσωπον. Vgl. Schiller Braut von Messina (Werke 5,
p. 566): der Gerechtigkeit heilige Züge. Hiernach ist Τρυ-
φᾶς πρόσωπον Ar. Eccl. 974 und Soph. O: R. 533 ἢ τοσόνδ᾽
ἔχεις τόλμης πρόσωπον zu erklären. Schiller in der Braut von
Messina (Werke 5, p. 467) spricht vom Antlitz der That:

„ein anderes Antlitz ehe sie geschehen, ein anderes trägt die vollbrachte That. Muthvoll blickt sie und kühn dir entgegen, wenn ·der Rache Gefühle den Busen bewegen. Aber ist sie geschehn und begangen, blickt sie dich an mit erbleichenden Wangen." Hier ist in moderner individuell ausgeführter Personification der Gedanke dargestellt, den Eur. Ion. 885 ausdrückt: οἱ ταὐτὸν εἶδος φαίνεται τῶν πραγμάτων πρόσωθεν ὄντων ἐγγυθέν θ' ὁρωμένων. Vgl. Lucian. Iup. tr. 43, χρησμὸς διπρόσωπος. Am kühnsten ist die Personification der Abstracta durch πρόσωπον, wenn von Pindar dem Liederschatze ein hellstrahlendes Antlitz oder dem beginnenden Werke ein fernleuchtendes Antlitz zugeschrieben wird: Pind. Pyth. 6, 14 ἑτοῖμος ὕμνων θησαυρὸς — φάει πρόσωπον ἐν καθαρῷ πατρὶ τεῷ, Θρασύβουλε, κοινάν τε γενεᾷ λόγοισι θνατῶν εὔδοξον ἅρμασι νίκαν Κρισίαισιν ἐν πτυχαῖς ἀπαγγελεῖ. Vgl. hiermit Pind. Isthm. 2, 8 ἀργυρωθεῖσαι πρόςωπα μαλθακόφωνοι ἀοιδαί. Eur. Phoen. 1336, οὐκ εὐπρόςωπος φροιμίοις ἄρχει λόγου. Auch die Prosa wandte εὐπρόσωπος auf die Rede und verwandte Begriffe an, Stellen bei Nauck, Euripideische Studien 1 p. 117. Die andere Stelle bei Pindar ist Ol. 6, 3 ἀρχομένου δ' ἔργου πρόσωπον χρὴ θέμεν τηλαυγές. Babrius 89, 3 sagt vom Wolfe: ἔγκλιμα δ' ἔχθρας εὐπρόσωπον ἐζήτει. Aesop. Fab. 14 εὐπροσώπων ἀπολογιῶν, angeführt von Nauck p. 117 welcher auch vermuthet, dass Eur. Med. 279 κοὐκ ἔστιν ἄτης εὐπρόσωπος ἔκβασις geschrieben habe, während die herkömmliche Lesart εὐπρόσοιστος sehr passend ist. Valer. Fl. 8, 164 alieno gaudia vultu semper erant. Ovid. Met. 4, 484 Luctus comitatur euntem et Pavor et Terror trepidoque Insania vultu. Hor. epod. 4, 9 ut ora vertat huc et huc euntium liberrima indignatio. P. Syri sent. 497 (Ribbeck com. lat. rel. p. 287) virtutis vultus partem habet victoriae. Geibel, Brunhild p. 161: und Liebe, die so lang vom Hass das Antlitz geborgt, naht dir in eigner Bildung nun. Shakspere nennt mit individualisirender Personification den Eigennutz, der die Menschen kitzelt, einen Herrn mit glattem Angesicht, K. John 2, 2 (Del. p. 44) that smooth-faced gentleman tickling commodity; ähnliche Composita sind in fair-faced league K. John

2, 2 (Del. p. 39), bare-fac'd power Makb. 3, 1 (Del. p. 70), false-faced soothing Coriol. 1, 9 (Del. p. 41), for in a theme so bloody-fac'd as this, Rich. III 5, 4 (Del. p. 137) enrich the time to come with smooth-faced peace, ibid. 3, 7 (Del. p. 93) foul-faced reproach, Makb. 3, 2 (Del. p. 70) with bare-fac'd power. Die Personification der Abstracta durch face und visage ist bei Shaksp. überaus häufig: das Antlitz des Kriegs, der Verschwörung, des Zwiespalts, der Dienstbeflissenheit, der Bosheit, des Vergehens, der Gelegenheit, des Rechts, der Forderung, der Weise u. a. kommt bei ihm vor. Ant. and Cleop. 3, 11 (Del. p. 89) you fled from that great face of war; Rich. III. 3, 1 (Del. p. 19) grim-visaged war. In Iul. Caes. 2, 1 (Del. p. 38) wird die Verschwörung angeredet: O! then by day where wilt thou find a cavern dark enough to mask thy monstrous visage? K. Lear 3, 1 (Del. p. 70) there is division, although as yet the face of it be covered with mutual cunning; Othello 1, 1 (Del. p. 11) trimm'd in forms and visages of duty; Othello 2, 1 (Del. p. 49) knavery's plain face is never seen, till us'd; Winter's tale 1, 2 (Del. p. 31), let me know my trespass by its own visage; Henry IV. I, 1, 3 (Del. p. 34), and only stays but to behold the face of that occasion; K. John 5, 2 (Del. p. 91) you taught me how to know the face of right; Tim. of Ath. 2, 1 (Del. p. 34), a visage of demand; K. John 4, 2 (Del. p. 72) the antique and well-noted face of plain old form is much disfigured. Vgl. Hamlet 3, 3 (Del. p. 96) whereto serves mercy but to confront the visage of offence? Das Gewissen heisst in Rich. III. 1, 4 (Del. p. 48) a blushing shame-faced spirit. — Hamlet 3, 2 (Del. p. 88) each opposite, that blanks the face of joy. Vgl. Geibel, K. Roderich p. 76: der Gefahr rief ich ihn keck ins Antlitz. Geibel, Neue Gedichte p. 189: Aus jeder Grossthat sahn der Selbstsucht Züge mich versteinernd an. Juniuslieder p. 170: Doch in dem Staub geboren weis't er (der Gedanke) offen nicht gleich sein Antlitz. Vgl. Neue Gedichte p. 68. Mörike p. 119: O vergieb, du Vielgetreue (Hoffnung)! Tritt aus deinem Dämmerlicht, dass ich dir ins ewig neue, mondenhelle Angesicht einmal schaue recht von Herzen.

4. Gegenständen mechanischer Thätigkeit wird πρόσωπον, vultus und face zugeschrieben. Das Schiff hat ein Antlitz, ·Achill. Tat. p. 58, 5 κατὰ πρόσωπον τῆς νηός (cf. Jacobs p. 612). Bemerkenswerth Ovid. Tr. 3, 9, 9 adspicerem
patriae dulce repente solum desertaeque domus vultus memo-
resque sodales, und Shaksp. ·K. John 2, 1 (Del. p. 34) old-
fac'd walls.

8. Complexion.

Wichtig ist, dass Naturerscheinungen, wie der Nacht,
und Abstracten, wie dem Kriege, dem Glücke, der Liebe
eine Gesichtsfarbe zugeschrieben wird, so Shaksp. Sonn. 28
(Del. p. 131) so flatter I the swart-complexion'd night. —
Henry V 3, 3 (Del. p. 62) what is then to me, if impious
war, array'd in flames like to the prince of fiends, do, with
his smirch'd complexion, all fell feats enlink'd to waste and
desolation? — Winter's tale 4, 3 (Del. p. 96) prosperity's
the very bond of love, whose fresh complexion and whose
heart together affliction alters. Much ado 1, 1 (Del. p. 17)
how sweetly do you minister to love, that know love's grief
by his complexion!

1. Naturgegenstände erhalten Personification, indem
ihnen bleiche Gesichtsfarbe zugeschrieben wird, wie dem Himmel, dem Monde, dem Tage: Shaksp. As you like it 1, 3
(Del. p. 34) by this heaven, now at our sorrows pale. Mids.
2, 2 (Del. p. 29) therefore the moon, the governess of
floods, pale in her anger. Henry IV 5, 1 (Del. p. 95) how
bloodily the sun begins to peer above you busky hill: the
day looks pale at his distemperature. Henry V 5, 2 (Del.
p. 124) that the contending kingdoms of France and England, whose very shores look pale with envy of each others
happiness, may cease their hatred. Von Arist. pac. 625 wird
der Stadt, welche öfter als Person dargestellt wird, bleiche
Gesichtsfarbe zugeschrieben: ἡ πόλις γὰρ ὠχριῶσα κἂν φόβῳ
καϑημένη.

Naturgegenstände werden durch „Erröthen" personificirt, z. B. die Sonne bei Shaksp. K. Rich. II 3, 3 (Del.

p. 66) see, see, king Richard doth him self appear, as doth the blushing discontented sun from out the fiery portal of the east. Die Kohlen: K. John 4, 2 (Del. p. 70) an if you do, you will but make it blush and glow with shame of your procedings, Hubert.

2. Von Abstracton wird die bleiche Gesichtsfarbe zugeschrieben dem Tode, der Furcht, der Melancholie, der Hoffnung, dem Frieden, der Macht, der Liebe: Hor. carm. 1, 4 pallida Mors aequo pulsat ,pede pauperum tabernas etc. — Henry IV II, 3, 1 (Del. p. 79) let pale-fac'd fear keep with the mean-born man. Mids. 1, 1 (Del. p. 13) turn melancholy forth to funerals, the pale companion is not for our pomp. — Makb. 1, 7 (Del. p. 42) the hope hath it slept since and wakes it now, to look so green and pale? Rich. II 3, 3 change the complexion of her maid-pale peace to scarlet indignation. Coriol. 1, 1. (Del. p. 22) to break the heart of generosity and make bold power look pale. Sehr wichtig Hamlet 3, 2 (Del. p. 76) and thus the native hue of resolution is sicklied o'er with the pale cast of thought. — As you like it 3, 4 (Del. p. 71) if you will see a pageant truly play'd between the pale complexion of true love and red glow of scorn and proud disdain.

Von Abstracten erröthen die Scham, die Anklage, das Gewissen, der Verrath: Hamlet 3, 4 (Del. p. 102) o shame, where is thy blush? Vgl. hiermit Anacreontca 16, 20 (Bergk) ἐρύθημα δ᾽, ὡς ἂν Αἰδοῖς δύνασαι βαλεῖν, ποίησον (an einen Maler, der den Bathyllus malen soll, gerichtet). Winter's tale 3, 2 (Del. p. 58) innocence shall make false accusation blush. Das Gewissen nennt Rich. III 1, 4 (Del. p. 48) a blushing shame-faced spirit. Rich. II 3, 2 (Del. p. 59) his treasons will sit blushing in his face.

3. Von mechanischen Gegenständen ist das Papier zu merken: Ovid. Trist. 3, 1, 54 et quatitur trepido litera nostra metu. Aspicis exsangui chartam pallere colore?

9. Ὄμμα, βλέφαρον, Composita von ὤψ und
Verba des Sehens.

1. Die Personification von Naturverhältnissen, denen ein
Auge oder die Thätigkeit des Sehens zugeschrieben wird,
erstreckt sich namentlich bei Aeschylus auf das Feuer und
seine Erscheinungen. Die Quelle dieser schönen Wendungen
ist in Helios selbst zu suchen. Er wird der allsehende
genannt; in einem herrlichen Fragmente des gelösten Prometheus nennt ihn Aesch. (fr. 202 Herm.) παντόπτας, vgl.
Promoth. vinct. 9 τὸν πανόπτην Ἡλίου κύκλον, im Hymn.
auf den Apollo 17 (Jac. Anth. 3, p. 218) heisst er πανδερκής, Epitheta, deren Sinn in mannigfachen Wendungen
erscheint: ὁ κρατιστεύων κατ' ὄμμα Soph. Trach. 101, θεῶν
ὁ πάντα λεύσσων Ἥλιος Soph. OC. 873, ὁ πάντ' ἐποπτεύων
τάδε, Ἥλιος Aesch. Ch. 972, ἀκτὶς Ἀελίου πολύσκοπε Pind.
Hyporch. fr. 4, Ἥλιος πολυδερκής Hes. Theog. 451, Dionys.
hymn. in Apoll. 13 αἴγλας πολυδερκέα παγὰν περὶ γαῖαν
ἅπασαν ἑλίσσων, womit Aesch..Ag. 616, 659, insbesondere
aber fr. 177 Herm. ἃς οὔτε πέμφιξ ἡλίου προςδέρκεται und
Prom. 820, ferner Soph. Trach. 606 μηδ' ὄψεταί νιν μήτε
φέγγος ἡλίου und θεῶν σκοπὸς ἠδὲ καὶ ἀνδρῶν Hymn. in
Cer. 63 zu vergleichen. Die Wendung ἠέλιος καθορᾷ bei
Theogn. 168, 616, 850, Solon. fr. 14 (Bergk p. 329), vgl.
οὐδένα αὐγαὶ φαεσιμβρότου ἠελίοιο ἄνδρ' ἐφορῶσι Theogn.
1185, Helios angeredet mit καταδέρκεαι ἀκτίνεσσιν Hom.
Od. 11, 16, Hymn. in Cer. 70, angerufen bei Eur. Med. 1252
ἰὼ Γᾶ καὶ παμφαὴς ἀκτὶς Ἀελίου, κατίδετ' ἴδετε τὰν ὀλο-
μέναν γυναῖκα, vgl. ib. 352 προυννέπω δέ σοι, εἰ σ' ἡ
'πιοῦσα λαμπὰς ὄψεται θεοῦ. Sehr schön ist die Stelle in
dem Skolion des Aristoteles v. 17 (Jac. Anth. 1, p. 111):
σᾶς δ' ἕνεκεν φιλίου μορφᾶς καὶ ὁ Ἀταρνέως ἔντροφος Ἀελίου χήρωσεν αὐγάς: „ob deiner (der Ἀρετά) holden Reize
verwaiste auch Atarna's Zögling den Blick des Helios." Ilgen
sagt (carmina convivalia Graecorum p. 164): sic declaratur
desiderium, quod Sol sentiat, quum Hermias non amplius in
conspectum eius veniat. Von den Lateinern wird häufig
videre, pervidere, visere von Sol gebraucht. Bei Ovid. Met.

4, 227 sagt Sol von sich: omnia qui video, vgl. 4, 172; 13,
853 qui pervidet omnia, Solem, ib. 14, 375 nil illo fertur
volucrum moderator equorum post Phaethonteos vidisse dolentius ignes, vgl. Met. 14, 423. Trist. 2, 5, 13. 14 cum Sol
altissimus orbe tantum respiceret quantum superesse videret.
Sehr schön fleht Horat. carm. saec. 9 den Sonnengott an:
alme Sol, curru nitido diem qui promis et celas aliusque et
idem nasceris, possis nihil urbe maius visere Roma. Hor.
epod. 9, 15 interque signa turpe militaria Sol adspicit conopium. Göthe, Römische Elegien 15: Hohe Sonne, du weilst
und beschauest dein Rom! Grösseres sahest du nicht und
wirst nichts Grösseres sehen, wie es dein Priester Horaz in
der Entzückung versprach. Göthe, Herbstgefühl: Euch brütet
der Mutter Sonne Scheideblick. Alle diese Wendungen sind
auf das Homerische ὃς πάντ᾽ ἐφορᾷς καὶ πάντ᾽ ἐπακούεις
(Hom. Il. 3, 277, Od. 11, 109, vgl. Soph. El. 825) zurückzuführen. Oft wird das Auge des Helios erwähnt: Soph.
Ant. 880 οὐκέτι μοι τόδε λαμπάδος ἱερὸν ὄμμα θέμις ὁρᾶν
ταλαίνᾳ, in der tiefsten Beziehung in Eur. Iph. T. 194, wo
es heisst, dass Helios das „heilige Strahlenauge" abwandte
von den Gräueln des Atreus und Thyestes (ἀλλάξας δ᾽ εὖτ᾽
ἐξ ἕδρας ἔστρεψεν ἱερὸν ὄμμα αἰγᾶς ἅλιος), womit Eur.
El. 739 zu vergleichen. Derselbe giebt dem Helios ein goldnes
Auge (χρυσωπὸν ἕδραν), wahrscheinlich ist auch Soph. fr. 313
(Nauck p. 162) ἐθαύμασας τηλέσκοπον πέμφιγα χρυσέαν ἰδών
vom Helios zu verstehen, vgl. Christodor. ecphr. 77 (Jac. Anth. 3,
p. 164): ἠέλιος — καθαρὴν δὲ φέρει τηλέσκοπον αἴγλην.
Vgl. Catull. 63, 39 sed ubi oris aurei Sol radiantibus oculis
lustravit aethera album; Aeschylus giebt dem Helios ein
Feuerauge fr. inc. 305 Herm.: ἐν δ᾽ ἥλιος πυρωπὸς ἐκλάμψας χθονὶ τήκει πετραίαν χιόνα. Parodirend Arist. Ach.
1147 ὦ κλεινὸν ὄμμα, νῦν πανύστατόν σ᾽ ἰδὼν λείπω φάος
γε τοὐμόν. Eur. epigr. 2 (Bergk p. 434 ed. 1) ὦ τὸν ἀγήραντον πόλον αἰθέρος, Ἥλιε, τέμνων, ἆρ᾽ εἶδες τοιόνδ᾽ ὄμμασι
πρόσθε πάθος; Vgl. Theodectes 10 (Nauck p. 625) ὦ καλλιφεγγῆ λαμπάδ᾽ εἱλίσσων φλογός, ἥλιε, — εἶδες τιν᾽ ἄλλον
πώποτ᾽ εἰς οὕτω μέγαν ἐλθόντ᾽ ἀγῶνα etc., und Ennius 237
Iupiter tuque alme Sol, qui omnes res inspicis, — inspice

hoc facinus. Seneca Herc. fur. 592 o lucis alme rector et coeli decus — da, Phoebe, veniam, si quid illicitum tui videre vultus. Bei Orph. hymn. in Sol. 8, 7 wird der Sonnengott angeredet: κλῦθι μάκαρ, πανδερκὲς ἔχων αἰώνιον ὄμμα, Τιτὰν Χρυσαυγής, vgl. Epigr. inc. 495, 3 (Jac. Anth. 4) δῆμος ὁ Κιμμερίων πανδερκέος ἄμμορος αἴγλης Ἠελίου. Von Shakspere wird oft das Auge der Sonne erwähnt; mythologisch Henry V 4, 1 (Del. p. 87) sweats in the eye of Phoebus; ausserdem treten charakteristische Epitheta hinzu: das heilkräftige Auge des majestätischen Sol verbessert den Aspect bösartiger Sterne: med'cinable eye corrects the ill aspects of planets evil, Troil. 1, 3 (Del. p. 28). Vgl. Romeo 2, 3 (Del. p. 54) now, ere the sun advance his burning eye; Winter's Tale 4, 3 (Del. p. 102) the sun looking with a south-ward eye upon him; Sonn. 25 (Del. p. 129) great princes' favourites their fair leaves spread but as the marigold at the sun's eye. Vgl. Henry V 3, 5 (Del. p. 66) on whom, as in despite, the sun looks pale, killing their fruit with frowns? Romeo 1, 3 (Del. p. 28) the all-seeing sun ne'er saw her match. Man vergleiche das Verbum to peer; Shaksp. Romeo 1, 1 (Del. p. 20) an hour before the worshipp'd sun peer'd forth the golden window of the east; Henry IV I, 5, 1 (Del. p. 95) how bloodily the sun begins to peer above you busky hill: the day looks pale at his distemperature. Anton. and Cleop. 4, 8 (Del. p. 107) to-morrow, before the sun shall see us. Makb. 1, 5 (Del. p. 37) never shall sun that morrow see.

Das Auge des Mondes kann nicht befremden, da Σελήνη oder Μήνη eine Göttin ist. Sie heisst εὐῶπις Pind. Ol. 11, 77: ἐν δ' ἕσπερον ἔφλεξεν εὐώπιδος σελάνας ἐρατὸν φάος, womit die schönen Worte bei Pindar Ol. 3, 20 zu vergleichen: διχόμηνις ὅλον χρυσάρματος ἑσπέρας ὀφθαλμὸν ἀντέφλεξε Μήνα, wozu Tafel, Dilucid. Pind. p. 148. Nonn. 9, 66 ἔννυχον ὄμμα Σελάνας (vgl. 11, 189) anführt; cf. Metrodor. probl. arithmet. 33, 2 (Jac. Anth. 3, p. 190) μαραίνεται ὄμμα Σελάνας. Bei Arat. Phaen. 1152 heisst sie χαροπός. Auffallender ist das Beiwort ἀστερωπός. In einem Fragmente des Aeschylus Xantr. 177 (Herm.) ist ἀστερωπὸν ὄμμα

Ἀητῴας κόρης vom Monde gesagt, bei Eur. Hipp. 851 heisst es: *ὁπόσας ἐφορᾷ φέγγος ἀελίου τε καὶ νυκτὸς ἀστερωπὸς σελάνα*, eine Wendung, die Eur. wahrscheinlich dem Aeschylus entlehnte. Vgl. noch Eur. fr. inc. 208 (Wagner 497) *γλαυκῶπις μήνη*, Epigr. inc. 377 (Jac. Anth. 4 p. 197) *ἀργύρεος πόλος οὗτος, ὅπη Φαέθοντα Σελήνη δέρκεται.* Vgl. Shaksp. Mids. 3, 1 (Del. p. 45) the moon, methinks, looks with a watery eye; ibid. 1, 1 (Del. p. 13) and then the moon, like to a silver bow new-bent in heaven, shall behold the night of our solemnities. Shaksp. Ant. and Cl. 4, 13 (Del. p. 121) and there is nothing left remarkable beneath the visiting moon. Winter's tale, 4, 3 (Del. p. 83) for never gaz'd the moon upon the water etc. Sehr anmuthig ist As you like it 3, 2 (Del. p. 55) and thou thrice-crowned queen of night, survey with thy chaste eye, from thy pale sphere above, thy huntress name. Göthe, Meine Göttin, von der Phantasie: Sie mag, immer wechselnd wie Mondesblicke, den Sterblichen scheinen. Geibel, Juniuslieder p. 94: Und wenn des Mondes klares Auge dann im Blauen aufging.

Den Sternen werden Augen zugeschrieben von Eur. Hec. 1103, *Ὠρίων ἢ Σείριος ἔνθα πυρὸς φλογέας ἀφίησιν ὅσσων αὐγάς.* Schwächer Catull. 7, 7 aut quum sidera multa, cum tacet nox, furtivos hominum vident amores und Horat. carm. 2, 17, 17 seu libra seu me scorpios aspicit formidolosus, man vgl. noch die von Orelli und Baiter angeführten Stellen; ein Dichter der Anth. Lat. 3, 192, 45 sagt von der Rose: quam modo nascentem rutilus conspexit Eous, hanc rediens sero vespere vidit anum. Göthe, Die Geheimnisse: Er klopft zuletzt, als schon die hohen Sterne ihr helles Auge zu ihm nieder wenden. Göthe, Ilmenau: Im finstern Wald, beim Liebesblick der Sterne, wo ist mein Pfad? Geibel, Brunhild p. 21: Nein, bei den Sternen, die mit düstern Augen ins Fenster schauten, wenn um Minnelohn auf Tod und Leben je gerungen ward.

Da die Eos Göttin ist, kann ihr Auge nicht verwundern. Hes. theog. 450 nennt sie *πολυδερκής*, Dionys. Hymn. in Apoll. 6 (Jac. Anth. 2 p. 230) *χιονοβλέφαρος*, Agathias

85, 3 *Θαλερῶπις 'Ηριγενείη*, schwächer Ovid. Fast. 4, 389 proxima victricem cum Romam inspexerit Eos; Met. 13, 578 cura deam propior luctusque domesticus angit Memnonis amissi, Phrygiis quem lutea campis vidit Achillea perenntem cuspide mater; vidit, et ille color, quo matutina rubescunt tempora, palluerat. Ovid. Met. 7, 702 cum me — lutea mane videt pulsis Aurora tenebris.

Das oben angeführte *ἀστερωπός* erscheint bei Eurip. in personificirender Weise in Verbindung mit *αἰθήρ*, was nicht zu verwundern ist bei der Vorliebe dieses Dichters für den *αἰθήρ*, wofür er von Aristophanes so herbe verspottet wurde (*αἰθήρ, ἐμὸν βόσκημα, καὶ γλώττης στρόφιγξ* Ran. 892). Eine solche Verbindung ist Ion. 1078 *ὅτε καὶ Διὸς ἀστερωπὸς ἀνεχόρευσεν αἰθήρ*. Auch *αἰθὴρ χρυσωπός* Inc. trag. fr. 268 (Wagner). Vgl. Chaeremon, Oeneus fr. 14 (Nauck p. 618) *γυμνὴ δ' αἰθέρος θεάμασιν ζῶσαν γραφὴν ἔφαινε*. Die Wolken des Aristophanes 285 nennen das Auge des Aethers die Sonne: *ὄμμα γὰρ αἰθέρος ἀκάματον σελαγεῖται μαρμαρέαις ἐν αὐγαῖς*. Bei Orph. hymn. 80, 5 (Herm.) *θαλερόμματος αἰθήρ*. Von tragischen Dichtern wurde die Sonne *αἰθέρος ὀφθαλμός* genannt, wie Suidas bemerkt.

Der Himmel wird *ἀστερωπός* genannt in der sehr bezeichnenden Stelle bei Critias 1, 33 (Nauck p. 598) *τὸ τ' ἀστερωπὸν οὐρανοῦ δέμας*, vgl. hiermit Eur. Phaeth. fr. 4, 25 *ἀστερωποῖσι δόμοισι χρυσέοις* und Herc. fur. 406 *ἀστρωποῖς τε κατέσχεν οἴκοις εὐανορίᾳ θεῶν*. Die Personification in der Stelle des Critias wird erläutert durch das elegante Epigramm des Plato (Jac. Anth. 1 p. 202): *Ἀστέρας εἰσα- θρεῖς, Ἀστὴρ ἐμός, εἴθε γενοίμην Οὐρανὸς ὡς πολλοῖς ὄμμασι εἴς σε βλέπω*.

Das Auge des Himmels heisst die Sonne bei Shaksp. Rich. II 3, 2 know'st thou not, that when the searching eye of heaven is hid behind the globe and lights the lower world; ib. 1, 3 (Del. p. 31) all places that the eye of heaven visits, are to a wise man ports and happy havens; K. John 4, 2 with taper-light to seek the beauteous eye of heaven to garnish; Tit. Andr. 4, 2 (Del. p. 67) o that which I would

hide from heaven's eye, our empress' shame etc. Hamlet 2,
2 (Del. p. 69) would have milch the burning eyes of heaven.
Vgl. noch Tw.-nigth 1, 1 (Del. p. 12) the element itself —
shall not behold her face at ample view.

Wie der Himmel ein Antlitz hat, ebenso auch die Wolke,
bei Pind. Pyth. 1, 7 κελαινῶπιν νεφέλαν, die dunkelblickende
Wolke. Diese schöne Personification erinnert lebhaft an die
Worte, welche die Wolkenpersonen bei Ar. nub. 290 von
sich selbst sagen: ἐπιδιώμεθα τηλεσκόπῳ ὄμματι γαῖαν,
vgl. 282 ἵνα τηλεφανεῖς σκοπιὰς ἀφορώμεθα (die Wolken),
ebenso 300 εὔανδρον γᾶν Κέκροπος ὀψόμεναι πολυήρατον.
Der Sturm erfasst mit blinder Wuth das weisse Haar des
Lear und achtet es für nichts, Shaksp. K. Lear 3, 1 (Del.·
p. 70) the impetuous blasts with eyeless rage. Als Gegensatz dient eine Stelle bei Propert. 3, 7, 71 at tu, saeve
Aquilo, nunquam mea vela videbis. N. Lenau sagt vom
Sturme (Werke 1, 127): wie sucht sein strahlender Blick
nach Gott durch die Weiten!

Die Sonne wird das Auge der Welt genannt, Orph.
hymn. in Sol. 8, 14 (Herm.) κόσμου τὸ περίδρομον ὄμμα,
vgl. Ovid. Met. 4, 226 omnia qui video, per quem videt
omnia tellus, mundi oculus.

Das schon angeführte πυρωπός wird dem Blitze beigelegt von Aesch. Prom. 668. Herm.: πυρωπὸν ἐκ Διὸς μολεῖν
κεραυνόν. Das Feuer selbst erhält ein Flammenantlitz oder
Flammenauge, Aesch. Prom. 255 καὶ νῦν φλογωπὸν πῦρ
ἔχουσ᾽ ἐφήμεροι, woraus Prom. 364 zu erklären: ἐξ ὀμμάτων
ἤστραπτε γοργωπὸν σέλας. Hiermit ist zu vergleichen Hes.
Theog. 566 ἀκαμάτοιο πυρὸς τηλέσκοπον αὐγήν, Eur. Syl.
fr. 4, 3 ὄμμα πυρός, Orph. hymn. 11, 17 ἐλαφρότατον πυρὸς ὄμμα. Von der Weissagung aus dem Feuer braucht
Prom. bei Aesch. Prom. 507 die Worte καὶ φλογωπὰ σήματα
ἐξωμμάτωσα. Dem φλογωπὸν πῦρ ist Eur. Suppl. 1019
αἴθοπι φλογμῷ, ferner Eur. Bacch. 594 ἅπτε κεραύνιον
αἴθοπι λαμπάδα zu vergleichen; auch entspricht ihm die
Personification in Aesch. Prom. 816 πρὸς ἀντολὰς φλογῶπας
ἡλιοστιβεῖς. Daher wird auch dem Lichte ein Auge beige-

legt, Eur. Ion. 188 καλλιβλέφαρον φῶς, das schönblickende
Licht. Empfehlenswerth ist die Conjectur von Fr. Jacobs in
Eur. Hec. 439, wo Polyxena ausruft: ὦ φῶς, παρειπεῖν γὰρ
σὸν ὄμμ' (statt ὄνομ') ἔξεστί μοι. Wenigstens sagt Antigone
in Soph. Ant. 880 in ganz ähnlicher Lage, οὐκέτι μοι τόδε
λαμπάδος ἱερὸν ὄμμα θέμις ὁρᾶν ταλαίνᾳ. In komischer
Weise wird das Auge des Lampenlichtes angeredet bei Ar.
Eccl. 1 ὦ λαμπρὸν ὄμμα τοῦ τροχηλάτου λύχνου. Vgl.
Statyll. Flacc. 3, 4 λύχνος — τῆς ἐπιόρκου παντοπαθῆ
κούρης αἴσχεα δερκόμενος. Meleag. 71, 6 (Jac. Anth. 1,
p. 22) λύχνε, σὺ δ' ἐν κόλποις αὐτὸν ὁρᾷς ἑτέρων. 103, 7
(Jac. 1, p. 30) μήποτε, λύχνε, ταῦτ' ἐσίδοις. Gallienus in
Anthol. Lat. 3, 258, p. 684: Vigiles nolint exstinguere
lychnos: omnia nocte vident, nil cras meminere lucernae.
Shaksp. Cymb. 2, 2 (Del. p. 41) The flame o'the tapers
bows toward her, and would under-peep her lids, to see
the enclosed lights, now canopied under these windows,
white and azure, lac'd with blue of heaven's own tinct.
Durch die Personification von φῶς ist Pindar Nem. 3, 84 zu
erklären: τίν' γε μέν, εὐθρόνου Κλεοῦς ἐθελοίσας, ἀεθλοφό-
ρου λήματος ἕνεκεν Νεμέας Ἐπιδαυρόθεν τ' ἀπὸ καὶ Μεγάρων δέδορκεν φάος.

Bemerkenswerth ist, dass die Dichter örtlichen Gegenständen einen Blick beilegen, wie es durch die Adjectiva
εὐρωπός, κοιλωπός, κατόψιος, κάτοπτος geschieht. Karsten
zu Empedokles 129 sagt: Terminatio — ωπός poetis eadem
est quae vulgo — ειδής. Dieser Satz kann nur mit Ein-
schränkung gelten und in einer Anzahl von Beispielen wird
der specielle Begriff von ὤψ wenigstens festgehalten werden
können; so in Eur. Iph. T. 263 ἦν τις διαρρὼξ κυμάτων
πολλῷ σάλῳ κοιλωπὸς ἀγμός, eine hohläugige Felsenkluft;
Antip. Sid. 27, 5 (Jac. Anth. 2 p. 13) κοιλῶπιν ὀρειάδα
δίσατο πέτρην. Eur. Iph. T. 626 χάσμα τ' εὐρωπὸν πέτρας.
Agath. 52 (Jac. Anth. 4 p. 21) χῶρος ἐγὼ τοπρὶν μὲν ἔην
στυγερωπὸς ἰδέσθαι. Vgl. Shaksp. Henry V. 5, 2 (Del.
p. 124), that the contending kingdoms of France and England,
whose very shores look pale with envy of each other's happiness; Henry IV II, 1, 1 (Del. p. 17) so looks the strand,

whereon the imperious flood hath left a witness'd usurpation. Wie in den oben aus Euripides und Antipater Sid. angeführten Stellen dem Felsen ein Auge zugeschrieben wird, so ist demselben auch ein Blick in personificirender Weise verliehen von Eur. Hipp. 30 πέτραν πάρ' αὐτὴν Παλλάδος, κατόψιον γῆς τῆςδε, vgl. Valcken. zu d. St.; ganz in derselben Weise ist zu erklären Aesch. Ag. 292 καὶ Σαρωνικοῦ πορθμοῦ κάτοπτον πρῶν' ὑπερβάλλειν, und Hom. Hymn. 18, 11 ἀκροτάτην κορυφὴν μηλοσκόπον εἰςαναβαίνων, den Gipfel, der auf die Heerde schaut; hierher gehört auch Soph. Ant. 1011 παλαιὸν θῶκον ὀρνιθοσκόπον. Eur. Bacch. 1384 ἔλθοιμι δ' ὅπου μήτε Κιθαιρὼν μιαρός μ' ἐσίδοι; Simonid. fr. 88, 1 (Bergk) ἠερίη Γεράνεια, κακὸν λέπας, ὤφελες Ἴστρον τῆλε καὶ ἐς Σκυθέων μακρὸν ὁρᾶν Τάναϊν, vgl. Crinagoras 28, 1 (Jac. Anth. 2 p. 135) οὔρεα Πυρηναῖα καὶ αἱ βαθυάγκεες Ἄλπεις, αἳ Ῥήνου προχοὰς ἐγγὺς ἀποβλέπετε. Ovid. Met. 11, 150 nam freta prospiciens, late riget arduus alto Tmolus in adscensu; Virg. Aen. 1, 419 iamque ascendebant collem, qui plurimus urbi imminet adversasque adspectat desuper arces; Ovid. Met. 8, 329 Silva frequens trabibus, quam nulla ceciderat aetas, incipit a plano devexaque prospicit arva. Man vergleiche ferner Ovid. Met. 15, 53 vixque pererratis, quae spectant litora, terris. Ovid. Fast. 4, 404 tum primum soles eruta vidit humus.

Die Schönheit dieser Ausdrucksweise wird noch stärker hervorleuchten, wenn man sich erinnert, in wie vielen Dichterstellen das Auge oder der Blick von Ländern, Städten, Häusern, erwähnt wird. Eur. Iph. A. 1378 εἰς ἔμ' Ἑλλὰς ἡ μεγίστη πᾶσα νῦν ἀποβλέπει. Vgl. Eur. Suppl. 320 ὁρᾷς, ἄβουλος ὡς κεκερτομημένη τοῖς κερτομοῦσι γοργὸν ὡς ἀναβλέπει σὴ πατρίς; vgl. ib. 325. Alcaeus Messen. 6, 4 (Jac. Anth. 1 p. 238) μὴ ταῦτ' ὄμμασιν Ἑλλὰς ἴδοι. Ov. Tr. 1, 2, 94 aspiciat voltus, Pontica terra, meos. Eur. Herc. fur. 220 vom Hercules, ὃς εἰς Μινύαισι πᾶσι διὰ μάχης μολὼν Θήβαις ἔθηκεν ὄμμ' ἐλεύθερον βλέπειν. Aesch. fr. 456 (Herm. 1 p. 409) πᾶσα γὰρ Τροία δέδορκε (lebte) Ἕκτορος τύχης διαί. Coluth. rapt. Hel. 163 νυμφίον ἀθρήσει δὲ μετὰ Τροίην Λακεδαίμων, Virg. Georg. 1, 489 ergo inter sese paribus con-

currere telis Romanas acies iterum videre Philippi. Ovid.
Tr. 3, 8, 51 dumque suis victrix septem de montibus orbem
prospiciet domitum Martia Roma, legar. Ib. 1, 5, 69 sed
quae de septem totum circumspicit orbem montibus imperii
Roma deumque locus. Tib. 1, 7, 19 utque maris vastum
prospectet turribus aequor prima ratem ventis credere docta
Tyros. Shaksp. K. John 1, 1 (Del. p. 16) be thou as
lightning in the eyes France. Tit. Andr. 1, 1 (Del. p. 18)
in the eyes of royal Rom. So heisst die Familie des Theron
bei Pind. Ol. 2, 10 das Auge Siciliens, was Boeckh vortrefflich erklärt Explicat. Pind. p. 123; so heissen bei Aesch.
Eum. 1007 (Herm.) die Mädchen, Frauen und Greisinnen das
Auge des ganzen Theseuslandes (ὄμμα γὰρ πάσης χθονὸς
Θησῆδος ἐξίκοιτ᾽ ἄν, εὐκλεὴς λόχος παίδων, γυναικῶν καὶ
στόλος πρεσβυτίδων), die Gegenwart des Herrn ist das Auge
des Hauses, Aesch. Pers. 173 ὄμμα γὰρ δόμων νομίζω
δεσπότου παρουσίαν, bei Aesch. Choeph. 921 heisst Orest
das Auge des Hauses, ὀφθαλμὸν οἴκων μὴ πανώλεθρον
πεσεῖν. Insbesondere gehört hierher Aesch. Choeph. 795:
εἰ δὸς ἀναδῖν (wie Frantz aufgenommen hat) δόμον ἀνδρὸς
καὶ ἐλευθερίας λαμπρὸν ἰδεῖν φάος ὄμμασιν ἐκ δνοφερᾶς
καλύπτρας. Sehr ähnlich dieser Stelle ist Eur. Ion. 1465:
ἀνηβᾷ δ᾽ Ἐρεχθεὺς ὅ τε γηγενέτας δόμος οὐκέτι νύκτα δέρκεται, Ἀλίου δ᾽ ἀναβλέπει λαμπάσι, und Soph. El. 1497:
ἢ πᾶσ᾽ ἀνάγκη τήνδε τὴν στέγην ἰδεῖν τά τ᾽ ὄντα καὶ μέλ-
λοντα Πελοπιδᾶν κακά; Eur. Bacch. 1306 ᾧ δῶμ᾽ ἀνέβλεψ᾽,
ὃς συνεῖχες, ὦ τέκνον, τοὐμὸν μέλαθρον, Herc. fur. 434 εἰς
δὲ σὰς χέρας βλέπει δώματ᾽ οὐ παρόντος. Der Gebrauch,
den Ländern ein Auge beizulegen, ist auch den Lateinern
geläufig, wie die von Boeckh explic. Pind. p. 124 beweisen:
Iustin. 5, 8 Athenae Graeciae oculus; Cic. de Nat. Deor. 3,
38 Corinthus et Carthago oculi orae maritimae; Cic. ad Att.
16, 6 villulae meae ocelli Italiae. Zum Vergleiche sei angeführt Catull. 31, 1: Peninsularum, Sirmio, insularumque ocelle.

Das Wasser gilt für das Auge der Landschaft. Flüssen wird ein Blick zugeschrieben, schon weil sie Götter sind.
Ovid. Met. 8, 164 vom Maeander, occurrensque sibi venturas
aspicit undas. Jac. ad Philostr. p. 378 führt eine Stelle aus

Himerius an, in welcher es von einem Flusse heisst: νῦν δέ
μοι σκυθρωπὸς οὕτως καὶ μέλας ἐγένετο καὶ Κωκυτοῦ
καὶ Ἀχέροντος παντὸς στυγνότερος. Vgl. Antip. Sid. 53,
6 (Jac. Anth. 2, p. 21) χαροπῷ ἐν πελάγει, ebenso Meleag.
10, 4, Meleag. 68, 1 χαροποῖς ἐν κύμασι. Soph. Aj. 418
ὦ Σκαμάνδριοι γείτονες ῥοαί, εὔφρονες Ἀργείοις, οὐκ ἔτ᾽
ἄνδρα μὴ τόνδ᾽ ἴδητε. Wichtig Anyte 5, 3 (Jac. Anth. 1,
p. 131) ἀμφὶ δὲ πόντος δειμαίνει λιπαρὸν δερκόμενος ξόανον
(der Aphrodite). Geibel, K. Roderich p. VIII Langsam ringt
im dunkeln Schacht die Flut, bis hoffend sie hervorspringt
und das heissersehnte Licht, den goldnen Tag mit klaren
Augen grüsst. Von der Meeresstille heisst es bei einem
Dichter der Anth. καὶ χαροποῦ γλαυκῶπιν ὑπὲρ πόντοιο
γαλήνην. Vgl. Meleag. 69, 1 ἁ φίλερως χαροποῖς Ἀσκληπιὰς,
οἷα γαλήνης ὄμμασι συμπείθει πάντας ἐρωτοπλοεῖν. Auch
die elegante von Jacobs, Anth. 8 p. 376 zu Mosch. 5, 3
gemachte Conjectur sei erwähnt: Πείθει δὲ πολὺ πλέον ὄμμα
γαλάνας. Ovid. Met. 7, 395 sagt: flagrantemque domum
regis mare vidit utrumque.

Eine schöne Vorstellung ist es, wenn die Poesie den
Pflanzen oder Bäumen Augen leiht, z. B. bei Aesch. Eum.
927 φλογμὸς ὀμματοστερὴς φυτῶν. Die Worte des Sophokles Oed. Col. 685 χρυσαυγὴς κρόκος (vgl. Curtius, gr. Etym.
p. 107) heissen bei Geibel, Gedichte und Gedenkblätter p. 137:
Schüchtern lauscht am Hügelsaume goldnen Blicks der Kro-
kus vor. Hölderlin, An den Aether (I p. 102): Himmlischer,
sucht nicht dich mit ihren Augen die Pflanze? Göthe im
Tasso 1, 1: „Die Blumen von den Beeten schauen uns mit
ihren Kinderaugen freundlich an." Göthe, Mahomets Gesang
(Werke 2, p. 43): „Doch ihn hält kein Schattenspiel, keine
Blumen, die ihm seine Knie' umschlingen, ihm mit Liebes-
augen schmeicheln." Sehr anmuthig Shaksp. Cymb. 2, 3
(Del. p. 43) and winking Mary-buds begin to ope their golden eyes. Mids. 4, 1 (Del. p. 63) and that same dew, which
sometime on the buds was wont to swell like round and
orient pearls, stood now within the pretty flowerets' eyes like
tears. Makb. 1, 6 (Del. p. 38) look like the innocent flower.
Vgl. Winter's Tale 4, 2 (Del. p. 72) when daffodils begin to

peer. Vgl. As you like it 2, 1 (Del. p. 37) under au oak, whose autlque root peeps out upon the brook. L. Tieck, Genoveva p. 70: Ihr hohen Bäume, heilig dunkle Günge, wie blickt ihr ernst und gross auf mich danieder. Ibid. p. 242: Busch und Wald sieht mich mit finstern, grimmen Augen an. Die Augen des Weinstocks heissen ὀφθαλμοί, vgl. Ion Chius 1, 6 (Jac. Anth. 1, p. 93 und 6 p. 312). Der Wein selbst heisst ταυρωπός bei Ion fr. 9 (Bergk) ἄδαμον παῖδα, ταυρωπόν, νέον οὐ νέον, ἥδιστον πρόπολόν τε βαρυγδούπων ἐρώτων, οἶνον ἀερσίνοον, ἀνθρώπων πρύτανιν.

Auch den Theilen des menschlichen Körpers wird ein Sehen zugeschrieben, vgl. Aesch. Sept. 550 χεὶρ ὁρᾷ τὸ δράσιμον (Göthe, röm. Elegien: fühle mit sehender Hand), vgl. τυφλὴν χέρα Eur. Phoen. 1715, cf. Apitz. Bei Arist. nub. 193 frägt Strepsiades: τί δῆθ᾽ ὁ πρωκτὸς ἐς τὸν οὐρανὸν βλέπει; Shakspere Winter's tale 4, 3 (Del. p. 81) but that your youth and the true blood, which peeps fairly through it, wozu Delius Marlow's Hero and Leander anführt: through whose white skin, softer than soundest sleep, with damask eyes the ruby blood doth peep.

Wenn die Träume bei Hom. Od. 24, 12 als Gottheiten auftreten, wie bei Ovid. Met. 11, 592 als allegorische Gestalten, so ist dagegen poetische Personification in der Stelle des Eur. Herc. fur. 111, wo sich der Chor mit dem Traume vergleicht: ἔπεα μόνον καὶ δόκημα μόνον νυκτερωπὸν ἐννύχων ὀνείρων. Vgl. Aesch. Ag. 12 εὐνὴν ὀνείροις οὐκ ἐπισκοπουμένην. Wichtig ist die parodische Stelle bei Arist. ran. 1337: ὢ Νυκτὸς κελαινοφαὴς ὄρφνα, τίνα μοι δύστανον ὄνειρον πέμπεις ἐξ ἀφανοῦς — φρικώδη δεινὰν ὄψιν, φόνια, φόνια δερκόμενον. Ferner gehört hierher αἴθοψ λιμός, der heissblickende Hunger, bei Hes. op. 361. Lucas, quaest. lexic. p. 100 meint, dass der Begriff von ὤψ hier geschwunden sei. Aber Simonid. Amorg. 6, 102 hat λιμὸς δυσμενὴς θεός und bei Aesch. Ag. 1631 findet sich λιμός mit ἐφορᾶν verbunden: ἀλλ᾽ ὁ δυςφιλὴς σκότῳ λιμὸς ξύνοικος μαλθακόν σφ᾽ ἐπόψεται. Bei Aesch. Eum. 915

ist δακρύων βίος ἀμβλωπός ein Leben, dessen Augen durch Thränen blind geworden sind. Zur Personification von βίος ist Eur. Andr. zu vergleichen: εἷς παῖς ὅδ' ἦν μοι λοιπός, ὀφθαλμὸς βίου. Sehr auffallend sind die von der Trunkenheit von Critias bei Athen. 432 E (Jacobs Philostr. p. 348) gesagten Worte: πρὸς δ' ὄμμ' ἀχλὺς ἀμβλωπὸς ἱζάνει. Vom Tode Geibel, Juniuslieder p. 159: Und drunten seh' ich sitzen den Tod mit Augen hohl und grass.

2. In herrlicher Weise wird der Tag personificirt, wenn der Strahl der Sonne sein Auge genannt wird, Soph. Ant. 104 ἀκτὶς ἀελίου, χρυσέας βλέφαρον ἁμέρας. Vgl. Geibel, Neue Gedichte p. 289: Glücksel'ge Stund'! In stiller Glorie ging des Tages Strahlenwimper langsam nieder; an Tempeln und Cypressen scheidend hing sein Feuerblick. Mörike, Gedichte p. 2: Dort sieh! am Horizont lüpft sich der Vorhang schon, es träumt der Tag, nun sei die Nacht entflohn, die Purpurlippe, die geschlossen lag, haucht halbgeöffnet süsse Athemzüge, auf einmal blitzt das Aug' und wie ein Gott der Tag beginnt im Sprung die königlichen Flüge. Schiller, Erwartung: Des Tages Flammenauge bricht im süssen Tod. Vgl. ἡμέραι σκυθρωπαί bei Plutarch (vgl. Passow s. v. σκυθρωπός). Plaut. Capt. 3, 2 nam hercle, ego huic dici, si liceat, oculos effodiam libens. Shaksp. Lucrece 156 (Del. p. 85) revealing day through every cranny spies, and seems to point her out where she sits weeping; to whom she sobbing speaks: o eye of eyes! why pry'st thou through my window? leave thy peeping. Makb. 3, 2 (Del. p. 73) come, seeling night, scarf up the tender eye of pitiful day. Hamlet 3, 3 (Del. p. 94) and do such bitter business as the day would quake to look on. Richard II 3, 2 not able to endure the sight of day. Tieck, Fortunat p. 480: War mein Erglänzen mehr als kalte Pracht des heitern Wintertages, der — liebäugelnd mit der starren todten Erde u. s. w. — Auch den Morgen personificirt Shaksp. auf diese Weise; am schönsten im Sonnet 33 (Del. p. 133) Full many a glorious morning have I seen flatter the mountain-tops with sovereign eye, kissing with golden face the meadows green gilding pale streams with heavenly alchymy. Romeo 2, 3 the grey-

ey'd morn smiles in the frowning night; 3, 5 I'll say, yon
grey is not the mornings eye.

Die Nacht hat als ihr Auge den Mond bei Aesch. Sept.
370 λαμπρὰ δὲ πανσέληνος ἐν μέσῳ σάκει, πρέσβιστον
ἄστρων, νυκτὸς ὀφθαλμός, πρέπει. Vgl. Philipp. Thess. 24,
1 (Jac. Anth. 2 p. 202) οὐρανὸς ἄστρα τάχιον ἀποσβέσει ἢ
τάχα νυκτὸς ἠέλιος φαιδρὴν ὄψιν ἀπεργάσεται. Auch vom
blinden Auge der Nacht ist die Rede, Empedokles 198 (Karsten) hat die Worte νυκτὸς ἐρημαίης ἀλαώπιδος. Dieses Epitheton wird durch Eur. Phoen. 546 erläutert: νυκτὸς ἀφεγ-
γὲς βλέφαρον, worunter nicht der Mond zu verstehen ist, wie
Apitz zu Phoen. 533 meint, sondern die Nacht selbst, wie
auch in den Stellen Eur. Iph. T. 110, ὅταν δὲ νυκτὸς ὄμμα λυγαίης
μόλῃ, und Aesch. Pers. 426 ἕως κελαινῆς νυκτὸς ὄμμ' ἀφείλετο.
Ebenso Alexis, Thespr. 2 (Meineke, fr. com. 3 p. 419) νυκτός τ'
ὄμμα τῆς μελαμπέπλου. — Shaksp. K. Lear 2, 1 (Del. p. 49)
thus out of season, threading dark-ey'd night. Mids. 5, 1
(Del. p. 77) o grim-look'd night. L. Tieck, Genoveva p. 117:
Der hohe Wald ist düster, es äugelt die Nacht in den Bu-
chengang hinein. Geibel, K. Roderich p. 76: Es schaut
mich rings die Finsterniss mit schwarzen Augen an.

Hier möge auch die Zeit überhaupt, das Alter und das
Jahr erwähnt werden, denen ein Auge' oder Blick geliehen
wird: Sophocl. Hippon. 288 (Nauck p. 155) πρὸς ταῦτα
κρύπτε μηδὲν ὡς ὁ πάνθ' ὁρῶν καὶ πάντ' ἀκούων πάνθ'
ἀναπτύσσει χρόνος. Eur. Mel. fr. (Nauck p. 413) ὀξὺ βλέπων γὰρ ὁ χρόνος τὰ πάνθ' ὁρᾷ. Vgl. Lent. Gaet. 8, 1
(Jac. Anth. 2 p. 153) ὦ Κρόνε, παντοίων θνητοῖς πανε-
πίσκοπε δαῖμον. Shaksp. Romeo 4, 5 (Del. p. 107) most
miserable hour, that ever time saw in lasting labour of his
pilgrimage. Henry IV II 5, 2 (Del. p. 103) the condition
of the time, which cannot look more hideously upon me.
Vgl. Shaksp. Makb. 4, 3 (Del. p. 102) the time you may so
hoodwink (der Zeit d. h. der Mitwelt eine Binde um die Augen legen). — Tibull. 3, 4, 25 non illo quicquam formosius
ulla priorum aetas, humanum nec videt illud opus. Shaksp.
Rich. III 3, 4 (Del. p. 82) I prophesy the fearfull'st time to

thee, that ever wretched age hath look'd upon. — Tibull. 2,
5, 75 ipsum etiam Solem defectum lumine vidit iungere pal-
lentes nubilus annus equos. Das Greisenalter: Antiphan. bei
Meineke, fr. com. 3 p. 129 σοφόν γε τοί τι πρὸς τὸ βου-
λεύειν ἔχει τὸ γῆρας, ὡς δὴ πόλλ' ἰδόν τε καὶ παθόν.
Eur. Bacch. 1252 δύσκολον τὸ γῆρας ἐν τ' ὄμμασι σκυ-
θρωπόν.

3. Die abstracten Begriffe gewinnen durch das Auge
und den Blick, welche ihnen die Dichter leihen, persönliche
Existenz. Durch solche Epitheta und Wendungen erhält die
Darstellung ächt poetische Farbe, und „die Anmuth des griechischen Geistes" tritt hier besonders hervor, wie Bernhardy, Wissenschaftliche Syntax der griechischen Sprache,
p. 50 not. 79 vortrefflich bemerkt. Aus der Mythologie ist
es besonders Dike, die Tochter des Zeus, die Mutter der
Hesychia (Pind. Pyth. 8, 1), die Schwester der Eunomia und
Eirene (Pind. 13, 7), deren Augen und Blick die Dichter oft
erwähnen. Ihr Bild beschreibt Chrysippus bei Gellius N. A.
14, 4: σκυθρωπὴ γράφεται καὶ συνεστηκὸς ἔχουσα τὸ πρόσωπον καὶ ἔντονον καὶ δεδορκὸς βλέπουσα, ὥστε τοῖς μὲν
ἀδίκοις φόβον ἐμποιεῖν, τοῖς δὲ δικαίοις θάρσος. So Aesch.
Ag. 750: Δίκα δὲ λάμπει ἐν δυσκάπνοις δώμασιν, τὸν δ'
ἐναίσιμον τίει βίον. τὰ χρυσόπαστα δ' ἔδεθλα σὺν πίνῳ
χερῶν παλιντρόποις ὄμμασι λιποῦσα etc. Eteocles sagt von
Polynices Aesch. Sept. 653 Blomf., Dike habe denselben niemals angeblickt (Δίκη προσεῖδε); Hermann vertheidigt indessen die Lesart der Codices προσεῖπε, (vgl. zu v. 648 Thl. II,
p. 324). Soph. Aj. Locr. 11. Dind.: τὸ χρύσεον δὲ τᾶς Δίκας δέδορκεν ὄμμα, τὸν τ' ἄδικον ἀμείβεται. Sehr schön
ist das Epigramm eines nicht bekannten Dichters der Anthologie (Jac. Anth. 4 p. 219): κἄν με κατακρύπτης, ὡς οὐδενὸς
ἀνδρὸς ὁρῶντος, ὄμμα Δίκης καθορᾷ πάντα τὰ γινόμενα.
Jacobs führt hierzu (12 p. 139) die Worte eines unbekannten
Dichters bei Stob. Ecl. VII, p. 111 an, welche nach Nauck
p. 617 dem Dionysius gehören: ὁ τῆς Δίκης ὀφθαλμὸς ὡς
δι' ἡσύχου λεύσσων προσώπου πάνθ' ὅμως ἀεὶ βλέπει, und
eine andere bei Plut. II p. 1124 F: ἐστὶν Δίκης ὀφθαλμὸς,
ὃς τὰ πάνθ' ὁρᾷ, welche bei Philemon (Meineke, fr. com. 4

p. 67) und Menander (ib. p. 345) vorkommt. Ein unbekannter Tragiker bei Nauck p. 715: ἀλλ' ἡ Δίκη γὰρ καὶ κατὰ σκότους βλέπει, vgl. ibid. fr. 419 (Nauck p. 717) Δίκας ἐξέλαμψε θεῖον φάος. Orph. hymn. 62, 1 (Herm.) ὄμμα Δίκης μέλπω πανδερκέος, ibid. 69, 11. 8, 18 heisst Helios ὄμμα δικαιοσύνης. Vgl. Aesch. Choeph. 55, ῥοπὴ δ' ἐπισκοπεῖ Δίκας ταχεῖα τοὺς μὲν ἐν φάει. Schön ist das Euripideische Fragment des Archelaus 37 (Wagner 261): Δοκεῖς τὰ τῶν θεῶν ξυνετὰ νικήσειν ποτὲ καὶ τὴν Δίκην μακρὰν ἀπῳκίσθαι βροτῶν, ἥδ' ἐγγύς ἐστιν, οὐχ ὁρωμένη ὁρᾷ, ὃν χρὴ κολάζειν τ' οἶδεν, während Antigone sagt bei Eur. Phoen. 1729, οὐχ ὁρᾷ Δίκα κακούς. Dio Chrysost. Or. 1 p. 68 (bei Jacobs ad Philostr. p. 348) sagt von der Dike: ἥδε μὲν ἡ προςορῶσα γοργόν τε καὶ πρᾷον, ἐκ δεξιῶν καθημένη. So heisst auch Θέμις πανδερκής bei Quint. Calabr. 13, 299 und Aesch. Suppl. 345 sagt: ἴδοιτο δῆτ' ἄναιον φυγὰν ἱκεσία θέμις Διὸς κλαρίου. Vgl. Babrius 43, 6: παρῆν δὲ νέμεσις, ἣ τὰ γαῦρ' ἐποπτεύει. Vgl. Schiller's Lied von der Glocke: „denn das Auge des Gesetzes wacht."

Das Auge der Tyche erwähnt ein Epigramm (εἰς στήλας 14, Jac. Anth. 3 p. 241): πάντα Τύχης ὀρθαλμὸς ἐπέρχεται· ἀλλ' ἐπὶ μούνοις Πορφυρίου καμάτοις ἕλκεται ὄμμα Τύχης. Aristaenet. 1, 19: Μελισσάριον εὐμενέσιν ὀφθαλμοῖς εἴπερ ποτὲ καὶ νῦν εἶδεν ἡ Τύχη. Mesomed.. hymn. εἰς Νέμεσιν 7 (Jac. Anth. 3, 6): ὑπὸ σὸν τρόχον ἄστατον, ἀστιβῆ χαροπὰ μερόπων στρέφεται τύχα. Fr. adesp. tr. 425 (Nauck p. 718) ἣ τὰ θνητῶν καὶ τὰ θεῖα πάντ' ἐπισκοποῦσ' ἀεὶ καὶ νέμουσ' ἡμῶν ἑκάστῳ τὴν κατ' ἀξίαν Τύχη μερίδα. Hiermit ist Pind. Pyth. 3, 85 zu vergleichen: λαγέταν γάρ τοι τύραννον δέρκεται, εἴ τιν' ἀνθρώπων, ὁ μέγας πότμος. Virg. Aen. 3, 318 aut quae digna satis fortuna revisit (te)? Göthe, Tasso p. 143: Das Glück erhebe billig der Beglückte: Er dicht' ihm hundert Augen fürs Verdienst und kluge Wahl und strenge Sorgfalt an.

In Bezug auf die Erinnyen erinnere ich an Eur. Or. 260 ὢ Φοῖβ', ἀποκτενοῦσί μ' ἀεὶ κυνώπιδες, γοργῶπες, ἐνέρων ἱερίαι, δειναὶ θεαί. Vgl. Soph. Aj. 835 καλῶ δ' ἀρωγοὺς τὰς ἀεί τε παρθένους ἀεὶ δ' ὁρώσας πάντα τἀν βροτοῖς

πάϑη, σεμνὰς Ἐρινῦς ταναύποδας, vgl. Oed. Col. 42. Antip.
Sidon. ep. 78, 9 (Jac. Anth. 2, 28) οὐδὲ γὰρ ὁ προπάροιϑε
κανὼν Αἴγισϑος ἀοιδὸν ὄμμα μελαμπέπλων ἔκφυγεν Εὐμενί-
δων. Damit vgl. man Pind. Ol. 2, 41 ἰδοῖσα δ᾽ ὀξεῖα Ἐριν-
νύς, wozu Dissen Cic. de nat. deor. 3, 18 anführt, Aesch.
Eum. 476, βροτοσκόπων μαινάδων (von den Erinnyen gesagt),
Eur. Andr. 979 αἱματωπὰς ϑεάς. Göthe Elpenor p. 380:
Vor dem Herrschen ihres grossen Auges (der Rache) ziehet
sich — in der Brust das feige Herz zusammen. Hierher
gehört die herrliche Stelle bei Aesch. Sept. 692: φίλου γὰρ
ἐχϑρά μοι πατρὸς τέλει᾽ ἀρὰ ξηροῖς ἀκλαύτοις ὄμμασι
προσιζάνει.

Das Auge der Peitho, welche Ibycus fr. 4 Schn. ἀγα-
νοβλέφαρος nannte, hat Aesch. Eum. 955: στέργω δ᾽ ὄμματα
Πειϑοῦς, ὅτι μοι γλῶσσαν καὶ στόμ᾽ ἐπωπᾷ etc.

Ausserordentlich schön redet Licymnius fr. 4 (Bergk
p. 840) die Gesundheit, welche von Ariphron (Ilgen, carmina convivalia Graecorum p. 126) πρεσβίστα μακάρων genannt wird, mit den Worten an: Διπαρόμματε μᾶτερ, ὑψίστων ϑρόνων σεμνῶν Ἀπόλλωνος βασίλεια ποϑεινὰ, πρηϋγέ-
λως Ὑγίεια. Der Schlaf wird in dem Skolion des Aristoteles
μαλακαύγητος (sanftäugig, von αὐγή) genannt, vgl. Ilgen,
p. 136. 157. Das Gegentheil Antiphil. 13, 3 (Jac. Anth. 2
p. 147) Γοργοῖς λιϑοδερκέος.

Ueber den Blick des Polemos entsetzt sich Trygäus bei
Arist. pac. 239 ὅσον κακὸν καὶ τοῦ Πολέμου τοῦ βλέμματος.
Vgl. Shaksp. Henry IV II 4, 2 whereon this Hydra son of
war is born; whose dangerous eyes may well be charm'd
asleep. — Hierher gehört auch, dass Homer die Λιταί schie-
lend nennt, Il. 9, 503 καὶ γάρ τε Λιταί εἰσι Διὸς κοῦραι
μεγάλοιο, χωλαί τε ῥυσαί τε, παραβλῶπές τ᾽ ὀφϑαλμώ. Vgl.
auch Hom. Il. 11, 173 Ἔρις δ᾽ ἄρ᾽ ἔχαιρε πολύστονος εἰσο-
ρόωσα.

Das Auge der Musen und Charitinnen wird in der
besonderen Beziehung erwähnt, dass diese, wie überhaupt die
Götter, durch ihren Blick Eigenschaften mittheilen, eine rei-
zende Vorstellung der Griechen, welche Hor. carm. 4, 3, 1. 2

aufgenommen hat: quem tu, Melpomene·, semel nascentem placido lumine videris. Stellen, in denen das Auge in der bezeichnenden Weise erwähnt ist, findet man angeführt von Valck. ad Hipp. 1339, Blomf. ad Aesch. Sept. 644, Mitscherlich und Orelli ad Hor. carm. 4, 3, 2 Jacobs ad Meleagr. 23, 1 (Anth. 6 p. 42 und 7 p. 310), Dissen ad Pind. Ol. 7, 12, Wüstemann ad Theocr. 9, 35. Die Charis kommt in dieser Weise bei Pind. Ol. 7, 12 vor, *ἄλλοτε δ'ἄλλον ἐποπτεύει Χάρις ζωθάλμιος.* Schön sind die Worte E. Mörike's auf Schiller, welche die Stimmung so manches Musenfreundes bezeichnen: „der in der Musen Blicken selige Wahrheit las, in ewigen Weltgeschicken das eigne Weh. vergass." Die Harmonia bezeichnet Empedokles (Karsten 24, 25) als *θεμερῶπις.*

Im weiteren übertragenen Sinne gehört hierher Plato de leg. 4 p. 417 D *πᾶσι γὰρ ἐπίσκοπος τοῖς περὶ τοιαῦτα ἐτάχθη Δίκης Νέμεσις ἄγγελος.* Vgl. Ammian. Marc. 14, 11 Adrastia, quam vocabulo duplici etiam Nemesin appellamus: quam theologi veteres fingentes Iustitiae filiam ex abdita quadam aeternitate tradunt omnia despectare terrena. Bemerkenswerth auch Soph. Aj. 854 *ὦ Θάνατε, Θάνατε, νῦν μ' ἐπίσκεψαι μολών,* vgl. Sh. Rich. II 2, 1 (Del. p. 43) even through the hollow eyes of death I spy life peering. Wichtig ist auch Stat. Silv. 3, 3, 1 summa Deum pietas, cuius gratissima coelo rara profanatas inspectant numina terras.

Dagegen liegt die freie poetische Personification in den Worten des Aeschylus Prom. 134 *θεμερῶπιν αἰδῶ,* wenn auch *Aἰδώς* bei Soph. O. C. 1270 Göttin ist. Poetische Personification ist ferner in *μαρμαρῶπις Λύσσα* Eur. Herc. fur. 883, denn die hier auftretende *Λύσσα* ist eine von der dichterischen Phantasie gebildete Gestalt, welcher die Shakspere'sche fire-eyed fury Romeo 3, 1 und the fire-eyed maid of smoky war Henry IV I, 4, 1 entspricht. Der *μαρμαρῶπις Λύσσα* lässt sich *αἴθοψ βασκανία* bei Agathias Ep. 14, 10 (Jac. Anth. 4, p. 9) vergleichen: *μέχρι καὶ αὐτοῦ βλέμματος ἐνστήσας αἴθοπα βασκανίην,* die Verläumdung mit dem brennenden Blicke. Man vgl. Rufin. 34, 5 (Jac. Anth. 3 p. 106) *ὄμμα βάλοι δὲ μήποτ' ἐφ' ἡμετέραις ἐλπίσι βασκανίη.* So

nennt Shakspere die Eifersucht green-eyed und green-eyed
monster March. of Ven. 3, 2 und Othello 3, 3 (Del. p. 73)
O! beware, my lord, of jealousy; it is the green-ey'd monster. Der βασκανία verwandt ist der Neid, von welchem
Antiph. 8, 5 sagt: ὁ φϑόνος εἰς πολὺν ὄχλον ἀπέβλεπεν,
das Auge der Megaira, des personificirten Neides erwähnt der
Dichter der Lithica 222: ἀμφὶ δ' ἄρ' αὐχένα παιδὸς ἀερτά-
ζουσα τιϑήνη λᾶαν ἐρητύσει κακομήτιος ὄσσε Μεγαίρης, vgl.
Apulej. met. 4, 14 p. 270 nec ille tam clarus tamque splen-
didus publicae voluptatis apparatus invidiae noxios effugit
oculos. Sehr schön schrieb Soph. der ἀλκά einen heiteren
Blick zu, O. R. 189 ὢν ὑπὲρ, ὦ χρυσέα ϑύγατερ Διός,
εὐῶπα πέμψον ἀλκάν. Eur. Phoen. 400 legt der Hoffnung
ein Auge bei: αἱ ἐλπίδες καλοῖς βλέπουσι γ' ὄμμασι, μέλ-
λουσι δέ. Vgl. Aesch. Prom. 258 τυφλὰς ἐν αὐτοῖς ἐλπίδας
κατῴκισα. Vgl. Göthe, Elpenor p. 384: Ein stiller Keim
friedlicher Hoffnung — blickt bescheiden nach dem grünfarb-
nen Lichte. Im Shakspere'schen Geiste ist die Personification
des Geizes bei Tieck, Fortunat p. 339: O Geiz! Du Scheu-
sal, das mit schiefen Augen nur mehr und mehr zu häufen
sucht und ekle Verzerrung grinzt, soll es dem Nachbar leihn:
zeigst du so scheusslich dich in armer Wohnung beim Bür-
ger, Kaufmann und dem Wucherer, wie widerwärtig ist dein
Angesicht, liegst du auf Haufen ungemessnen Goldes, schielst
unter Kronen du vom Thron herab. Göthe, die natürliche
Tochter p. 342: Verbannung, Tod, Entwürdigung umschliessen
mich fest und ängsten mich einander zu. Und wie ich· mich
von einem schaudernd wende, so grinzt das andere wie mit
Höllenblick; p. 353: wenn im Herzen der Selbstsucht Ungeheuer lauschend grinzt. L. Tieck, Fortunat p 345: das
höchste Elend trifft es im Innern uns selbst nur noch, so
scheut es sich mit Grimm uns anzublicken, krümmt sich
furchtsam, kriecht etc. Aesch. Ag. 1631 πένϑεια δηξικάρδιος δόμων ἑκάστου πρέπει. Bei Soph. Trach. 202 hat die
φήμη ein Auge: φωνήσατ', ὦ γυναῖκες, αἵ τ' ἔσω στέγης αἵ
τ' ἐκτὸς αὐλῆς, ὡς ἄελπτον ὄμμ' ἐμοὶ φήμης ἀνασχὸν τῆσδε
νῦν καρπούμεϑα. Sehr schön bemerkt Schneidewin zu dieser
Stelle, dass Deianira mit dieser Rückdeutung auf den Eingang

der Parodos die unerwartet gekommene frohe Kunde der auf-
gegangenen Sonne vergleiche. Die Personification von φήμη
wird ·dadurch nicht aufgehoben. Kühn ist die Personification
von χρησμός bei Aesch. Ag. 1150, καὶ μὴν ὁ χρησμὸς οὐκέτ᾽
ἐκ καλυμμάτων ἔσται δεδορκὼς νεογάμου νύμφης δίκην, womit Eur. Iph. T. 1279 μαντοσύνα νυκτωπός „vaticinatio noctu
videns“ zu vergleichen.

Im personificirenden Sinne mit komischer Uebertreibung
bezeichnet Arist. ran. 923 die Worte des Aeschylus als solche,
die das Aussehen von Gespenstern haben, ῥήματα — δείν᾽
ἄττα μορμορωπά. In den Worten des Soph. Aj. 955 κελαινώπας θυμός steht κελαινώπας nicht für das einfache κελαι-
νός, wie Lobeck will, sondern es heisst: der finsterblickende
Sinn. Diese Erklärung wird dadurch unterstützt, dass φρήν
mit Augen versehen gedacht wird bei Aesch. Choeph. 841
οὗτοι φρέν᾽ ἂν κλέψειεν ὠμματωμένην (vgl. Blomf. gl.),
womit Aesch. Eum. 104 εὔδουσα γὰρ φρὴν ὄμμασιν λαμπρύνεται und Pind. fr. inc. 152 σύνεσις πρόσκοπος ἐσάωσεν
zu vergleichen. Sehr wichtig ist in dieser Beziehung eine
Stelle in einem Epigramm eines unbekannten Verfassers (Jac.
Anth. 4 p. 240): ἦ μέγα κλεινὸς ἀνήρ, ὃς νοῦ ἄπο μυρίον
ὄμμα ἐκτείνας χρονίοις πρήξιας ἐξέμαθε, wozu Jacobs 12
p. 191 das Platonische ὄμμα ψυχῆς und ähnliche Stellen aus
Heliodor und Themistius vergleicht. Zu erwähnen ist auch
Lucian. vit. auct. 18: τυφλὸς γὰρ εἶ τῆς ψυχῆς τὸν ὀφθαλ-
μόν. Wenig wichtig ist Hel. 122 νοῦς ὁρᾷ und Diphil. fab.
inc. 13 (Meineke, fr. com. 4 p. 421) πρὸς τὸ λαβεῖν γὰρ ὢν
ὁ νοῦς τἄλλ᾽ οὐχ ὁρᾷ, wichtiger Aesch. Eum. 103 ὁρᾷ δὲ πλη-
γὰς τάσδε καρδία σέθεν, und Soph. Phil. 1013 fg. ἀλλ᾽ ἡ
κακὴ σὴ διὰ μυχῶν βλέπουσ᾽ ἀεὶ ψυχή („nur deine Falschheit
mit dem Lauerblick“). Dieser Gebrauch ist auch bei lateinischen Schriftstellern: Ovid. Met. 15, 63 oculis ea pectoris
hausit; Cic. Cat. maj. §. 42 impedit enim consilium voluptas;
rationi inimica est; mentis, ut ita dicam, praestringit oculos.
Vgl. Ovid. Met. 10, 349 nec metues atro crinitas angue sorores, quas facibus saevis oculos atque ora petentes noxia corda
vident? Vgl. Shaksp. Haml. 1, 2 (Del. p. 27): I see my
father — in my mind's eye, Horatio. Vgl. Catull. 18, 21

talis iste meus stupor nihil videt, nihil audit. In derselben Art wird τυφλός verbunden, Pind. Ol. 12, 9 τῶν δὲ μελλόντων τετύφλωνται φραδαί („die Erkenntniss des Zukünftigen ist blind"), τυφλώττουσαν ψυχὴν περιφέρων Luc. Nigr. 4 (vgl. Jac. ad Philostr. p. 218); ferner Pind. Nem. 7, 24: τυφλὸν δ' ἔχει ἦτορ ὅμιλος ἀνδρῶν ὁ πλεῖστος. Sehr schön ist Pind. Isthm. 4, 56 οὗτοι τετύφλωται μακρὸς μόχθος ἀνδρῶν · („die lange Arbeit hat die Seh- und Lebenskraft nicht verloren"), vgl. πλοῦτος οὐ τυφλὸς, ἀλλ' ὀξὺ βλέπων Plat. Leg. 1, 631 c. — Zu bemerken Virg. Ecl. 1, 27 libertas, quae sera tamen respexit inertem. Noch sei erwähnt die schöne Stelle des Simmias Theb. 1, 5 (Jac. Anth. I p. 100), welcher in Bezug auf Sophokles sagt: τύμβος ἔχει καὶ γῆς ὀλίγον μέρος, ἀλλ' ὁ περισσὸς αἰὼν ἀθανάτοις δέρκεται ἐν σελίσι („doch wohnet des Lebens nimmer verlöschendes Licht in dem unsterblichen Lied" Jacobs). Vgl. Pind. Ol. 1, 94 τὸ δὲ κλέος τηλόθεν δέδορκε τᾶν Ὀλυμπιάδων ἐν δρόμοις Πέλοπος (aus der Ferne der Zeiten blickt der in den olympischen Spielen von Pelops erlangte Ruhm her). Die grösste Abstraction erhält durch ὤψ einiges Leben bei Empedocl. 137 (Karsten): δι' ἀλλήλων δὲ θέοντα γίγνεται ἀλλοιωπά („was sich vermischt, nimmt ein anderes Antlitz an").

Die Ausdrucksweise, abstracte Begriffe durch ein Auge zu verkörpern, ist sehr häufig bei Shakspere. Ausser den schon angeführten Stellen sei noch das Auge des Friedens, des Kriegs, der Freigebigkeit, des Mitleids, des Glücks, der Blick der Verbannung, das Auge der Erwartung, des Verdachts, der Sorge, der Angst, der Furcht, des Aergers, der Wuth, der Verachtung, der Verschwörung, der Tyrannei, des Todes erwähnt: K. John 4, 3 (Del. p. 85) dogged — war snarleth in the gentle eyes of peace; Cymb. 5, 2 (Del. p. 112) and the discorder 's such as war were hood-winked. Merch. of Ven. 4, 1 (Del. p. 75) glancing an eye of pity on his losses; anderswo t' is pity bounty had not eyes behind; K. John 3, 4 (Del. p. 64) when fortune means to men most good, she looks upon them with a threatening eye; Romeo 3, 3 (Del. p. 80) for exile hath more terror in his look; Timon 5, 1 (Del. p. 91) promising — opens the eyes of exspectation; Rich. II 2, 2 (Del. p. 45) for sorrow's eye glazed with blinding tears; Rückert, Ged. p. 559 vom Leide: dann gehn die Augenlieder dem Kindlein wieder zu. K. Lear 4, 5 (Del. p. 106) whose power will close the eye of anguish. Romeo 3, 1 and fire-eyed fury be my conduct now. Jul. Caes. 2, 1 (Del. p. 39) so let high-sighted tyranny range on. Henry IV I 5, 2 (Del. p. 100) Suspicion all our lives shall be stuck full of eyes; Troil. 3, 2 (Del. p. 66) if my fears have eyes; Winter's Tale 2, 2 (Del. p. 47) red-looked anger; K. John 4, 3 (Del. p. 82) wall-eyed rage; Tempest 4, 1 (Del. p. 64) sour-eyed disdain, ibid. 2, 1 (Del. p. 44) open-ey'd conspiracy his time doth take; Henry IV 1, 1, 3 (Del. p. 29) and on my face turn'd an eye of death; Rich. II 2, 1 (Del. p. 43) even. trough the hollow eye of death I spy life peering. Henry IV I 2, 3 (Del. p. 42) thick-eyed musing; Pericl. 1, 2 dull-eyed melancholy; Merch. of Ven. 1, 2 (Del. p. 20) within the eye of honour. Henry IV I 4, 1 (Del. p. 84) the eye of reason.

Wie eye wird auch das Verbum to look gebraucht: Shaksp. Cymb. 2, 4 let her beauty look through a casement to allure false hearts. Troil. 4, 5 (Del. p. 95) her wanton spirits look out at every point and motive of her body. Othello 3, 3 (Del. p. 85) even so my bloody thoughts, with violent pace, shall ne'er look back; Twelfth-night 3, 1 (Del. p. 53) o what a deal of scorn looks beautiful in the contempt and anger of his lip; Henry IV II 5, 2 (Del. p. 103) I do arm myself, to welcome the condition of the time, which cannot look more hideously upon me than I have drawn it in my fantasy. Sonnets 59 (Del. p. 146) o that record could with a backward look, even of five hundred courses of the sun, show me your image in some antique book. Love's l. l. 4, 2 (Del. p. 44) o than monster ignorance, how deformed dost thou look. Tim. 3, 5 (Del. p. 57) you cannot make gross sins look clear. Ibid. 3, 5 (Del. p. 57) striving to make an ugly deed look fair. Winter's tale 4, 3 (Del. p. 83) he looks like sooth. Timon 1, 2 (Del. p. 25) those healths will make thee and thy state look ill. Makb. 1, 7 (Del. p. 42) was the hope drunk, wherein you dress'd yourself? hath it slept since and wakes it now to look so green and pale etc.? Henry IV II 4, 2 (Del. p. 92) life looks so and will break aut. Henry IV I, 4, 1 (Del. p. 84) if that the devil and mischance look big upon the maiden-head of our affairs. Henry VIII 1, 1 (Del. p. 26) for from this league peep'd harms that menaced him. Cymbel. 2, 4 (Del. p. 50) or let her beauty look through a casement to allure false hearts.

4. Auch den Werken der mechanischen Thätigkeit wird ein Auge, Blick oder Aussehn zugetheilt. Vgl. Virgil. Aen. 7, 740 et quos maliferae despectant moenia Abellae und Stat. Silv. 2, 2, 3 Celsa Dicarchei speculatrix villa profundi. Vgl. Shaksp. K. John 2, 1 (Del. p. 32) before the eye and pro-spect of your town. Ibid. p. 32 confront your city's eyes, your winking gates. Vgl. πύλαι σκυθρωπαί bei Plut. (Pas-sow im Wörterbuche) und Eur. Ion. 1611 εὐωποὶ πύλαι. Bemerkenswerth ist τράπεζα λιπαρώψ Philoxen. bei Athen. 4 p. 146 F und das komische χαριτοβλέφαρος μάζα Eubul. bei Athen. p. 685 E, womit zu vergleichen Hom. epigr. 15 κριθαίην εὐώπιδα σησαμόεσσαν. Am wenigsten kann dieser Ausdruck auffallen bei den Schiffen. Sie waren für seefah-rende Völker von so grosser Wichtigkeit, dass sie die Be-deutung von Personen gewannen. Unter den vielen Stel-len, die dieses beweisen, mag nur an Arist. eq. 1300 flg. erinnert werden, wo der Chor scherzend sagt, dass, wie man erzähle, die Trieren zusammengekommen seien, um Rath zu halten, eine ältere habe gesprochen: habt ihr nicht gehört, ihr Jungfrauen, was man vorhat in der Stadt u. s. w. Bei Catull. 4 erzählt die Barke (phaselus) gleichsam ihre Ge-schichte. Eine durchgeführte Personification des Schiffes ist auch Hor. carm. 1, 14. Vgl. Aesch. Suppl. 686 καὶ πρῷρα πρόσθεν ὄμμασιν βλέπουσ' ὁδόν. Aus dieser poetischen Kühnheit ist κυανῶπις als Epitheton der Schiffe zu erklären bei Aesch. Suppl. 713 δορυπαγεῖς δ' ἔχοντες κυανώπιδας νῆας und Pers. 565 ὁμόπτεροι κυανώπιδες νῆες. Vgl. Ovid. Met. 9, 502 ipsa quoque his agitur vicibus Trachinia puppis et nunc sublimis veluti de vertice montis despicere in valles imumque Acheronta videtur. Dass an das Vordertheil ein

Auge gemalt war, geschah nach O. Jahns Deutung zur Abwehr bösen Zaubers (über den Aberglauben des bösen Blicks bei ·den Alten, Berichte der kgl. sächsischen Gesellschaft der Wissenschaften 1855 p. 65). — Eine empfundene Stelle, in welcher der Bogen angeredet wird, bei Soph. Phil. 1128 fg: ὦ τόξον φίλον, ὦ φίλων χειρῶν ἐκβεβιασμένον, ἦ πον ἐλεινὸν ὁρᾷς, φρένας εἴ τινας ἔχεις, τὸν Ἡράκλειον ἄρθμιον — ὁρῶν μὲν αἰσχρὰς ἀπάτας. Shakspere giebt dem Papier harmlos unschuldigen Blick, Cymbel. 3, 2 (Del. p. 61) sensiless bauble, art thou a feodary for this act and look'st so virgin-like without? Vgl. Ovid. Tr. 5, 4, 1 Litore ab Euxino Nasonis epistola veni, lassaque facta mari lassaque facta via. Qui mihi flens dixit: Tu, cui licet, adspice Romam, heu quanta melior sors tua sorte mea est. Man bemerke noch Eur. Ion. 209 γοργωπὸν ἴτυν. Christ. 94 (Jac. Anth. 3 p. 164) αἰγίδα βλοσυρῶπιν, Theaet. 1, 1 (Jac. Anth. 3 p. 214). Virg. Aen. 2, 46 at haec in nostros fabricata est machina muros, inspectura domos venturaque desuper urbi.

Anmerkung. Es ist zu bemerken, dass in den Compositis von ὤψ der Begriff des Blickes nicht immer festgehalten werden kann, sondern im Sinne von „Ansehn, Farbe" gefasst werden muss. So in αἴθοψ καπνός Hom. Od. 10, 152, αἴθοψ οἶνος Il. 1, 259, Od. 12, 19, αἴθοψ χαλκός. Indessen vergleiche man zu αἴθοψ καπνός Soph. Ant. 1126, σὲ ὑπὲρ διλόφοιο πέτρας στέροψ ὄπωπε λιγνύς wegen ὄπωπε, Soph. Oed. T. 215 ἀγλαώπιδι πεύκᾳ und Paul. Silent. 17, 5 (Jac. Anth. 4, 47) Ἰνδῴη δ' ἰάκινθος ἔχει χάριν αἴθοπος αἴγλης, — zu αἴθοψ χαλκός Posidipp. 14, 2 (Jac. Anth. 2, 50) πῦρ τοι ὁ χαλκὸς ὁρῇ.

10. Οὐατόεις, auritus, ear, κωφός, surdus, deaf.

1. Horaz nennt die Eichen, die dem Gesange des Orpheus lauschen, auritas, c. 1, 12, 11 blandum et auritas fidibus canoris ducere quercus. Vgl. Hor. carm. 1, 24, 13 quodsi Threicio blandius Orpheo auditam moderere arboribus fidem. Sidon. Apoll. Carm. 2, 71 qui cantu flexit scopulos digitisque canoris compulit auritas ad plectrum currere silvas.

Vom Isthmus Ovid. Heroid. 4, 106 et tenuis tellus audit utrumque mare. Vgl. Senec. Thyest. 113 vicina gracili dividens terra vada longe remotos latus exaudit sonos. Andere Stellen bei Heinsius zu Ov. Her. 4, 106. Vgl. Rückert, Ged. p. 410: Die Sterne traten aus des Himmels Kranze hervor, und horchten auf das Lied genau. Mythologisch Neptune's ear Shaksp. Troil. 5, 2 (Del. p. 113), Shaksp. Jul. Caes. 1, 1. (Del. p. 16), that Tiber trembled underneath her banks to hear the replication of your sounds? Geibel, Juniuslieder p. 303: Es horcht die Luft, es horcht das Meer bezaubert in der Runde. Das Ohr des Himmels Shaksp. K. John 5, 2: (Del. p. 94) and another (drum) shall, as loud as thine, rattle the welkin's ear. Das Ohr der Nacht öfter bei Geibel, König Roderich p. 31. 121. Ebenso Shaksp. Henry V 4 Chor. (Del. p. 77) the night's dull ear. Eichendorff, der letzte Held von M. p. 509: und stachle dich nicht mit Fechterworten, die das Ohr der ersten Nacht verstör'n. Ebendaselbst p. 497: Hüt' dich, es hat die Nacht ein leis Gehör und schlauer Argwohn wacht.

2. Bei Shaksp. kommen die Ohren des Schwurs, der Rache und der Wollust u. a. vor. Cymbel. 2, 1 (Del. p. 39), when a gentleman is disposed to swear, it is not for any standers-by to curtail his oaths: ha? — No, mylord, (aside) nor crop the ears of them. Troil. 2, 2 (Del. p. 48), for pleasure and revenge have ears more deaf than adders to the voice of any true dicision. Vgl. Troil. 2, 1 (Del. p. 41), his evasions have ears thus long. Zu vergleichen Shaksp. Troil. 5, 6 (Del. p. 113), Fate, hear me what I say! Geibel, K. Roderich p. 163: Argwohn hat leisen Schlaf und horcht mit scharfem Ohr.

3. Die Ohren der Stadt, der Burg und des Hauses Shaksp. Ant. and Cl. 4, 8 (Del. p. 108), Trumpeters, with brazen din blast you the city's ear; Rich. II 3, 3 though brazen trumpet send the breath of parle into his ruin'd ears. Merch. of Ven. 2, 5 (Del. p. 41), but stop my house's ears, I mean my casements. Bemerkenswerth Sidon. carm. 16, 4 auritos erigere carmine muros. — Scherzhaft die Ohren des

Schwertes bei Shaksp. Romeo 3, 1 (Del. p. 71) will you pluck your sword out of the pilcher by the ears?

Hier sind auch die Adjective κωφός, surdus und deaf zu erwähnen, die insbesondere mit Naturgegenständen verbunden werden, wie mit Felsen, dem Meere. Vgl. Horat. epod. 17, 45 quid obseratis auribus. fundis preces? non saxa nudis surdiora navitis Neptunus alto tundit hibernus salo. Hor. carm. 3, 7, 21 scopulis surdior Icari voces audit adhuc integer. Ovid. Amor. 3, 7, 57 illa graves potuit quercus adamantaque durum surdaque blanditiis saxa movere suis. Marcian. Capella lib. 1V sed nec Arioniam marmora surda chelyn temsero. Vgl. Eur. Med. 28 ὡς δὲ πέτρος ἢ θαλήσσιος κλύδων ἀκούει. In der Stelle des Moschion fr. 8, 3 (Nauck p. 634) ἐπὴν γὰρ ἡ κρίνουσα καὶ τὰς ἡδονὰς καὶ τἀνιαρὰ φροῦδος αἴσθησις φθαρῇ, τὸ σῶμα κωφοῦ τάξιν εἴληφεν πέτρου, ist κωφός im Sinne von „stumpf" gebraucht, vgl. Moschion fr. 7, 12 (Nauck p. 633) ἀλλ' ἢν ἀκύμων κωφεύουσα ῥέουσα γῆ. Vom Meere κωφός, surdus, deaf; Alcman. fr. 6 (Bergk p. 540) χερσόνδε κωφὸν ἐν φύκεσσι πιτνεῖ offenbar von der Welle gesagt, wie Ovid surdis fluctibus sagt, Ovid. Met. 13, 804 surdior aequoribus, 14, 711 surdior illa freto surgente, Heroid. 8, 9 surdior ille freto, A. am. 1, 531 Thesea crudelem surdas clamabat ad undas. Vgl. Philodem. 20, 5 (Jac. Anth. 2 p. 75), ἀλλ' ἴσα πόντῳ Ἰονίῳ μύθων ἔκλυες ἡμετέρων. Shaksp. K. John 2, 2 (Del. p. 40) the sea enraged is not half so deaf. Vgl. die angeführte Stelle aus Eur. Med. 28. Von den Winden: Quint. Maccius 9, 6 (Jac. Anth. 2 p. 223): κωφοῖς πέμπε λιτὰς ἀνέμοις. Vollständig tritt die Personification hervor, wenn bei Arist. eq. 44 Δῆμος Πυκνίτης, δύσκολον γέροντιον, ὑπόκωφον genannt wird.

Die Taubheit der Thür öfter bei Ovid.; Am. 1, 8, 77 surda sit oranti tua ianua, laxa ferenti. ibid. 1, 6, 54 et surdas flamine tunde fores. 62, o foribus surdior ipsa tuis. Stellen aus anderen römischen Dichtern bei Heinsius ad Ovid. Am. 1, 6, 62.

11. Παρειά, gena, cheek.

1. Im mythologischen Sinne sagt Ovid. Fast. III, 403: cum croceis rorare genis Tithonia coniux coeperit. Shakspere spricht von den Wangen des Himmels, der Winde: Rich. II 3, 3 (Del. p. 66) the elements of fire and water, when their thundering shock at meeting tears the cloudy cheeks of heaven. Temp. 1, 2 (Del. p. 14): the sea mounting to the welkin's cheek. Ebenso L. Tieck, Sternbald's Wanderungen p. 134: Prächtig mit Rubinen und Saphiren siehst du dort den Abendhimmel prangen, goldenes Geschmeide um ihn hangen, Edelsteine, Hals und Nacken zieren und in holder Gluth die schönen Wangen. Die Wangen der Winde K. Lear 3, 2 (Del. p. 72): blow, winds, and crack your cheeks. Die Wange des Meeres bei Lord Byron, The Giaour p. 3: Ocean's cheek reflects the tints of many a peak caught by the laughing tides, der Blumen, Tieck, Sternbald p. 135: dann küsst der Frühling die zarten Blumen-Wangen, und scheidet und spricht: ich muss nun gehn. Da sterben sie alle am süssen Verlangen, dass sie mit welken Häuptern stehn. Die Wange des Ostens, des Morgens, des Tages, der Nacht: Shaksp. Sonn. 132 (Del. p. 180) and truly not the morning sun of heaven better becomes the grey cheeks of the east. Lord Byron, Harold 3, 98: The morn is up again, the dewy morn, with breath all incense, and with cheek all bloom, laughing the clouds away with playful scorn. · Geibel, Juniuslieder p. 341: In kühler Morgenstunde, da der junge Tag mit rosenrothen Wangen noch auf den Bergen lag. .Shaksp. Romeo 1, 5 (Del p. 40) upon the cheek of night.

2. Von den Abstracten werden die Wangen des Neides (Livor) in einer Schilderung der ganzen Persönlichkeit erwähnt, in welcher auch andere Körpertheile vorkommen, von einem Dichter der Anthol. Lat. 1 p. 546: ut debet, sibi poena semper est. Testatur gemitu graves dolores; suspirat, fremit incutitque dentes. Sudat frigidus intuens quod odit. Effundit mala lingua virus atrum; pallor terribilis genas colorat; infelix macies renudat ossa. Mythisch sagte von der

Pandora Macedon. 40, 5 (Jac. Anth. 4 p. 92) ἡ δὲ γυνὴ μετὰ πῶμα κατωχρήυαυα παρειάς etc.

3. Die Wangen der Stadt bei Shakspere K. John 2, 1 (Del. p. 33): to save unscratch'd your -city's threaten'd cheeks.

Eine Wange wird schon von Homer dem Schiffe gegeben: νῆες μιλτοπάρῃοι Il. 2, 636. Od. 9, 125; νέας φοινικοπαρῄους Od. 11, 124. 23, 271. Bei Pindar öfter die Erzwange des Speeres, χαλκοπ ᾿ρᾳον ἄκοντα Pyth. 1, 12. 85. Nem. 7, 71.

12. Μυκτήρ, Nase.

1. Von Naturgegenständen schreibt Göthe den Felsen Nasen zu im Faust: „Felsennasen, wie sie schnarchen, wie sie blasen." Höchst eigenthümlich und dem Charakter Othellos entsprechend sind die Worte Shaksp. Othello 4, 2 (Del. p. 109): Heaven stops the nose at it and the moon winks: the bawdy wind, that kisses all it meets, is hush'd within the hollow mine of earth and will not hear it.

2. Scherzhaft wird von Aristophanes Eccl. 5 der Lampe eine Nase zugeschrieben. Die Lampe wird auch durch die Anrede der Praxagora, wie durch die Ausdrücke ὄμμα, γοναί und τύχαι zur Person: γονάς τε γὰρ σὰς καὶ τύχας δηλώσομεν· τροχῷ γὰρ ἐλαθεὶς κεραμικῆς ῥύμης ἄπο μυκτῆρσι λαμπρὰς ἡλίου τιμὰς ἔχεις. Ueber μύξα, δίμυξος, vgl. Passow's Wörterbuch, über nares und nasus Forcellini s. v.

Dem Lampenlicht wird das Niesen zugeschrieben in einem Epigramme (adesp. 61, Jac. Anth. 4 p. 130): ἤδη φίλτατε λύχνε, τρὶς ἔπταρες. ἢ τάχα τερπνὴν ἐς θαλάμους ἥξειν Ἀντιγόνην προλέγεις; Ovid. Heroid. 19, 151 sternuit et lumen (posito nam scribimus illo), sternuit et nobis prospera signa dedit.

13. Στόμα, os, mouth.

1. Στόμα und os verloren frühzeitig die personificirende Kraft, und auf Flüsse, Meer, Hafen, Quellen angewandt, ent-

sprechen sie dem deutschen Worte „Mündung." Stellen in den
Wörterbüchern von Passow und Forcellini. Ich erwähne nur
Composita wie ἑκατόστομος, Eur. Bacch. 404 ἃν ϑ' ἑκα-
τόστομοι βαρβάρου ποταμοῦ ῥοαὶ καρπίζουσιν ἔνομβροι.
Am meisten erhielt sich die Personification in solchen Stellen,
wie Epigr. inc. 75 Ἀλφειοῦ στόμα φεῦγε, φιλεῖ κόλπους
Ἀρεϑούσης.
Bemerkenswerth ist der Ausdruck des Antip. Sidon.
68, 3 (Jac. Anth. 2 p. 25), wo Homer der nie alternde Mund
des Weltalls genannt wird (ἀγήραντον στόμα κόσμου). Der
Mund der Erde bei Rückert, Gedichte p. 162: Thu deinen
Mund auf, Erd', und juble Lieder. In solchen Wendungen,
wie Soph. Phil. 16 δίστομος πέτρα, vgl. Ovid. Met. 13, 892
osque cavum saxi sonat exsultantibus undis, und Soph. Oed.
C. 300 ἔνϑα δίστομοι μάλιστα συμβάλλουσιν ἐμπόρων ὁδοί,
ist die Personification erloschen. Dagegen tritt sie auf bei
Shaksp. K. John 3, 4 (Del. p. 94), wo der Donner einen Mund
erhält: o! that my tongue were in the thunders mouth, vgl.
K. John 5, 2 (Del. p. 94) and mock the deep-mouth'd thun-
der. Mythisch ist der interessante Ausdruck bei Soph. Phil.
188 ἀϑυρόστομος ἀχώ. Vgl. Göthe, Bergschloss: Es zeugte
statt der Menge der Echo schallender Mund. — Rückert, Gedichte p. 44: Mit sieben Zungen thut die Lilie sich kund
und halbgeöffnet schweigt der Rose Knospenmund. — Die
Wunden des menschlichen Körpers haben einen Mund: Shaksp.
Rich. III 1, 2 (Del. p. 26) dead Henry's wounds open their
congeal'd mouths, vgl. Julius Caes. 3, 2 (Del. p. 71) show
you sweet Caesar's wounds, poor, poor dumb mouth's and
bid them speak for me und Henry IV I, 1, 3 (Del. p. 27)
those mouthed wounds.

2. Vom Frühlinge L. Tieck, Sternbald p. 134: Dann
geht er und schläft im waldigen Grund und haucht den Athem
aus den süssen, um seinen zarten rothen Mund im Grase
Viol' und Erdbeer spriessen.

3. Geistige Verhältnisse und abstracte Begriffe erhalten einen Mund: mythisch ist Ibycus fr. 24 (Bergk) Ἔριδος
μάργον στόμα, vgl. Virg. Aen. 1, 296 Furor impius intus
saeva sedens super arma et centum vinctus aënis post tergum

4*

nodis fremet horridus ore cruento. In den Ausdrücken στόμα πολέμου, ὑσμίνης bei Hom. Il. 10, 8. 19, 313. 20, 359 ist Personification nicht anzunehmen. Bei Aeschyl. Prom. 683 kommt vor αἰολοστόμους χρησμούς, ibid. 989 σεμνόστομος μῦθος (womit γλῶσσα θρασύστομος und ἐλευθερόστομος bei Aesch. Ag. 1370 und Suppl. 911 zu vergleichen). Aehnlich Geibel, Juniuslieder p. 223: Mit bleichem Munde scheu durch die Gassen irrt die Trauerkunde. Abstracta werden von Shaksp. durch mouth personificirt, wie die Geschichte, die Beleidigung, die Schulden; Henry V 1, 2 (Del. p. 31) either our history shall with full mouth speak freely of our acts; vgl. Geibel, K. Roderich· p. 37 dass nicht künftig mit erznem Munde künde die Geschichte. Romeo 5, 3 (Del. p. 122) seal up' the mouth of outrage; Timon 2, 2 (Del. p. 41) and what remains will hardly stop the mouth of present dues.

3. Von Gegenständen mechanischer Art erhalten ein στόμα die Lanze, das Schwert; Soph. fr. 164 Dind. δορὸς διχόστομον πλᾶκτρον; Eur. Or. 1303 δίστομα φάσγανα; Hel. 893, 1044 δίστομον ξίφος, Suppl. 1206 ὀξύστομον μάχαιραν. Bemerkenswerth Eur. Meleag. fr. 14 (Wagner p. 275): πελέκεως δὲ δίστομον γένυν ἔπαλλ' Ἀγκαῖος. Die Trompete, Soph. Aj. 17 χαλκοστόμου κώδωνος; der Schiffsschnabel, Aesch. Pers. 424 ἐμβόλοις χαλκοστόμοις; die Angel, Theaetet. 1, 6 (Jac. Anth. p. 214) ἀγκίστρων ἰχθυπαγῆ στόματα. Von den Kanonen Shaksp. K. John 2, 2 (Del. p. 38) by east and west let France and England mount their battering cannon charged to the mouths, till their soul-fearing clamours have brawl'd down the flinty ribs of this contemptuous city.

Sehr häufig ohne Personification von den Thoren der Städte, Eurip. Phoen. 289, Suppl. 1221 ἑπτάστομον πύργωμα, Bacch. 916 πόλισμ' ἑπτάστομον. Suppl. 401 ἑπτάστομοι πύλαι, vgl. Soph. fr. 701 (Nauck p. 238); über ἑπτάπυλον στόμα vgl. Schneidewin zu Soph. Ant. 119; vom Grabgewölbe Shaksp. Romeo 4, 3 (Del. p. 102): shall I not then be stifled in the vault, to whose foul mouth no healthsome air breathes in, vgl. Tit. Andr. 2, 4 (Del. p. 39) what subtle hole is this, whose mouth is cover'd with rude-growing

briers; von einem Gefäss στενόστομιον τὸ τεῖχος Aesch.
fr. 112 Herm. Entschieden dient στόμα der Personification
in einem Epigramm des Marc. Argentarius 18 (Jac. Anth. 2,
p. 246), in welchem die Flasche mit Vorliebe und Zärtlich-
keit von einem homo vinosus angeredet wird: Ἀρχαίη σύν-
δειπνε, καπηλικὰ μέτρα φιλεῦσα, εὔλαλε, πρηΰγελως, εὔστομε,
μακροφάρυγξ, αἰὲν ἐμῆς πενίης βραχυσύμβολε μύστι, λάγυνε etc. Ebenfalls personificirend ist στόμα für die Oel-
flasche in dem Epigramm des Philippus 11 (Jac. Anth. 2
p. 198): καὶ βραχυφεγγίτου λύχνου σέλας ἐκ βιοφειδοῦς
(„quae suis bonis parcit" Jacobs) ὄλπης ἡμιμεθεῖ πινόμε-
νον στόματι.

14. Χασμᾶσθαι, καταχρέμπτεσθαι.

Der Wursthändler in Arist. eq. 824 spricht vom Gäh-
nen des Δημακίδιον: μιαρώτατος, ὦ Δημακίδιον, καὶ πλεῖστα
πανοῦργα δεδρακώς, ὁπόταν χισμᾷ etc. Der Chor redet die
Muse an bei Arist. pac. 782: ὦν (den Dichter Melanthius und
seinen Bruder) καταχρεμψαμένη μέγα καὶ πλατύ, Μοῦσα
θεά, μετ' ἐμοῦ ξύμπαιζε τὴν ἑορτήν. Rückert, Gedichte
p. 571: Und selbst die Berge schütteln ihre Glieder in Unmuth, dass sie dazu sind gedungen, euch auszuspei'n die
Goldschlack' eures Jammers.

15. Γλῶσσα, tongue.

1. Wenn Satyrius Thuill. 2, 1 (Jac. Anth. 2 p. 252)
ἄγλωσσος Ἀχὼ μέλπεται sagt, so giebt Shakspere Romeo
2, 2 (Del. p. 53) dem Echo eine Zunge: else would I tear
the cave, where echo lies, and make her airy tongue more
hoarse than mine with repetition of my Romeo's name. Geibel, Juniuslieder p. 185: Es hat der Wald mit seinen grünen
Zungen bis diesen Tag dasselbe Lied gesungen. Neue Gedichte p. 276: Sieh und plötzlich reckt sich hoch die Flamme,
blitzt ihn an und spricht mit rothen Zungen.

2. Schön sind die Composita, in welchen geistigen
Verhältnissen eine γλῶσσα, offenbar im Sinne von Rede,

Sprache, zugeschrieben wird. Ich übergehe παλίγγλωσσος (Pind.) und führe an Aesch. Sept. 787 πικρογλώσσοις ἀράς, Pind. Ol. 13, 100 ἀδύγλωσσος βοά, Aesch. Suppl. 746 εὐγλώσσοις πειθοῖς· ἐπαοιδαῖσι, Bacchyl. fr. 13 (Bergk p. 823), μελιγλώσσων ἀοιδᾶν ἄνθεα. Vgl. Eur. Alc. 661 κακογλώσσου βοῆς. Bei Shakspere kommt vor die Zunge der Verläumdung, des Verdachtes, der Klugheit, des Gerüchts, der Ehre, des Krieges, der Beredsamkeit, der Einfalt: Cymb. 3, 4 (Del. p. 70) 't is slander, whose edge is sharper than the sword; whose tongue outvenoms all the worms of Nile; Henry IV II, 1, 1 (Del. p. 18) see, what a ready tongue suspicion hath! Romeo 3, 5 (Del. p. 92) and why, my lady wisdom, hold your tongue, good prudence. King John 4, 2 (Del. p. 75) but this from rumour's tongue I idly heard. Henry IV I, 1, 1 (Del. p. 16) a son, who is the theme of honour's tongue. K. John 5, 2 (Del. p. 94) let the tongue of war plead for our interest. Höchst individuell Mids. 5, 1 (Del. p. 74) te rattling tongue of saucy and audacious eloquence, and tongue-tied simplicity. Vgl. auch Rich. III 5, 3 (Del. p. 131) my conscience hath a thousand several tongues and every tongue brings in a several tale. Ibid. 3, 7 (Del. p. 91) tongue-tied ambition. Makb. 1, 7 (Del. p. 41) his virtues will plead like angels, trompet-tongued. Sonn. 85 (Del. p. 158) my tongue-tied muse in manners holds her still. Vgl. Geibel, Neue Gedichte p. 176: Sprach hier in dunklen Zungen aus Felsgeklüft und Tann der Geist der Nibelungen geheimnissvoll mich an. Vgl. noch Shaksp. Haml. 2, 2 (Del. p. 71) for murder, though it have no tongue, will speak with most miraculous organ. Tit. Andr. 5, 3 (Del. p. 99), o why should wrath be mute and fury dumb? Rückert, Gedichte p. 109: Phantasie mit Donnersturm that auf den Mund.

3. Zu bemerken ist auch Mids. 5, 1 (Del. p. 82) the iron tongue of midnight hath told twelve. Eichendorff, der letzte Held von M. p. 559: Wie ein wilder Mahner ruft diese Nacht mit feur'gen Zungen: Schlaft nicht.

4. Γλῶσσα und lingua von verschiedenen leblosen Dingen gebraucht (vgl. Passow und Klotz), haben die personificirende Kraft verloren, wie im Deutschen Erdzunge, Zunge

der Wage. Dagegen ist dieselbe sichtbar in φόρμιγξ ἑπτά-
γλωσσος bei Pind. Nem. 5, 24, denn der φόρμιγξ wird auch
sonst persönliches Leben zugeschrieben. Von Shaksp. wird
der Glocke eine eiserne Zunge gegeben: K. John 3, 3 (Del.
p. 59) if the midnight bell did with his iron tongue and
brazen mouth sound on in to the drowsy race of night.   .

Beiläufig sei hier der Gebrauch von lambere erwähnt,
welches Flüssen zugeschrieben wird, vgl. Hor. carm. 1, 22, 7
quae loca fabulosus lambit Hydaspes, Stat. Theb. 4, 51 quos
pigra vado Langia tacenti lambit. Andere Stellen bei Hofm.
Peerlkamp zu Hor. und Heinsius zu Ovid. Met. 14, 633. —
Auch die Heiserkeit mag erwähnt werden: Shaksp. Romeo
2, 2 (Del. p. 53) bondage is hoarse and may not speak
aloud.

16. Ὀδούς, dens, tooth.

1. Von Naturgegenständen erhält das Wasser Zähne,
Petron. 42 aqua dentes habet, womit Hor. carm. 1, 31, 6 zu
vergleichen, non rura, quae Liris quieta mordet aqua tacitur-
nus amnis. Vom Boreas sagt Simonid. 99, 2 (Jac. Anth. 1,
p. 78) ἀνδρῶν ἀχλαίνων ἔδακε ϕρένας. Vgl. Hor. Serm. 2, 6,
45 matutina parum cautos iam frigora mordent, Martial. 8, 14
mordeat et tenerum fortior aura nemus.˙ Zu vergleichen Shaksp.
As you like it 2, 1 (Del. p. 36), as the icy fang and chur-
lish chiding of the winter's wind, which when it bites etc.
Ibid. 2, 7 (Del. p. 53) thy tooth (des Winterwinds) is not
so keen. Von der Hitze: Hor. ep. 1, 8, 5 quia grando con-
tuderit vites oleamque momorderit aestus. Vom Staube: Arist.
Acharn. 18 οὕτως ἐδήχθην ὑπὸ κονίας τὰς ὀφρῦς. Vom
Rauche: Arist. Plut. 821 ἐμὲ δ' ἐξέπεμψεν ὁ καπνός· οὐχ
οἷος τε γὰρ ἔνδον μένειν ἦν· ἔδακνε γὰρ τὰ βλέφαρά μου.
Vgl. Lysistr. 295 ἰοὺ ἰοὺ τοῦ καπνοῦ. ὡς δεινὸν ὦναξ Ἡράκλεις
πρῳσπεσὸν ἐκ τῆς χύτρας ὥσπερ κύων λυττῶσα τὠφθαλμὼ
δάκνει. Simonid. 14. (Jac. Anth. 1, p. 61), δακέθυμος
ἵδρως. Menander (Meineke, fr. com. 4 p. 180) ὁ λιμὸς ὑμῶν
τὸν καλὸν τοῦτον δακών etc. Sopater bei Ath. III p. 101
B τὴν δηξίθυμον ἐντὸς ὀξάλμην ἔχων.

2. Den so trivial gewordenen Zahn der Zeit kannten auch die Alten: Simonid. fr. 90 (Bergk p. 774) ὅτι χρόνος ὀξὺς ὀδόντας πάντα καταψήχει καὶ τὰ βιαιότατα. vgl. Tibull. 1, 4, 14 dies saxa peredit aqua.

3. Häufig ist der Zahn des Tadels, des Neides. Mit mythischer Anschauung Leonid. Alex. 14, 3 (Jac. Anth. 2 p. 177) ἀλλὰ σύ, Μῶμε,· ἔξιθι κεῖς ἑτέρους ὀξὺν ὀδόντα βάλε. In einem Epigramm eines unbekannten Dichters (272 Jac. Anth. 4 p. 174) ist die Statue des Momus beschrieben und kommen zuletzt die Worte vor: μανύει δίστοιχος ὀλέθριον ὄγμος ὀδόντων πριομένων ἐπὶ τὰς τῶν πέλας εὐτυχίας. Vgl. Ovid. Trist. 4, 10, 123 nec qui detrectat praesentia livor iniquo ullum de nostris dente momordit opus. Ovid. ep. ex P. 3, 4, 74 laedere vivos livor et iniusto carpere dente solet. Martial. 5, 28, 7 rubiginosis cuncta dentibus rodit. Senec. Hipp. 493 edaxque Livor dente degeneri petit. Phaedr. prol. 5 invidia mordax. Ovid. Amor. 1, 15, 1 quid mihi, livor edax, ignavos obiicis annos? Diese Stellen mögen Hor. carm. 3, 4, 16 beleuchten: et iam dente minus mordeor invido, vgl. Epist. 1, 18, 82. Shaksp. Jul. Caes. 2, 3 (Del. p. 51) my heart laments that virtue cannot live aut of the teeth of emulation. Personificirend ist ferner Achilles Tat. p. 155, 8 ed. Jac. ὁ τῆς λύπης ὀδούς und die von Jac. p. 888 aus Lucian. Am. 3 angeführte Stelle: γλυκὺς ὀδοὺς ὁ τοῦ πόθου δάκνει, vgl. zu beiden Stellen Eur. Alc. 1100 λύπη καρδίαν δηχθήσομαι und Eur. Danae 10, 6 (Wagner p. 161) πόθῳ δεδηγμένος. — Shaksp. Troil. 4, 5 (Del. p. 103) sweet love is food for fortune's tooth. Sehr plastisch Shaksp. Haml. 3, 3 (Del. p. 96) and we ourselves compell'd even to the teeth and forehead of our faults. K. Lear 2, 4 (Del. p. 63) sharp - tooth'd unkindness. Valer. Max. 4, 7, 2 nulla tam modesta felicitas est, quae malignitatis dentes vitare possit.

Der Gebrauch der Wörter δῆγμα, δάκνω und Composita, in denen die Personification meistens verblasst ist, ist sehr häufig. Mit der aus Lucian angeführten Stelle vgl. Soph. fr. 757 (Nauck p. 257) ὅτῳ δ' ἔρωτος δῆγμα παιδικοῦ προςῇ, Aesch. Ag. 715 δηξίθυμον ἔρωτος ἄνθος. Ovid. Her. 13, 30 pectora legitimus casta momordit amor. — Aesch. Ag. 756 (Schneidew.) δῆγμα δὲ λύπης οὐδὲν ἐφ' ἧπαρ προςικνεῖται. Aesch. Ag. 411 (Schneidew.) πένθεια δηξικάρδιος, Soph. Phil. 1358 οὐ γάρ με τάλγος τῶν παρελθόντων δάκνει. Aesch. fr. 456 (Herm. 1 p. 409) οὐκ ἦν ἄρ' οὐδὲν πῆμ' ἐλευθέραν δάκνον ψυχὴν ὁμοίως ἀνδρὸς ὡς ἀτιμία. Soph. Aj. 1119 τὰ σκληρὰ γάρ τοι κᾆν ὑπέρδικ' ᾖ δάκνει vgl. Ant. 317. — Aesch. Pers. 851 μάλιστα δ' ἥδε συμφορὰ δάκνει. Eur. Palam. 4, 3 (Wagner p. 296) αἵ τε συμφοραὶ μᾶλλον δάκνουσι. Soph. Phil. 705 (Schneidew.) δακέθυμος ἄτα, Aesch. Ag. 1439 (Schneidew.) κράτος τ' ἰσόψυχον ἐκ γυναικῶν καρδιόδηκτον ἐμοὶ κρατύνεις. Bereits von Homer δάκνω gebraucht, Il. 5, 493 μῦθος δάκε φρένας. Aesch. Ag. 449 nach der Verbesserung Hermanns: ἤκουσα δακνιστῆρα καρδίας λόγον. — Menand. cith. 2 (Meineke, fr. com. 4 p. 149) τὸ κουφότατόν σε τῶν κακῶν πάντων δάκνει, πενία. Leon. Tarent. 64, 4 (Jac. Anth. 1 p. 171) δάκνει δυσβίοτος πενίη, Cic. Tusc. 3, 34 si paupertas momordit. — Arist. nub. 12 ἀλλ' οὐ δίναμαι δείλαιος εὕδειν δακνόμενος ὑπὸ τῆς δαπάνης καὶ τῆς φάτνης καὶ τῶν χρεῶν. Bei Horat. 1, ·18, 4 mordaces sollicitudines; Virg. Aen. 1, 261 quando haec te cura remordet. Ovid. Amor. 2, 19, 43 mordet cura medullas. — Aesch. Sept. 673 ὠμοδακής σ' ἄγαν ἵμερος ἐξοτρύνει πικρόκαρπον ἀνδροκτασίαν τελεῖν αἵματος οὐ θεμιστοῦ. Häufig wird mordere und δάκνειν auch in der Prosa in diesem übertragenen Sinne gebraucht, vgl. Forcell. u. Stephan., Valck. zu Hipp. 1303.

4. Von Gegenständen mechanischer Art enthält der Schiffsanker Zähne, Virgil. Aen. 6, 3 tum dente tenaci ancora fundabat navis; die Angel, Philipp. 22, 2 (Jac. Anth. 2 p. 201) ἀγκίστρων λαιμοδακεῖς ἀκίδες, der Pflug, Ovid. Tr. 4, 6, 13 hoc (tempus) tenuat dentem terram findentis aratri (vgl. Klotz, Wörterbuch s. v. dens und bidens), der Kamm, welcher beim Wollespinnen gebraucht wurde, Philipp. 18, 5 ὅν ποτ' ὀδόντι ἐπλήρου τολύπη πᾶσα καθαιρομέη. Bemerkenswerth Aesch. Sept. 380 (Herm.) λόφοι τε κώδων τ' οὐ δάκνουσ' ἄνευ δορός. Hor. carm. 4, 6, 9 mordaci ferro icta pinus.

Shaksp. Merry wifes 2, 1 (Dcl. p. 37) I have a sword and it shall bite upon my necessity.

17. Γένυς, γνάϑος.

1. Unter den Naturgegenständen hat Kinnbacken das Feuer in der kühnen Sprache des Aesch. Prom. 375: ἔνϑεν ἐκραγήσονταί ποτε ποταμοὶ πυρὸς δάπτοντες ἀγρίαις γνάϑοις τῆς καλλικάρπου Σικελίας λευροὺς γύας. Choeph. 317 φρόνημα τοῦ ϑανόντος οὐ δαμάζει πυρὸς μαλερὰ γνάϑος, Lycophr. 433 παράκτιον πλάκα ὠκεῖα μάργοις φλὸξ ἐδαίνυτο γνάϑοις. Vgl. Blomf. gl. in Prom. 376 und Prom. 726.

2. Krankheiten, wie den Flechten, wird γνάϑος beigelegt von Aesch. Choeph. 273 — 275: τὰς δ᾽ αἰνῶν νόσους, σαρκῶν ἐπαμβατῆρας ἀγρίαις γνάϑοις λειχῆνας ἐξέσϑοντας ἀρχαίαν φύσιν, vgl. Eur. Med. 274 γναϑμοῖς ἀδήλοις φαρμάκων. Vom Rachen der Thiere ist entlehnt Shaksp. Henry V 2, 4 (Del. p. 53), for whom this hungry war opens his vasty jaws.

3. Gegenständen mechanischer Art wird γνάϑος und γένυς zugeschrieben: dem Keile, Aesch. Prom. 64 ἀδαμαντίνου σφηνὸς αὐϑάδη γνάϑον, dem Anker, Pind. Pyth. 4, 24 ἄγκυραν χαλκόγενυν, den Schiffsschnäbeln mit entschiedener Personification Philipp. 30, 1 (Jac. Anth. p. 203): ἔμβολα χαλκογένεια, φιλόπλοα τεύχεα νηῶν, dem Beile, Eur. Meleag. 14, 5 (Wagner p. 273) πελέκεως δίστομον γένυν, vgl. Soph. El. 189, 476. Phil. 1190; der Säge Nic. Ther. 52 vgl. Blomf. gl. in A. Prom. 64.

18. Χεῖλος, labrum, lip.

1. Χεῖλος und labrum verloren oft die personificirende Kraft, bezeichnen bloss den Rand und Saum vieler Gegenstände, vgl. Passow und Klotz; von Flüssen und dem Meere: Dioscorid. 11, 14 Σαγγαρίου χείλεσι πὰρ ποταμοῦ, Posidipp. 15 a (Jac. Anth. 2 p. 50) οὖ ποταμὸς κελαδῶν ἐπὶ χείλεσι; Antipat. Sidon. 103, 1 (Jac. 2 p. 36) ἐς πλατὺ πόντου χεῖλος. Aehnlich wird labrum gebraucht, vgl. Klotz s. v. — Den Wunden des Körpers werden Lippen zugeschrieben von

Shaksp. Jul. Caes. 3, 1 (Del. p. 63): over thy wounds now do I prophesy, which like dumb mouths do ope their ruby lips, to beg the voice and utterance of my tongue. 2. Sehr schön sagt E. Geibel, Juniuslieder p. 76 von Hellas: Jung und unsterblich schreitet deine Sage Mit blüh'n-den Lippen noch durch unsre Tage. Göthe, Meine Göttin, von der Phantasie: Sie mag rosenbekränzt mit dem Lilien-stengel Blumenthäler betreten, Sommervögeln gebieten, und leichtnährenden Thau mit Bienenlippen von Blüthen saugen. Abstracta hat Shakspere durch Lippen personificirt, die Lip-pen des Wechsels, der Unzufriedenheit: K. John 3, 4 (Del. p. 66) and kiss the lips of unacquainted change; ibid. 4, 2 (Del. p. 73) whose restraint doth move the murmuring lips of discontent. Ueberaus schön Othello 4, 2 (Del. p. 108) turn thy complexion there, Patience, thou young and rose-lipp'd cherubin.

19. Mentum.

Dem Berge Atlas wird ein Kinn zugeschrieben in einer ausgeführten Personification bei Virg. Aen. 4, 250: nix hume-ros infusa tegit, tum flumina mento praecipitant senis et glacie riget horrida barba.

20. Δειρή, αὐχήν, collum, neck.

1. Von Bergen wird δειρή gebraucht, Hes. Th. 727. Pind. Ol. 3, 27 Ἀρκαδίας ἀπὸ δειρᾶν. Ebenso collum bei Stat. Theb. 9, 643. In δειράς erlosch die personificirende Kraft, vgl. jedoch Schneidewin zu Soph. Ant. 831. Lebèn-diger blieb sie in αὐχήν, wovon interessante Composita vor-kommen. Von Naturgegenständen: zweifelhaft bei Theocr. ep. 5, 4 die Conjectur λασιαύχενος ἄντρου, vgl. Jac. Anth. 7 p. 196. Von Bäumen und Pflanzen: Eur. Bacch. 1054 ἐλά-την ὑψαύχενα. Sehr zierlich Chaeremon fragm. 14, 16. 17 (Nauck p. 610): ἔρση δὲ θαλερὸς ἐκτραφεὶς ἀμάρακος λει-μῶσι μαλακοῖς ἐξέτεινεν αὐχένας. Vgl. Virg. Aen. 9, 436 lassove papavera collo demisere caput. Dem Meere wird ein Nacken beigelegt von Aesch. Pers. 73: πολύγομφον ὄδισμα,

ζυγὸν ἀμφιβαλὼν αὐχένι πόντου. Ebenso Ländern, Agathias
56, 1 (Jac. Anth. 4 p. 23) Ἑσπερίην ὑψαύχενα. Alcaeus
Messen. 16, 3 ἀλλ' ὁ μὲν Εὐρώπα δοιλὸν ζυγὸν αὐχένι θή-
σων. Artemon 1, 1 (Jac. Anth. 2 p. 66) σὺ μὲν ἔσχες ἀλίρ-
ρυτον αὐχένα Δήλου. — Vom Himmel L. Tieck, Sternbald
p. 134: Goldenes Geschmeide um ihn hangen (siehst du),
Edelsteine, Hals und Nacken zieren.

2. Von abstracten Begriffen wird witzig iniuria durch
collum personificirt 'von Plaut. rud. 3, 2 pertorqueto iniuriae
prius collum quam ad vos perveniat. Bemerkenswerth ist
κραδίη ὑψαύχην bei Irenaeus Referendar. 3, 5 (Jac. Anth. 3
p. 231) ἀλλ' οὐ σῆς κραδίης ὑψαύχενος ὤκλασεν ὄγκος. Vgl.
Nonnus, Dionys. 48 p. 1270 (von Jacobs citirt) ὅπη παρὰ
γείτονι Κύδνῳ παῖσε Τυφαονίης ὑψαύχενα κόμπον ἀπειλῆς.
Wichtig Pindar. fr. 121 (Dissen 1 p. 253) ῥιψαύχενι σὺν
κλόνῳ, auch μῦθος ὑψαύχην bei Nonnus.

3. Von Gegenständen mechanischer Art: μακραύχην
κλίμαξ Eur. Phoen. 1181. — Shaksp. Merch. of Ven. 2, 5
(Del. p. 41): And the vile squeaking of the wry-neck'd fife.
Der Flasche wird collum zugeschrieben von Phaedrus 1, 26,
10 collum lagenae. Sehr wichtig ist die weitausgeführte Personification der Flasche, welche Epigr. inc. 77, 1—5 (Jac. Anth.
4 p. 132) angeredet wird: στρογγύλη, εὐτόρνευτε, μονούατε,
μακροτράχηλε, ὑψαύχην, στεινῷ φθεγγομένη στόματι, Βάκχου
καὶ Μουσέων ἱλαρὴ λάτρι καὶ Κυθερείης, ἡδυγέλως, τερπνὴ
συμβολικῶν ταμίη, τίφθ' ὁπόταν νήφω μεθύεις σύ μοι; Zu
vergleichen ist λαιμός, welches ebenfalls der Flasche zugeschrieben wird, Philipp. Thessal. 58, 1 (Jac. Anth. 2 p. 211)
Ἀδριακοῖο κύτους λαιμὸς τοπάλαι μελίγηρυς, ἀνίκ' ἐγαστροφόροιν Βακχιακὰς χάριτας, νῦν κλασθεὶς κεῖμαι etc.
Scherzhaft steht bei Shaksp. „dem Siegel den Hals brechen“,
Love's l. l. 4, 1 (Del. p. 41) break the neck of the wax.

21. Humerus.

In der Personification des Atlas bei Virg. Aen. 4, 250
werden demselben auch Schultern zugeschrieben: Atlantis duri,
coelum qui vertice fulcit, Atlantis, cinctum adsidue cui nubibus

atris piniferum caput et vento pulsatur et imbri: nix hume-
ros infusa tegit. Göthe, Mahomets Gesang, nennt den Fluss
einen „Atlas, der Cedernhäuser auf den Riesenschultern trägt."
Claudius vom Frühlinge: Denn er kommt mit seiner Freuden-
schaar heute aus der Morgenröthe Hallen einen Blumenkranz
um Stirn und Haar und auf seiner Schulter Nachtigallen.
Die Schultern des Orion bei Virg. Aen. 10, 763.

22. *Κόλπος, στέρνον*, sinus, bosom, breast.

1. Die Uebertragung von *κόλπος* und sinus auf Meer
und Land ist überaus häufig; wir verweisen auf die Lexica
und heben Composita von *κόλπος* und *στέρνον* hervor. Aus
der Mythologie ist zu erklären *βαϑυκόλπου Γᾶς* Pind. Pyth.
9, 101; *Γαῖ' εὐρίστερνος* Hes. Theog. 117; *βαϑυστέρνου*
πλάτος αἴης Stasinus, Cypria fr. 1; *βαϑίστερνον χϑόνα*
Pind. Nem. 9, 25; *εὐρυκόλπου χϑονός* Pind. Nem. 7, 33;
στερνούχου χϑονός Soph. OC. 691. Vgl. *κόλποις παρ' εὐδό-*
ξου Πίσας Pind. Ol. 14, 23, *Τροίας ἐν κόλποισιν* Eur. Tro.
130. Shaksp. Rich. II 3, 2 (Del. p. 62) and with rainy
eyes write sorrow on the bosom of the earth. K. John 4,
1 (Del. p. 66) when I strike my foot upon the bosom of
the ground. Rückert, Gedichte p. 152: Lass, Russia, höher
deine Schneebrust klopfen. Richard II redet sein Land an
(3, 2, Del. p. 58): and when they from thy bosom pluck a
flower. Die Jungfrau von Orleans sagt in Bezug auf Frankreich (Henry VI I, 3, 3 Del. p. 61): behold the wounds, the
most unnatural wounds, which thou thyself hast given her
woeful breast. Zierlich und fast empfindsam sind die Wendungen der Epigramme: *Γαῖα μὲν ἐν κόλποις κρύπτει τόδε*
σῶμα Πλάτωνος Epigr. inc. 644, 1 (Jac. Anth. 4 p. 232);
Γαῖα φίλη, τὸν πρέσβυν Ἀμύντιχον ἔνϑεο κόλποις Epigr.
inc. 650 (Jac. Anth. 4 p. 254). Göthe, Mignon: der harte
Fels schliesst seinen Busen auf, missgönnt der Erde nicht
die tiefverborgnen Quellen. Von Thermia Geibel, Neue Gedichte p. 33: Du strömst Genesung ihm aus Felsenbrüsten;
p. 157: O Sohn der Alpen, in krystallnen Wiegen genährt
von Gletscherbrüsten, heilger Rhein. Sehr anmuthig Arist.

ran. 373 χώρει δὴ πᾶς ἀνδρείως εἰς τοὺς εὐανθεῖς κόλπους
λειμώνων. Mörike p. 154: Schon prangt im Silberthau die
junge Rose, den ihr der Morgen in den Busen rollte.
Dem Himmel wird das Epitheton εὐρύστερνος beigelegt:
ἔκλνεν "Ατλας οὐρανὸν εὐρύστερνον ἔχων ἐπικείμενον ὤμοις
Epigr. inc. 495, 4. Hiermit zu vergleichen Pind. Olymp. 13,
88 (Dissen) αἰθέρος ψυχρᾶς ἀπὸ κόλπων ἐρήμου und Coluth.
152 βαθύκολπον ἐς ἀέρα. Hiermit zu vergleichen Shakspere,
Romeo 2, 2 (Del. p. 48) and sails upon the bosom of the
air. Von der Wolke heisst es bei Archias ἠερίης κόλπον
ἔδυ νεφέλης. Vgl. Tafel, diluc. Pind. p. 466. Shaksp. Tit.
Andr. 3, 1 (Del. p. 53) or with our sighs we'll breathe the
welkin dim, and stain the sun with fog, as sometime clouds,
when they do hug him in their melting bosoms. Vom Wasser:
Shaksp. Love's I I, 4, 3 (Del. p. 50) nor shines the silver
moon one half so bright through the transparent bosom of
the deep. Die Brust des Meeres: Shaksp. Troil. 1, 3 (Del.
p. 26) the sea being smooth, how many shallow bauble boats
dare sail upon her patient breast. Die Brust des Nor-
dens: Shaksp. Rom. 1, 4 (Del. p. 38) and more inconstant
than the wind, who wooes even now the frozen bosom of
the north.

2. Wahrscheinlich wurde die Nacht μελανόστερνος
genannt von Alcman fr. 42 (Bergk p. 549), vgl. Hartung,
die griechischen Lyriker 5 p. 139: 'Ριπᾶν ὄρος, ἔνθα θε-
ράπναι Νυκτὸς μελανοστέρνῳ. Vom Morgen Shaksp. Venus
and Ad. 143 (Del. p. 34) lo, here the genthe lark, weary
of rest, from his moist cabinet mounts up on high and wakes
the morning, from whose silver breast the sun ariseth in his
majesty.

3. Von grosser Schönheit im Sinne der Mythologie ist
die Stelle eines unbekannten Tragikers: πέμπετ' ἁμῖν ῥοδό-
κολπον Εὐνομίαν Inc. trag. fr. 216, wie Pind. Pyth. 1, 12
βαθυκόλπων Μοισᾶν sagte, Alcaeus fr. 13 (Bergk) κόλπῳ
σ' ἐδέξανθ' ἅγναι Χάριτες χρόνῳ, Stat. Silv. 2, 7, 36 humum
per ipsam primo murmure dulce vagientem blando Calliope
sinu recepit. Die Brust, der Busen des Friedens bei Shaksp.:
Henry IV I, 4, 3 you coniure from the breast of civil peace

such bold hostilily; Henry V 4, 1 (Del. p. 84) some, making
the wars their bulwark, that have before gored the gentle
bosom of peace with pillage and robbery. Vgl. Rich. II 1, 3
(Del. p. 25) truth hath a quiet breast.

4. Von der Stadt Shaksp. K. John 2, 2 (Del. p. 38)
we from the west will send destruction into. this city's
bosom.

Vergleichungsweise erwähne ich noch οὖθαρ und uber;
οὖθαρ ἀρούρης bei Hom. Il. 9, 141 wie πυγὴ ἀγροῦ, divitis
uber 'agri Virg. Aen. 7, 262. Von den Trauben Macedon.
32, 7 (Jac. Anth. 4 p. 90) πρώταις δ᾽ ἡμετερῇσιν ἐν ὀργά-
σιν οἰνὸς ὀπώρη οὔθατος ἐκ βοτρύων ξανθὸν ἄμελξε γάνος,
cf. palmitis uber Etrusci Claudian. b. Get. 504.

23. Anhelus, anhelare, breath, to breathe,
κατερεύγειν.

1. Von Naturerscheinungen wird Athem zugeschrieben
der Luft selbst in der bezeichnenden Stelle bei Shaksp. Temp.
2, 1 (Del. p. 35), wo Adriano sagt: the air breathes upon us
here most sweetly, und Sebastian antwortet: as if had lungs
and rotten ones. Vgl. Geibel, Juniuslieder p. 303: Der
Wind hält leise den Odem an und schlummert ein im Lauschen. In mythischer Darstellung hat der Flussgott Alpheios
Athem: Stat. Silv. 1, 2, 203 tumidae sic transfuga Pisae amnis
in externos longe flammatus amores flumina demerso trahit intemerata canali, donec Sicanios tandem prolatus anhelo
ore bibat fontes: miratur dulcia Nais oscula nec credit pelago
venisse maritum. L. Tieck, Zerbino p. 83: Sieh, wie Natur
den Athem an sich hält. Geibel, Juniuslieder p. 233: Des
Weltalls leiser Athem.

2. Die Zeit wird kurzathmig genannt von Shaksp.
Hamlet 3, 4 (Del. p. 105): for in the fatness of these pursy
times. Vom Frühlinge L. Tieck, Sternbald p. 134: Dann
geht er und schläft im waldigen Grund und haucht den
Athem aus, den süssen. Schiller, Gedichte p. 38: Frisch
athmet des Morgens lebendiger Hauch. Vom Tage und der
Nacht: Stat. Theb. 4, 680 tempus erat medii cum solem in

culmina mundi tollit anhela dies. Shaksp. Troil. 5, 10
(Del. p. 125) how ugly night comes breathing at his heels.
K. John 5, 4 (Del. p. 96) even this night, whose black con-
tagions breath already smokes etc.

3. Von Abstracten athmet der Friede den süssen Kin-
desathem des Schlafes bei Shaksp. Rich. II 1, 3 (Del. p. 27):
. to wake our peace, which in our country's. cradle draws the
sweet infant breath of gentle sleep. Hiermit zu vergleichen
Shaksp. Henry IV I, 1 (Del. p. 13) find we a time for
frighted peace to pant and breathe short-winded accents of
new broils. Das Glück ist ausser Athem, Anton. and Cl. 3, 8
(Del. p. 83) our fortune on the sea is out of breath. Höchst
charakteristisch ist Timon of Athens 5, 5 (Del. p. 101): now
breathless wrong („stumme Kränkung“) shall sit and part
(sich verschnaufen) in your great chairs of ease; and pursy
insolence shall break his wind with fear and horrid flight. —
K. John 2, 2 (Del. p. 40) lest zeal, now melted, by the
windy breath of soft petitions, pity, and remorse, cool and
congeal again to what it was. — Vgl. auch Hamlet 1, 3
(Del. p. 34) not to crack the wind of the poor phrase. —
Iustin. 9; mercibus distractis anhelantem inopiam paullatim
recreavit.

4. Der alte Witzbold Bdelycleon bei Ar. vesp. 1154
klagt, dass ein Kleidungsstück (καυνάκη) ihn heiss „anpuste“
οἴμοι δείλαιος ὡς θερμὸν ἡ μιαρά τί μου κατήργυεν. Der
Scholiast sagt zu dieser Stelle: κατέπνευσεν, ὡς ἐπὶ τῶν
κατὰ τροφὴν ἐρευγομένων.

24. Καρδία, heart.

1. Im bildlichen Sinne wird καρδία auf den Felsen
übertragen von Arist. ran. 470 μελανοκάρδιος πέτρα. Be-
merkenswerth ist der Ausdruck bei Shaksp. Cymb. 5, 5
(Del. p. 125), der seine Söhne the liver, heart and brain of
Britain nennt. — Geibel, Brunhild p. 158: Steht das Herz der
Welt nicht schaudernd still, dass mir die Götter das verhän-
gen konnten. Von der Erde Geibel, Neue Gedichte p. 161:
Du spürst es, wie in jungen Schlägen das Herz der Erd'

erwachend hüpft. — Göthe, Wanderers Sturmlied: Ihr seid rein wie das Herz der Wasser.

2. Abstracten Begriffen wird heart ebenfalls bildlich beigegeben von Shakspere: das Herz des Edelmuths, der Güte, der Liebe, der Falschheit, der Furcht, der Mannhaftigkeit, der Hoffnung, des Verlustes, des Geheimnisses, des Gehorsams, der Undankbarkeit: Coriol. 1, 1 (Del. p. 22) to break the heart of generosity and make bold power look pale. Timon 1, 1 (Del. p. 22) he outgoes the very heart of kindness. Troil. 4, 3 (Del. p. 96) prosperity 's the very bond of love, whose fresh complexion and whose heart together, affliction alters. Troil. 3, 3 (Del. p. 70) and let them say to stick the heart of falsehood, as false as Cressida. Makb. 4, 1 (Del. p. 92) that I may tell pale-hearted fear it lies. Troil. 2, 2 (Del. p. 44) manhood and honour should have hare hearts. cf. Coriol. 1, 6 their very heart of hope. Antony and Cl. 4, 10 the very heart of loss. Hamlet 3, 2 (Del. p. 93) you would pluck out the heart of my mystery; K. Lear 1, 2 (Del. p. 26) and shake in pieces the heart of his obedience. Insbesondere bemerkenswerth Shaksp. K. Lear 1, 4 (Del. p. 39) ingratitude, thou marble-hearted fiend, more hideous, when thou show'st thee in a child, than the sea-monster! Vgl. Sidney bei Delius, Lear p. VII: the hard-hearted ungratefulness.

3. Von Gegenständen mechanischer Art wird dem Hause ein Herz zugeschrieben in einer höchst charakteristischen Stelle bei Shaksp. Timon of Ath. 3, 4 (Del. p. 54), in welcher Timon sein Haus wie einen mitleidlosen, falschen Freund betrachtet, den er früher bewirthet habe: and must my house be my retentive enemy, my gaol? the place which I have feasted, does it now, like all mankind, show me an iron heart? — Vgl. Geibel, K. Roderich p. 144: Dank, ihr Trompeten! ihr ruft mit eurer erznen Lunge Schall zurück mich in die Gegenwart.

25. *Νῶτον*, dorsum, tergum, back, ῥάχις.

1. Unter den Naturgegenständen ist überaus häufig der Rücken des Meeres und die εὐρέα νῶτα θαλάσσης von Homer

an sehr üblich, z. B. Od. 5, 17. Hes. Theog. 763, Theogn. 179. Die personificirende Kraft ist aber erloschen und bereits Suidas (Bernhardy II p. 1017)˙ sagt: *νῶτα θαλάσσης· ἡ ἐπιφάνεια τῆς θαλάσσης*. Die vielgebrauchte Wendung erneuert sich mit anderen Worten, wie *ποίοισιν ἐν νώτοισιν ποντίας ἁλός* Eur. Hel. 129, *Ποσειδῶν ἀκύμονα πόντου τίθησι νῶτα* Eur. Iph. T. 1412, *Αἰγαίου νῶτον ὑπὲρ πελάγευς* Epigr. inc. 396, 3 (Jac. Anth. 4 p. 202), und gewinnt wieder einigen Reiz durch Epitheta wie bei Paul. Sil. 64, 1 (Jac. 4 p. 61) *τρισσόθεν εἰσορόω πολυτερπέα νῶτα θαλάσσης* oder bei Theaet. Schol. 2, 8 (Jac. Anth. 3 p. 215) *ὑπνώει δὲ θάλασσα, φιλοζεφύροιο γαλήνης νηοφόροις νώτοις εὔδια πεπταμένης*. Vgl. Isidor. 3, 3 (Jac. Anth. 3 p. 178) *νῶτα δὲ Τυρσηνῆς ἐπάτειν ἁλός*. Eine kühne Wendung hat Aesch. Ag. 277 Blomf., *πόντον ὥστε νωτίσαι ἰσχὺν πορευτοῦ λαμπάδος* („der Meerfluth Rücken überfliegen"). Vgl. Shaksp. von der Woge Tempest. 2, 1 (Del. p. 37): I saw him beat the surges under him and ride upon their backs, vgl. Theon 4, 1 (Jac. Anth. 3 p. 225).

Häufig wird *νῶτον* der Erde beigelegt: *γαίας ἐν νώτοις* Eur. Iph. T. 159, *χθονὸς νῶτα* Eur. Iph. T. 46, vgl. Pindar Pyth. 4, 228. Von der Erde ist wohl auch Aesch. Suppl. 82 Herm. zu verstehen: *πίπτει δ' ἀσφαλὲς οὐδ' ἐπὶ νώτῳ, κορυφᾷ Διὸς εἰ κρανθῇ πρᾶγμα τέλειον*. Ebenso von Bergen: *νώτοισιν Ἀταβυρίου μεδέων* Pind. Ol. 7, 87, andere Stellen bei Passow s. v. Bemerkenswerth Hor. Serm. 2, 6 dorsum praerupti nemoris. Ueber dorsum vgl. Klotz, Wörterbuch s. v. Bemerkenswerth sind einige Composita, durch welche örtlichen Gegenständen ein *νῶτον* beigelegt wird, Aesch. Prom. 855 *τὴν αἰπίνωτον τ' ἀμφὶ Δωδώνην*, von Gräbern Epigr. inc. 450, 2 (Jac. Anth. 4 p. 213) *ἤδη καὶ τύμβους νωτοβατοῦσι βόες* (vgl. *νωτίζω*), vgl. Eur. Hel. 842 *τύμβου 'πὶ νώτῳ*.

Von grosser Schönheit ist das Fragment des Eur. Andromed. 1 (Wagner 117): *ὦ νὺξ ἱερά, ὡς μακρὸν ἵππευμα διώκεις ἀστεροειδέα νῶτα διφρεύουσ' αἰθέρος ἱερᾶς τοῦ σεμνοτάτου δι' Ὀλύμπου*. Aehnlich vom Himmel bei Dionys. hymn. in Apoll. 11 (Jac. Anth. 2 p. 231) *περὶ νῶτον ἀπεί-*

ριτον ουρανου, vom Abendhimmel Eur. Electr. 730, wo Sol
τὰ ἕσπερα νῦτ᾽ ἐλαύνει θερμὰ φλογὶ διαπύρῳ, cf. Jac. Anth.
9 p. 248.

2. Von der Zeit: Ovid. Met. 14, 142 sed iam feli-
cior aetas terga dedit tremuloque gradu venit aegra senectus.
Höchst kühn und phantasiereich Shaksp. Troil. and Cr. 3, 3
(Del. p. 75): Time hath, my lord, a wallet at his back, wherein he puts alms for oblivion, a great-sized monster of
ingratitudes.

3. Von Abstracten: Virg. Aen. 1, 294 claudentur
Belli portae; Furor impius intus saeva sedens super arma et
centum vinctus aenis post tergum nodis fremet horridus ore
cruento. Vgl. Calpurn. 1, 46 dabit impia vinctas post tergum
Bellona manus. Göthe, Elpenor p. 380: (die Rache) wendet
ihren Rücken oft dem wohlbewussten, schüchternen Ver-
brecher.

4. Vom Schilde Eur. Phoen. 1138 σιδηρονώτοις δ᾽
ἀσπίδος τύποις. Dieser Ausdruck wird persiflirt, wenn Aristophanes vom Käserücken des Kuchens spricht; Acharn.
1089 sagt Lamachus: φέρε δεῦρο γοργόνωτον ἀσπίδος κύκλον,
und Dikäopolis erwiedert: κάμοὶ πλακοῦντος τυρόνωτον δὸς
κύκλον.

Beschränkter ist der Gebrauch von ῥάχις. Das Rück-
grat des Berges, des Waldes kommt vor: Leon. Tar. 98, 1
(Jac. Anth. 1 p. 180) ποιμένες, οἳ ταύτην ὄρεος ῥάχιν
οἰοπολεῖτε, Agathias 30, 5 (Jac. Anth. 4 p. 15) τμήξας
εὐαρότοι ῥάχιν ὀργάδος, cf. Passow s. v. ῥάχις.

26. Ἀγκάλη, ἀγκοίνη, πῆχυς, brachium.

1. Von Naturgegenständen sind die πόντιαι ἀγκάλαι
sehr häufig: Aesch. Choeph. 579 πόντιαί τ᾽ ἀγκάλαι κνωδά-
λων ἀνταίων βροτοῖς πλάθουσι, Eur. Hel. 1062 πελαγίας
ἐς ἀγκάλας, cf. 1436, Nausicrates (Meineke, fr. com. 4, 575)
πελαγίαις ἐν ἀγκάλαις, Eur. Orest. 1376 ἢ πόντον, Ὠκέανος ὃν
ταυρόκρανος ἀγκάλαις ἑλίσσων κυκλοῖ χθόνα. Vgl. die mythischen Wendungen Ovid. Met. 1, 13 nec brachia longo
margine terrarum porrexerat Amphitrite, Shaksp. K. John 5, 2

(Del. p. 89) Neptune's arms, who clippeth thee about. Göthe, Mohamets Gesang: Zu dem ew'gen Ocean, der mit ausgespannten Armen unser wartet. Als ein Fragment des Aeschylus gilt (vgl. Herm. Aesch. 1 p. 412) ψυχὰς ἔχοντες κυμάτων ἐν ἀγκάλαις. Diese Wendung scheint Arist. ran. 704 persiflirt zu haben: τὴν πόλιν καὶ ταῦτ' ἔχοντες κυμάτων ἐν ἀγκάλαις.

Von den Armen des Nil tiefpoetisch Hölderlin, Werke 1 p. 105: Dass der Erstgeborne, der Alte, der zu lange sich barg, dein majestätischer Nil jetzt hochherschreitend aus fernem Gebirg wie im Klange der Waffen siegreich kommt und die offenen Arme der sehnende reichet. Derselbe vom Archipelagus, Werke 1 p. 104: mit Jünglingsarmen umfängst du noch dein liebliches Land.

Der Erde und den Felsen werden Arme geliehen, vgl. Julian. Aeg. 45 (Jac. Anth. 3 p. 204): ἐν χθονὸς ἀγκοίνῃς ὤλετο μητριάσιν. Aesch. Prom. 1055 πετραία δ' ἀγκάλη σὲ βαστάσει. Vgl. Virg. Aen. 3, 535 gemino demittunt brachia muro turriti scopuli.

Mythologisch ist Eos ῥοδόπηχυς Hom. hymn. 31, 6. Stark personificirend schreibt dem Aether Arme zu Eur. in einem unbestimmten Fragmente, Wagner 836 (p. 430): ὁρᾷς τὸν ὑψοῦ τόνδ' ἄπειρον αἰθέρα καὶ γῆν πέριξ ἔχονθ' ὑγραῖς ἐν ἀγκάλαις, τοῦτον νόμιζε Ζῆνα, von Cic. de natur. deor. 2, 25 übersetzt: qui tenero terram circumiectu amplectitur. Vgl. Hölderlin 1 p. 99: Ach! nicht schlang um die Erde den wärmenden Arm der Olymp hier.

Sehr häufig werden die Zweige der Bäume brachia genannt und die Verwandlungen von Menschen in Bäume, welche Ovid erzählt, erklären diese Personification, vgl. Met. 1, 550: in frondes crines, in ramos brachia crescunt. Schön ist die Stelle Virgils in der Aen. 6, 282 in medio ramos annosaque brachia pandit ulmus opaca, ingens, quam sedem Somnia volgo vana tenere ferunt, foliisque sub omnibus haerent. Nicht minder anziehend ist Virg. Georg. 2, 290 — 297, wo es von der Eiche heisst: tum fortis late ramos et brachia tendens huc illuc etc. Ovid. Met. 14, 629 zu vergleichen: qua (falce) modo luxuriem premit et spatiantia passim brachia compescit. Shaksp. Henry VI III, 5, 2 (Del. p. 121) thus yields the cedar to the axe's edge, whose arms gave shelter to the princely eagle. Sehr schön Schiller im Spaziergange: „Einen umarmenden Zweig schlingt um die Hütte der Baum." Hölderlin 1 p. 19: Sie grünen Dir, deine Bäume, wie sonst, breiten ums Haus den Arm, voll von dankenden Gaben; ibid. p. 100: Und das strebende Herz besänftigen mir die vertrauten, friedlichen Bäume, die einst mich in den Armen gewiegt. Andere Stellen vom brachium der Bäume s. bei Klotz im Wörterbuch s. v. Auch dem Weinstocke, der ja ohnehin in der alten Sprache arbor hiess (vgl. Ritter zu Hor. carm. 3, 1, 30 und 1, 18, 1) wird brachium zugeschrieben von Virg. Georg. 2, 367: Inde ubi iam validis amplexae stirpibus ulmos exierint, tum stringe comas, tum brachia tonde; ante reformidant ferrum. Ebenso kommt wahrscheinlich πῆχυς vor in der Stelle bei Ion Chius 1, 4: ἐξ οὗ βοτρυόεσσ' οἰνὰς ὑποχθόνιον πτόρθον ἀνασχομένη, θαλερῷ ἐπτύξατο πήχει. Jacobs, Anth. 6 p. 312: quum vitis ulnae, πήχεις commemorentur, admodum probabile est, poëtam admirabilem illam vitium facultatem claviculis suis proximas arbores comprehendendi, significasse. Beim Weinstock gehörte freilich brachium zur technischen Sprache, vgl. Klotz s. v. brachium. Schön und empfunden sagt Hölderlin, Werke 1, p. 102: Streckt nach Dir (dem Aether) die schüchternen Arme der niedrige Strauch nicht? Die Arme der Nacht bei Rückert, Gedichte p. 415: Nacht, Allmutter des Lebens, ich preise dich, herrliche Göttin, Königin! keine wie du kränzet mit Sternen ihr Haupt. Deinen umfangenden Armen entreissen sich trotzige Sonnen. Die Arme des Traumes in der interessanten Stelle des Agathias 12, 9 (Jac. Anth. 4 p. 8) ἴσως δέ τις ἥξει ὄνειρος, ὅς με 'Ροδανθείοις πήχεσιν ἀμφιβαλεῖ.

2. Das schöne Epitheton der Charitinnen, βροδοπάχεες bei Sappho fr. 69 (Bergk p. 614) βροδοπάχεες ἄγναι Χάριτες, δεῦτε Διὸς κόραι, verdient Erwähnung. Dagegen nähert sich der Darstellung des Abstracten die Stelle Pindars Nem. 5, 42: Νίκας ἐν ἀγκώνεσσι πιτνῶν ποικίλων ἔψαυσας ὕμνων. Dissen bemerkt: Νίκας ἐν ἀγκώνεσσι πιτνεῖν ornate dictum

pro vincere. Ein unbekannter Epigrammendichter (Jac. Anth. 4 p. 256) sagt: ἡ Νέμεσις πῆχυν κατέχω· τίνος εἵνεκα; λέξεις. πᾶσι καταγγέλλω· μηδὲν ὑπὲρ τὸ μέτρον. Auf eine Statue der Nemesis geht das Epigramm eines unbekannten Verfassers (Jac. Anth. 4 p. 255): ἁ Νέμεσις προλέγει τῷ πήχεϊ τῷ τε χαλινῷ, μήτ' ἄμετρόν τι ποιεῖν, μήτ' ἀχάλινα λέγειν. Bei einem unbekannten Tragiker (Wagner fr. 216) heissen Klotho und Lachesis εὐώλενοι κοῦραι Νυκτός. Aehnlich Shaksp. Tim. of Ath. 4, 3 (Del. p. 80): thou art a slave, whom Fortune's tender arm with favour never clasp'd. cf. ibid. 4, 2 (Del. p. 67) all gone and not one friend to take his fortune by the arm. Henry IV ·II, 4, 1 (Del. p. 78) and knit our powers to the arm of peace. Sehr interessant Troil. 2, 3 (Del. p. 50) short-armed ignorance, kurzarmige Dummheit. Tieck, Zerbino p. 193: Die Thorheit nimmt ihn in den Mutterarm, bereitet ihm den liebevollsten Trost. — Klopstock, Mein Vaterland: Mit ihrem eisernen Arm winkte mir stets die strenge Bescheidenheit. Göthe, Die natürliche Tochter p. 239: Dein Vater, den, mit diesen holden Tönen, du aus den Armen der Verzweiflung rettest. Göthe, Elpenor p. 397: Und wenn die Noth mit tausend Armen eingreift. Tieck, Zerbino p. 411: Doch oft such' ich dem trüben Angedenken mit aller Eile zu entflieh'n, das dann die Arme greulich hastig nach mir reckt. Eine höchst individuelle Personification wird gebildet durch die Vorstellung „mit dem Ellbogen wegstossen" bei Shaksp. K. Lear 4, 3 (Del. p. 105): a sovereighn shame so elbows him.

27. Χείρ, manus, hand.

1. Die Hand der Natur bei Shaksp. Henry IV II, 1, 1 (Del. p. 20) let heaven kiss earth: now, let not natures hand keep the wild flood confined. Vgl. Twelfth-night 1, 5 (Del. p. 27) 't is beauty truly blent, whose red and white Nature's own sweet and cunning hand laid on. Mythisch die Hand der Iris, Göthe, Iphig. p. 55: Und Iris freundlich bunt mit leichter Hand den grauen Flor der letzten Wolken theilt. Rückert, Gedichte p. 195 vom Rheine: Eine bergkrystallne Schale haltend in der Linken. Die Hand des Weinstocks bei

Nonnus, Dionys. 12 (bei Jac. Anth. 6 p. 312): ἀμφὶ δὲ μηλείῃ
ιανύεις πόδας· ἀμφὶ δὲ συκῇ χεῖρας ἐφαπλώσας ἐπερείδεαι.
— Vom Traume Geibel, Gedichte p. 137: Und der Traum
mit Elfenhänden nahm mir von der jungen Seele allen kleinen Harm des Tags. 2. Die Hand der Zeit bei Theodect. fr.
9 (Nauck p. 625)
ἀλλ' ὁ μυρίος χρόνος ἅπαντ' ἀμαυροῖ χὐπὸ χεῖρα λαμβάνει.
Bei Shaksp. in höchst individuellen Wendungen: K. John 2,
1 (Del. p. 28) and the hand of time shall draw this brief
into as huge a volume. Comedy of errors 5, 1 (Del. p. 68)
time's deformed hand. Sonn. 64 (Del. p. 148) when I have
seen by Time's fell hand defaced the rich praud cost of
out-worn buried age. Ibid. 58 (Del p. 147) against my love
shall be as I am now with time's injurious hand crush'd and
o'erworn. Timon 5, 2 (Del. p. 95) time with his fairer
hand offering the fortunes of his former days; Troilus
4, 5 (Del. p. 101) let me embrace thee, good old chronicle,
that hast so long walk'd hand in hand with time. In einem
Gleichnisse Troilus 3, 3 (Del. p. 76): for time is like a fashio-
nable host, that slightly shakes the parting guest by the
hand. L. Tieck, Genoveva p. 168: So geht die Zeit kalt
und gleichgültig an uns vorüber — sie führt uns mit eis-
kalter Hand tiefer und tiefer in das Labyrinth hinein. —
Die Hand der Nacht und des Tages: Shaksp. Makb. 3, 2
(Del. p. 73) come, seeling night, scarf up the tender eye of
pitiful day, and with thy bloody and invisible hand cancel
and tear to pieces that great bond. Höchst interessant Sonn.
28 (Del. p. 131): when day's oppression is not eas'd by night,
but day by night and night by day oppress'd, and each,
though enemies to eithers reign, do in consent shake hands
to torture me. Die Hand des Sommers, des Frühlings:
Antiphil. Byzant. 4, 4: καὶ παλινουρόφορον, χεῖρα θέρευς,
θρίνακα. L. Tieck, Sternbald p. 134: Er (der Frühling)
rührt den Obstbaum mit röthlicher Hand.

3. Abstracta werden oft personificirt, indem ihnen eine
Hand beigelegt wird. Aus der Mythologie ist zuerst zu
erwähnen Pind. Ol. 11, 6: ὦ Μοῖσ', ἀλλὰ σὺ καὶ θυγάτηρ
Ἀλάθεια Διὸς, ὀρθᾷ χερὶ ἐρύκετον ψευδέων ἐνιπὰν ἀλιτό-

ξενον. Bei Arist. av. 1755 redet Peisthetürus die Βασίλεια
an: ὄρεξον, ὦ μάκαιρα, σὴν χεῖρα. Vgl. auch Pind. Ol. 7,
64 ἐκέλευσεν δ' αὐτίκα χρυσάμπυκα μὲν Λάχεσιν χεῖρας
ἀντεῖναι, vgl. Aesch. Ag. 784 (Schneidew.) τῷ δ' ἐναντίῳ
κύτει Ἐλπὶς προσίει χεῖρας, οὐ πληρουμένῳ. Vgl. Göthe,
Iphig. p. 45: So steigst du denn Erfüllung, schönste Tochter
des grössten Vaters endlich zu mir nieder! Wie ungeheuer
steht dein Bild vor mir! Kaum reicht mein Blick dir an die
Hände, die mit Frucht und Segenskränzen angefüllt die
Schätze des Olympus niederbringen. Vom Tode sagt Tibull.
1, 3, 4: Abstineas avidas, Mors precor atra, manus, vgl. die
von Dissen angeführte Stelle aus Callim. ep. 2, 3 αἱ δὲ τεαὶ
ζώουσιν ἀηδόνες, ᾗσιν ὁ πάντων Ἁρπακτὴρ Ἀΐδης οὐκ ἐπὶ
χεῖρα βαλεῖ. Ovid. Amor. 3, 9, 19. 20 Scilicet omne sacrum
mors importuna profanat: omnibus obscuras iniicit illa manus.
Shaksp. Ant. et Cleop. 4, 9 (Del. p. 109) the hand of death
hath raught him. K. John 4, 2 We cannot hold mortality's
strong hand. Geibel, Gedichte p. 225: In's laute Mahl —
greift er (der Tod) mit eisig kalter Faust und streift die
Rosen von den Wangen. Ibid. p. 267: O Tod, du bist der
wahre Fürst der Welt, der Priester bist du, der mit reinen
Händen den Kranz der bleichen Stirn vermag zu spenden. —
Hor. carm. 1, 35, 17 te semper anteit saeva Necessitas clavos trabales et cuneos manu gestans aëna, vgl. Pind. Nem.
8, 3 τὸν μὲν ἁμέραις ἀνάγκης χερσὶ βαστάζεις. — Boeth.
Metr. 2, 2 nec retrahat manum pleno Copia cornu. Valer.
Max. VI, 6, 1 huius imagine ante oculos posita venerabile
Fidei numen, dexteram suam, certissimum salutis humanae pignus,
ostentat. Calp. 1, 46 dabit impia vinctas post tergum Bellona manus. „Apud Plinium XXXV, 36, 16 Apelles Belli
imaginem restrictis ad terga manibus pinxit." Heyne zu
Virg. Aen., 291. Exc. 9. Die vollständige poetische Personification findet sich in der herrlichen Stelle des Pindar fr.
inc. 48: νόμος ὁ πάντων βασιλεὺς θνατῶν τε καὶ ἀθανάτων ἄγει δικαιῶν τὸ βιαιότατον ὑπερτάτᾳ χειρί. Nach Analogie dieser Stelle ist zu erklären Pind. Nem. 3, 55, Ἀσκλή-
πιον, τὸν φαρμάκων δίδαξε μαλακόχειρα νόμον. Sie erhält
ausserdem Licht durch Crinagoras 13, 4 (Jac. Anth. 2, p. 130),

welcher der Ἠπιόνη (Gemahlin des Aesculap) μαλακὰς χεῖρας giebt, mehr aber noch durch ἠπιόχειρ᾽ ὑγίειαν Orph. Hymn. 23, 8. 84, 8. Herm. Vgl. Aesch. Choeph. 20 ὀξύχειρι ξὺν κτύπῳ, Sept. 157 κλύετε πανδίκως χειροτόνους λιτάς. Andere Abstracta, wie mens, senectus, ira, fortuna erhalten. durch manus plastische Personification. Vgl. Ovid. Amor. 1, 2, 31 Mens bona ducetur manibus post terga retortis. Ovid. Tr. 3, 8, 35 Iniicietque manum formae damnosa senectus, quae strepitum passu non faciente venit. Vom Zorne Ovid. Trist. 4, 9, 10: nostra suas istuc porrigct ira manus. — Hor. ep. 2, 1, 191 mox trahitur manibus regum fortuna retortis. Bei Shaksp. die Hand des Krieges, des Unrechts, des Neides, der Falschheit, des Friedens, insbesondere in höchst individuellen Wendungen die Hand des Schicksals und des Glücks: Jul. Caes. 3, 1 (Del. p. 63) that mothers shall but smile, when they behold their infants quarter'd with the hands of war; mythologisch the hand of Mars Troil. 5, 3 (Del. p. 117); K. John 5, 2 (Del. p. 89) re cannot deal but with the very hand of stern injustice and confused wrong. Rich. II 1, 2 (Del. p. 20) by envy's hand. Sonn. 98 (Del. p. 140) that to my use it might unused stay from hands of falsehood, in sure wards of trust. Henry IV II, 4, 1 (Del. p. 73) whose beard the silver hand of peace hath touch'd; Tw.-night 2, 5 (Del. p. 47) thy fates open their hands; Ant. and Cl. 4, 10 (Del. p. 111) Fortune and Antony part here, even here do we shake hands. Much ado 4, 1 (Del. p. 59) o fate! take not away thy heavy hand. K. John 3, 1 (Del. p. 47) but fortune, O! she is corrupted and with her golden hand hath pluck'd on France etc. Henry IV II, 4, 14 (Del. p. 92) will fortune never come with both hands full. Ueberaus schön sagt Shaksp. Hamlet 3, 3 (Del. p. 96), ʼin the corrupted currents of this world offence's gilded hand may shove by justice, vgl. noch Makbeth 1, 7 (Del. p. 41) but in this cases we still have judgment here; that we but teach bloody instructions, which, being taught, return to plague th' inventor. This even-handed justice commends th' ingredients of our poison'd chalice to our own lips. Henry IV II, 5, 2 (Del. p. 107) having such a son, that would deliver up his

greatness so into the hand of justice. Göthe, Tasso p. 191:
Doch hält der stille Neid mit kalter Hand die edelsten Ge-
müther auseinander. Göthe, Iphigenie p. 70: So legt die
taube Noth ein doppelt Laster mit ehrner Hand mir auf.
Göthe, Elpenor p. 358: Wie Larven aus der Unterwelt vor
andern dem Einsamen erscheinen, rührt Verlassne ängstlich
der Trauer kalte Schattenhand. Göthe, die natürliche Tochter
p. 254: Hier bezwang mich der Verzweiflung Tigerklaue.
Göthe, die natürliche Tochter p. 341: o fasse mich Gewalt
mit ehrnen Fäusten. Geibel, Juniuslieder p. 170: So rang
der Vorwelt Sehnsucht aller Enden zum Schönen; doch bis
sie's gelernt zu fassen, wie tastete sie lang mit schweren
Händen! In dem Adjectiv πρόχειρος ist die personificirende
Kraft nicht mehr vorhanden, jedoch will ich Inc. trag. fr. 233
anführen: ἡ γὰρ σπάνις πρόχειρος εἰς τὸ δρᾶν κακά.
In den Compositis von παλάμη ging wohl, wie in πρόχειρος, die Personification verloren; doch will ich nicht
unerwähnt lassen εὐπάλαμον μέριμναν Aesch. Ag. 1508,
εὐπάλαμος σοφίη Anth., βαρυπάλαμον χόλον Pind. Pyth. 11,
23, θεῶν δυσπάλαμοι δόλοι Aesch. Eum. 866. Herm.

3. Wie den Städten ein Haupt zugetheilt wird, vgl.
κάρα, so auch eine Hand, vgl. Epigr. inc. 490, 1 (Jac.
Anth. 4 p. 222): Ὁπποίας τὸν Ὅμηρον ἀναγραψώμεθα
πάτρης, κεῖνον, ἐφ' ᾧ πᾶσαι χεῖρ' ὀρέγουσι πόλεις. Sehr
schön ist die Insel Cos überhaupt als Person dargestellt, insbesondere auch durch χεῖρες von Theocr. Id. 17, 64: Κόως
δ' ὀλόλυξεν ἰδοῖσα, φᾶ δέ, καθαπτομένη βρέφεος χείρεσσι
φίλαισιν, vgl. Wüstemann zu d. St.

4. Gegenstände mechanischer Art erhalten eine Hand,
vgl. Passow s. v. χείρ. Ich führe nur Philipp. Thessal.
23, 5 (Jac. Anth. 2, 202) an: ἄγκυράν τε, νεῶν στι-
βαρὴν χέρα, weil die Schiffe schon seit Homer persönliches
Leben haben.

28. Finger, ὄνυξ, nail.

1. Jacob Grimm, deutsches Wörterbuch I p. 553 bemerkt: „Bedeutsam ist die Anwendung von Arm (nie von

Hand, Finger) auf Aeste und Zweige der Bäume." Von Shaksp. dagegen werden auch Finger der Ulme gegeben Mids. 4, 1 (Del. p. 63): the female ivy so enrings the barky fingers of the elm. — L. Tieck, Sternbald p. 135: Die Lilie kommt und reicht die weissen Finger.

Mythisch ῥοδοδάκτυλος Ἡώς. Die Finger des Winters: Shaksp. K. John 5, 7 (Del. p. 101) and none of you will bid the winter come to thrust his icy fingers in my maw.

2. Die Finger des Glücks, des Vermögens: Shaksp. Tw.-night 2, 5 (Del. p. 48) and not worthy to touch fortune's fingers. Hamlet 3, 2 (Del. p. 82) that they are not the pipe for fortune's finger. Merry wives 3, 2 (Del. p. 55) he shall not knit a knot in his fortune with the finger of my substance. In seinem höchst individuellen Stile spricht Shaksp. vom Kartoffelfinger des Teufels Unzucht: Troil. 5, 2 (Del. p. 109) how the devil luxury with his fat rump and potatoe finger tickles these together. Ueberaus schön Cymb. 5, 5 (Del. p. 141): the fingers of the powers above do tune the harmony of this peace.

3. Bei Aristophanes ran. 1328 werden dem Traume lange Nägel zugeschrieben: τίνα μοὶ δύστανον ὄνειρον πέμπεις — ὄνυχας μεγάλους ἔχοντα; Bei Shakspere hat das Glück Nägel: Parolles in „Ende gut, Alles gut" klagt, dass er von dem Glücke grausam zerkratzt sei, und Lafen antwortet 5, 3 (Del. p. 96): and what would you have me to do? 't is too late to pare her nails now. Zu vergleichen ist Henry V 4, 5 (Del. p. 98): Bardolf and Nym had then times more valour than this roaring devil i' the old play, that every one may pare his nails with a wooden dagger.

29. Perna, Hüfte.

1. Suppernatus, an der Hüfte gelähmt, braucht Catull 17, 18 von einem Baume, sed velut alnus in fossa Liguri iacet suppernata securi. Vgl. Plin. n. h. XVII, 10, 13, 67.

2. Höchst anmuthig spricht P. Heyse, Braut von Cypern (Gesammelte Novellen in Versen p. 14), von der Hüfte

des Liedes: „Dir (Uhland) dank' ich diese Strophe, die elastisch und leicht dem Lied sich an die Hüften schmiegt, jetzt seinen Wuchs bezeichnet streng und plastisch, jetzt flatternd als ein Schleier es umfliegt."

30. Πλευϱόν, side.

Ueber πλευϱόν und latus, in welchen die Pers. verblasst ist, vgl. Passow und Klotz; nur χαλκόπλευϱον τύπωμα von der Urne gesagt, sei angeführt aus Soph. El. 54. Bemerkenswerth Milton, l'Allegro: Laughter holding both his sides.

31. Costa, rib.

1. Göthe im Faust: Des Felsens alte Rippen.

2. Die Rippe des Todes Shaksp. K. John 5, 2 (Del. p. 94): and in his fore-head sits a bare-ribb'd death, whose office is this day to feast upon whole thousands of the French. Vgl. the fat ribs of peace K. John 3, 3 (Del. p. 58).

3. Wie die Lateiner costae den Schiffen zuschreiben, vgl. Pers. 6, 31, so Shaksp. Merch. of Ven. 2, 6 (Del. p. 43) in ausgeführter Personification: Das Schiff kehrt heim wie ein Verschwender with over-weather'd ribs and ragged sails, lean, rent and beggar'd by the strumpet wind. Ibid. 1, 1 (Del. p. 16) and see my wealthy Andrew, decks in sand, vailing her high top lower than her ribs to kiss her burial. Troil. 1, 3 (Del. p. 26) the strong-ribb'd bark. Oefter kommen bei Shakspere die Rippen der Burg, der Stadt vor: Rich. II 3, 3 (Del. p. 65) go to the rude ribs of that ancient castle; K. John 2, 2 the flinty ribs of this contemptuous city.

32. Ὀμφαλός, umbilicus.

1. Wirkliche Personification durch umbilicus findet sich in der Stelle des Plaut. Men. 1, 2, 45: dies quidem iam ad

umbilicum est diinidiatus mortuus. Im Uebrigen ging in ὀμφαλός und umbilicus der personificirende Sinn verloren, doch blieb immer noch der tropische Gebrauch, dessen Mannigfaltigkeit sich in folgenden Stellen zeigt. Unter den Naturgegenständen heisst Ogygia ὀμφαλὸς θαλάσσης Hom. Od. 1, 50. Die Stadt Enna auf Sicilien wird ὀμφαλὸς νήσου genannt von Call. Cer. 15, umbilicus Siciliae Cic. Verr. 4, 48. Vgl. Klotz, lat. Wörterbuch, s. v. umbilicus. Der ὀμφαλός Athens wird erwähnt von · Pind. Dithyr. fr. 3 δεῦτ᾽ ἐν χορόν, Ὀλύμπιοι, ἔπι τε κλυτὰν πέμπετε χάριν, θεοί, πολύβατον οἵτ᾽ ἄστεος ὀμφαλὸν θυόεντα ἐν ταῖς ἱεραῖς Ἀθάναις οἰχνεῖτε. Simonides nannte das βουλευτήριον ὀμφαλὸν πόληος; vgl. Dissen Pind. 2 p. 617. Der Heerd des Hauses heisst μεσόμφαλος ἑστία bei Aesch. Ag. 1023. Nach einer jüngeren Sage war Delphi oder vielmehr ein steinerner Sitz im Delphischen Heiligthume der Nabel der Erde, vgl. Passow s. v. ὀμφαλός. Diese Bezeichnung von Delphi kommt stereotyp bei griechischen Dichtern vor und wird durch den Wechsel der Worte wie durch Epitheta und Zusätze belebt, vgl. Pind. Pyth. 4, 74 μάντευμα πὰρ μέσον ὀμφαλὸν εὐδένδροιο ῥηθὲν ματέρος vón Delphi; ferner τοὶ παρὰ μέγαν ὀμφαλὸν εὐρυκόλπου μόλον χθονός Pind. Nem. 7, 33; ὀμφαλὸν ἐριβρόμου χθονὸς ἀένναον προσοιχόμενοι P. Pyth. 6, 3; ὀρθοδίκαν γᾶς ὀμφαλόν P. Pyth. 11, 9; οὐκ ἔτι τὸν ἄθικτον εἶμι γᾶς ἐπ᾽ ὀμφαλὸν σέβων Soph. Oed. T. 899; τί δ᾽ ὀμφαλὸν γῆς θεσπιῳδὸν ἐστάλης Eur. Med. 668; vgl. Aesch. Eum. 40, Eur. Ion. 5. Sehr häufig ist das Compositum μεσόμφαλος, vgl. μεσόμφαλον ἵδρυμα Aesch. Choeph. 1032 Herm., μεσομφάλοις πάρ᾽ ἐσχάραις A. Choeph. 943 Herm., μεσομφάλοις Πυθικοῖς χρηστηρίοις Sept. 728, μεσόμφαλα γᾶς μαντεῖα Soph. O. T. 480, μεσόμφαλα γύαλα Φοίβου Eur. Phoen. 239, φοιβήϊος γᾶς μεσόμφαλος ἑστία Eur. Ion 462, ἵνα μεσόμφαλοι λέγονται μυχοί Eur. Or. 331.

2. Von dem Mahle wird ὀμφαλός gebraucht von Philoxenus dithyramb. 20: ὀμφαλὸς θοίνας. Pollux VI, 98 hat μεσόμφαλοι φιάλαι, vgl. Bergk, poetae lyr. gr. p. 632; βαλανειόμφαλος war das Beiwort eines Bechers, Cratin bei Athen. 11 p. 501 D. Auf Bücher wird ὀμφαλός angewandt

epig. inc. 517: μὴ ταχὺς 'Ηρακλείτου ἐπ' ὀμφαλὸν εἴλυε βίβλον ἰνὑφεσίου. Catull. 22, 7 novi umbilici von Büchern, vgl. Klotz, Wörterbuch s. v. Der Nabel des Schildes schon bei Homer Il. 13, 192: ἀσπίδος ὀμφαλὸν οὖτα.

33. Γαστήρ, venter, νηδύς, κενεών, λαγών, lap, womb.

1. Auf Pflanzen wird venter übertragen, wie auf den Kürbis, tumido cucurbita ventre Prop. 4, 2, 43, auf die Gurke, tortusque per herbam cresceret in ventrem cucumis Virg. Georg. 4, 122, vgl. νάρθηκος νηδύς Nic. al. 272.

Κενεών und λαγών werden von späteren Dichtern auf die Luft übertragen, ὄφρα κεν εἰσαφίκηται εἰς οὐρανίους κενεῶνας Epigr. inc. 574 (Jac. Anth. 4, p. 238 und 12, p. 186). Vgl. Tafel, diluc. Pind. p. 466 und 631; Nonn. Dion. 350 αἰθέρος ἑπτάζωνον κενεῶνα. Ausserdem Antip. Sidon. 23, 6 πρὸς λαιᾷ ποταμοῦ κεκλιμένον λαγόνι. Bei Nonnus κενεὼν κελεύθου, ἀρούρης, χθόνιοι κενεῶνες, Passow s. v.

2. Γαστὴρ ἀσπίδος kommt bei Tyrtaeus 2, 24 vor. Damit zu vergleichen Aesch. Sept. 476 ὄφεων δὲ πλεκτάναισι περίδρομον κύτος προσηδάφισται κοιλογάστορος κύκλου.

Dem Becher wird γαστήρ zugeschrieben von Agathias 9, 1: γαστέρα μαντψου κισσυβίου. Der Bauch zur Personification der Flasche gebraucht von. Marcus Argent. 26, 1. 2: ἐθραύσθης ἡδεῖα παρ' οἰνοπόταισι, λάγυνε, νηδύος ἐκ πάσης χευαμένη Βρόμιον. Interessant ist das Compositum γαστροφορεῖν. Ein Gefäss erzählt von sich bei Philipp. 48 (Jac. Anth. 2 p. 211): Ἀδριακοῖο κύτους λαιμὸς τοπάλαι μελίγηρυς, ἀνίκ' ἐγαστροφόροιν Βακχιακὰς χάριτας. cf. venter lagenae Juven. 12, 60. λαγών vom Köcher, Leon. Al. 11 λαγόνεσσι φαρέτρης, ferner λέβητος νηδύς Orph. lith. 274. Ueber venter mechanischen Gegenständen zugeschrieben vgl. Klotz s. v.

3. In scherzhafter Weise wird dem Attischen Δῆμος ein γαστήρ zugeschrieben von Ar. eq. 1208, wo der Wursthändler

sagt: *τί οὐ διακρίνεις, Δῆμ', ὁπότερός ἐστι νῷν ἀνὴρ ἀμεί-
νων περὶ σὲ καὶ τὴν γαστέρα;*

Lap und womb werden von Shaksp. auf die Zeit und
auf Naturgegenstände übertragen, vgl. Othello 1, 3 (Del.
p. 36) there are many events in the womb of time, which will
be delivered; Henry V IV Chorus (Del. p. 77) from camp to
camp through the foul womb of night. — Romeo 2, 3 (Del.
p. 54) the earth, that's nature's mother, is her tomb; what is
her burying grave, that is her womb. Shaksp. A lover's complaint 1 (Del. p. 193) From off a hill whose concave womb
reworded a plaintful story from a sistering vale. Tit. Andr.
2, 4 (Del. p. 40) I may be pluck'd into the swallowing
womb of this deep pit. Vgl. K. John 5, 2 (Del. p. 93) you
bloody Neroes, ripping up the womb of your dear mother England. Rückert, Gedichte p. 593: o Natur, du grosse Mutter,
die im Schoosse viele Kinder hält. Höchst anmuthig ist lap
von der Rose gebraucht, Mids. 2, 2 (Del. 29) hoary-headed
frosts fall in the fresh lap of the crimson rose. Auf geistige
Verhältnisse übertragen stehen bei Shaksp. Rich. II 5, 2
(Del. p. 92) die Worte: who are the violets now, that strew
the green lap of the new-come spring? Scherzhaft im mythologischen Sinne Henry IV II, 5, 3 (Del. p. 111) then, Pistol,
lay thy head in Furie's lap.

34. Viscera, bowels.

1. In der mythologischen Personification der Erde bei
Ovid. Met. 2, 272 haben auch die viscera eine Stelle: alma
tamen Tellus, ut erat circumdata ponto, inter aquas pelagi
contractosque undique fontes, qui se condiderant in opacae
viscera matris, sustulit omniferos collo tenus arida vultus
opposuitque manum fronti etc., cf. Ovid. Met. 1, 138; viscera
montis Virg. A. 3, 575. Uhland, Ernst, Herzog von Schwa-
ben (Gedichte und Dramen 1863) p. 66: durch eines finstern
Berges Eingeweid' riss ihn auf schwankem Floss ein wilder
Strom. Dem Winde, speciell dem Aquilo wird von Shaksp.
ein Eingeweideleiden zugeschrieben, Troil. 4, 5 (Del. p. 93)

blow, villain, till thy sphered bias check out-swell the cholio
of puff'd Aquilon.

2. Vom Vaterlande: neu patriae validas in viscera
vertite vires Virg. Aen. 6, 834. Andere Stellen bei Klotz
s. v.; von Rom: Shaksp. Cor. 4, 5 (Del. p. 105) pouring war
into the bowels of ingrateful Rome. Mythisch von der Bellona Calpurn. 1, 46 dabit impia vinctas post tergum Bellona
manus spoliataque telis in sua vesanos torquebit viscera
morsus.

3. Von den Kanonen: Shaksp. K. John 2, 1 (Del.
p. 32) the cannons have their bowels full of wrath, and
ready mounted are they, to spit forth their iron indignation
'gainst your walls. Im Bezug auf einen alten Tisch heisst es
bei Rückert, Gedichte p. 175: Du kannst Franzos ihn taufen;
spalt ihm's Gedärm im Bauch.

35. Χολή.

Einer bitteren Redeweise schreibt man Galle zu, χολὴ
τῶν 'Αρχιλόχου ἰάμβων Luc. Pseudol. 1, personificirend ist
δίχολος, bei Achaeus fr. 37 (Nauck p. 585) δίχολοι γνῶμαι.

36. Φλέψ, vena, vein.

1. Die Flüsse nennt Choerilus fr. 3 (Nauck p. 557)
γῆς φλέβας, was Tzetzes Rhet. p. 650 als schwülstig tadelt.
Vom Wasser ebenso gebraucht vena, vgl. Passow und Klotz.
Alfred de Vigny (Geibel und Leuthold, französische Lyrik
p. 73): „Ruhloser Wasserfall, der mächtig an die jähen gra-
nitnen Wände pocht, ein Puls der Pyrenäen." Die Wurzeln
der Palmen heissen φλέβες, cf. Cheremon fr. 40 (Nauck
p. 614) τοῦ τε δυσκαπνιοτάτου φοίνικος ἐκ γῆς ῥιζοφυτεύτους
φλέβας. Die Adern des Landes und der Steine: Virgil.
Georg. 2. 166 haec eadem argenti rivos aerisque metalla
ostendit venis, Georg. 1, 135 et silicis venis abstrusum abscon-
deret ignem. Virg. Aen. 6, 7. Von der Erde Rückert Gedichte p. 140: Und wenn der mütterliche Schooss aus reinen
Glutadern dir die Milch der Freude schickt.

Den weiteren Gebrauch von vena, namentlich bei den Prosaikern, vgl. bei Klotz s. v.

2. Die Adern der Handlungen, Shaksp. Troil. 1, 3 (Del. p. 25) checks and disasters grow in the veins of actions highest rear'd.

37. Sanguis.

Bei lateinischen Prosaikern wird sanguis wie andere Bestandtheile des menschlichen Körpers der Rede zugeschrieben, vgl. Cic. orat. 23, 76 etsi enim non plurimi sanguinis est (orationis subtilitas), habeat tamen sucum aliquem oportet. Dialog. de orat. XXI: oratio autem, sicut corpus hominis, ea demum pulcra est, in qua non eminent venae nec ossa numerantur, sed temperatus ac bonus sanguis implet membra. Gell. Noct. Att. XVIII, 4 setzt cutem et speciem sententiarum sanguini et medullis verborum entgegen. Vgl. M. Seyffert, Palaestra Cic. p. 33. Von Shaksp. wird das Vaterland personificirt, indem ihm Blut zugeschrieben wird: Henry VI I, 3, 3 (Del. p. 61) one drop of blood, drawn from the country's bosom, should grieve thee more than streams of foreign gore. Bemerkenswerth Henry IV 1, 4, 1 (Del. p. 82) this sickness do infect the very life-blood of our enterprize. Ibid. II, 4, 4 if God doth give successful end to this debate, that bleedeth at our doors. Coriol. 2, 1 (Del. p. 47) you dismiss the controversy bleeding. Ibid. 5, 5 (Del. p. 135) he sold the blood and labour of our great action. Troil. and Cr. 2, 3 (Del. p. 57) I'll let his humours bleed.

38 Νεῦρον, nervus, sinew.

1. Aristophanes nennt die μέλη die Sehnen der Tragödie, τὰ νεῦρα τῆς τραγῳδίας Ran. 862, vgl. Kock zu dieser Stelle, welcher ausser anderem Aesch. 3, 166 ὑποτέτμηται τὰ νεῦρα τῶν πραγμάτων anführt. Von der Rede nervus von Cicero gebraucht de orat. 3, 27. Derselbe sagt Tusc. 2, 11 von gewissen Dichtern: nervos omnes virtutis elidunt. Ich verweise auf Klotz und führe nur an Ovid. Tr. 4,

4, 4: non careat nervis candor ut iste suis. Vgl. Shaksp.
Tw.-night 2, 5 (Del. p. 45) nay, patience, or we break the
sinews of our plot; vgl. Henry IV II, 4, 1 (Del. p. 78) all
members of our cause, both here and hence, that are insinew'd
to this action. Bemerkenswerth sind die Stellen Shaksp.
Troil. 1, 3 (Del. p. 26) Agamemnon, thou great commander,
nerve and bone of Greece, heart of our numbers, soul and
only spirit; ib. 1, 3 (Del. p. 30) the great Achilles, whom
opinion crowns the sinew and the forehead of our host; ibid.
5, 9 (Del. p. 125) now, Troy, sink down, here lies thy heart,
thy sinews and thy bone (vom Hector gesagt).

Hier vgl. man die Worte des Epicharmus: ναφε καὶ
μέμνασ' ἀπιστεῖν, ἄρθρα ταῦτα τῶν φρενῶν.

39. Ὀστέον, os.

1. Chörilus fr. 2 (Nauck p. 557) nennt die Steine die
Knochen der Erde: γῆς ὀστοῖσιν ἐγχριμφθεὶς πόδα. Mit
mythologischer Farbe Ovid. Met. 1, 383 und 393: ossaque
post tergum magnae iactate parentis und magna parens terra
est, lapides in corpore terrae ossa reor dici. Vgl. Rückert,
Edelstein und Perle (Gedichte p. 92) wo der Edelstein
erzählt: „die Felsenkammern wurden eingebrochen, zertrümmert meines Mutterhauses Pfosten, verschleudert meiner Mutter Erde Knochen." Von Deutschland Rückert, Gedichte
p. 171: Fühlst, Mutter, du's durchzucken nicht dein steinernes Gebein? Vom Holze, von Früchten ossa gebraucht, cf.
Klotz s. v. os.

2. Der Rede wie nervi so auch ossa zugeschrieben
von Cicero Brut. 17, 68. Sehr bemerkenswerth die Gebeine
der Tugend bei Shaksp. All's well that ends well (Del. p. 16):
when virtue's steely bones look bleak in the cold wind.

Ueber medulla überh. vgl. Forcell. Rückert, Gedichte
p. 191: So wünsch' ich, dass ein neues Leben der alten Erde
Mark durchdringt. Die alte Tanne sagt bei Rückert, Gedichte
p. 202: Es zuckt mir durchs Mark. Medulla suadae bei
Ennius qs. Quinct. 2, 15, 4.

40. Σκέλος, crus.

1. Die beiden langen Mauern zwischen Athen und dem Piräeus, σκέλη, werden auch von den Dichtern erwähnt, z. B. Theodorid. 9, 2 (Jac. Anth. 2 p. 44) Πειραϊκοῖς κεῖται τοῖςδε παρὰ σκέλεσι. Bei Arist. Lys. 1170 τὰ Μεγαρικὰ σκέλη offenbar personificirend, wie v. 1172 beweist. Entschiedene Personification der Tische durch σκέλος und andere Worte bei Cratin. Athen. 2, 49 A.: γαυριῶσαι δ' ἀναμένουσι ὧδ' ἐπηγλαϊσμέναι μείρακες φαιδραὶ τράπεζαι τρισκελεῖς σφενδάμνιναι; crura ponticuli Catull. 17, 3.

41. Γόνυ, genu, knee.

1. Das Knie der Eiche Shaksp. Troil. 1, 3 (Del. p. 26): but when the splitting wind makes flexible the knees of knotted oaks; γόνυ und genu von Pflanzen, vgl. Passow und Forcell. Von dem Flusse sagt Göthe in Mahomet's Gesang: „doch ihn hält kein Schattenthal, keine Blumen, die ihm seine Knie' umschlingen.

2. Aus der Mythologie stammende Pers. durch γόνυ bei Pind. Isthm. 2, 26 χρυσέας ἐν γούνασιν πιτνόντα Νίκας. — Ovid. Trist. 4, 2, 1. Iam fera Caesaribus Germania, totus ut orbis, victa potest flexo succubuisse genu.

42. Σφυρόν, talus, κνήμη, κνημός.

1. Wie πούς wird σφυρόν auf Berge bezogen, vgl. Pind. Pyth. 2, 45, Samius 1, 5 (Jac. Anth. 1 p. 236), βούβοτον Ὀρβήλοιο παρὰ σφυρόν, auf Inseln Perses 8, 3 (Jac. Anth. 2, 5), οἰνηρῆς Λέσβοιο παρὰ σφυρόν, auf den Wald u. a. cf. Passow s. v.

2. Aecht personificirend sagt Pindar von einer Colonie Isthm. 6, 12 ἢ Δωρίδ' ἀποικίαν ἀνίκ' ἄρ' ὀρθῷ ἔστασας ἐπὶ σφυρῷ Λακεδαιμονίων, „an quum Dorica colonia Lacedaemoniorum recto ut talo staret effecisti." Vom Drama Hor. epist. 2, 1, 176: securus cadat' an recto stet fabula

6*

talo. Ueber κνήμη und κνημός, vgl. Jacobs ad Anthol. 7
p. 91, Goener zu Orph. Argon. 640, Passow s. v.

43. *Πούς*, pes, foot und Composita, Ausdrücke
und Verba, welche eine Bewegung bezeichnen.

1. Die Personification von Naturgegenständen durch
Composita von *πούς* oder entsprechende Wörter entfaltet
eine grosse Schönheit von Wendungen. In den Verben, welche
eine Bewegung ausdrücken, ist die personificirende Kraft
oft nur schwach vorhanden oder ganz erloschen, jedoch sind
viele angeführt, weil sie dem Ausdrucke immer noch Plasticität verleihen. In der herrlichen Stelle Pind. Ol. 4, 1 *ἐλα-
τὴρ ὑπέρτατε βροντᾶς ἀκαμαντόποδος, Ζεῦ* kann das Epitheton *ἀκαμαντόπους* nicht auf einen menschlich gestalteten
Fuss bezogen werden; sturmfüssig heisst die Wolke bei
Tryphiod. Ἰλ. Ἁλ. 185 *ἀελλοπόδων νεφελάων*, vgl. Eur.
Phoen. 163 *ἀνεμώκεος εἴθε δρόμον νεφέλας ποσὶν ἐξανύ-
σαιμι.* Ebenso Schiller, Maria Stuart: Eilende Wolken, Seg-
ler der Lüfte, wer mit euch wanderte! Eur. Alc. 244
νεφέλας δρομαίου, Suppl. 961 *πλαγκτὰ ὡσεί τις νεφέλα.* —
Vom Winde heisst es bei Hom. Il. 11, 308 *ἀνέμοιο πολυ-
πλάγκτοιο*, Eur. Bacch. 867 *ὠκυδρόμοις ἀέλλαῖς*, Macedon. 23
(Jac. Anth. 4 p. 87) *πολυπλανέων ἀνέμων*, Arist. ran. 848
τυφὼς γὰρ ἐκβαίνειν παρασκευάζεται, Pherecrat. 119 *οἴμοι
κακοδαίμων, αἰγὶς αἰγὶς ἔρχεται*, vgl. Kock zu Arist. eq. 430
Philipp. 11, 8 (Jac. Anth. 2 p. 198) *πέμψον ἀήτην οὔριον
Ἀκτιακοῖς σύνδρομον εἰς λιμένας.* — Dass Sternen ein Fuss
zugeschrieben wird, ist aus der Mythologie und Sage zu
erklären, Theocr. 7, 53 *χώταν ἐφ᾽ ἑσπερίοις ἐρίφοις νότος
ὑγρὰ διώκῃ κύματα, κ᾽ Ὠρίων ὅτ᾽ ἐπ᾽ Ὠκεανῷ πόδας ἴσχει*,
vgl. Virg. Aen. 10, 763 quam magnus Orion, cum pedes ince-
dit medii per maxima Nerei stagna viam scindens, humero
supereminet undas. Vgl. Ion Chius ap. schol. Arist. Pac. 853
ἀοῖον ἱεροφοίταν Ἀστέρα μείνωμεν. Persiflirend Arist. pac. 801,
wo der Sklave fragt: *τίνες γὰρ εἰσ᾽ οἱ διατρέχοντες ἀστέρες, οἵ
καόμενοι θέουσιν;* und Trygäus antwortet: *ἀπὸ δείπνου τινὲς
τῶν πλοισίων οὗτοι βαδίζουσ᾽ ἀστέρων.* Möricke p. 112: Ihr

(Sterne) geht über dem Haupte des Weisen oder des Thoren euren seligen Weg ewig gelassen dahin. Cf. Horat. epod. 17, 40 tu, proba perambulabis astra sidus aureum. — Die Morgenröthe heisst ἀχλυόπεζα ἠώς bei Tryphiodor. 210. — Man vergleiche hier noch die Wendungen, welche von der Sonne und ihren Strahlen gebraucht werden. Höchst individuell Shaksp. Troil. and Cress. 5, 9 (Del. p. 125) look, Hector, how the sun begins to set; how ugly night comes breathing at his heels. Vgl. Henry IV I, 1, 2 (Del. p. 18) for we, that take purses, go by the moon and the seven stars, and not by Phoebus — he, that wandering knight so fair. King John 3, 1 (Del. p. 48) to solemnize this day, the glorious sun stays in his course and plays the alchymist. Aesch. Pers. 510 φλέγων γὰρ αὐγαῖς λαμπρὸς ἡλίου κύκλος μέσον πόρον διῆκε, Eur. Med. 356 εἴ σ' ἡ 'πιοῦσα λαμπὰς ὄψεται θεοῦ, Rhes. 331 πέποιθα· δείξει τοὐπιὸν σέλας θεοῦ, ibid. 995 ἡμέραν ἐλευθέραν ἀκτῖνα τὴν στείχουσαν ἡλίου φέρειν, Philipp. 44, 3 (Jac. Anth. 2 p. 207) ποῖ γὰρ ἐμοὶ ζητεῖν τίνας ἔδραμεν ἥλιος ὁδούς; — Der Blitz heisst καταιβάτης κεραυνός Aesch. Prom. 367, καταιβάτης σκηπτός Lycophr. 382, bei Horat. carm. 3, 4, 44 fulmen caducum. Zum Vergleiche führe ich an Pind. Isthm. 3, 84 φλὸξ αἰθέρα λακτίζοισα καπνῷ, Pind. Pyth. 3, 39 σέλας δ' ἀμφέδραμεν λάβρον Ἀφαίστου, Eur. Phoen. 524 πρὸς ταῦτ' ἴτω μὲν πῦρ, ἴτω δὲ φάσγανα, Eur. Ion. 1125 πῦρ πηδᾷ θεοῦ, Aesch. Ag. 284 πορευτοῦ λαμπάδος, und die bildliche Stelle Sappho fr. 2, 9 (Bergk p. 601) λέπτον δ' αὔτικα χρῷ πῦρ ὑποδεδρόμηκεν. — Vom Rauche: Bei Arist. vesp. 144 sagt Philokleon καπνὸς ἔγωγ' ἐξέρχομαι, vgl. Eur. Hec. 823 καπνὸν δὲ πόλεως τὸν δ' ὑπερθρώσκονθ' ὁρῶ, Ein Fuss wird auch dem Wasser, insbesondere Quellen und Flüssen zugeschrieben. In der schönen Personification des Felsenquells in „Mahomets Gesang“ von Göthe kommt diese Anschauung in mannigfaltiger Weise vor; jünglingfrisch tanzt der Quell aus der Wolke auf die Marmorfelsen nieder, mit frühem Führertritt reisst er seine Bruderquellen mit sich fort, unter seinem Fusstritt werden Blumen. Vgl. Antiphil. Byz. 31, 1 (Jac. Anth. 2 p. 162) λαβροπόδη χείμαῤῥε,, τί δὴ τόσον ὧδε κορύσσῃ. Schön ist auch Hor. epod. 16, 48 montibus altis levis crepante lympha desilit pede, vgl. Lucret. 5, 272 liquido pede detulit undas, Virg.· Aen. 9, 125 cunctatur et amnis rauca sonans revocatque pedem Tiberinus ab alto. Ausgeführt tritt dieses Verhältniss hervor in den mythischen Beispielen bei Mosch. 7, 1: Ἀλφειὸς, μετὰ Πῖσαν ἐπὴν κατὰ Πόντον ὁδεύῃ, ἔρχεται εἰς Ἀρέθοισαν, Epigr. 21 (Jac. Anth. 4 p. 114) ἱμερόεις Ἀλφειὲ, Διὸς στεφανηφάρον ὕδωρ, ὃς διὰ Πισάων πεδίων κεκονιμένος ἔρπεις, ἡσύχιος τὸ πρῶτον, ἐπὴν δ' ἐς πόντον ἵκηαι etc. Verba und Adjectiva, welche eine Bewegung ausdrücken, zur Bezeichnung des Wassers sehr gebräuchlich; zu Hor. epod. 16, 48 vgl. carm. 3, 13, 14 unde loquaces lymphae desiliunt tuae und Epod. 2, 28 labuntur altis interim rivis aquae. Ovid. Tr. 5, 3, 23 lato spatiantem flumine Gangen. Tibull. 1, 7, 13 an te, Cydne, canam, tacitis qui leniter undis caeruleus placidis per vada serpis aquis; Virg. G. 4, 19 et tenuis fugiens per gramina rivus; Tib. 1, 4, 44 venturam aquam (vom Regen). Bemerkenswerth sind die Adjectiva πλαγκτός und vagus; Antiphil. Byz. 32 (Jac. Anth. 2 p. 163) Εὐβοικοῦ κόλποιο παλινδίνῃτε θάλασσα, πλαγκτὸν ὕδωρ, Agathias 49, 1 πλαγκτὸς πορθμός; cf. Antip. Sidon. 23, 4 (Jac. Anth. 2 p. 11) Μαιάνδρου ῥεῖθρα παλιμπλανέος, Hor. carm. 1, 34, 9 vaga flumina, 1, 2, 20 vagus Tiberis, Tibull. 4, 1, 143 vago Araxe, Hor. epod. 16, 41 oceanus circumvagus. Zu vergleichen Antip. Sid. 103, 3 ἔῤῥε, θάλασσα und Antiphilus 9, 3 (Jac. Anth. 2 p. 156) von der Lanze Alexanders: ἃ καλὸν ἔγχος, ᾧ πόντος καὶ χθὼν εἶχε κραδαινομένῳ.

Der Fuss des Berges ist ein so gewöhnlicher Ausdruck, dass man die ursprüngliche Personification vergessen hat: Pind. Pyth. 11, 36 Παρνασοῦ πόδα ναίων, Nem. 4, 54 Παλίου δὲ πὰρ ποδί. Auch πρόπους wird so gebraucht, vgl. Passow s. v. Wie die dichterische Phantasie auch das Erstorbene wieder beleben kann, mag Klopstock und Hölderlin zeigen. Klopstock „der Rheinwein" sagt: da Du, edler Alter, noch ungekeltert, aber schon feuriger dem Rheine zuhingst, der Dich mit auferzog und Deiner heissen Berge Füsse sorgsam mit grünlicher Woge kühlte. Hölderlin, Werke 1 p. 100, Fröhlich baden im Strome den Fuss die glühenden· Berge.

Vgl. Hor. ep. 16, 29 quando in mare seu celsus procurrerit Apenninus. Hierher gehört Soph. Ant. 985 ὀρϑόποδος ὑπὲρ πάγον auf steilfüssiger Höhe, cf. Schneidew., und OC. 57 χαλκόπους ὁδός, vgl. Claudian 3, 1 (Jac. Anth. 3 p. 154 ἕδρην χαλκεόπεζαν. Interessant Shaksp. K. John 2, 1 (Del. p. 26) together with that pale, that white-faced shore, whose foot spurns back the ocean's roaring tides. Vgl. Marian. 3, 10 (Jac. Anth. 3 p. 213) πέζαν αὐτοφύτοιο νάπης.

Die in der Argonautensage vorkommenden Felsen heissen πλαγκταί Apoll. Arg. 4, 784, 924, σινδρομάδες Eur. Iph. T. 406, σύνδρομοι, συγχωροῦσαι ibid. 124; Hom. Od. 5, 412 λισσὴ δ᾽ ἀναδέδρομε πέτρῃ. Hom. hymn. 2, 105 κοίλη δ᾽ ὑποδέδρομε βῆσσα. Vgl. Hor. carm. 1, 28, 23 vagae arenae und Pind. Ol. 2, 98 ἐπεὶ ψάμμος ἀριϑμὸν περιπέφευγεν.

Mit zierlicher Anschauung legten spätere griechische Dichter dem Epheu einen Fuss oder Verwandtes bei, z. B. Philipp. 45, 1, 2 (Jac. Anth. 2 p. 207) λάϑριον ἑρπηστὴν σκολιὸν πόδα, κισσὲ, χορεύσας ἄγχεις τὴν Βρομίου βοτρυόπαιδα χάριν. Eryc. Cyzic. 13, 1 (Jac. Anth. 3 p. 12) αἰεί τοι λιπαρῷ ἐπὶ σήματι, δῖε Σοφόκλεις, σκηνίτης μαλακοῖς κισσὸς ἄλοιτο πόδας. Nonn. Dionys. XII p. 338 (Jac. Anth. 6 p. 331) εἰς φυτὸν ὑψιπέτηλον ἑὸν πόδα λοξὸν ἑλίσσων κισσὸς ἀερσιπότητος ἑὴν δενδρώσατο μορφήν. Bei Simmias 1, 4 (Jac. Anth. 1 p. 100) heisst der Epheu βλαισός (vgl. die Erklärung von Jac. Anth. 6 p. 330). In diesen Anschauungen sagt Ovid. Met. 10, 99 vos quoque, flexipedes hederae, venistis, womit Virg. Ecl. 4, 19 errantes hederae, Catull. 71, 34 tenax hedera huc et huc arborem implicat errans, Ovid. Met. 3, 664 hederae serpunt, Eur. Alcm. fr. 1 (Wagner p. 48) πολὺς δ᾽ ἀνεῖρπε κισσός und Leon Tar. 30 (Jac. Anth. 1 p. 161) κισσοῦ πολυπλανέος zu vergleichen. Vom Weinstock Antipat. Sid. 38, 1 (Jac. 2 p. 16) αὔην με πλατάνιστον ἐφερπύζουσα καλύπτει ἄμπελος. Bemerkenswerth ist Meleager 92, 2 ϑάλλει δ᾽ οὐρεσίφοιτα κρίνα (die auf den Bergen wohnen). Hier mag auch zum Vergleiche Hor. carm. 3, 14, 24 stehen: neque harum quas colis arborum te praeter invisas cupressos ulla brevem dominum sequetur. Bemerkenswerth ist, dass von Bäumen ἀνέρχεσϑαι, ἀνατρέχειν, ἀΐσσειν gebraucht wird, Hom. Od. 6, 163 φοίνικος νέον ἔρνος ἀνερχόμενον ἐνόησα, vgl. Il. 18, 56. Theocr. 18, 29 Πιείρᾳ μεγάλα ἅτ' ἀνέδραμε κόσμος ἀρούρᾳ ἢ κάπῳ κυπάρισσος. Pind. Nem. 8, 40 αὔξεται δ' ἀρετὰ χλωραῖς ἐέρσαις ὡς ὅτε δένδρεον ᾄσσει, vgl. Wüstemann zu Theocr. l. l. und Schneidew. zu Aesch. Ag. 76. — An dieser Stelle will ich beiläufig das schweifende Haar bei Rufin. 38, 4 (Jac. Anth. 3 p. 107) erwähnen, τὰς τρίχας, τὰς ἐπὶ τοῖς σοβαροῖς αὐχέσι πλαζομένας, da griechische und lateinische Dichter dem Haar gern Verba der Bewegung verbinden: Rufin. 31, 5 (Jac. Anth. 3 p. 106) ἤδη καὶ λευκαί σοι ἐπισκιρτῶσιν ἔθειραι. Christodor. 284 (Jac. Anth. 3 p. 171) vom Apollo: πλόκαμος γὰρ ἕλιξ ἐπιδέδρομεν ὤμοις ἀμφοτέροις, Anacr. 6, 7 κόμαι ἀπῆλθον, cf. Mehlhorn Anacr. p. 50, Propert. 2, 22, 9 sive vagi crines in frontibus errant; ib. 2, 1, 7 seu vidi ad frontem sparsos errare capillos. Shaksp. K. John: a wandering hair. Vom Barthaar sagt Asclepiad. 1, 2 (Jac. Anth. 1 p. 144) ὅτε λεπτὸς ὑπὸ κροτάφοισιν ἴουλος ἕρπει. Andere Stellen bei Jac. 7 p. 22, cf. Hor. carm. 4, 10, 2 insperato tuae cum veniet pluma superbiae. — Vom Blute des Cäsar sagt Antonius bei Shaksp. Jul. Caes. 3, 2 (Del. p. 69): and as he (Brutus) pluck'd his cursed steel away, mark how the blood of Caesar follow'd it as rushing out of doors to be resolv'd if Brutus so unkindly knock'd or no. Sehr bemerkenswerth Romeo 1, 5 (Del. p. 42) my lips, two blushing pilgrims, ready stand to smooth that rough touch with a tender kiss. — Vom Schlafe sagt Shaksp. Mids. 3, 2 (Del. p. 58) till o'er their brows death-counterfeiting sleep with leaden legs and batty wings doth creep. Vgl. Eur. Orest. 211 ὦ φίλον ὕπνου θέλγητρον, ἐπίκουρον νόσου, ὡς ἡδύ μοι προςῆλθες ἐν δέοντί τε. Die Träume bei Aesch. Prom. 660 νυκτίφοιτ' ὀνείρατα, Tibull. 2, 1, 90 incerto Somnia nigra pede (veniunt). Die Krankheiten nennt Aesch. Ch. 276 νόσοις σαρκῶν ἐπαμβατῆρας. Pindar. Pyth. 5, 31 nennt die δρόμοι ποδαρκεῖς, vgl. Boeckh expl. Pind. p. 286. Aesch. Prom. 837 παλίμπλαγκτοι δρόμοι. Hiermit zu vergleichen Aesch. Pers. 98 (Bl.) τίς ὁ κραιπνῷ ποδὶ πηδήματος εὐπετοῦς ἀναΐσσων; — Eur. Phoen. 1538 ἕλκεις μακρόπουν ζωάν. —

2. Insbesondere bekommt die Zeit durch πούς, foot und die Composita dieser Wörter, sowie durch Verba, die eine Bewegung ausdrücken, schöne Anschaulichkeit. Der Fuss der Zeit bei Eur. Bacch. 886 κρυπτεύουσι δὲ ποικίλως δαρὸν χρόνου πόδα, Eur. Alex. 23 (Wagner p. 36) καὶ χρόνου προΰβαινε πούς. Diese Ausdrucksweise verspottete Aristophanes ran. 100, 311 αἰθέρα Διὸς δωμάτιον ἢ χρόνου πόδα; cf. Fritzsche ad Ar. ran. p. 64; vgl. Meleager 128, 5 (Jac. Anth. 1 p. 39) ταχύπουν Κρόνον. Shakspere hat die Wendung vom Fuss der Zeit in der höchst individualisirenden Weise, die seinen Stil den Alten gegenüber so kenntlich macht. Vgl. As you like it 3, 2 (Del. p. 64) Ros.: else sighing every minute and groaning every hour, would detect the lazy foot of time as well as a clock. Orl.: And why not the swift foot of time? Ros.: By no means, Sir. Time travels in divers paces with divers persons. I'll tell you, who Time ambles withal, who Time trots withal, who Time gallops withal, and who he stands still withal. Mids. 3, 2 (Del. p. 52) when we have chid the hasty-footed time for parting us. All's well that ends well 5, 3 (Del. p. 98) the inaudible and noiseless foot of time. Sonnets 19 (Del. p. 126) swift-footed Time. Vgl. Auguste Barbieux, (Geibel und Leuthold, franz. Lyrik p. 200): die Vagantin Zeit, die Greisin, deren Fuss gleichgültig niedertritt, was untergehen muss. Sh. Tw.-night 2, 4 (Del. p. 39) recollected terms of these most brisk and giddy-paced times. Vgl. K. John 3, 3 (Del. p. 58) and creep time ne'er so slow, yet it shall come for me to do thee good. Lucrece 142 (Del. p. 82) let him have time to mark how slow time goes in time of sorrow, and how swift and short his time of folly and his time of sport. Ibid. 253 (Del. p. 107): o time, cease thou thy course and last no longer. Geistreich ist die Pilgerschaft der Zeit bei Shaksp. Rom. 4, 5 (Del. p. 107): most miserable hour, that ever time saw in lasting labour of his pilgrimage, vgl. hiermit As you like it 3, 2 (Del. p. 59) how brief the life of man runs, his erring pilgrimage. Tempest 5, 1 (Del. p. 79) time goes upright with his carriage. Vgl. Shaksp. Makb. 5, 5 (Del. p. 120) To-morrow, and to-morrow creeps in this petty pace from

day to day — to the last syllable of recorded time. Eur
Hipp. fr. 34 (Wagner p. 227) χρόνος διέρπων πάντ' ἀλη-
θεύειν φιλεῖ. Pind. Ol. 6, 97 χρόνος ἐφέρπων, Schiller:
dreifach ist der Schritt der Zeit. Eichendorff, der letzte
Ritter von M. p. 576: Zu bettelhaften Tritt hält ihm die
Zeit, er tritt ihr ungeduldig auf die Fersen. Hier ist auch
anzuführen Plaut. Pseudol. 669 (Ritschl) namque ipsa Oppor-
tunitas non potuit mihi opportunius advenire. — Häufig vom
Lebensalter, der Jugend und dem Greisenalter: Tibull. 1,
8, 47 at tu dum primi floret tibi temporis aetas, utere: non
tardo labitur illa pede. Ovid. Art. am. 3, 65 utendum est
aetate; cito pede labitur aetas. Schön sagt Alcaeus Messen.
1, 2 (Jac. Anth. 1 p. 237) ἡ δ' ὥρη λαμπάδ' ἔχοισα τρέχει.
Jacobs 7 p. 345: ut in certamine τῶν λαμπαδοφόρων alius
alii tradebat facem, sic venustatis lumen ab alio ad alium
transmittitur. Vgl. Hor. carm. 2, 5, 13 currit ferox aetas 2,
11, 5 fugit retro iuventas et decor, Epod. 17, 21, vgl.
Theognis 527 ὤμοι ἐγὼν ἥβης καὶ γήραος οὐλομένοιο, τοῦ
μὲν ἐπερχομένου, τῆς δ' ἀπονισσομένης. Tib. 3, 5, 10 nec
venit tardo curva senecta pede. Ov. Trist. 4, 6, 17 cuncta
potest igitur tacito pede lapsa vetustas praeterquam curas
attenuare meas. Vgl. Tib. 1, 1, 71 iam subrepet iners aetas
und Ovid. Trist. 4, 10, 94 iam mihi canities, pulsis meliori-
bus annis, venerat, antiquas miscueratque comas. Shaksp.
Haml. 5, 1 but age with his stealing steps. — Von den Jahreszeiten: Ovid. Met. 15, 212 inde senilis hiems trepido venit
horrida passu. Vgl. Rückert, Gedichte p. 410: Wenn lauten
Fusstritts durch die Flur der Frost einhergeht auf der Spiegel-
bahn von Eis. Höchst individuell Shaksp. Romeo 1, 2 (Del.
p. 26) when well-apparell'd April on the heel of limping
winter treads. L. Tieck, Zerbino p. 245: Frühling wandelt
durch die Matten, Blumen unter seinem Fuss. Geibel, Juniuslieder p. 36: Nun kommt draussen der Lenz gegangen
über die Hügel, über den Fluss. Geibel, Gedichte p. 190:
Doch wann segnend der Herbst im röthlichen Duft durch
die Berge wandelt. — Vom Tage, dem Morgen, der
Nacht: Pind. Ol. 13, 38 ποδαρκὴς ἁμέρα, verschieden
erklärt von Boeckh expl. Pind. p. 215 und Tafel, diluc. Pind.

p. 451, cf. Tibull. 1, 4, 28 non segnis stat remeatque dies.
Ovid. Trist. 2, 142 nube solet pulsa candidus ire dies.
Propert. 2, 15, 24 nox tibi longa venit, nec reditura
dies; Eur. Phoen. fr. 7 (Wagn. p. 418) τὴν ἐπιστείχουσαν
ἁμέραν. Zu vergleichen Hegesipp. 6 (Jac. Anth. 1 p.
188) ἐῤῥέτω ἦμαρ ἐκεῖνο καὶ οὐλομένη σκοτόμαινα. Höchst individuell Shaksp. Romeo 3, 5 (Del. p. 87) jocund day stands
tiptoe on the misty mountain tops. Merch. of Ven. 2, 9
(Del. p. 52) a day in April never came so sweet, to show
how costly summer was at hand. Heine, Atta Troll p. 104:
Und der Tag, der Triumphator, tritt in strahlend voller
Glorie auf den Nacken des Gebirgs. Geibel, Juniuslieder
p. 11: O wie segn' ich euch ihr Tage, die ihr reich und reicher blühend still durch Hain und Garten wandelt! Vgl.
Auguste Barbier (Geibel und Leuthold, fr. Lyrik p. 199): In
diese Lache setzt der ros'ge Sonnentag den schimmernden
weissen Fuss nur selten oder zag. — Sh. Hamlet 1, 2 (Del.
p. 20) the morn walks o'er the dew of yon high eastern hills.
Meleager 81 (Jac. Anth. 1 p. 24): Ὄρθρε, τί μοι δυσέραστε,
ταχὺς περὶ κοῖτον ἐπέστης; — — εἴθε πάλιν στρέψας
ταχινὸν δρόμον Ἕσπερος εἴης — — ἤδη γὰρ καὶ πρόσθεν
ἐπ' Ἀλκμήνην Διὸς ἦλθες ἀντίος, οὐκ ἀδαὴς δ' ἐσσὶ παλιν-
δρομίης. Geibel, Juniuslieder p. 322: Prangend wie ein
Fürst, der siegreich einzieht, war der goldne Morgen aufge-
stiegen über Indiens Hochgebirg. — In Bezug auf die Nacht
und den Tag bemerke man die Stelle bei Hom. Od. 10, 86:
ἐγγὺς γὰρ νυκτός τε καὶ ἤματός εἰσι κέλευθοι. Trefflich
Ameis: „Nahe bei einander sind die Bahnen, welche die
Nacht und der Tag durchwandeln: ein märchenhafter Zug,
nach welchem die Nacht und der Tag, beide als Wanderer gedacht, im Lande der Lästrygonen tagtäglich so
nahe zusammentreffen, dass es nach kaum eingetretener Dun-
kelheit schon wieder hell wird." Eur. Orest. 174 πότνια,
πότνια νύξ, ὑπνοδότειρα τῶν πολυπόνων βροτῶν, ἐρεβόθεν
ἴθι, μόλε, μόλε. κατάπτερος. Meleag. 102, 2 (Jac. Anth. 1
p. 30) κώμων σύμπλανε, πότνια Νύξ. Theocr. 22, 15
νυκτὸς ἐφερπύσας. Nauck tr. gr. fr. p. 484 τῆς παροιχο-
μένης νυκτός. Im höchst individuellen Stile ist bei Shaksp.

vom langsamen Gange der hinkenden, krüppelhaften Nacht
die Rede: Henry V 1 Chor. (Del. p. 78) and chide the
cripple, 'tardy-gaited night, who like a fool and ugly witch,
doth limp so tediously away. Lucrece 155 (Del. p. 85) and
solemn night with slow-sad gait descended to ugly hell.
Vgl. auch Romeo 2, 3 (Del. p. 54) and flecked darkness like
a drunkard reels from forth day's path and Titan's fiery
wheels. Shaksp. Jul. Caes. 4, 3 (Del. p. 85) the deep of night
is crept upon our talk. Merch. of V 2, 6 (Del. p. 44) for
the close night doth play the run-away. Metaphorisch vom
Tode Eur. Alc. 269 σκοτία ἐπ' ὄσσοισι νὺξ ἐφέρπει. Geibel, Juniuslieder p. 121: Nun wandelt von den Bergen sacht
zum See herab die Sommernacht. — Von den Stunden
Göthe, Elegie: Die Stunden glichen sich im zarten Wan-
dern, wie Schwestern zwar, doch keine ganz der andern. — Mythisch Theocr. 15, 104 μαλακαίποδες Ὧραι.
Diodor. Zon. 2 (Jac. Anth. 2 p. 67) ἐναυλακοφοιτάσιν
Ὧραις.

Von den Jahren sagt Soph. Aj. 1165 πολυπλάγκτων
ἐτέων ἀριθμός. Ovid. Trist. 4, 10, 27 interea tacito passu
labentibus annis. Ibid. 5, 10, 6 adeo procedunt tempora
tarde et peragit lentis passibus annus iter. Häufig das Wort
labi mit pes verbunden, ohne pes Hor. carm. 2, 14, 2 Eheu fugaces
— labuntur anni, cf. Hipponax fr. 20 (Bergk p. 516) χρόνος δὲ
φευγέτω σε μηδὲ εἷς ἀργός. Virg. Aen. 1, 283 veniet lustris
labentibus actas. Beiläufig sei erwähnt, dass das Jahr λυκά-
βας, der Lichtgang, heisst, Hom. Od. 14, 161. 19, 306. Jul.
Aeg. 56, 5, Mens. Rom. 1 (Jac. Anth. 3 p. 207 und 219),
Philodem. 14, 1 (Jac. Anth. 2 p. 73) ἑπτὰ τριηκόντεσσιν
ἐπέρχονται λυκάβαντες. Verba, die eine Bewegung ausdrücken, werden sehr häufig mit Zeitbestimmungen verbunden, wie ἔρχεσθαι, παρέρχεσθαι, ἀπέρχεσθαι, ἐπέρχεσθαι, παραβαίνειν, ἱκάνειν, ἥκειν, ἕρπειν, ἐφέρπειν, ἐπι-
στείχειν.

3. Abstracten Begriffen eine plastische Gestalt zu
geben, dienen insbesondere πούς und seine Composita oder
verwandte Wörter. Den Uebergang zu dieser Personification

bilden die Gottheiten, welche ethische Ideen darstellen. Wie jene Composita Gottheiten überhaupt charakterisiren, mag Pind. Pyth. 9, 8 ἀργυρόπεζ᾽ Ἀφροδίτα, insbesondere Thetis ἀργυρόπεζα, vgl. Boeckh. Explicat. Pind. p. 163, und φοινικόπεζα Δαμάτηρ Pind. Ol. 6, 95 (vgl. Boeckh. Expl. p. 163 und Preller, gr. Myth. 1. p. 475) lehren. Homer Il. 9, 502 nennt die Λιταὶ χωλαὶ und die Ἄτη ἀρτίπος. Von der letzteren sagt er Il. 19, 91: τῆς μέν ϑ᾽ ἀπαλοὶ πόδες· οὐ γὰρ ἐπ᾽ οὔδει πίλναται, ἀλλ᾽ ἄρα ἥγε κατ᾽ ἀνδρῶν κράατα βαίνει. Diese Worte ahmte Rhianus nach 1, 17 (Jac. Anth. 1 p. 230): ἡ δ᾽ Ἄτη ἀπαλοῖσι μετατρωχῶσα πόδεσσιν ἄκρης ἐν κεφαλῆσιν ἀνώϊστος καὶ ἄφαντος — ἐφίσταται. Die Erinye nennt Hom. Il. 9, 571. 19, 87 ἠεροφοῖτις. Um die Schnelligkeit und Ausdauer der verfolgenden Erinyen zu bezeichnen, giebt ihnen Sophokles die Epitheta τανύπους, πολύπους, χαλκόπους, Aeschylus καμψίπους: Soph. Aj. 835 καλῶ δ᾽ ἀρωγοὺς τὰς ἀεί τε παρϑένους ἀεὶ δ᾽ ὁρώσας πάντα·τὰν βροτοῖς πάϑη, σεμνὰς Ἐρινῦς τανύποδας, El. 489 ἥξει καὶ πολύποις καὶ πολύχειρ ἁ δεινοῖς κρυπτομένα λόχοις χαλκόπους Ἐρινύς. Von der Schnelligkeit ist auch καμψίπους bei Aesch. Sept. 772 zu verstehen, νῦν δὲ τρέω, μὴ τελέσῃ καμψίπους Ἐρινύς (vgl. Herm. Aesch. 2 p. 325). Die Erinys beugt das Knie und streckt es aus zum gewaltigen Schritte der strafenden Verfolgung, ein Bild, dessen grossen Stil wir bei Schiller finden in der Braut von Messina (Werke 5 p. 465): Längst schon sah ich im·Geist mit weiten Schritten das Schreckensgespenst herschreiten dieser entsetzlichen blutigen That. Vgl. Eichendorff, der letzte Ritter von M. p. 585: Und auf den Zehen, wie wir sprechen hier, naht leis der Mord. Mit der Erinye wird auch ὑστερόπους verbunden Orph. Arg. 1162 αἰὲν Ἐρινὺς ὑστερόπους ἕπεται, vgl. ὀπισϑόπους Δίκη bei einem Dichter bei Gregor. Naz. Orat. 19 p. 302 D (Jac. Anth. 10 p. 102). Vgl. auch Straton. 71 (Jac. Anth. 3 p. 84) ὑστερόποιν ἀζόμενοι Νέμεσιν. Eur. fr. inc. 2 (Wagner p. 431) ἡ Δίκη — σῖγα καὶ βραδεῖ ποδὶ στείχουσα μάρψει τοὺς κακούς, ὅταν τύχῃ. Vgl. Eur. Antiop. 45 (Wagner fr. 220) Δίκα τοι δίκα χρόνιος· ἀλλ᾽ ὅμως ὑποπεσοῦσ᾽ ἔλαϑεν, ὅταν ἔχῃ τιν᾽ ἀσεβῆ βροτῶν.

Archel. 37 (Wagner fr. 261) ἀλλ' οὐκ οἶσθα σύ, ὁπόταν ἄφνω μολοῦσα (ἡ Δίκη) διολέσῃ κακούς. Inc. tr. fr. 406 (Nauck p. 715) ἀλλ' ἡμέρας ἢ νυκτὸς ἡ Δίκη ποτὲ τῷ δυσσεβοῦντι σῖγ' ἐχουσ' ἐνήλατο. Ebenso die Lateiner: Tibull. 1, 9, 4 sera tamen tacitis Poena venit pedibus. Hor. carm. 3, 2, 31 raro antecedentem scelestum deseruit pede Poena claudo. Sehr plastisch ist Hor. carm. 1, 35, 13 von der Fortuna: iniurioso ne pede proruas stantem columnam. Stat. Silv. 3, 3, 85 iamque piam lux alta domum praecelsaque toto intravit Fortuna gradu. Wie sehr die griechischen und lateinischen Dichter diese plastischen Wendungen liebten, geht aus vielen Stellen hervor, vgl. Jacobs Anth. 6 p. 49, Hertzberg Comm. ad Propert. 1, 1, 4, Schneidewin zu Aesch. Ag. 365 und zu Soph. Ant. 853. Ausser λακτίζειν, λὰξ ἐπιβαίνειν wird noch ἐνάλλεσθαι und πηδᾶν gebraucht. Aesch. Pers. 521, ὦ δυσπόνητε δαῖμον, ὡς ἄγαν βαρὺς ποδοῖν ἐνήλω παντὶ Περσικῷ γένει. Soph. Oed. 263 νῖν δ' ἐς τὸ κείνου κρᾶτ' ἐνήλαθ' ἡ τύχη, vgl. v. 1300, Ant. 1345 τὰ δ' ἐπὶ κρατί μοι πότμος δυσκομίστος εἰσήλατο. Propert. 1, 1, 4 et caput impositis pressit Amor pedibus. Ovid. rem. Am. 529 et tua saevus Amor sub pede colla premit. Paul. Sil. 20 vom Ἔρως: λὰξ ἐπιβὰς στέρνοις πικρὸν ἔπηξε πόδα, Meleag. 28, 2 vom Ἔρως: λὰξ ἐπίβαινε κατ' αὐχένος, ἄγριε Δαῖμον. Vom Tode: Hor. carm. 1, 4, 13 pallida mors aequo pulsat pede pauperum tabernas regumque turres. Zu vergleichen Inc. tr. fr. 78 ταχύπους πολύμοχθος Ἀΐδας. Tibull. 1, 9, 34 tacito clam venit illa (mors) pede. Hor. carm. 1, 3, 33 semotique prius tarda necessitas leti corripuit gradum. Lucan. 2, 100 quantoque gradu Mors saeva cucurrit. Vgl. Shaksp. Measure for Measure 5, 1 (Del. p. 98) it was the swift celerity of his death, which I did think with slower foot come on. Bemerkenswerth Anacreontea 37, 4 ἂν θανεῖν ἐπέλθῃ. Eine schwächere Anschauung giebt das Adjectivum ἰχναῖος, gehört aber in diesen Kreis, Diodor. Sard. 5, 1, 2 (Jac. Anth. 2 p. 171) ἰχναίη σε φυλάσσοι παρθένος, ἡ πολλοῖς ψευσαμένη, Νέμεσις, vgl. Jac. Anth. 9 p. 79 und Ilgen, hymn. Hom. p. 222; das Gegentheil Horat. carm. 1, 35, 17 te semper anteit saeva Necessitas. Schiller, Gedichte p. 377:

Wie wenn auf einmal in die Kreise der Freude mit Gigan-
tenschritt, geheimnissvoll nach Geisterweise, ein ungeheures
Schicksal tritt. Geibel, Juniuslieder p. 375: Starr und un-
wandelbar mit ehernen Füssen durch Zeit und Wechsel schreitet des Schicksal. — Plautus, Aulul. 1, 2, 22 si bona Fortuna veniat; ne intromiseris. Höchst anziehend Shaksp. K.
Lear 2, 2 (Del. p. 56) a good man's fortune may grow out
at heels. Schiller, Gedichte p. 231: Leichtfüssig war das Glück
entflogen. Schiller, Gedichte p. 222: Leis' auf den Zehen
kommt's geschlichen (das Glück), die Stille liebt es und die Nacht.
— Danach kann es nicht auffallen, wenn Abstracta durch
ποίς oder verwandte Wörter plastische Gestalt erhalten. So
ἀρά Soph. OT. 417 καὶ σ' ἀμφιπλὴξ μητρός τε καὶ τοῦ σοῦ
πατρὸς ἐλᾷ ποτ' ἐκ γῆς τῆςδε δεινόπους ἀρά. Ueberaus
schön ist Soph. OT. 863 in der weit ausgeführten Personification der νόμοι im mythischen Sinne: νόμοι ὑψίποδες (hoch-
wandelnde Gesetze), οὐρανίαν δι' αἰθέρα τεκνωθέντες, ὧν
Ὄλυμπος πατὴρ μόνος, οὐδέ νιν θνατὰ φύσις ἀνέρων ἔτικτεν, οὐδὲ μήποτε λάθα κατακοιμάσῃ· μέγας ἐν τούτοις θεός,
οὐδὲ γηράσκει. (Mit dem Sinne dieser Stelle ist Pind. fr. inc.
48 (Dissen. 1 p. 245) zu vergleichen). Soph. Ant. 1104
σιντέμνουσι γὰρ θεῶν ποδώκεις τοὺς κακόφρονας βλάβαι.
Lucian. 39 (Jac. Anth. 3 p. 29) ἡ βραδύπους βουλὴ μέγ'
ἀμείνων· ἡ δὲ ταχεῖα αἰὲν ἐφελκομένη τὴν μετάνοιαν ἔχει.
Aeschylus, der das Wort ποδώκης liebte (vgl. Herm. opusc.
III p. 140) verbindet es mit τρόπος und κακόν, Aesch.
fr. 282 (Herm. Aesch. 1 p. 381): οὐ χρὴ ποδώκη τὸν τρό-
πον λίαν φορεῖν, derselbe Vers bei Chaeremon (Wagner fr.
trag. III p. 142, vgl. Welcker, die griechischen Tragödien 3
p. 1093 not. 21). Das ganz abstracte κακόν personificirt
durch ποδῶκες bei Aesch. fr. 363 (Herm. 1 p. 398) τό τοι
κακὸν ποδῶκες ἔρχεται βροτοῖς κατ' ἀμπλάκημα τῷ περῶντι
τὴν θέμιν („Mit schnellem Fusse kommt das Missgeschick
den Sterblichen"). Vgl. Arist. nub. 907, vesp. 1483 τουτὶ
καὶ δὴ χωρεῖ τὸ κακόν, ran. 552, 606 ἥκει κακόν, vesp. 974
κακόν τιπεριβαίνει με. Ueber μηδὲν εἰσίτω κακὸν vgl. Otto Jahn,
über den Aberglauben des bösen Blicks bei den Alten p. 76;
vgl. Solon fr. 3, 26 (Bergk) οὕτω δημόσιον κακὸν ἔρχεται

οἴκαδ' ἑκάστῳ, αὔλειοι δ' ἔτ' ἔχειν οὐκ ἐθέλουσι θύραι,
ὑψηλὸν δ' ὑπὲρ ἕρκος ὑπέρθορεν, εἶρε δὲ πάντως, εἰ καί τις
φεύγων ἐν μυχῷ ᾖ θαλάμου. Soph. Ant. 10 ἤ σε λανθάνει
πρὸς τοὺς φίλους στείχοντα τῶν ἐχθρῶν κακά; Eur.
Herc. f. 1020 παρέδραμε τὰ τότε κακά. Das Gegentheil
Aesch. Ag. 1292, wo gesagt wird, dass Niemand das Glück
(τὸ εὖ) von der Schwelle abweise, indem er ihm zurufe
μηκέτ' ἐξέλθῃς, cf. Schneidew. Göthe, Tasso p. 167: In
ihrer (der Welt) Weite bewegt sich so viel Gutes hin und
her. Ach, dass es immer nur um einen Schritt von uns
sich zu entfernen scheint. Vgl. Eichendorff, der letzte
Ritter von M. p. 577: und ich soll eiligst auf die Beine um
wieder dem gemeinen Wesen helfen? Eine schöne Anschauung des Aeschylus ist es, wenn er Pers. 162 dem πλοῦτος
einen Fuss leiht: μὴ μέγας πλοῦτος κονίσας οὖδας ἀντρέψῃ
ποδὶ ὄλβον, ὃν Δαρεῖος ἦρεν (cf. Garcke, quaest. de Graec.
Hor. p. 142). Vgl. Eur. Or. 808 ὁ μέγας ὄλβος ἅ τ' ἀρετὰ
μέγα φρονοῦσ' ἀν' Ἑλλάδα καὶ παρὰ Σιμουντίοις ὀχετοῖς
πάλιν ἀνῆλθ' ἐξ εὐτυχίας Ἀτρείδαις. Hor. carm. 3, 16, 9
aurum per medios ire satellites et perrumpere amat. Vgl.
Chaeremon 37 (Nauck p. 614) πλοῦτος δὲ πρὸς μὲν τὰς
ὅλας τιμὰς ἰὼν οὐκ ἔσχεν ὄγκον. Lucian 30, 7 (Jac. Anth.
3 p. 27) αὐτὰρ ἐπεὶ Θήρωνι παρ' ἐλπίδας ἦλυθε πλοῦτος.
Von der Armuth Shaksp. Rich. III 4, 3 (Del. p. 104) delay
leads impotent and snail-paced beggary, vgl. Henry VI II,
4, 1 (Del. p. 98) reproach and beggary is crept into the
palace of our king. Die Hybris, so wie die virtus und der
Zorn erhalten durch ποῦς Persönlichkeit, Soph. OT. 872:
ὕβρις, εἰ πολλῶν ὑπερπλησθῇ μάταν, ἃ μὴ 'πίκαιρα μηδὲ
συμφέροντα, ἀκρότατον εἰσαναβᾶσ' αἶπος ἀπότομον ὤρουσεν
εἰς ἀνάγκαν, ἔνθ' οὐ ποδὶ χρησίμῳ χρῆται. Ovid. Trist. 14,
29, 30 rara quidem virtus, quam non fortuna gubernet, quae
maneat stabili, cum fugit illa, pede. Zu vergleichen Hor.
carm. 3, 2, 21 virtus recludens immeritis mori coelum
negata tentat iter via, ferner Diagoras angeführt von Kock
zu Arist. ran. 320 αὐτοδαὴς δ' ἀρετὰ βραχὺν οἶμον ἕρπει,
Pind. Isthm. 4, 44 τετείχισται δὲ πάλαι πύργος ὑψηλαῖς
ἀρεταῖς ἀναβαίνειν, Ovid. Met. 14, 113 invia virtuti nulla

est via, und Ovid. Trist. 4, 3, 74 ardua per praeceps gloria
vadit iter. Propert. 2, 4, 4 et crepitum dubio suscitet ira
pede. Von der Freiheit Plaut. rud. 2, 6, 5 edepol libertas
lepida es, quae nunquam pedem voluisti in navem cum Her-
cule una imponere. Mit grosser Kühnheit, namentlich von
Dichtern der Komödie, wird so abstracten Begriffen, wie
πράγματα und ῥήματα, ein Fuss oder Gang zugeschrieben:
Ar. Plut. 649 ἄκουε τοίνυν, ὡς ἐγὼ τὰ πράγματα ἐκ τῶν
ποδῶν ἐς τὴν κεφαλήν σοι πάντ᾽ ἐρῶ. Geibel, König Roderich
p. 100: unsterblich wandelt das Gerücht der Tapfern durch
die Welt. Vgl. Shaksp. Temp. 1, 2. (Del. p. 29) this music
crept by me upon the waters. In der Stelle des Paul. Sil.
48, 6 (Jac. Anth. 4 p. 57) πρὶν δὲ μέλος σκάζειν εὔποδος
ἁρμονίης ist von den metrischen Füssen die Rede; dass
man auch hier an Personification denken kann, beweist die
spielende Stelle Ovids Trist. 3, 1 11. 12 clauda quod alterno
subsidunt carmina versu, vel pedis haec ratio, vel via longa
facit. Vgl. Ilgen, hymni Hom. p. 404, 405. Plaut. Asin. 3,
3, 139 nec caput nec pes sermonum apparet, vgl. λόγος
ἄπους Plato Phaedr. p. 274 C. Beiläufig erwähne ich die
ῥήματα ἱπποβάμονα Ar. ran. 820. Wichtig ist die Personification von fabula bei Horat. ep. 2, 1, 176 securus cadat an
recto stet fabula talo, mit Schmid's trefflicher Anmerkung.
Vgl. Hor. ep. 2, 1, 79 recte necne crocum floresque peram-
bulet Attae fabula si dubitem. Ibid. 2, 1, 148 donec iam
saevus apertam in rabiem coepit verti iocus et per honestas
ire domos impune minax. Theodect. fr. 16 (Nauck p. 626)
πολυσπερὴς μὲν, ὦ γέρον, καθ᾽ Ἑλλάδα φήμη πλανᾶται.
Ovid. Met. 12, 54 mixtaque cum veris passim commenta
vagantur millia rumorum, Soph. Ant. 700 τοιάδ᾽ ἐρεμνὴ σῖγ᾽
ἐπέρχεται φάτις. Ebenso διέρχεσθαι, cf. Ellendt, Lexic.
Soph. s. v., und θρώσκω, Aesch. Choeph. 832 ἢ πρὸς γυναικῶν δειματούμενοι λόγοι πεδάρσιοι θρώσκουσιν; Propert. 2,
18, 38 et terram rumor transilit et maria. Virg. Aen. 4,
665 it clamor ad alta atria, concussam bacchatur fama per
urbem. Theocr. 18, 3 (Jac. Anth. 1 p. 199) οὗ τὸ μυρίον
κλέος διῆλθε κἠπὶ νύκτα καὶ πρὸς ἀῶ. Vgl. Shaksp. Makb.
4, 3 (Del. p. 107) there ran a rumour. — Charakteristisch

von seinen Liedern, die er χάριτας nennt, sagt Theocr. 16, 8: αἱ δὲ σκνζόμεναι γυμνοῖς ποσὶν οἴκαδ' ἴασι. Geibel, Frühlingshymnus: Jung und unsterblich schreitet deine Sage mit blühnden Lippen noch durch unsre Tage. Geibel, Brunhild p. 55: Schon knüpft das Lied im Volk hinwandelnd seinen jungen Namen an die gewalt'gen Abgeschiednen an. — Bemerkenswerth sind τόκοι λαθρόποδες bei Antiphan. Mac. 3, 4 (Jac. Anth. 2 p. 188), „usurae sensim sensimque procedentes." Vgl. Arist. nub. 18 οἱ γὰρ τόκοι χωροῦσιν. — In derselben Weise drückt sich Shakspere aus: Rich. II 3, 4 (Del. p. 74) nimble mischance, that art so light of foot. Jul. Caes. 3, 2 (Del. p. 72) mischief, thou art afoot, take thou what course thou wilt. K. John 3, 4 (Del. p. 66) I see this hurly all on foot. Makbeth 2, 3 (Del. p. 60) nor our strong sorrow upon the foot of motion. Vgl. Troil. 3, 2 (Del. p. 66) blind fear, that seeing reason leads, finds safer footing than blind reason, stumbling without fear. K. John 5, 2 (Del. p. 91) wild war may lie gently at the foot of peace. Hamlet 3, 3 (Del. p. 95) for we will fetters put upon this fear, who now goes too free-footed. — Henry IV I, 1, 3 (Del. p. 31) a cause on foot lives so in hope, as in an early spring we see the appearing buds. Witzig Fallstaf Henry IV I, 2, 2 (Del. p. 39) when e jest is so forward and afoot too, I hate it. Zu vergleichen ist noch Coriol. 3, 1 (Del. p. 81) the tiger-footed rage, when it shall find the harm of unscann'd swiftness, will, to late, tie leaden pounds to his heels. Tim. of Ath. 1, 1 (Del. p. 13) When comes your book forth? (Poet.) Upon the heels of my presentment, Sir. Hamlet 3, 2 (Del. p. 93) but is there no sequel at the heel's of this mother's admiration? Bemerkenswerth ist die witzige Wendung As you like it, 2, 2 (Del. p. 63): you have a nimble wit: I think 't was made of Atalanta's heels. — K. John 4, 2 (Del. p. 73) your Fears, which as they say attend the steps of wrong. Tempest 3, 3 (Del. p. 62) lingering shall step by step attend you. Hamlet 2, 2 (Del. p. 62) their endeavours keeps in the wonted pace. — Die Pilgerschaft bei Shaksp. Sonn. 27: for then my thoughts (from far where I abide) intend a zealous pilgrimage tho thee.

Vgl. Geibel, König Roderich: Die heil'ge Scheu ergreift den Pilgerstab und wandert aus. Wie πούς und seine Composita werden auch die Composita von πλαγκτός und φοιτάω gebraucht, vgl. Aesch. Choeph. 316 ἐκ τ' ὀνειράτων καὶ νυκτιπλάγκτων δειμάτων πεπαλμένη χοὰς ἔπεμψε τάςδε δύσθεος γυνή (nächtlich wandelnde, umherschweifende Furcht), vgl. Aesch. Ag. 943 δεῖμα προστατήριον; vgl. Lycophr. 225 νυκτίφοιτα δείματα und Aesch. Prom. 646 ὄψεις ἔννυχοι πωλεύμεναι. Das Compositum νυκτίφοιτος personificirt die Träume, Aesch. Prom. 660 νυκτίφοιτ' ὀνείρατα, vgl. Tib. 2, 1, 90 et incerto Somnia nigra pede (veniunt). Auch Soph. Trach. 976 φοιτάδα δεινὴν νόσον und Eur. Or. 327 λύσσας μανιάδος φοιταλέου gehören hierher. Zu νυκτίπλαγκτα δείματα vgl. noch Aesch. Ch. 739 ἐκ νυκτιπλάγκτων ὀρθίων κελευσμάτων, Ag. 321 νυκτίπλαγκτος πόνος und Soph. Ant. 615 πολύπλαγκτος ἐλπίς. Aus dieser Stelle ist Pallad. 140 (Jac. Anth. 3 p. 143) zu erklären: Ἐλπὶς καὶ σύ, Τύχη, μέγα χαίρετε· — ἔρρετε ἄμφω, οὕνεκεν ἐν μερόπεσσι πολυπλανέες μάλα ἐστέ (viel umherschweifend, unbeständig). Pind. Nem. 1, 32 κοιναὶ γὰρ ἔρχοντ' ἐλπίδες πολυπόνων ἀνδρῶν. Eur. Or. 859 προςῆλθεν ἐλπίς. Ar. Thesm. 870 τῆς ἐπιούσης ἐλπίδος. Zu vergleichen Ion Chius 2, 7 (Jac. Anth. 1 p. 94) ἴτω διὰ νυκτὸς ἀοιδή. Aesch. Prom. 280 τὰς προςερπούσας τύχας Eur. Andr. 195 τύχη δ' ὑπερθεῖ. Eur. Hel. 1319 δρομαίων δ' ὅτε πολυπλανήτων μάτηρ ἔπαυσε πόνων, Marian. 3, 2 (Jac. Anth. 3 p. 212) πολυπλανέος καμάτου, Hesiod. op. 100 ἄλλα δὲ μυρία λυγρὰ κατ' ἀνθρώπους ἀλάληται. Hor. carm. 4, 15, 16 ordinem rectum evaganti licentiae. Göthe, Elpenor p. 374: Ich rief die Gefahren an, die leis', um schwer zu schaden, auf der Erde schleichen. Ihr Götter, rief ich aus, ergreift die Noth, die über Erd' und Meer blind und gesetzlos schweift. Bemerkenswerth Aesch. Prom. 594 πᾶ μ' ἄγουσι τηλέπλανοι πλάναι, ibid. 604 ἄδην με πολύπλανοι πλάναι γεγυμνάκασι. Von einem nicht gehaltenen Eide heisst es sehr bemerkenswerth bei Comet. Schol. 1, 1 (Jac. Anth. 3 p. 326) ὅρκος ἀλήτης πλάζετο. Martial. 10, 78 ibit rara fides amorque recti et secum comitem trahet pudorem. Semper pauperior redit potestas. Schön sagt Soph. fr. 785 (Nauck), ταχεῖα πειθὼ τῶν κακῶν ὁδοιπορεῖ. Das Glück, die Meinung, der Irrthum, die Sorge, die Furcht werden durch πλανᾶσθαι, vagari (vagus) und scandere personificirt. Eur. fr. inc. 23 (Wagner p. 440) τίχας μὲν τὰς μάτην πλανωμένας, Soph. OC. 316 ἢ γνώμη πλανᾷ; Ovid. Met. 4, 502 erroresque vagos. Hor. carm. 2, 16, 21 scandit acratas vitiosa naves cura. Lucr. 2, 47 metus hominum curaeque sequaces. Vgl. Theocr. 21, 4 τὸν ὕπνον αἰφνίδιον θορυβεῖσιν ἐφιστάμεναι μελεδῶναι, Pind. fr. inc. 136 καματώδεες οἴχονται μέριμναι στηθέων ἔξω, Tibull. 3, 6, 37 turpes discedite curae, Ovid. A. A. 1, 237 cura fugit multo diluiturque mero. Tunc veniunt risus: tunc pauper cornua sumit; tunc dolor et curae rugaque frontis abit. Hor. carm. 3, 1, 38 sed Timor et Minae scandunt eodem quo dominus. Göthe, vier Jahrszeiten: Sorge, sie steiget mit dir zu Ross, sie steiget zu Schiffe. Göthe, Alexis und Dora: Wenn die Sorge sich kalt, grässlich gelassen, mir naht. Göthe, die natürliche Tochter p. 302: So folgt mir, streng, die Sorge Schritt vor Schritt. — Bemerkenswerth Ar. ran. 882 νῦν γὰρ ἀγὼν σοφίας ὁ μέγας χωρεῖ πρὸς ἔργον ἤδη. Bei Shaksp. kommen to walk, to go, to come, to run personificirend vor: König Johann 3, 4 (Del. p. 63) grief fills the room up of my absent child, lies in his bed, walks up and down with me. Romeo 5, 1 (Del. p. 111) o, mischief! thou art swift, to enter in the thoughts of desperate man! Makb. 1, 4 (Del. p. 34) whose care is gone before to bid us welcome. Much ado 1, 1 (Del. p. 12) never came trouble to my house in the likeness of your grace. As you like it 2, 3 (Del. p. 39) your praise is come too swiftly home before you. Tw.-night 3, 1 (Del. p. 50) foolery, Sir, does walk about the orb, like the sun. Henry VIII 5, 1 (Del. p. 102) affairs, that walk (as, they say, spirits do) at midnight have in them a wilder nature etc. Makb. 4, 1 (Del. p. 95) the flightfy purpose never is o'ertook, unless the deed go with it. K. Lear 4, 7 (Del. p. 121) all my reports go with a modest truth. Cymb. 1, 4 (Del. p. 19) her beauty and her brain go not together. Haml. 3, 2 (Del. p. 79) madness in great ones must not

unwatch'd go. Merry wifes 3, 2 (Del. p. 55) my consent
goes not that way. Hamlet 4, 5 (Del. p. 119) when sorrows
come, they come not single spies, but in battalions. Henry
VIII 2, 2 (Del. p. 101) say, his long trouble now is passing
out of the world. K. John 2, 1 (Del. p. 28) and peace
ascend to heaven. Henry VI II, 1, 1 pride went before,
ambition fallows him, mit Anspielung auf ein Sprichwort
Rich. II. 3, 4 (Del. p. 71) my fortune runs against the bias,
ib. 3, 4 (Del. p. 55) the signs forerun the death or fall of
kings, Makb. 2, 3 (Del. p. 59) the expedition of my violent
love out-ran' the pauser reason, Rich. II. 3, 4 (Del. p. 72)
woe is forerun with woe.

4. Gegenständen mechanischer Beschaffenheit wird ein
Fuss oder eine Bewegung zugeschrieben. Eine wichtige
Stelle ist bei Arist. eccl. 730, wo ein Mann die Mehl-
schwinge anredet mit: „Geh her", den Topf mit „Komm
heraus", die „Servante" mit „Steh' hier", die Handmühle
mit „Komm heraus" (χώρει σὺ δεῦρο, κιναχύρα καλή, καλῶς, — ἡ χύτρα, δεῦρ' ἔξιθι, — ἴστω παρ' αὐτήν, δεῦρ'
ἴθ', ἡ κομμώτρια, — σὺ δὲ δεῦρ', ἡ κιθαρωδός, ἔξιθι. Kly-
tämnestra bei Aesch. Ag. 871 nennt den Agamemnon ὑψη-
λῆς στέγης στῦλον ποδήρη, einen fussfesten Pfeiler, vergleiche
damit Soph. Aj. 1405 ὑψίβατος τρίπους ἀμφίπυρος. Komisch
ist ποὺς βαλαντίου Aristoph. fr. 71 D. Der calamus heisst
fissipes bei Auson. ep. 7, 47. Rückert, Rodach (Gedichte
p. 249) von der Feder: Ihr zwiespaltiger Tritt, glattfeldige
Blätter bewandelnd, werde geführt von Dir, selber ein leiser
Gesang. Man vergleiche noch die Stellen Aesch. Prom. 468
θαλασσόπλαγκτα λινόπτερ' ὀχήματα, Antiph. Mac. 6, 1 νηὸς
ἀλιστρέπτου πλαγκτὸν κύτος, Lucill. 122, 5 ἁλιπλανέεσσι
νήεσσι, vgl. Ovid. Tr. 5, 2, 62 profuga puppe, Met. 1, 94
nondum caesa suis peregrinum ut viseret orbem, montibus in
liquidas pinus descenderat undas. — Πλαγκτοῖς ἐν διπλάκεσσι
bei Aesch. Pers. 282 erklärt Hermann (Aesch. 2 p. 186) nicht
von Schiffen, wie die Lexica, sondern von Gewändern (cf.
Pind. Isthm. 5, 47 δέρμα με νῦν περιπλανᾶται θηρός). Eur.
Ion. 1491 hat κερκίδος ἐμᾶς πλάνους, bei Arist. pac. 1278
schweifen die Kuchen umher, ὡς οὐχὶ πᾶσαν ἡμέραν πλακοῦ-

σιν ἔστιν ἐντυχεῖν πλανωμένοις ἐρήμοις. Von den Fässern sagt Arist. pac. 596 καὶ πίθος πληγεὶς ὑπ' ὀργῆς ἀντελάκτισεν πίθῳ. · Von der Spindel: Antip. Sid. 18, 4 (Jac. Anth. 2 p. 12) κλωστῆρα στρεπτᾶς εὔδρομον ἀρπεδόνας. Von der Tibia: Meleag. 64, 2 καὶ κώμων σύμπλανον ὀργάνιον. Vom Schilde: Archiloch. 3, 2 (Jac. Anth. 1 p. 41) ἀσπὶς ἐκείνη ἐρρέτω. Witzig Arist. eccl. 507 ἐμβὰς ἐκποδὼν ἴτω „abmarschirt, ihr Stiefel".

Es ist offenbar, dass in vielen der angeführten Beispiele die Personification verblasst oder erstorben ist; aber bemerkenswerth ist die Neigung der Dichter, ja der Sprache überhaupt, ein Verbum, welches eine Bewegung, ein Kommen, Gehen u. s. w. bedeutet, mit einem sachlichen Subjecte, namentlich mit einem Abstractum als Prädikat zu verbinden. Diese Neigung tritt in unzähligen Beispielen hervor. Homer gebraucht die Verba ἵκειν, ἱκάνειν, οἴχεσθαι, βαίνειν, ἀναβαίνειν, ἀμφιβαίνειν, ἰέναι, δύεσθαι, σπέρχειν, ἀνατρέχειν, ἔρχεσθαι, ἀμφέρχεσθαι, ἀπέρχεσθαι, ἐπέρχεσθαι, μετανίσσεσθαι, und verbindet sie als Prädikate mit den Subjecten Ζέφυρος, ἄελλα, νεφέλη, αἴγλη, πέτρη, ἔρνος, οἶνος, ὕπνος, ὄνειρος, ἔτος, ἦμαρ, ὧραι, ἕσπερος, νύξ, γάμος, νοῦσος, ποθή, τρόμος, πένθος, ἄχος, ὀδύνη, χόλος, πόνος, κάματος, κακόν, χρειώ, λύσσα, θέσφατα, κλέος, φάτις, ἀϋτή, ἰωή, συνθεσίαι τε καὶ ὅρκια, ζῆλα u. a. Vgl. Hom. Od. 13, 172 παλαίφατα θέσφαθ' ἱκάνει. Soph. OT. 711 χρησμὸς γὰρ ἦλθε Λαΐῳ, Eur. Suppl. 133 Φοίβου μ' ὑπῆλθε δυστόπαστ' αἰνίγματα. Die dramatischen Dichter brauchen so εἰσέρχεσθαι, ὑπέρχεσθαι, εἰσιέναι, προσήκειν, δύεσθαι und verbinden mit diesen Verben die Subjecte οἶκτος, ἄλγος, ἀθυμία, δεῖμα, φόβος, ὀδύνα, πόθος, θαῦμα, χρεία, λύσσα u. a. Ueberaus gebräuchlich ist bei den Dramatikern und Lyrikern ἕρπειν, ὑφέρπειν verbunden mit τρόμος, χαρά (Schneidewin. zu Aesch. Ag. 255), φθόνος, μῆνις, κότος, ψεῦδος, πλοῦτος, ἀρετά, εὐγένεια, χάρις, πόλεμος, ἔρις, λοιγός, νόσος, ἔργον u. a.; von besonderem Interesse sind die Pindarischen Stellen Isthm. 3, 58 (Dissen) und ·dithyr. fr. 5 (Dissen. p. 226) πρὶν μὲν εἶρπε σχοινοτένειά τ' ἀοιδὰ διθυράμβων etc., Alcman fr. 11, 3 (Bergk p. 541) ἕρπει γὰρ ἄντα τῷ σιδάρῳ τὸ καλῶς κιθαρίσδεν,

Soph. fr. 59 (Nauck p. 173) *ἀλλ' οὐδὲν ἕρπει ψεῦδος ἐς γῆρας χρόνου.* Die Verba *διέρχεσθαι* (cf. Ellendt, lexic. Soph. s. v.) *διήκειν*, *προςέρχεσθαι*, *ὑπέρχεσθαι*, *ἀμφιέρχεσθαι*, *εἰςβαίνειν*, *ἀναβαίνειν*, *ἀμφιτρέχεσθαι*, *ἐμπίπτειν* (Soph. Phil. 965, Pind. Ol. 1, 23) *εἰςδύεσθαι* werden mit *βάξις*, *φήμη*, *κληδών*, *φάτις*, *ἵμερος*, *μνήμη*, *οἶκτος*, *φλυαρία*, *ὕβρις*, *χάρις*, *ἔλεος*, *σιγή* u. a. in der bezeichneten Weise verbunden. In Bezug auf *ἐμπατεῖν* führe ich die treffliche Conjectur Hermann's an: Aesch. Ag. 1396 *οὔ μοι φόβον μέλαθρ' ἂν ἐλπὶς ἐμπατεῖν*, „non spes mihi est timorem in domum meam ingressurum esse". *Ἔπεσθαι* liebt Pindar und verbindet es mit *ὄλβος*, *μοῖρ' εὐδαιμονίας*, *δίκας ἄωτος*, *πλούτου νέφος*, *κῶμος*. Bemerkenswerth Pind. Isthm. 3, 4 *μεγάλαι δ' ἀρεταὶ θνατοῖς ἕπονται ἐκ σέθεν* (Zeus), vgl. Ol. 2, 10. 22, Aesch. Ag. 827, Ar. vesp. 1278. Aehnlich bei Euripides *διάδοχος*, Andr. 802, Hec. 586, Andr. 743. *Κιχάνειν* häufig bei Homer, cf. Passow, Archiloch. fr. 49 (Bergk p. 497) *κιχάνει δ' ἐξ ἀελπτίης φόβος.*

Von heftigen, schnellen Bewegungen wird *θρώσκειν*, *πηδᾶν* und *εἰςάλλεσθαι* gebraucht, *θρώσκει νόσος* Soph. Trach. 1026, vgl. Phil. 807 *ἥδε* (*ἡ νόσος*) *ὀξεῖα φοιτᾷ καὶ ταχεῖ ἀπέρχεται*, Trach. 979 *φοιτάδα νόσον.* Poll. 5, 61 *τὰ πηδήματα τῆς ἐλπίδος*, Eur. Bell. 6 (Wagner p. 143) *εἰς τἀπίσημα δ' ὁ φθόνος πηδᾶν φιλεῖ.* Inc. tr. fr. 94 (Wagner 3 p. 304) *πηδῶν δ' ὁ θυμὸς ἔνδοθεν μαντεύεται.* Eur. Mel. fr. 6 (Wagner p. 255) und Soph. OT. 263 *νῦν ἐς τὸ κείνου κρᾶτ' ἐνήλαθ' ἡ τύχη*, Ant. 1345 *ἐπὶ κρατί μοι πότμος εἰςήλατο.* Bemerkenswerth ist *ὑπορχεῖσθαι*, Aesch. Choeph. 1011 *πρὸς δὲ καρδίᾳ φόβος ᾄδειν ἕτοιμος ἠδ' ὑπορχεῖσθαι κότῳ.* Von den Lateinern werden mit Verben der Bewegung, wie mit venire, intervenire, ire, abire, redire, coire, subire, ambire, sequi, prosequi, fugere (fugari), serpere, subrepere, incedere, recedere, praecedere, currere, errare, intrare u. v. a. Naturverhältnisse, Abstracta und sachliche Subjecte, wie luna, flamma, aestus, ardor, ventus, amnis, unda, liquor, vulnus, rubor, ebenso mors, praeconium, pudor, superbia, victus, pestis, poena, quies, clamor, malum, discordia, tremor, dolor, liber u. v. a. verbunden. Statt vieler Stellen

Virg. Georg. 4, 67 saepe duobus regibus incessit magno discordia motu.

Bemerkenswerth sind auch die Verba, welche „„stehen und sitzen‟ bedeuten, und mit sachlichen Subjecten, mit Zeitbestimmungen, insbesondere mit Abstracten verbunden werden. Deutliche Personification ist in der Stelle Meleag. 71: Ὄρθρε, τί μοι, δυςέραστε, ταχὶς περὶ κοῖτον ἐπέστης; zunächst in mythischem Sinne wird ἀποστατεῖν mit Πειθώ verbunden in dén herrlichen Worten des Aeschylus fr. 168 (Herm.): μόνος θεῶν γὰρ Θάνατος οὐ δώρων ἐρᾷ, οὐδ' ἄν τι θύων οὐδ' ἐπισπένδων ἄνοις, οὐδ' ἔστι βωμός, οὐδὲ παιωνίζεται· μόνου δὲ Πειθὼ δαιμόνων ἀποστατεῖ. Vgl. Aesch. Ch. 812 ἄτα δ'ἀποστατεῖ φίλων. Eum. 417 πρόσω δικαίων ἤδ' ἀποστατεῖ θέμις. Suppl. 328 ἡ δίκη γε ξυμμάχων ὑπερστατεῖ. Soph. fr. 163 (Dind.) τίς γάρ με μόχθος οὐκ ἐπιστατεῖ; Pers. 708 ἀλλ' ἐπεὶ δέος παλαιὸν σοὶ φρενῶν ἀνθίσταται, Aesch. Ag. 976 δεῖμα καρδίας προστατήριον. Hierher gehört auch Soph. El. 958 ἐς τίν' ἐλπίδων βλέψασ' ἔτ' ὀρθήν (aufrecht stehend), OT. 632 τὸ νῦν παρεστὸς νεῖκος, 911 δόξα μοι παρεστάθη, Soph. fr. 372 (Nauck p. 175) ὡς τοῖς κακοῖς πράσσουσιν ἡδὺ καὶ βραχὺν χρόνον λαθέσθαι τῶν παρεστώτων κακῶν. Vgl. Ovid. Met. 7, 42 ante oculos rectum pietasque pudorque constiterant et victa dabat iam terga cupido. Tib. 1, 4, 14 at illi virgineus teneras stat pudor ante genas. Ovid. Am. 1, 11, 8 obstantes sedula pelle moras. Virg. Aen. 2, 559 at me tum primum saevus circumstetit horror. Vgl. Martialis 1, 26, 5 ante fores stantem dubitas admittere famam. Sueton. Galba 4 somniavit Galba fortunam dicentem stare se ante fores defessam et, nisi ocius reciperetur, cuicumque obnio praedae futuram. — Schön ist der Gebrauch von ἐφίζειν, ἐφιζάνειν u. a. W. Mythisch Aesch. Ag. 647 Τύχη δὲ σωτὴρ ναυστολοῦσ' ἐφέζετο. Pind. Nem. 8, 2 Ὥρα πότνια, κάρυξ Ἀφροδίτας ἀμβροσιᾶν φιλοτάτων, ἅτε παρθενηΐοις παίδων τ' ἐφίζοισα γλεφάροις. Virg. Aen. 2, 573 Troiae et patriae communis Erinys abdiderat sese atque aris invisa sedebat. Häufig vom Eros, vgl. die Stellen bei Mitscherlich zu Hor. carm. 4, 13, 8, Jacobs ad Philostr. p. 347. Vom Perikles sagte Eupolis 6, 5 (Meincke, fr. com. 2

p. 458) πειθώ τις ἐπεκάθιζεν ἐπὶ τοῖς χείλεσιν, vgl. Cic. Brut. 15, 59 quam deam in Periclis labris scripsit Eupolis sessitavisse. Agathias 39, 2 (Jac. Anth. 4 p.·17) οὐδ' ἔτι σοι κεῖνο τὸ λαρὸν ἔπος ἕζεται ἐν στομάτεσσι. Christod. 332 (Jac. Anth. 3 p. 173) ἐπ' ἀπλοκάμῳ δὲ μετώπῳ ἧστο σαοφροσύνη κυροτρόφος, ibid. 336 ἕζετο γὰρ κενεοῖς χάρις ὄμμασιν, ibid. 342 ἐν ἐκείναις αὐτογενής, Χαρίτεσσι συνέστιος, ἵζανεν Αἰδώς. Athen. 4 p. 133 bei Peerlk. zu Hor. 4, 13, 9 φυγοῦσα γ' οὖν σε καὶ τούς σοι παραπλησίους ἡ ἀρετή, ἡδονῇ παρακάθηται. Bereits Homer hat ὕπνος ἐπὶ βλεφάροις ἐφίζανε Il. 10, 26, auch sagte man ἵμερος ἐφιζάνων ὄμμασι, γέλως ἐφιζάνων τῷ προςώπῳ, vgl. Dissen zu Pind. Nem. 8, 2. Anthol. lat. 3, 212 p. 646 o blandos oculos. Illic et Venus et leves Amores atque ipsa in medio sedet Voluptas. Vgl. Shaksp. Haml. (Del. p. 101) see, what a grace is seated on this brow. Aesch. Ag. 948 θάρσος εὐπιθὲς ἵζει φρενὸς φίλον θρόνον cf. Schneidew. Vgl. Shaksp. Romeo 5, 1 (Del. p. 110) my bosom's lord sits lightly in his throne. Man vergleiche ferner Aesch. Prom. 284 πημονὴ προςιζάνει, Ag. 807 δύσφρων γὰρ ἰός, καρδίᾳ προςήμενος. Simonid. Amorg. 6, 84 (Bergk p. 505) κείνη γὰρ οἴη μῶμος οὐ προςιζάνει. Aesch. Suppl. 656 νούσων δ' ἑσμὸς ἀπ' ἀστῶν ἵζοι κρατὸς ἀτερπής. Hor. carm. 3, 1, 40 post equitem sedet atra cura. Shaksp. Rom. 3, 5 (Del. p. 93) Is there no pity sitting in the clouds, that sees into the bottom of my grief? K. Rich. III 5, 3 (Del. p. 127) fortune and victory sit on thy helm. Rich. II 1, 3 (Del. p. 31) woe doth the heavier sit, where it percives it is but faintly borne. Henry V 4, 5 (Del. p. 99) reproache and everlasting shame sit mocking in our plumes. Love's l. l. 4, 3 (Del. p. 49) sit thee down, sorrow! Bemerkenswerth Arist. pac. 625 ἡ πόλις γὰρ ὠχριῶσα κἂν φόβῳ καθημένη.

Hier bemerken wir auch die Lahmheit. Shakspere schreibt Gegenständen der Natur und Zeit, sowie abstracten Begriffen Lahmheit zu. Henry VI II, 4, 3 (Del. p. 104) for thereby is England mained and fain to go with a staff. Romeo 1, 2 (Del. p. 26) the heel of limping winter. Much ado 2, 2 (Del. p. 30) the time goes on crutches, till love have all his

rites. Henry V 4 Chor. (Del. p. 78) and chide the cripple,
tardy-gaited night, who like a fool and ugly witch, doth
limp so tediously away.

Mythisch Homer Il. 9,502 Λιταὶ χωλαί, Hor. carm.
III, 2, 31 raro antecedentem scelestum deseruit pede l'oena
claudo. Ovid. Tr. 3, 1, 11 clauda carmina. Shaksp. Merch.
of Venice 1, 2 (Del. p. 22) such a hare is madness, the youth,
to skip o'er the meshes of good counsel, the cripple. Much
ado 2, 1 (Del. p. 23) and then comes repentance and with his
bad legs falls into the cinque-pace faster and faster. Winter's
tale 5, 2 (Del. p. 113) I never heard of such another encounter,
which lames report to follow it. Othello 2, 1 (Del. p. 44) o most
lame and impotent conclusion! Tempest 4, 1 (Del. p. 64)
she will outstrip all praise and make it halt behind her.
Winter's tale 1, 2 (Del. p. 30) than art a coward, which
hoxes honesty behind restraining from course requir'd.

44. Γυῖον, limb.

1. Von England sagt Shaksp. Rich. III 3, 7 (Del.
p. 90): whiles in the mildness of your sleepy thoughts —
this noble isle doth want her proper limbs, her-face defac'd
with proper infamy. Von Bergen Rückert Gedichte p. 571:
Und selbst die Berge schütteln ihre Glieder in Unmuth, dass
sie dazu sind gedungen, euch auszuspei'n die Goldschlacke
eures Jammers. Vgl. Pind. Ol. 5, 13 ὑψίγυιον ἄλσος. Glieder und Gestalt werden dem Schatten zugeschrieben in
dem Räthsel des Theodectes fr. 18 (Nauck p. 627): τίς
φύσις οὔθ' ὅσα γαῖα φέρει τροφὸς οὔθ' ὅσα πόντος οὐδὲ
βροτοῖσιν ἔχει γυίων αὔξησιν ὁμοίαν, ἀλλ' ἐν μὲν γενέσει
πρωτοσπόρῳ ἐστὶ μεγίστη, ἐν δὲ μέσαις ἀκμαῖς μικρά,
γήρᾳ δὲ πρὸς αὐτῷ μορφῇ καὶ μεγέθει μείζων πάλιν ἐστὶν
ἁπάντων;

2. Vom Pindar Nem. 7, 4 wird die Hebe ἀγλαόγυιος
genannt, vgl. Pind. scol. fr. 2, 10 εὖτ' ἂν ἴδω παίδων νεό-
γυιον ἐς ἥβαν. Vom Siege Pind. Pyth. 8, 37: Κλειτομάχοιο
νίκαν Ἰσθμοῖ θρασύγυιον.

45. Σῶμα, χρώς, corpus, body, shape, figure.

1. Nicht auffallen kann es, wenn die Wolken bei Aristophanes, welche Jungfrauen sind, von ihrer unsterblichen Gestalt reden, nub. 287 ἀλλ' ἀποσεισάμεναι νέφος ὄμβριον ἀθανάτας ἰδέας. In gezierter Weise nennt Chaeremon fr. 17 (Nauck p. 611) das Wasser den Körper des Flusses: ἐπεὶ δὲ σηκῶν περιβολὰς ἠμείψαμεν ὕδωρ τε, ποταμοῦ σῶμα, διεπεράσομεν. Diesen Ausdruck verspottete wahrscheinlich Eubulus fab. inc. 10 (Meineke, fr. com. 3 p. 266). Bemerkenswerth ist die Stelle bei Virg. Aen. 8, 710, wo Vulcanus auf dem Schilde des Aeneas gebildet hat magno maerentem corpore Nilum pandentemque sinus etc.

Den Broden wird von Antiphanes Omph. 1 (Meineke fr. com. 3 p. 96) ein weisser Leib zugeschrieben: πῶς γὰρ ἄν τις εὐγενὴς γεγὼς δύναιτ' ἂν ἐξελθεῖν ποτ' ἐκ τῆςδε στέγης, ὁρῶν μὲν ἄρτους λευκοσωμάτοις. Hiermit lässt sich vergleichen, dass Prinz Heinrich bei Shaksp. Henry IV II, 2, 2 (Del. p. 40) das Dünnbier ein armes Geschöpf nennt: I do now remember the poor creature, small beer.

Feuer und Eisen werden Geschöpfe genannt zu unbarmherzigen Zwecken ausersehn: Shaksp. K. John 4, 2 (Del. p. 71) fire and iron, creatures of note for mercy-lacking uses. — Von Europa Rückert Gedichte p. 161: Europa's Weltleib hat aus allen Weiten geschwellt die Adern, dass ihr Blutstrom springe in Deutschlands grosses Herz. Geibel, Juniuslieder p. 196: Deutschland, bist du so tief vom Schlaf gebunden, dass diese frechen Zwerge sich getrauen, mit frechem Beil in deinen Leib-zu hauen? Vgl. Shaksp. Henry IV II, 3, 1 (Del. p. 60) than you perceive, the body of our kingdom how foul it is; what rank diseases grow, and with what danger, near the heart of it.

2. Von der Zeit sagt Shaksp. Lucrece (Del. p. 98): mischapen Time, copesmate of ugly night. Der Zeit hatte Heraclit ein σῶμα zugeschrieben bei Sext Empir. adv. math. 10, 231, vgl. Bergk, Commentat. p. 308. Dieser Anschauung folgend gab Hermippus bei Meineke, fr. com. 2 p. 380 dem Jahre ein σῶμα: ὀνομάζειται δ' ἐνιαυτός, ὢν δὲ περιφερὴς

τελευτὴν οὐδεμίαν οὐδ' ἀρχὴν ἔχει, κυκλῶν ;δ' ἀεὶ τὸ σῶμα οὐ παύσεται δι' ἡμέρας ὁσημέραι τροχάζων. Bemerkenswerth· ist noch Chaeremon, fr. 13 (Nauck p. 609) κόμαισιν Ὡρῶν σώματ' εὐανθῆ ῥόδα εἶχεν, τιϑήνημ' ἔαρος εὐπρεπέστατον, und Eur. fr. inc. 167 (Wagner p. 487) τετραμόρφοις ὥραις.

3. Von den Abstracten erhält eine schöne Personification durch χρώς die φάμα bei Pind. Isthm. 3, 41: ἐκ λεχέων ἀνάγει φάμαν εὐκλέων ἔργων· ἐν ὕπνῳ πέσεν· ἀλλ' ἀνεγειρομένα χρῶτα λάμπει, Ἀωςφόρος ϑαητὸς ὣς ἄστροις ἐν ἄλλοις. Hiermit mag verglichen werden Aesch. Suppl. 754 nach Hermann's Emendation: ἀλυκτὸν δ' οὐκ ἔτ' ἂν πέλοι νόαρ, κελαινόχρων δὲ πάλλεται πρὸ καρδίας, vgl. auch Choeph. 484 εὔμορφον κράτος und Eur. Cycl. 317 λόγων εὐμορφίαι. Die Chimäre nennt Eur. Ion. 203 τὰν πυρπνέουσαν τρισώματον ἀλκάν. Von der Occasio heisst es bei Phaedr. fab. 5, 8, 2, sie sei comosa fronte, nudo corpore. Die ganze Körpergestalt der Ἀρετή und Εὐδαιμονία oder Κακία ist geschildert in der Erzählung des Prodikus von Hercules am Scheidewege bei Xenoph. Mem. 2, 1, 22. Von der Phantasie sagt Rückert, Gedichte p. 108: Phantasie sich halben Leibs zum Himmel hob. Häufig werden Abstracte von Shaksp. personificirt, indem ihnen· ein Körper, eine Gestalt zugeschrieben wird, so die Gestalt der Rebellion, der Körper des ehelichen Vertrags, das Aussehen der Gelegenheit, die Gestalt der Zukunft, der Gefahren: Shaksp. II, 4, 1 (Del. p. 73) I say, if damn'd commotion so appear'd, in his true native and most proper shape. Hamlet 3, 4 (Del. p. 100) such a deed, as from the body of contraction plucks the very soul. K. John 5, 4 (Del. p. 97) the favour and the form of this most fair occasion. Troilus 1, 2 (Del. p. 37) there is seen the baby figure of the giant mass of things to come at large.

Wir erwähnen hier noch die Körpergestalt des Riesen und Zwergs, welche der Personification dienen; vgl. Aesch. Ag. 669 ζεφύρου γίγαντος αὔρα. Geibel, Neue Gedichte p. 6: Das starke Riesenkind, der Dampf. Shaksp. K. John 5, 2 (Del. p. 90) that never saw the giant world enraged. Rückert, Gedichte p. 108: Phantasie, das ungeheure Riesen-

weib, sass zu Berg. Ibid. p. 161: Tritt auf Gigant, mein
Lied und schlage Saiten, dass Deutschlands Busen jauchzend
wiederklinge. Ibid. p. 108: Phantasie — hatte neben sich
zum Zeitvertreib Witz, den Zwerg.

46. Θεός, δαίμων, god, devil.

Wir schliessen hier Personificationen an, welche durch
θεός, δαίμων u. s. w. entstehen. Dieselben gehen zunächst
von der mythisch bildenden Phantasie aus; aber neben den
mythischen Persönlichkeiten finden wir frühzeitig andere als
Gottheiten bezeichnete, welche keine Stelle im Glauben hatten. Vgl. Welcker, griech. Götterlehre 1 p. 707 fg. und 3
p. 225 fg. Die Bezeichnung durch θεός drückt daher oft
nichts weiter aus als ein machtvolles Wirken; sie erhebt
ausserdem den Begriff, welcher θεός genannt wird, zur Anschaulichkeit der persönlichen Erscheinung. Die Alten stell-
ten sich die Götter menschlich gestaltet vor; die Bezeichnung durch θεός erweckt daher die Vorstellung menschlicher Gestalt, und die letztere ist es, welche wir hier beto-
nen und in vielen Stellen hervortreten sehen.

1. Die Natur selbst wird als goddess angeredet bei
Shaksp. K. Lear 1, 2 (Del. p. 24) thou, nature, art my goddess; to thy law my services are bound. Cymb. 4, 2 (Del.
p. 96) o thou goddess, thou divine Nature, how thyself thou
blazon'st in these two princely boys!

Von Naturgegenständen wird durch θεός oder δαίμων
personificirt der Wein; ein unbekannter Tragiker fr. 248
(Wagner p. 238) sagt: οἶνος μ' ἔπεισε δαιμόνων ὑπέρτατος,
womit Arist. eq. 107 ἕλκε τὴν τοῦ δαίμονος τοῦ Πραμνίου
und Eur. Cycl. 527 οὐ τοὺς θεοὺς χρὴ δῶμ' ἔχειν ἐν δέρ-
μασιν zu vergleichen. Ebenso die Mahlzeit und der Hunger:
Soph. Triptol. fr. 539 Dind. ἦλθεν δὲ δαὶς θάλεια, πρεσ-
βίστη θεῶν, Simonides von Amorgos 601 οὐδ' αἶψα λιμὸν
οἰκίας ἀπώσεται, ἐχθρὸν συνοικητῆρα, δυσμενέα θεῶν. Die
Pest heisst θεός bei Soph. O. T. 27: ἐν δ' ὁ πυρφόρος θεὸς
σκήψας ἐλαύνει, λοιμὸς ἔχθιστος, πόλιν. Bei den Alten
waren Schlaf und Tod geglaubte Gottheiten: Hes. th. 759

῞Υπνος καὶ Θάνατος, δεινοὶ θεοί. Vgl. Aesch. fr. 168 (Herm. 1 p. 353) μόνος θεῶν γὰρ Θάνατος οὐ δώρων ἐρᾷ. In der herrlichen Chorstelle in Soph. Phil. 827 wird der Schlaf nicht ausdrücklich θεός genannt, vgl. jedoch Tibull. 3, 4, 19 nec me sopierat menti deus utilis aegrae, Somnus. Virg. Aen. 5, 854 ecce deus ramum Lethaeo rore madentem vique soporatum Stygia super utraque quassat tempora cunctantique natantia lumina solvit. Ovid. Met. 11, 623 Somne, quies rerum, placidissime, Somne deorum, pax animi, quem cura fugit, qui corpora duris fessa ministeriis mulces reparasque labori. Dagegen wird von Shaksp. in freier Personification der Schlaf Gott genannt in Henry IV I, 3, 1 (Del. p. 67): and on your eyelids crown the god of sleep, in der berühmten Anrede an den Schlaf nennt ihn Henry IV II, 3, 1 (Del. p. 14) einen blöden Gott: O, thou dull god. Die Gesundheit wird in dem herrlichen Skolion des Ariphron (Jac. Anth. 1 p. 92) Ὑγίεια πρεσβίστα μακάρων und V. 11 mit den Worten μετὰ σεῖο, μάκαιρ᾽ Ὑγίεια, τέθηλε πάντα etc. angeredet. Vgl. den Hymnus des Licymnius (Bergk p. 840 ed. I): λιπαρόμματε μᾶτερ, ὑψίστων θρόνων σεμνῶν Ἀπόλλωνος βασίλεια ποθεινά, πραϋγέλως Ὑγίεια.

Bei Lucian 27, 1 (Jac. Anth. 3 p. 26) wird das Podagra als θεά angeredet: μισόπτωχε θεά, μούνη πλούτου δαμάτειρα. Auch die Μέθη heisst θεός: bei Asklepiades 33, 4 (Jac. Anth. 1 p. 151) ist dieselbe auf einem Ringe der Kleopatra abgebildet und sagt von sich: ἐν γὰρ ἀνάσσης χειρὶ θεὸν νήφειν καὶ μεθύουσαν ἔδει. Vgl. Shaksp. Othello 2, 3 (Del. p. 60) it hath pleased the devil drunkenness, to give place the devil wrath. Das Lampenlicht wird durch θεός personificirt bei einem unbekannten Komiker bei Meineke, fr. com. 4 p. 671: Βακχὶς θεόν σ᾽ ἐνόμισεν, εὐδαῖμον λύχνε· καὶ τῶν θεῶν μέγιστος, εἰ ταύτῃ δοκεῖς. Nachgeahmt von Asclepiades 25 (Jac. Anth. 1 p. 149): Λύχνε, σὲ γὰρ παρεοῦσα τρὶς ὤμοσεν Ἡράκλεια ἥξειν, κοὐχ ἥκει· λύχνε, σὺ δ᾽ εἰ θεὸς εἶ, τὴν δολιὴν ἐπάμυνον. — Schiller, An die Freunde: Und es herrscht der Erde Gott, das Geld.

2. Die Zeit wird θεός genannt von Soph. El. 179: χρόνος γὰρ εὐμαρὴς θεός, vgl. Nicostrat. 3. 4 (Meineke,

fr. com. 3 p. 288) πάλιν χρόνῳ τἀρχαῖα καινὰ γίγνεται.
Οὐκ ἔστι δισαρεστότερον οὐδὲ ἓν χρόνου· οὐδέποτ' ἀρέσκει
ταὐτὰ τούτῳ τῷ θεῷ. Philodem. 29, 4 (Jac. Anth. 2 p. 78)
τοῖς πτωχοῖς ὁ χρόνος ἐστὶ θεός. Hierher gehört Καιρός,
der indessen von Ion Chius als der jüngste Sohn des Zeus
bezeichnet wurde (Meineke, fr. com. 3 p. 331) und am Ein-
gange des Stadiums zu Olympia einen Altar hatte (Welcker,
gr. Götterlehre 2 p. 451). Palladas 118, 7 (Jac. Anth. 3
p. 138) sagt: εὖ γε λέγων τὸν καιρὸν ἔφης θεόν, εὖ γε Μέ-
νανδρε. Menander selbst sagt Cnid. 2 (Meineke, fr. com. 4
p. 151) ταὐτόματόν ἐστι ὡς ἔοικέ που θεός, σώζει τε πολλὰ
τῶν ἀοράτων πραγμάτων. Vgl. Göthe, Tasso p. 195: Die
Gegenwart ist eine mächt'ge Göttin; lern' ihren Einfluss
kennen.

3. Am häufigsten werden abstracte Begriffe durch θεός
und δαίμων personificirt. Die Götterbildende Phantasie der
Griechen war auf diesem Gebiete ausserordentlich fruchtbar.
Wie Eirene Göttin ist (Eur. Or. 1682 τὴν καλλίστην θεῶν
Εἰρήνην): so auch Διαλλαγή bei Arist. Ach. 953: ὦ Κύπριδι
τῇ καλῇ καὶ Χάρισι ταῖς φίλαις ξύντροφε Διαλλαγή. Durch
θεός werden personificirt das Gesetz, das Mitleid, die Tugend, die Scham und ihr Gegentheil, die Kühnheit, die Hoffnung, die Geduld, die Gelegenheit, die Furcht, der Streit, der
Krieg, der Neid, die Trauer, der Ehrgeiz, die Herrschaft, der
Reichthum, die Armuth, das Denkvermögen in seinen Formen
und vieles andere.

Bei einem unbekannten Tragiker (Inc. tr. fr. 394,
Nauck p. 714): ὁ γὰρ νόμος μέγιστος ἀνθρώποις θεός,
vgl. die schönen Stellen bei Soph. O. T. 865 und Pindar.
fr. inc. 48 (Dissen); Shakspere Tit. Andr. 4, 3 (Del. p. 73)
Marry, for Justice, she is so employ'd, he thinks, with Jove
in heaven, or somewhere else, so that perforce you must
needs stay a time.. Das Mitleid, ἔλεος, dem in Athen ein
Altar errichtet war, wird θεός genannt bei Timocles (Meineke,
fr. com. 3 p. 611) τοῖς μὲν τεθνεῶσιν ἔλεος ἐπιεικὴς θεός,
τοῖς ζῶσιν δ' ἕτερον ἀνωσιώτατον φθόνος. In den berühmten Stellen und Dichtungen, welche die ἀρετή verherrlichen,
Hesiod. op. 289—292, Simonid. 14 (Jac. Anth. 1 p. 61),

Aristot. 1 (Jac. Anth. 1 p. 61), ebenso in den Epigrammen,
in welchen sie trauernd neben der Hedone und am Grabe des
Ajas sitzt (Mnasalcas 14 bei Jac. Anth. 1 p. 126, Aristot. 6
ibid. p. 112, Antip. Sid. 65 ibid. 2 p. 24, Ausonius 3 bei
Jac. Anth. 6 p. 369) wird sie nicht ausdrücklich als Gottheit
bezeichnet, bei Hor. carm. 3, 2, 24 eben so wenig. Aber
in der Erzählung des Prodikus bei Xenoph. Mem. 2, 1,
21 fg. sagt sie von sich §. 32: ἐγὼ δὲ σύνειμι μὲν θεοῖς,
dagegen zu der Εὐδαιμονία §. 31 ἀθάνατος δὲ οὖσα ἐκ
θεῶν μὲν ἀπέῤῥιψαι. — Die αἰδώς nennt Pind. Nem. 9, 36
θεός, Euripides eine träge Göttin in der witzelnden Stelle des
Ion 337 ἀργὸς ἡ θεός. Dagegen tritt der mythische Charakter der Αἰδώς in den Worten des Sophokles OC. 1267
hervor: ἔστι γὰρ καὶ Ζηνὶ σύνθακος θρόνων Αἰδώς, vgl.
Christodor. 341 (Jac. Anth. 3 p. 173) ἀλλ᾽ ἐν ἐκείναις αὐτογενής, Χαρίτεσσι συνέστιος, ἵζανεν Αἰδώς. Dioskorides sagt
26, 4 (Jac. Anth. 1 p. 251): Αἰσχύνην οὐ νομίσασα θεόν.
— Von der Unverschämtheit sagt Menander bei Meineke fr.
com. 4 p. 144: ὦ μεγίστη τῶν θεῶν νῦν οὖσ᾽ ἀναίδει᾽, εἰ
θεὸν καλεῖν σε δεῖ. δεῖ δέ· τὸ κρατοῦν γὰρ νῦν νομίζεται
θεός, doch hatte nach Suidas die Ἀναίδεια einen Tempel.
Menander fab. inc. 252 (Meineke p. 289) οὐκ ἔστι τόλμης
ἐπιφανεστέρα θεός, vgl. Theodorides 13 (Jac. Anth. 2 p. 45)
Τόλμα καὶ εἰς Ἄϊδαν καὶ ἐς Οὐρανὸν ἄνδρα κομίζει. Die
Hoffnung wird häufig durch θεός personificirt: Theognis 637
Ἐλπὶς καὶ κίνδυνος ἐν ἀνθρώποισιν ὅμοιοι· οὖτοι γὰρ χαλε-
ποὶ δαίμονες ἀμφότεροι, ibid. 1135 Ἐλπὶς ἐν ἀνθρώποισι
μόνη θεὸς ἐσθλὴ ἔνεστιν, vgl. ibid. 1146 Ἐλπίδι τε πρώτῃ
καὶ πυμάτῃ θύετω. Eur. Iph. A. 392 ἡ δὲ γ᾽ ἐλπὶς, οἶμαι
μέν, θεός. Diotim. 8 (Jac. Anth. 1 p. 185) Ἐλπίδες ἀνθρώπων, ἐλαφραὶ θεαί· χαίρετε κουφόταται δαίμονες ἀθανάτων. Ovid. A. A. 1, 445 Spes tenet in tempus, semel est
si credita, longum: illa quidem fallax, sed tamen apta dea
est. Vgl. Tibull. 2, 6, 20 — 28. Die Geduld: Shaksp. Troil.
and Cr. 1, 1 (Del. p. 13) patience herself, what goddess e'er
she be, doth lesser blench at sufferance than I do. Göthe,
Römische Elegien 4: Diese Göttin, sie heisst Gelegenheit
lernet sie kennen: sie erscheinet euch oft, immer in andrer

Gestalt. Die Treue: Theogn. 1137 Πίστις, μεγάλη θεός.
Die Furcht: Anonym. bei Meineke 4 p. 688: ἀμορφότατος
τὴν ὄψιν εἰμὶ γὰρ φόβος, πάντων ἐλάχιστον τοῦ καλοῦ με-
τέχων θεός. Der Streit, Eris, bei Hom. Il. 5, 891 Göttin
und im Gefolge des Ares, bei Aesch. Sept. 1036 ἔρις περαί-
νει μῦθον ὑστάτη θεῶν. Eur. Phoen. 802 ἢ δεινά τις Ἔρις
θεός. Vgl. Shaksp. K. John 5, 1 (Del. p. 87) and glister
like the god of war; when he intendeth to become the field.
Shaksp. Henry IV II, 2, 3 (Del. p. 45) to look upon the
hideous god of war in disadvantage. In antiker Weise ist
Revenge von Shaksp. gebildet, vgl. Tit. Andr. 5, 2 (Del.
p. 85) and say I am Revenge, sent from below (aus der
Hölle); ibid. 5, 2 (Del. p. 87) lo, by thy side where Rape
and Murder stands; now give some 'surance that thou art
Revenge. Henry IV II, 5, 4 (Del. p. 115) rouse up revenge
from ebon den with fell Alecto's snake. Der Neid, der beiden Ko-
mikern als Person auftrat, ist Gottheit bei Hippothoon fr. 2 (Nauck
p. 643): φθόνος κάκιστος κἀδικώτατος θεός, κακοῖς τε χαίρει
κἀγαθοῖς ἀλγύνεται. Vgl. Oppian. Hal. 1, 500 ζῆλος βαρὺς
θεός. — Bei Euripid. Or. 398 wird von der λύπη gesagt:
δεινὴ ἡ θεός. Sh. Tw.-night 2, 4 (Del. p. 41) now, the melancholy god (der Gott der Melancholie) protect thee. Der Ehrgeiz,
die Herrschaft, die Caeremonie, der Reichthum, die Armuth werden als Gottheiten bezeichnet: Eur. Phoen. 534 τί τῆς κακίστης
δαιμόνων ἐφίεσαι, φιλοτιμίας, παῖ; μὴ σύ γ'· ἄδικος ἡ θεός.
Ibid. 509 τὴν θεῶν μεγίστην ὥστ' ἔχειν τυραννίδα. Wichtig
die Caeremonie bei Shaksp. Henry V 4, 1 (Del. p. 86): and
what art thou, thou idol ceremony? what kind of god art
thou, that suffer'st more of mortal griefs, than do thy worship-
pers? Den Reichthum redet Theognis 1117 an: Πλοῦτε,
θεῶν κάλλιστε καὶ ἱμεροέστατε πάντων. In dem Skolion
10 bei Jac. Anth. 1 p. 89 ist die Mutter des Plutus Demeter:
Πλούτου μητέρ' Ὀμπνίαν ἀείδω Δήμητρα. Bei Aristophanes
in der gleichnamigen Komödie wird Plutus als Gott dargestellt, dessen Blindheit geheilt wird; vgl. Eur. Cycl. 316 ὁ
πλοῦτος, ἀνθρώπισκε, τοῖς σοφοῖς θεός, dagegen Eur.
Aeol. fr. (Wagner p. 18) μὴ πλοῦτον εἴπῃς· οὐχὶ θαυμάζω
θεόν, ὃν χὠ κάκιστος ῥαδίως ἐκτήσατο. Zu vergleichen

Pindar. fr. inc. 140 (Dissen) Διὸς παῖς ὁ χρυσός. Bemerkenswerth Shaksp. Cymbel. 3, 6 (Del. p. 85) all gold and silver rather turn to dirt! as 't is no better reckon'd, but of those who worship dirty gods. Hier sei auch erwähnt Timon of Athens 1, 1 (Del. p. 21) traffic 's thy god and thy god confound thee. Die Armuth erscheint im Plutus. des Aristophanes als Person mit Schimpfreden überhäuft, bei Eur. Archel. fr. 22 (Wagner p. 191) οὐκ ἔστι πενίας ἱρόν, αἰσχίστης ϑεοῦ. Dem Themistokles antworteten die Andrier (Herod. 8, 111), dass ihre Insel von zwei unnützen Göttern bewohnt werde, der Armuth und Ohnmacht. — Wie Τρυφή Persönlichkeit ist (Τρυφῆς πρόσωπον bei Arist. eccl. 974), so bei Shaksp. Troil. and Cr. 5, 2 (Del. p. 109) die Ueppigkeit: how the devil luxury, with his fat rump and potatoe finger, tickles these together. — Bei Shaksp. kommt auch Fortune als Gottheit vor Sonn. 111 (Del. p. 170): O! for my sake do you with Fortune chide, the guilty goddess of my harmful deeds, vgl. Coriol. 1, 5 p. 33 now the fair goddess, Fortune, fall deep in love with thee. Ueber τύχη vgl. Eur. Cycl. 606: ἢ τὴν τύχην μὲν δαίμον' ἡγεῖσϑαι χρεών, τὰ δαιμόνων δὲ τῆς τύχης ἐλάσσονα. Vgl. auch Inc. tr. fr. 212 (Wagner p. 227) Ὁσία δ' Ἀνάγκη πολεμικωτάτη ϑεός. Bemerkenswerth ist, dass γάμος als Gott bezeichnet wird von Philoxenus fr. 12 (Bergk): Γάμε ϑεῶν λαμπρότατε. Wichtig ist die Stelle bei Plaut. Bacch. 1, 2, 7, wo Pistoclerus Amor, Voluptas, Venus, Venustas, Gaudium, Jocus, Ludus, Sermo, suavis Saviatio nennt und Lydus antwortet: quid tibi commercii est cum diis damnosissimis? Vgl. Philostrat. Imag. 1, 25: τὸν Γέλωτα ἄγει καὶ τὸν Κῶμον, ἱλαροτάτω καὶ ξυμποτικωτάτω δαίμονε.

Häufig wird das Denkvermögen in seinen verschiedenen Formen durch ϑεός personificirt, z. B. νοῦς, φρόνησις, σύνεσις, συνείδησις: Menand. adesp. 14 (Meineke fr. com. 4 p. 72) ϑεός ἐστι τοῖς χρηστοῖς ἀεὶ ὁ νοῦς γάρ. Menand. ibid. p. 90 πάντ' ἐστὶ τῷ καλῷ λόγῳ ἱερόν· ὁ νοῦς γάρ ἐστιν ὁ λαλήσων ϑεός. Monom. 434 (Meineke 4 p. 352) ὁ νοῦς γὰρ ἡμῶν ἐστιν ἐν ἑκάστῳ ϑεός. Soph. fr. 662 Dind. ἀλλ' ἡ φρόνησις ἀγαϑὴ ϑεὸς μέγας, vgl. Propert. 3, 24, 19 mens bona, si qua dea est, tua me in sacraria dono. Bemerkenswerth ist, dass Athenaeus 15 p. 68 die Aphrodite und Athene, welche in dem Urtheil des Paris von Sophokles auftraten, die eine als Ἡδονή, die andere als Φρόνησις auffasst: τὴν μὲν Ἀφροδίτην, Ἡδονήν τινα οὖσαν δαίμονα, μύρῳ ἀλειφομένην παράγει καὶ κατοπτριζομένην· τὴν δὲ Ἀθήνην Φρόνησιν οὖσαν καὶ νοῦν, ἔτι δ' Ἀρετὴν ἐλαίῳ χρωμένην καὶ γυμναζομένην. — Zu den Gottheiten des Euripides gehört nach Arist. ran. 893 die ξύνεσις, welche er anruft: αἰθήρ, ἐμὸν βόσκημα, καὶ γλώσσης στρόφιγξ καὶ ξύνεσι. — Menander mon. 597 (vgl. 654) bei Meineke 4 p. 357: ἅπασιν ἡμῖν ἡ συνείδησις θεός. Bemerkenswerth ist Φροντίς bei Philesius (Bergk p. 453 ed. I) in mythischer Form: νῦν ὦ Καλλιόπης θυγατήρ, πολυήγορε Φρόντι, δείξεις, εἴ τι φρονεῖς καί τι περισσὸν ἔχεις. In den Prologen des Menander trat der Ἔλεγχος als Gott auf; nach Meineke, fr. com. 4 p. 876 waren die Worte Menanders: Ἔλεγχος οὗτός εἰμ' ἐγώ, ὁ φίλος ἀληθείᾳ τε καὶ παρρησίᾳ θεός. — Eur. Phoen. 785 τῇ τ' εὐλαβείᾳ, χρησιμωτάτῃ θεῶν, προσευξόμεσθα τήνδε διασῶσαι πόλιν. Das Gegentheil ist die λήθη. Eur. Or. 213 ὦ πότνια λήθη τῶν κακῶν ὡς εἶ σοφή, καὶ τοῖσι δυστυχοῦσιν εὐκταία θεός. Göthe, Römische Elegien 201: Städtebezwingerin, du Verschwiegenheit! Fürstin der Völker! theure Göttin, die mich sicher durchs Leben geführt. Die φήμη bezeichnete schon Hesiodus op. 768 als Gottheit: θεός νύ τίς ἐστι καὶ αὐτή. Vgl. Soph. OT. 157 εἰπέ μοι, ὦ χρυσέας τέκνον· ἐλπίδος ἄμβροτε φάμα. Palladas 138, 1.(Jac. Anth. 3 p. 143) εἰ θεὸς ἡ Φήμη, κεχολωμένη ἐστὶ καὶ αὐτὴ Ἕλλησι, σφαλεροῖς ἐξαπατῶσα λόγοις. Im Sinne der Personification durch θεός ist gesagt, wenn Lucian 12, 3 (Jac. Anth. 3 p. 23) sagt, es hätten der Grammatik Tempel und Altar errichtet werden müssen: νηὸν ἐχρῆν καὶ σοὶ περικαλλέα δωμήσασθαι καὶ βωμὸν θυέων μή ποτε δευόμενον. Vgl. noch Geibel, Juniuslieder p. 75: Und Sie, die Göttin (die Schönheit) war's, die ihre Weihen, verschwenderisch ausgoss auf die Säulenreihen. — Sententiös ohne Personification sind die Stellen bei Aesch. Ch. 57 τὸ δ' εὐτυχεῖν τόδ' ἐν βροτοῖς θεός τε καὶ θεοῦ πλέον. Eur. Helena 560 θεὸς γὰρ καὶ τὸ γιγνώσκειν φίλους, vgl. Pflugk. Vgl. Dicaeogenes fr. 5 (Nauck p. 602

ϑεὸς μέγιστος τοῖς φρονοῦσιν οἱ γονεῖς. — Sprachlich be-
merkenswerth ist die rohe Aeusserung des Cyclopen bei Eur.
Cycl. 335: ὡς · τούμπιεῖν γε καὶ φαγεῖν τοὐφ' ἡμέραν,
Ζεὺς οὗτος ἀνϑρώποισι τοῖσι σώφροσι, λυπεῖν δὲ μηδὲν αὐτόν.

**47. Πτερόν, πτέρυξ und Composita, πέτεσϑαι,
ποτᾶσϑαι, penna, ala, volare, wing, winged.**

Die Gottheiten, welche beflügelt waren, hatten, wie Nike,
Nemesis und andere, menschliche Gestalt und wurden von
der bildenden Kunst so dargestellt; daher hat man sich die
Naturerscheinungen und Abstracta, welchen Flügel geliehen
werden, meistens als Gestalten von menschlicher Bildung
vorzustellen, und die Personification, welche hierdurch entsteht, ist körperlicher Art und hat mit der durch ϑεός, δαίμων bewirkten die grösste Verwandtschaft.

1. Von Naturerscheinungen erhalten Flügel die Sonne,
der Mond und die Sterne: Eur. Ion. 123 παναμέριος ἅμ'
ἀελίου πτέρυγι ϑοῇ λατρεύων. Hymn. in Lunam 1: Μήνην
ἀείδειν τανυσίπτερον ἔσπετε Μοῖσαι. Vgl. Orph. fr. 23 (Herm.
p. 490) ἠέλιε χρυσέῃσιν ἀειρόμενε πτερύγεσσιν, Manil. Astron. 1,
226 ultima ad Hesperios infectis volveris alis. Der Morgenstern:
Ion beim Schol. des Arist. pac. 835 (Bergk, poet. lyr. p. 429)
ἀῷον ἀεροφοίταν ἀστέρα ἀελίου λευκοπτέρυγα πρόδρομον.
Vgl. Eur. Pirith. 4, 4 (Nauck p. 433) δίδυμοί τ' ἄρκτοι
ταῖς ὠκυπλάνοις πτερύγων ῥιπαῖς τὸν Ἀτλάντειον τηροῦσι
πόλον. Vgl. Arist. ran. 1349. Sehr häufig kommen die
Flügel der Winde vor, des Boreas, Notus, Auster, Zephyrus:
Ovid. Met. 6, 706 vom Boreas: Orithyiam amans fulvis amplectitur alis. Trist. 3, 10, 45 et quamquam Boreas iactatis
insonet alis. Geibel, Gedichte und Gedenkblätter p. 259 vom
Nordost: Wie schwillt mit Gebraus dein Flügel und lockt zur
Fahrt! Ovid. Met. 1, 264 madidis Notus evolat alis, vgl.
Orph. hymn. 82, 2 (Herm.). — Juvenal. Sat. 5, 100 dum so
continet Auster, dum sedet et siccat madidas in corpore pen-
nas. Claudian. de rapt. Pros. 2, 88 ille novo madidantes
nectare pennas concutit et glebas fecundo rore maritat.
Lucret. 5, 736 vom Zephyrus: It Ver et Venus et Ve-

neris praenuntius ante pennatus graditur Zephyrus vestigia
propter. Vgl. Orph. hymn. 81, 1 (Herm.) *Αἶραι ποντογε-*
νεῖς Ζεφυρίτιδες — κουφόπτεροι. Rückert, Gedichte 101:
Auch nicht eins von den alten (Zettelchen) vertrautest irgend
dem Flügel eines wandernden Wests, um als willkommener
Bote mir's zu bringen. Ibid. p. 37: Zephyr kommt und trägt
auf Flügeln sie zu dem, der sie beseelet. Ibid. 276: Tritt
sanfter auf mit deinem Flügelschlage, o Zephyr, denn du
rührest heilge Räume.

Von den Winden und der Luft überhaupt: Pind. Pyth.
3, 105 *ἄλλοτε δ᾽ ἀλλοῖαι πνοαὶ ὑψιπετᾶν ἀνέμων.* Möricke,
Gedichte p. 67: Sprich warum mit Geisterschnelle wohl der
Wind die Flügel rührt. Rückert, Gedichte p. 3: Wie das
Gewölke, das donnernd entfliegt, dir (dem Sturmwind) auf
der brausenden Schwinge sich wiegt. Geibel, Juniuslieder
p. 224: In der zerrissnen Weise, die die Schwinge des Sturmes
aus der Aeolsharfe wühlt. Ibid. p. 282: So weit beschwingt
um Land und See die Winde jagen. — Telestes fr. 1, 16
(Hartung, die Skoliendichter p. 313) *πνεῦμ᾽ ἀελλόπτερον.*
Orph. Arg. 342 *Αὔραις χρυσεοτάρσοις.* Rückert, Gedichte
p. 36: Die Lüfte, die den Fittich baden in deinem Thau, sie
tragen Botschaft hin und wieder im Morgenlicht. — Beiläufig sei bemerkt, dass das Schiff von Macedon. 23, 3 (Jac.
Anth. 4 p. 87) *πολυπλανέων ἀνέμων πτερόν* genannt wird. —
Bemerkenswerth auch Aesch. Prom. 115 *τίς ὀδμὰ προσέπτα*
μ᾽ ἀφεγγής; und Pers. 673 *Στυγία γάρ τις ἀχλὺς πεπό-*
ταται.

Wie die Iris als Göttin Flügel trägt (*χρυσόπτερος*,
hymn. Cerer. 314, Arist. av. 1198. 1199), so ist auch der
Donner und Blitz beflügelt, vgl. Soph. Oed. C. 1460 *Διὸς*
πτερωτὸς ἥδε μ᾽ αὐτίκ᾽ ἄξεται βροντὴ πρὸς Ἅιδην. Arist.
av. 1714 *πάλλων κεραυνόν, πτεροφόρον Διὸς βέλος,* Virg.
Aen. 5, 319 ventis et fulminis ocior alis. Als ein Vogel gilt
der Blitz bei Ar. av. 574.

Wie man den Tod als schwarzgeflügelt bildete, Eur.
Alc. 259 *ἄγει μ᾽ ἄγει μέ τις, οὐχ ὁρᾷς; νεκύων ἐς αὐλὰν ὑπ᾽*
ὀφρύσι κυαναυγέσι βλέπων πτερωτὸς Ἅιδας (vgl. schol. Eur.
Alc. 843: *εἰδωλοποιεῖται μελαίνας πτέριγας ἔχων ὁ θάνατος),*

vgl. Gratius, Cyneg. 348 Orcus nigris orbem circumsonat alis. Rückert, Gedichte p. 194: Da schlug er seine Flügel (der Todesengel), ibid. p. 595: Und trägt des Tods Gefieder mich statt des Traums empor, — so hat auch der Schlaf Flügel; so bei Callim. hymn. in Del. 234 οὐδ᾿ ὅτε οἱ ληϑαῖον ἐπὶ πτερὸν ὕπνος ἐρείσει. In der Stelle des Meleager 88, 2 (Jac. Anth. 1 p. 26) εἴϑ᾿ ἐπί σοι νῦν ἄπτερος εἰςῄειν ὕπνος ἐπὶ βλεφάρος hat Salmasius εὔπτερος zu lesen vorgeschlagen. Vgl. Ovid. Met. 8, 824 lenis adhuc somnus placidis Erisichthona pennis mulcebat. Tibull. 2, 1, 89 postque venit tacitus fuscis circumdatus · alis Somnus. Propert. 1, 3, 45 dum me iucundis lapsam sopor impulit alis. Stat. Achill. 1, 620 totis ubi Somnus inertior alis defluit in terras ˙ mutumque amplectitur orbem. Stat. Silv. 5, 4, 16 nec te totas infundere pennas luminibus impello meis. Sil. It. 10, 345. 346. Geibel, Juniuslieder p. 236: So kommen leise zu dir nieder die stillen Knaben Schlaf und Traum mit lindem, kühlem Flügelschlagen in's Reich der Märchen dich zu tragen. Bei Seneca Herc. fur. 1065 heisst der Schlaf volucer.

Insbesondere sind die Träume beflügelt. Bei Eur. Hec. 71 wird die Erde als Mutter der schwarzbeflügelten Träume angerufen (μελανοπτερύγων μᾶτερ ὀνείρων), vgl. ibid. 704 οὔ με παρέβα φάσμα μελανόπτερον. Eur. Phoen. 1549 πτανὸν ὄνειρον. Orph. hymn. 86, 1 (Herm.) κικλήσκω σε, μάκαρ, τανυσίπτερε οὖλε Ὄνειρε. Vgl. die Conjectur Hermann's Aesch. Ag. 406 βέβακεν ὄψις οὐ μεϑύστερον πτεροῦσσ᾿ ὀπαδοῦσ᾿ ὕπνου κελεύϑοις. Meleag. 24, 6 (Jac. Anth. 1 p. 10) ὄμμασι δ᾿ ὕπνον ἀγρευτὴν πτηνοῦ φάσματος αἰὲν ἔχω. Ovid. Met. 11, 650 vom Traume Morpheus: ille volat nullos strepitus facientibus alis. Petron. c. 104 somnia, quae mentes ludunt volitantibus umbris.

Beflügelt ist auch die Jugend bei Theocr., 29, 28: νεότατα δ᾿ ἔχειν παλινάγρετον οὐκ ἔστι· πτέρυγας γὰρ ἐπωμαδίας φορεῖ· κἄμμες βαρδύτεροι τὰ ποτήμενα συλλαβεῖν. Vgl. Rückert, Gedichte p. 29: Die Jugend, die mit Flügelschlag an mir vorüberrauschte.

2. Von Zeitverhältnissen erhalten Flügel der Tag und die Nacht: Eur. Troad. 847 τό τε τᾶς λευκοπτέρου ἁμέρας

φίλιον βροτοῖς φέγγος, vgl. Hor. carm. 3, 28, 6 ac veluti
stet volucris dies, ibid. 4, 13, 16. — Eur. Or. 174 πότνια,
πότνια νύξ, ὑπνοδότειρα τῶν πολυπόνων βροτῶν, ἐρεβόθεν
ἴθι, μόλε, μόλε κατάπτερος. Antip. Sid. 47, 3 (Jac. Anth. 2
p. 19) οὐδὲ μελαίνης Νυκτὸς ὑπὸ σκιερῇ κωλύεται πτέρυγι.
Virg. Aen. 2, 360 nox atra cava circumvolat umbra. Ibid. 8, 368
nox ruit et fuscis Tellurem amplectitur alis. Shaksp. Rom.
3, 2 (Del. p. 76) for thou wilt lie upon the wings of night
whiter than new snow upon a raven's back. Geibel, Gedichte
p. 211: Oft wenn die Sommernacht auf lauen Flügeln von
Gärten, Blütenwäldern, Rebenhügeln des Südens Düfte zu
mir trägt. Bei Arist. av. 695 ist die schwarzgeflügelte Nacht
als Vogel zu denken (τίκτει πρώτιστον ὑπηνέμιον Νὺξ ἡ
μελανόπτερος ᾠόν). — Der Frühling bei Rückert, Gedichte
p. 574: Da schüttelt er's Gefieder und streut auf Brust und
Mieder mir Duft und Blumen ohne Harm.

3. Von den Gottheiten, welche abstracten Begriffen
verwandt sind, waren beflügelt der Eros, die Musen, die
Erinyen, die Tyche, Eris, Nemesis, Dike, Nike u. a. Am häufigsten kommt Eros so vor, zum Theil in schönen Wendungen,
insbesondere bei Anacreon. Seine goldnen Flügel bei Arist.
av. 696 ἐξ οὗ περιτελλομέναις ὥραις ἔβλαστεν Ἔρως ὁ πο-
θεινός, στίλβων νῶτον πτερύγοιν χρυσαῖν, Anacr. fr. 24
(Bergk) ὅς μ' ἐσιδὼν γένειον ὑποπόλιον χρυσοφαέννων πτε-
ρύγοιν ἀήταις παραπέτεται. Ich erinnere an die witzelnde
Wendung von Ἔρως und Πτέρως in den Versen bei Plato,
Phaedr. p. 252 b. Vgl. Eur. Chrys. 4. 5 (Wagner) vom
Eros: λαιψηρὰ κυκλώσας πτερὰ διαπόντιος πέταται. Eur.
Hel. 668 πετομένου δ' ἔρωτος. Meleag. 26, 3 ὁ πτανὸς
Ἔρως. Aristoph. Pyth. fr. 2, 8 (Meineke, fr. com. 3 p. 361)
τὰς πτέρυγας, ἃς εἶχε, τῇ Νίκῃ φορεῖν ἔδοσαν (die Götter).
Bei Athenäus 13 p. 563, 13 heisst es, dass die Götter dem
Cupido die Flügel abschnitten: ὡς δὲ λίαν ἦν θρασὺς καὶ
σοβαρός, ἀποκόψαντες αὐτοῦ τὰ πτερά etc. Man vergleiche
auch die Stelle des Sophocl. fr. 678, 11 (Dind.) νωμᾷ δ' ἐν
οἰωνοῖσι τοὐκείνης (der Aphrodite) πτερόν, ἐν θηρσίν, ἐν
βροτοῖσιν. Shaksp. Rom. 1, 4 (Del. p. 34) you are a lover,
borrow Cupid's wings and soar with them above a common

bound. Troil. 3, 2 (Del. p. 64) from Cupid's shoulder pluck his painted wings and fly with them to Cressid. Romeo 2, 5 (Del. p. 65) therefore do nimble - pinion'd doves draw Love, and therefore hath the wind - swift Cupid wings. Göthe, Urworte: Er (Eros) schwebt heran auf luftigem Gefieder um Stirn und Brust den Frühlingstag entlang. Auch die Πόϑοι waren beflügelt. Bei Philodemus 22, 1 (Jac. Anth. 2 p. 74) heisst ein Mädchen διπτερίγων καλὸν ἄγαλμα Πόϑων. Vgl. Anacreontea 26, 8 πόϑος πτεροῦται. Hor. carm. 1, 2, 34 Erycina ridens, quam Jocus circum volat et Cupido. Beflügelt waren die Musen, die Eumeniden, die Furien: Pind. Isthm. 1, 64 εὐφώνων πτερύγεσσι ἀερϑέντ' ἀγλααῖς Πιερίδων. Vgl. Göthe, Atmosphäre: Drum danket mein beflügelt Lied dem Manne, der Wolken unterschied. Eur. Or. 317 δρομάδες ὠ πτεροφόροι ποτνιάδες ϑεαὶ — μελαγχρῶτες Εὐμενίδες. Virgil. Aen. 7, 561 Illa autem (Alecto) attollit stridentis unguibus alas, vgl. ibid. 12, 848.

Ueber die beflügelte Tyche ist eine interessante Stelle bei Plutarch. Tom. II p. 318 A: ἡ Τύχη τῷ Παλατίῳ προςερχομένη καὶ διαβαίνουσα τὴν Θύμβριν, ὡς ἔοικεν, ἔϑηκε τὰς πτέρυγας, ἐξέβη τῶν πεδίλων, ἀπέλιπε τὴν ἄπιστον καὶ παλίμβολον σφαῖραν. οὕτως εἰςῆλϑεν εἰς Ῥώμην ὡς μένουσα. In einem Fragment des Aeschylus bei Stob. Ecl. phys. 1 p. 200 heisst es von der Tyche: ἅ τε χάρις λάμπει περὶ σὰν πτέρυγα χρυσέαν. Vgl. Lucian. Tim. 20. Oft kommt die Fortuna als beflügelt vor: Hor. carm. 3, 29, 53 si celeres quatit pennas; ibid. 1, 34, 15 hinc apicem rapax Fortuna cum stridore acuto sustulit, hinc posuisse gaudet. Auch das Fatum erscheint als beflügelt bei Hor. carm. 2, 17, 24: volucrisque Fati tardavit alas. Vgl. Plato Phaedr. p. 252 b πτερόφοιτος ἀνάγκη.

Auch die Eris, Nemesis, Dike, Nike haben Flügel: Hesiod. scut. 148 ἐπὶ μετώπου Ἔρις πεπότητο. Vgl. Geibel, Brunhild p. 154: wo der Walküre Flügel tödtlich rauscht. Mesomed. 1, 1. 15: Νέμεσι πτερόεσσα. Ibid. 18 Δίκαν τανυσίπτερον. Die Nike wurde mit Flügeln und ohne dieselben dargestellt: Arist. av. 574 αὐτίκα Νίκη πέτεται πτερύγοιν χρυσαῖν. Vgl. Ovid. Trist. 2, 171 von der Victoria: Ausoniumque ducem solitis circumvolet alis. Met. 8, 13 diuque inter utrumque volat dubiis Victoria pennis. Rückert, Gedichte p. 164: Victoria, wenn du hast Flügel, fliege. Die ungeflügelte Nike erwähnt in sinniger Weise das Epigramm eines unbekannten Verfassers 279 (Jac. Anth. 4 p. 175): Ῥώμη παμβασίλεια, τεὸν κλέος οὔποτ' ὀλεῖται· Νίκη γάρ σε φυγεῖν ἄπτερος οὐ δύναται. — Bemerkenswerth Alcaeus Messen. 5 μοῖνος Μώμου λαιψηρὰς ἐξέφυγε πτέρυγας.

Eine mythisch gebildete Persönlichkeit mit Flügeln ist auch die Ὁσία, die Göttin heiliger Bräuche, bei Eur. Bacch. 370, wo sie angerufen wird: Ὁσία, πότνα θεῶν, Ὁσία δ', ἃ κατὰ γᾶν χρυσέαν πτέρυγα φέρεις. Hiermit vgl. Ennius fr. 380 (Ribbeck, fr. tr. lat. p. 58): o Fides alma apta pennis et iusiurandum Jovis.

Haben die angeführten beflügelten Gestalten mehr oder weniger eine mythische Haltung, so tritt die nach der Analogie derselben gebildete reine Personification in folgenden Beispielen hervor. Beflügelt sind die Scham, die Hoffnung, die Freude, die Sorge, die Furcht, die Klage, das Unrecht, die Mühe, der Reichthum, die Tugend, die Schmach, der Meineid und dergleichen. Eur. Med. 439 βέβακε δ' ὅρκων χάρις, οὐδ' ἔτ' αἰδὼς Ἑλλάδι τᾷ μεγάλᾳ μένει, αἰθερία δ' ἀνέπτα. Eur. Aeg. fr. 6 (Wagner) πτηνὰς διώκεις, ὦ τέκνον, τὰς ἐλπίδας. Vgl. Hes. op. 96 μούνη δ' αὐτόθι Ἐλπὶς ἐν ἀρρήκτοισι δόμοισι ἔνδον ἔμιμνε πίθου ὑπὸ χείλεσιν οὐδὲ θύραζε ἐξέπτη. Vgl. Schiller, An die Freude: Wo dein sanfter Flügel weilt. Theogn. 729 φροντίδες ἀνθρώπων ἔλαχον πτερὰ ποικίλ' ἔχουσαι, μυρόμεναι ψυχῆς εἴνεκα καὶ βιότου, vgl. Hor. carm. 2, 16, 12 curas laqueata circum tecta volantes. Geibel, Brunhild p. 77: Vor einer Sorge freilich hätt' uns wohl, die jetzt um dieses Hauses Zinnen flattert, Frau Utc's vielerprüfter Geist bewahrt. Vgl. auch Gedichte p. 137: Und mit Rabenflügeln schwirren um mein Haupt die schlimmen Sorgen. — Aesch. Ag. 943 δεῖμα προστατήριον καρδίας τερασκόπου ποτᾶται. — Soph. El. 242 ἴσχουσα πτέρυγας ὀξυτάτων γόων. — Eur. Melan. fr. 6 (Wagner) δοκεῖτε πηδᾶν τἀδικήματ' εἰς θεοὺς πτεροῖσι κἄπειτ' ἐν Διὸς δέλτου πτυχαῖς γράφειν τιν' αὐτά. — Aesch. Suppl. 313 ἄναξ Πελασγῶν,

αἰόλ᾽ ἀνθρώπων κακά, πόνου δ᾽ ἴδοις ἂν οὐδαμοῦ ταὐτὸν
πτερόν. — Eurip. Inc. fr. 23 (Wagner) ὑπόπτερος δὲ πλοῦτος. Eurip. Melan. fr. 5, 2 (Wagner p. 272) καὶ κτῆμα δ᾽,
ᾧ τεκοῦσα, κάλλιστον τόδε, πλούτου δὲ κρείσσων· τοῦ μὲν
ὠκεῖα πτέρυξ. Vgl. Lucian. Tim. 20. Eur. El. 938 ὁ δ᾽
ὄλβος ἄδικος καὶ μετὰ σκαιῶν ξυνὼν ἐξέπτατ᾽ οἴκων σμι-
κρὸν ἀνθήσας χρόνον. Macedon. 40, 2 μέμφομαί αὐτῶν τὰ
πτερὰ τῶν ἀγαθῶν· ὡς γὰρ ἀπ᾽ Οὐλύμποιο κατὰ χθονὸς
ἤθεα πάσης πωτῶνται πίπτειν καὶ κατὰ γῆν ὤφελον. —
Bei Horaz carm. 3, 2, 24 ist die Tugend beflügelt: virtus
udam spernit humum fugiente penna. Bei Sil. Ital. 15, 97
spricht die Virtus zur Voluptas: Ebrietas tibi fida comes,
tibi Luxus et atris circa te semper volitans Infamia pennis.
Claudian de Nupt. Hon. 83 et lasciva volant levibus periuria
pennis. Vgl. auch Aesch. Eum. 378 τοῖον ἐπὶ κνέφας ἀνδρὶ μύσος πεπόταται. Soph. Aj. 275 τίς γάρ ποτ᾽ ἀρχὴ
τοῦ κακοῦ προςέπτατο; Eur. Alc. 420 ἐπίσταμαι τε κοὔκ
ἄφνω κακὸν τόδε προςέπτατο; vgl. Pflugk. — Bei Shakspere
und Neueren erscheint als beflügelt die Belohnung, die Rache,
die Gesundheit, die Genesung, die Melancholie, die Phantasie u. a.: Macbeth·1, 4 (Del. p. 31) thou art so far before,
that swiftest wing of recompense is slow to overtake thee.
K. Lear 3, 7 (Del. p. 93) but I shall see the winged ven-
glance overtake such children. Henry IV II, 4, 4 (Del.
p. 100) buth health, alack, with youthful wings is flown
from this bare, wither'd trunck. Vgl. Geibel, Neue Gedichte
p. 3: Nach dumpfer Schwüle was mir so frisch mit unsichtbarem Fittich die Stirne rührt, bist du's endlich, Himmelstochter Genesung? P. Heyse, Rafael: O Rom, der Städte
Königin, wie schwebt auf deinen Hügeln jetzt auf Flügeln,
die der Südwind netzt, Melancholie so bang dahin! Bemerkenswerth sind noch folgende Stellen Shakspere's: Henry VI
I, 1, 2 whose haughty spirit winged with desire, will cost my
crown. Troilus 2, ·3 (Del. p. 55) but his evasion wing'd
thus swift with scorn, cannot outfly with reprehensions. —
Rückert, Gedichte p. 238: Phantasie und Liebe, deren Flügel
nicht der Zeit, der Räume Trennung achtet.

Die Seele von Plato und von der bildenden Kunst als Persönlichkeit dargestellt, erscheint bei Meleager ep. 58 (Jac. Anth. 1 p. 19) in beflügelter Gestalt; er redet sie an: οἵ σοι ταῦτ᾽ ἐβόων, ψυχή, ναὶ Κύπριν, ἁλώσει, ὦ δύσερως, ἰξῷ πυκνὰ προσιπταμένη; οὐκ ἐβόων; εἷλέν σε πάγη. τί μάτην ἐνὶ δεσμοῖς σπαίρεις; αὐτὸς Ἔρως τὰ πτερά σου δέδεκε. Die Persönlichkeit der abgeschiedenen Seele kommt vor bei Sappho 73, 3 (Bergk): ἀλλ᾽ ἀφανὴς κῆν Ἀΐδα δόμοις φοιτάσεις μεδ᾽ ἀμαύρων νεκύων ἐκπεποτημένα. Vgl. Göthe, Tasso p. 212: O geb' ein guter Gott uns auch dereinst das Schicksal des beneidenswerthen Wurms, im neuen Sonnenthal die Flügel rasch und freudig zu entfalten! Vgl. Eur. Orest. 675 ψυχὴν ποτωμένην ὑπὲρ σοῦ. Bemerkenswerth ist Marc. Argent. 8, 2 (Jac. Anth. 2 p. 243) ἡδὺ δὲ Πύρρης εἴδωλον κοίτης ᾤχετ᾽ ἀποπτάμενον. Das Fliegen der Seele überhaupt bei Arist. nub. 319: ἡ ψυχή μου πεπότηται, vgl. vesp. 93 ὁ νοῦς πέτεται τὴν νύκτα περὶ τὴν κλεψύδραν.

Bemerkenswerth ist auch die Stelle des Sophocles Oed. T. 481 von den μαντεῖα: τὰ δ᾽ ἀεὶ ζῶντα περιποτᾶται. Zu vergleichen Ar. eq. 1086 χρησμὸς πτερυγωτός, wo jedoch das Bild vom Adler entlehnt ist.

4. Von sachlichen Gegenständen hat das Schiff Flügel. Ein Anklang an Personification ist in der Stelle des Eurip. Hipp. 752 ὦ λευκόπτερε Κρησία πορθμίς, ἃ διὰ πόντιον κῦμα ἁλίκτυπον ἅλμας ἐπόρευσας ἐμὰν ἄνασσαν. Besonders bemerkenswerth Aesch. Pers. 565 ὁμόπτεροι κυανώπιδες νᾶες. Ueber den bildlichen Gebrauch von πτερόν, welches bei den Schiffen bald Segel, bald Ruder bedeutet, vergl. die von Tafel, diluc. Pind. p. 338 gesammelten Stellen. Ausser λευκόπτερος kommen als Epitheta der Schiffe noch εὐπτέρυγος, λινόπτερος, λινοπτέρυξ vor.

48. Composita von πέπλος, χίτων, εἷμα. Ἐσθής, vestitus, amictus, mantellum, mantle, cloak und Verwandtes. Κρήδεμνον, ἄμπυξ, mask, ζώνη, πέδιλον.

Die Gestalt und äussere Erscheinung der Gottheiten wird individueller bezeichnet durch Gewänder und dergl.; Naturerscheinungen und abstracte Begriffe werden zu Personen, indem ihnen Gewänder beigelegt werden.

. 1. Die Natur selbst erscheint in dieser Weise als Person bei Göthe, Tasso p. 121: Wie die Natur die innig reiche Brust mit einem grünen bunten Kleide deckt, so hüllt er (Ariosto) alles, was den Menschen ehrwürdig, liebenswürdig machen kann, ins blühende Gewand der Fabel ein. Vgl. Rückert, Gedichte p. 593: Du bist ohne Schleier, o Natur, und freier geht mein Herzensschlag, und p. 391: die Schöpfung ruht im Sternennachtgewande. Den Naturgottheiten, wie dem Uranos, der Ceres, dem Priapus, den Nymphen, den Horen, den Flussgöttern, der Eos, Iris u. a. geben die Dichter der Alten mannigfaltige Bekleidung. Das Gewand des Uranos bei Orph. hymn. 19, 16: διαρρήξας δὲ χιτῶνα, οὐράνιον προκάλυμμα. — Mosch. 4, 75 εὔεανος Δημήτηρ. Mosch. 3, 27 καὶ Σάτυροι μύροντο μελάγχλαινοί τε Πρίηποι. In der herrlichen Stelle der Odyssee 13, 102 — 112 weben die Nymphen selbst Gewänder (φάρεα ἁλιπόρφυρα, θαῦμα ἰδέσθαι). Der Hymnus auf Hermes 250 erwähnt die φοινικόεντα καὶ ἄργυφα εἵματα Νύμφης. Von den Najaden und Dryaden sagt Ovid. Met. 6, 452: quales audire solemus Naidas et Dryadas mediis incedere silvis, si modo des illis cultus similesque paratus. Von den trauernden Najaden Ovid. Met. 8, 781: omnes germanae Cererem cum vestibus atris maerentem adeunt. Bei Orph. hymn. 51, 6. 10 heissen die Nymphen δροσοείμονες, λευχείμονες. Die Horen werden im orphischen Hymnus 43, 6 als πέπλους ἐννύμεναι δροσερὰς ἀνθέων πολυθρέπτων bezeichnet. Vgl. Schiller, Das Eleusische Fest: Und die leichtgeschürzten Stunden fliegen ans Geschäft gewandt. Das Gewand des Flussgottes Tiberinus erwähnt Virg. Aen. 8, 33: eum tenuis glauco velabat amictu carbasus. Den Nil bezeichnet Virg. Aen. 8, 712 als pandentem sinus et tota veste vocantem caeruleum in gremium latebrosaque flumina victos. Die Eos heisst κροκόπεπλος bei Homer, Paul. Sil. 64, 3, auch das Epitheton lutea (Virg. Aen. 7, 26 aethere ab alto Aurora in roseis fulgebat lutea bigis) bezieht sich auf ihr Gewand. Von der Iris sagt Ovid. 11, 589: induitur velamina mille colorum. Der Tod trägt ein schwarzes Gewand bei Eur. Alc. 843:

ἄνακτα τὸν μελάμπεπλον νεκρῶν Θάνατον φυλάξω, von Anti-
machus bei Hesych. (Welcker, griech. Götterlehre 2 p. 484) wurde
Hades als ζειροφόρος bezeichnet. Der Schlafgott giebt den Träu-
men, wie dem Morpheus Gewand, Ovid. Met. 637 adiicit et vestes.
Wie den Naturgestalten des Mythus wird auch in freier
Personification Naturgegenständen überhaupt Gewand zuge-
schrieben, z. B. Bäumen und Pflanzen. Philippus 20, 1
(Jac. Anth. 2 p. 200 sq.) bezeichnet den Granatapfelbaum als
ξανθοχίτων, den Olivenbaum 20, 6 als χρυσοχίτων. Vgl.
Rückert, Gedichte p. 120: Wer trauert in seinem buntesten
Kleid? Das ist der Baum zu des Herbstes Zeit. Ibid. p. 259:
Und ihr, die ihr noch leben wollt mit halbem Scheinleben,
Birke, Buche, Lind' und Weide, ich rath' es euch, lasst ab
vom grünen Kleide, und kleidet ohne Scheu euch mit dem
falben. Die Blumen werden als bekleidet dargestellt. Göthe,
Das Blümlein Wunderschön, redet die Rose an: Dein Purpur
ist aller Ehren werth in grünem Ueberkleide. Schiller, Die
berühmte Frau: Die Blumen kleiden sich in angenehmes
Grün. Rückert, Gedichte p. 20: Die Morgenröthe wirkt ihr
(der Rose) Kleid, der Morgenthau reicht ihr Geschmeid, der
Morgenwind, ihr kecker Freier, küsst sie erröthend unterm
Schleier. Vgl. Geibel, Gedichte p. 92: Wie jetzt sich Haid'
und Forst entkleiden. — Bemerkenswerth ist das Wort εἱα-
μένη bei Hom. Od. 4, 483; 15, 631; Theocr. 25, 16, Apoll.
Rh. 2, 795 u. a. a. St.; dasselbe von ἕω, ἕννυμι abgeleitet,
ist nach Classen (Beobachtungen über den homerischen Sprachgebrauch, Frankf. a. M. 1855 2 p. 10) „der fette Boden, der
das grüne und blumige Wiesenkleid angelegt hat" (bezwei-
felt von G. Curtius, griech. Etym. p. 339). Hiermit vergl.
man Ennius bei Cic. Tusc. 1, 68 herbis prato convestirier
(Schiller, Die berühmte Frau: Auf Wiesen und auf Feldern
streut die Natur den bunten Teppich hin), Colum. r. r. 12,
68 et curvi vomere dentis iam virides lacerate comas,
iam scindite amictus (der Erde), das oft vorkommende
ὄρος καταειμένον ὕλῃ (Hom. Od. 13, 351, hymn. in Merc.
288, in Ven. 286), Propert. 3, 13, 31 et portare suis
vestitas frondibus uvas. Bemerkenswerth sind die Worte in
dem Epigramm eines unbekannten Verf. (Jac. Anth. 4 p. 230):

χαῖρε μελαμπέπλοις, Εὐριπίδη, ἐν γυάλοισι Πιερίας. Shaksp.
sagt vom armen Tom K. Lear 3, 4 (Del. p. 82): he drinks
the green mantle of the standing pool. Durch Gewänder
werden ferner personificirt die Sonne, der Mond, die Wolken,
der Sturm. An die Mythologie der Alten sich anschliessend
sagt Shaksp. Winter's tale 4, 3 (Del. p. 77): the fire-rob'd
god, golden Apollo. Eine ausführliche Beschreibung des Gewandes und der Tracht des Helios findet sich in den orphischen Fragmenten 7 (Hermann, Orphica p. 462), aus der
wir nur folgende Worte hervorheben: πρῶτα μὲν ἀργυφέαις
ἐναλίγκιον ἀκτίνεσσιν πέπλον φοινίκεον πυρὶ εἴκελον ἀμφιβα-
λέσθαι. Geibel, Gedichte p. 221: O Mond, mein leuchtend heller Mond im klaren Lichtgewande. Lenau, Gedichte p. 150: O Mond im weissen Unschuldskleid! Vgl.
Orph. hymn. 9, 10 Μήνη τανύπεπλε. Die Wolken im orphischen Hymn. 21, 6 sind δροσοείμονες. Schiller, Berglied: Drauf tanzen, umschleiert mit goldenem Duft, die
Wolken, die himmlischen Töchter. Vgl. Rückert, Gedichte
p. 276: Senkt duftiger zu diesem Blumenhage, ihr Wolken,
eures Vorhangs dunkle Säume. Lenau, Gedichte 1 p. 28:
An der duftverlornen Grenze jener Berge tanzen hold Abend-
wolken ihre Tänze leichtgeschürzt im Strahlengold. Lenau 1
p. 127: Wo der Sturm, ein trunkener Sänger Gottes, dabin-
braust, mit fliegender Locke, mit rauschendem Nachtgewand.
Möricke, Gedichte p. 160: Wie in des Sturmes dunkeln Falten des Vaters göttlich Wesen wohnt. Bemerkenswerth ist
die Bezeichnung des Lampenlichtes bei Antip. Thesc. 13, 1
(Jac. Anth. 2 p. 98): λαμπάδα κηροχίτωνα.

Wie die Nacht ein Gewand trägt, so auch der Schlaf
und der Traum: Tibull. 3, 4, 55 quum te fusco Somnus ve-
lavit amictu. Bei Arist. ran. 1337 (Fritzsche) hat der Traum
ein schwarzes Todtengewand in der parodirenden Stelle: ὦ
Νυκτὸς κελαινοφαὴς ὄρφνα, τίνα μοι δύστηνον ὄνειρον πέμπεις ἐξ ἀφανοῦς —· μελανονεκυείμονα;

Von Deutschland sagt Geibel, Juniuslieder p. 195:
Deutschland, die Wittib, sass im Trauerkleide. Städte und
Inseln sich als Personen, Göttinnen, Heroinen vorzustellen,
lag den Alten sehr nahe; in diesem Sinne ruft Pindar The-

ben an (fr. inc. 104 Dissen): εὐάρματε, χρυσοχίτων, ἱερώτατον ἄγαλμα, Θήβα. Scherzhaft sagt Aristoph. ran. 1455:
„Wie ist solcher Stadt zu helfen, der weder Rock noch
Mantel passen will?" (πῶς οὖν τις ἂν σώσειε τοιαύτην πόλιν, ᾗ μήτε χλαῖνα μήτε σισύρα συμφέρει;) — Vgl. Shaksp. Tit.
Andr. 1, 2 (Del. p. 10): hail, Rome, victorious in thy mour-
ning weeds. Rückert, Gedichte p. 331: Ich sah vor mir die
Stadt (Neapel) sich schmücken, ihre Scheitel gekrönt von Ka-
stellen, ihren Fuss bespült von Wellen, weit sah ich lagern
die Königin, und fuhr am Saume des Kleids ihr hin. Von
dieser Anschauung ausgehend kann man vielleicht in der
homerischen Stelle Od. 13, 388 Τροίης λύομεν λιπαρὰ κρήδεμνα (vgl. Il. 16, 100) das letztere Wort ganz eigentlich
als Kopfbinde, Schleier fassen. Dieser Ausdruck kommt
häufig vor: hymn. Cer. 151 κρήδεμνα πόληος, hymn. in Ven. 2
κρήδεμνα Κύπρου, vgl. Hes. scut. 105; von dem Dionysos
heisst es bei Bacchyl. fr. 27, 6 (Bergk): αὐτίχ' ὁ μὲν πο-
λέων κρήδεμνα λύει, Eur. Troad. 588 πέτρινα κρήδεμνα. Die
Mauer nannte Demedes τὸν ἐσθῆτα τῆς πόλεως bei Athen.
III p. 99 D (vgl. noch Ameis zur Odyss. 13, 388).

2. Die Nacht, der Morgen, der Tag, die Woche, die
Monate, die Jahreszeiten, das Jahr, das Alter werden durch Kleidung personificirt. Die Nacht, ohnehin Göttin heisst bei Aesch.
Prom. 24 ποικιλείμων (bei Soph. Trach. 95, 132 αἰόλα), bei
Orph. Arg. 1026 ἀστροχίτων, bei Eur. Ion. 1150 μελάμπεπλος, vgl. Alexis, Thespr. 2 (Meineke, fr. com. 3 p. 419)
νυκτός τ' ὄμμα τῆς · μελαμπέπλου, Orph. hymn. 7, 10
νυκτὸς ζοφοειδέα πέπλον. Diese Anschauung hat Shakspere weiter ausgeführt in Rom. and Julie 3, 2 (Del.
p. 75), wo die Nacht eine ehrbare, ganz in Schwarz geklei-
dete Matrone genannt wird, vgl. Romeo 2, 2 (Del. p. 49) I
have night's cloak to hide me from their eyes; Rich. II 3,
2 (Del. p. 59) then murders, treasons and detested sins, the
cloak of night being pluck'd from of their backs, stand bare
and naked, trembling at themselves; Macb. 1, 5 (Del. p. 37)
come, thick night, and pall thee in the dunnest smoke of hell;
Henry VI I, 2, 2 (Del. p. 34) night is fled, whose pitchy
mantle overveil'd the earth. Vgl. Sil. 12, 613 terras caeco

nox condit amictu. Ibid. III 4, 3 (Del. p. 104) well cover'd with the night's black mantle. Rückert, Gedichte p. 91: Nacht ging schwarz in Trauerflören. Geibel, Brunhild p. 62: Die blinde Nacht selbst, die den Mantel sonst gleichgültig über das Bedürfniss warf, deckt sie nicht jetzt ein hold Geheimniss uns mit ihren Sternen zu? Möricke, Gedichte p. 156 sagt von der Nacht: Schlank und schön ein Mohrenknabe bringt in himmelblauer Schürze ˙manche ˙wundersame Gabe, kühlen Duft und süsse Würze. — Der Vorhang der Nacht ist erwähnt bei Shaksp. Rom. 3, 2 (Del. p. 75) spread thy close curtain, love-performing night!

An die Göttin Morgenröthe richtet Rückert, Gedichte p. 7 die Worte: Schlage deine düftgen Schleier um mich her und sieh mich an! Geibel, Neue Gedichte p. 173: Und kommt die Früh' im blutgen Kleid. Bei Shaksp. Hamlet 1, 1 (Del. p. 20) schreitet der Morgen in braunrothen Mantel gekleidet (in russet mantle clad) über den Thau des Hügels.

Nach der Analogie von κροκόπεπλος Ἠώς, wird der Tag durch λευκόπεπλος personificirt von Hipponax fr. 24 (Bergk), vgl. Const. Manass. Chron. 34 λευκοπέπλου λαμπραυγοῦς ἡμέρας γενομένης. Vgl. L. Tieck, Genoveva (Schriften 2 p. 120): der neidische Tag wirft seinen leuchtenden Mantel über. Möricke, Gedichte p. 157 nennt den Tag das Kind im Rosenkleide, und sagt von ihm: Schnell den Schleier weggezogen steht das Töchterchen in Thränen. Geibel, Juniuslieder p. 363: Wirkt sich der Tag aus dem Kampf zweier Gedanken das Kleid. Von der Charwoche sagt Möricke, Gedichte p. 155: Du senkest schweigend deine Flöre nieder. — Die Monate werden als bekleidet gedacht, vgl. Anthol. lat. ed. H. Meyer (2 p. 54—56) 1050: Fulget honorificos indutus mensis amictus, signans Romuleis tempora consulibus. 1038 At quem caeruleus nodo constringit amictus, — Romuleo ritu februa mensis habet. 1040 Cinctum pelle lupae promptum est cognoscere mensem. Mars olli nomen, Mars dedit exuvias. 1048 Carbaseo post hunc artus indutus amictu Memphidos antiquae sacra deamque colit (November). Höchst geistreich Shaksp. Sonn. 98 (Del. p. 163) from you have I been absent in the spring when proud-pied April, dress'd in all his trim, hath put a spirit of youth in every thing, that heavy Saturn laugh'd and leap'd with him. Die Jahreszeiten werden durch Kleidung personificirt von Shaksp. Mids. 2, 2 (Del. p. 29): the spring, the summer, the childing autumn, angry winter change their wonted liveries. Vom Jahre, das als Kind bezeichnet wird, Rückert, Gedichte p. 569: Hat es aus den weissen Windeln nun sich losgemacht. Von der Zeit überhaupt Geibel, Juniuslieder p. 85: Die junge Zeit, wie sie gewaltsam ringt, wie sie, zu stetem Werk geschürzt die Lenden, ein neuer Hercules mit Kinderhänden das Ungeheure schon vollbringt. Von der Jugend Shaksp. Sonn. 2 (Del. p. 117): the youth's proud livery, so gaz'd on now, will be a tatter'd weed, of small worth held. Vgl. Two gentlemen 2, 4 (Del. p. 33) to clothe mine age with angel-like perfection. Vom Alter Shaksp. Henry VI II, 5, 2: the silver livery of advised age.

3. Abstracte Begriffe werden häufig durch Kleidung personificirt. Erwähnt seien zunächst mythische Gestalten, deren Anschaulichkeit durch Gewänder erhöht wird. Dem Eros giebt Sappho 68 (Bergk) πορφυρέαν χλάμυν, scherzhaft spricht Shaksp. von der Hose des Cupido Love's l. l. 4, 3 (Del. p. 51) rhymes are guards on wanton Cupid's hose, disfigure not his slop. Vgl. Sonn. 26 (Del. p. 130) and puts apparel on my tatter'd loving, to show me worthy of thy sweet respect. Der Hymenäus heisst bei Ovid. Met. 10, 1 croceo velatus amictu. Die Erinyen haben schwarzgraues oder schwarzes Gewand und heissen bei Aesch. Ch. 1036 φαιοχίτωνες (vgl. Blomf. gl.), bei Antip. Sidon. 78, 9 (Jac. Anth. 2 p. 28) μελάμπεπλοι, bei Orph. hymn. 69, 7 θηρόπεπλοι vgl. Varro ap. Non. 4, 418 tertia Poenarum Infamia — fluctuanti intonsa coma, sordido vestitu, ore severo. Die Fortuna verlässt die Wohnungen der Mächtigen mutata veste bei Hor. carm. 1, 35, 22, vgl. jedoch Hofman-Peerlk. Die Musen heissen κροκόπεπλοι bei Alcman fr. 74 (Bergk). Vgl. auch bei Hesiod. th. 273 Πεφρηδώ τ' εὔπεπλον Ἐνυώ τε κροκόπεπλον.

An die mythischen Bildungen schliessen sich an Hesiod. op. 198 λευκοῖσιν φάρεεσσι καλυψαμένω χρόα καλὸν —

Αἰδώς καὶ Νέμεσις. Rein personificirend ist pudor stolatus bei Martial. 1, 36, 8. Iu der Erzählung des Prodicus von Hercules bei Xenoph. Mem. 2, 1, 22 ist die *Ἀρετή* mit einem weissen Gewande bekleidet (ἐσϑῆτι λευκῇ), die *Κακία* trägt ἐσϑῆτα, ἐξ ἧς ἂν μάλιστα ὥρα διαλάμποι. Bei Athenäus 7 p. 281 wird von Dionysius aus Heraclea erzählt, er sei von der Stoa in die Gärten des Epicur gewandert: ἄντικρυς ἀποδὺς τὸν τῆς ἀρετῆς χιτῶνα ἀνϑινὰ μεττημφιάσατο. Vgl. Cic. de fin. 2, 21 jubebat (Cleanthes) eos qui audiebant secum ipsos cogitare pictam in tabula Voluptatem pulcherrimo vestitu et ornatu regali in solio sedentem. Vgl. Geibel, Juniuslieder p. 226: Und blinder Rausch die losgelass'nen Sinne im Purpur auf den Stuhl des Königs setzt. Im weissen Gewande erscheinen auch die Treue, die Pietas, die Unschuld: Hor. carm. 1, 35, 21 albo Fides velata panno. Stat. Silv. 3, 3, 1 von der Pietas: huc vittata comam niveoque insignis amictu — ades. Ebenso Prudent. c. Symm. 1, 547 niveum Pietatis amictum. Aehnlich Shaksp. Winter's Tale (Del. p. 66): in pure white robes, like very sanctity, she did approach. Göthe, Unschuld: Nur der sanfte Dichter sichet dich im Nebelkleide ziehn. Geibel, Juniuslieder p. 377 von der Gnade: Aber den Reuigen, der mit flehenden Armen sich an den Saum der Himmlischen klammert, — deckt sie mit silbernem Schleier. Ein weisses Gewand trägt der Friede: Tibull. 1, 10, 67 at nobis, Pax alma, veni spicamque teneto; perpluat et pomis candidus ante sinus. — In dieses Gebiet gehören solche Wendungen wie Plaut. Capt. 3, 3, 5 nec mendaciis subdolis mihi unquam mantellum est meis. Nec sycophantiis, nec fucis ullum mantellum obviam est, ferner Hor. ep. 1, 17, 25 contra, quem duplici panno patientia velat, mirabor, vitae via si conversa decebit. Mit der Plautinischen Stelle vgl. Soph. fr. 272 (Nauck) ἀναιδείας φᾶρος, wahrscheinlich das Gewand, das die Unverschämtheit trägt. Vgl. Göthe, Die natürliche Tochter p. 243: O träte doch in diese Regionen, zum Rathe dieser hohen Wächter, nie vermummte Zwietracht leise wirkend ein. Vgl. Virg. Aen. 8, 702 et scissa gaudens vadit Discordia palla. Petron. 24 giebt ihr laceratam pectore vestem.

Eine überaus schöne Personification des χρησμός bei
Aesch. Ag. 1137 καὶ μὴν ὁ χρησμὸς οὐκέτ' ἐκ καλυμμάτων
ἔσται δεδορκὼς νεογάμου νύμφης δίκην. Höchst kühn steht
bei Aesch. Pers. 119 μελαγχίτων φρήν, Lenau, Faust p.
65: Wie
er mit lieben Forschermienen Gedanken greift auf ihrer Flucht,
und ihre hüllenden Gewande, jed' Fältlein lüftend, streng durch-
sucht; cf. Geibel, K. Roderich p. 138: reisst die bunten Lappen
der Lust von euren Seelen, kleidet sie in tiefes Schwarz. Ibid.
p. 188: hülle nicht in eitler Grossmuth Lappen deine Furcht.
Nicht auffallen kann das Gewand der Elegie und Tragödie bei
Ovid. Von der Elegie Amor. 3, 1, 9: forma decens; vestis tenuissi-
ma; von der Tragödie ibid. 12: fronte comae torva, palla
jacebat humi. Von dem Schleier der Göttin der Poesie hat
Göthe in „Zueignung" den herrlichsten Gebrauch gemacht:
Nun sah ich sie den reinsten Schleier halten, er floss um sie
und schwoll in tausend Falten. Aehnlich Rückert, Gedichte
p. 30: Die Poesie als Geist der Welt wird hell sich mir ent-
schleiern. Geibel, Gedichte p. 201 (Platens Vermächtniss):
Umwallt vom Königsmantel der Vollendung schritt mein Gesang dahin in Feuertönen. Rückert, Gedichte p. 109: Phantasie zur Wolke, die vorüberflog, streckt die Hand, sich die
Wolke purpurn um die Schulter zog als Gewand. Tieck,
Sternbald p. 365 bezeichnet die Phantasie als einen alten
Mann: um ihn ist in tausend Falten ein weiter Mantel geschlagen; Geibel, Juniuslieder p. 4: Und seh' ich fern durch
die Stämme auf Waldeswiesen des Sonnenstrahls bewegtes Spielen, so ist mir's oft, es sei das Wallen deines (der
Muse) weissen Gewandes. Vgl. Shaksp. Sonn. 76 (Del.
p. 176), welcher von seiner Erfindungskraft sagt: Why
write I still all one, ever the same, and keep invention in
a noted weed. Rückert, Gedichte p. 108: Fiel der Witz, wie
der Blitz drüber her und fasst den Schein in die kleinen
Taschen ein. Von der Freiheit Lenau, Gedichte 1 p. 84:
das Kleid, das einst die schöne Freiheit trug, als sie geführt
den vollen Freudenchor. Vgl. Geibel, Juniuslieder p. 178:
Drum gieb, o Herr, dass ich die Lebensamme, die heilge Freiheit nicht mit jenem Weibe im blut'gen aufgeschürzten Kleid
verdamme. Bei Shakspere Henry VIII 3, 2 (Del. p. 84) wird

Wolsey angeredet mit thou scarlet sin mit Anspielung auf das rothe Gewand des Cardinals. Vgl. Sh. Lucrece 236 (Del. p. 103) his scarlet lust came evidence to swear. Bemerkenswerth sind die Shakspere'schen Wendungen: Rich. III 1, 3 (Del. p. 43) and thus I clothe my naked villainy with odd old ends stol'n forth of wholy writ. Henry V 2, 2 (Del. p. 44) and other devils, that suggest by treasons, do botch and bungle up damnation with patches, colours, and with forms, being fetch'd from glistering semblances of piety. Henry IV I, 5, 1 (Del. p. 97) to face the garment of rebellion with some fine colour. Ibid. II, 4, 1 (Del. p. 73) if that rebellion came like itself — guarded with rage. Rich. II 3, 2 (Del. p. 59) than murders, treason and detested sins, the cloak of night being pluck'd from of their backs stand bare and naked, trembling at themselves. K. John 4, 2 (Del. p. 72) and truth suspected, for putting on so new a fashion'd robe. Henry V 2, 4 (Del. p. 51) covering discretion with a coat of folly. Höchst inviduell All's well 1, 3 (Del. p. 26) though honesty be no puritan, yet it will do not hurt; it will wear the surplice of humility over the black gown of a big heart. Henry VIII 2, 4 (Del. p. 59) the honour's train is longer than his foreskirt. Sonn. 95, 11 (Del. p. 162) where beauty's veil doth cover every blot. Hamlet 3, 4 (Del. p. 105) that monster custom — to the use of actions fair and good he likewise gives a frock or livery, that aptly is put on. Much ado 4, 1 (Del. p. 63) and doubt not but success will fashion the event in better shape. Ibid. 3, 3 (Del. p. 50) I see the fashion wears out more apparel than the man. Bemerkenswerth ist Twelfth-night 1, 5 (Del. p. 22): virtue that transgresses is but patched with sin and sin that amends is but patched with virtue. Mit dieser Stelle ist Horat. de art. poet. 14 zu vergleichen: inceptis gravibus plerumque et magna professis purpureus, late qui splendeat, unus et alter insuitur pannus. Vgl. ferner Much ado 4, 1 (Del. p. 63) and every lovely organ of her life shall come apparell'd in more precious habit. Romeo 3, 3 (Del. p. 85) happiness courts thee in her best array. K. Lear 1, 1 (Del. p. 20) to dismantle so many folds of favour. Vgl. auch Merch. of Venice 2, 2 (Del.

p. 38) I would entreat you rather to put on your boldest suit of mirth. Göthe, Elpenor p. 384: Ach, dann leuchtet des Glückes, der Freude flatternd Gewand nicht mit erquickenden Farben. Lenau, Faust p. 112: der Wahrheit blutbesprengten Schleier hebe. Ibid. p. 144: du gabst von ihrem (der Wahrheit) Kleid ein dunkles Band, wird sie im Trauerflore mir erscheinen? Geibel, Neue Gedichte p. 102: Erst wenn scheidend der Verhüllte (der Schmerz) wiederum sich von uns wendet, sehn wir plötzlich überm Haupt ihm eine Glorie, die uns blendet. Durch die dunkeln Schleier brechen Silberflügel klar getheilet und die Seele ahnt es schauernd, welch ein Gast bei ihr geweilet. Vgl. König Roderich p. 53: das Kleid des Hasses abzulegen und dafür das Festgewand der Freundschaft anzuthun.

Von den Dolchen der Kämmerer heisst es in Sh. Macb. 2, 3 (Del. p. 59), sie waren mit geronnenem Blute umhos't (their daggers unmannerly breech'd with gore).

Auch der Gegensatz, die Nacktheit, dient zur Personification, wie bei Hor. carm. 1, 24, 7 nuda Veritas, Ovid. Amor. 1, 3, 14 nuda simplicitas. Sprüchwörtlich war αἱ Χάριτες γυμναί, vgl. Schneidew. und Leutsch, Paroemiographi Gr. I p. 13 Not. 36. Hor. carm. 4, 7, 5 Gratia cum Nymphis geminisque sororibus audet ducere nuda choros, vgl. 3, 19, 17. Shaksp. Tim. 5, 1 (Del. p. 93) I am rapt and cannot cover the monstrous bulk of this ingratitude with any size of words. Timon: Let it go naked, men may see 't the better. Much ado 4, 1 (Del. p. 61) why seek'st thou then to cover with excuse that which appears in proper nakedness. Macb. 2, 3 (Del. p. 60) and when we have our naked frailties hid.

Zu der Bekleidung des Hauptes gehörte ὁ ἄμπυξ, das Stirnband. Von Naturgegenständen ist das Feuer bemerkenswerth, Opp. Hal. 4, 238 πυρὸς λευκάμπυκος αὐγή. Durch κυανάμπυξ wird Theben personificirt bei Pind. hymn. fr. 1. 2 (Dissen) und Delos bei Theocr. 17, 67. Interessant ist die komische Bezeichnung der Thasiersauce durch λιπαράμπυξ bei Arist. Ach. 643: οἱ δὲ Θασίαν ἀνακυκῶσι λιπαράμπυκα.

Der Nacht wird eine Binde zugeschrieben von Shaksp. Macb. 3, 2 (Del. p. 73): como, ueeling night, scarf up the tender eye of pitiful day. Das Epitheton χρυσάμπυξ haben die Horen, die Musen, die Lachesis (Pind. Ol. 7, 64), bei Xenocles fr. 1 (Nauck p. 597) τύχαι χρυσάμπυκες, vgl. Shaksp. Haml. 2, 2 (Del. p. 58) on fortunes cap we are not the very bottom. Vom Eros Anacreon, fr. 65 (Bergk): τὸν Ἔρωτα γὰρ τὸν ἁβρὸν μέλομαι βρύοντα μίτραις πολυανθέμοις ἀείδειν. Mehr im Sinne der Personification ist, wenn von Pind. Nem. 7, 15 die Μναμοσύνα als λιπαράμπυξ bezeichnet wird. Komisch wird von Parolles bei Shaksp. All's well 1, 1 (Del. p. 19) der Jungfräulichkeit eine altmodische Mütze zugeschrieben: Virginity, like an old courtier, wears her cap out of fashion. Vgl. Lenau, Albigenser p. 152: der Krieg, der wilde, rennt und schnaubt durch's Land, — er hat den Himmel sich aufs Haupt gesetzt als eine Scharlachmütze. Vgl. Dekker, Old Fortunatus (angeführt von Elze in den Jahrb. der deutschen Shakespeare-Gesellschaft 2 p. 364): I set an idiot's cap on virtue's head, turn learning out of doors, clothe wit in rags, and point ten thousand images of loam in gaudy silken colours.

Als eine Bekleidung des Gesichts kann die Maske angesehen werden; durch sie personificirt Shakspere den Morgen, den Tod, die Rangordnung, die Verschwörung: Sonn. 33 (Del. p. 133) the region cloud hath mask'd him from me now (den Morgen). Henry IV II, 1, 1 (Del. p. 17) I ran from Shrewsbury, my noble lord, where hateful death put on his ugliest mask, to fright our party. Troilus 1, 3 (Del. p. 27) degree being vizarded, the unworthiest shows as fairly in the mask. Jul. Caes. 2, 1 (Del. p. 38) O Conspiracy! sham'st thou to show thy dangerous brows by night, when evils are most free? O! then by day, where wilt thou find a cavern dark enough to mask thy monstrous visage?

Naturgegenstände und Abstracta werden personificirt, indem ihnen ein Gürtel zugeschrieben wird. Dem Mythus gehört an, dass Helios von Eur. Phoen. 195 λιπαρόζωνος genannt wird. Vgl. Orph. fr. 7, 17 (Herm. p. 464). Von dem Oceane als dem Gürtel für Neptunus Hüften spricht

Shaksp. Henry IV II, 3, 1 (Del. p. 60): to see the beechy girdle of the ocean to wide for Neptune's hips, vgl. Antip. Sid. 83, 3 (Jac. Anth. 2 p. 29) *ἁλιζώνοιο Κορίν-θου*. Wie die Aphrodite einen Gürtel trägt, vgl. Leont. 10, 1. 2 (Jac. Anth. 4 p. 75) *Οὔνομ' ἔχεις Λιβάνου, Χαρί-των δέμας, ἤθεα Πειθοῦς, παρθένε, καὶ Παφίης κεστὸν ὑπὲκ λαγόνων*), der in Freya's Zaubergürtel wiederkehrt, vgl. Geibel, Brunhild p. 27: Wen Chriemhild nimmt, den reizt kein ander Weib und ob's auch Freya's Zaubergürtel trüge, so auch die Grazien, vgl. Hor. carm. 1, 30, 6 solutis Gratiae zonis, siehe jedoch Hofman-Peerlk. Vgl. Schiller, die Erwartung: Der Gürtel ist von jedem Reiz gelöst. Reine Personification ist in *εὔζωνος πενία* Plut. Pel. 3. Göthe, Hans Sachsens poetische Sendung, sagt von der Ehrbarkeit: Ihr Gürtel ist ein gülden Band. Ovid. Amor. 1, 9, 41 discinctaque in otia natus. Vgl. noch Shaksp. Makb. 5, 3 (Del. p. 114) he cannot buckle his distemper'd cause within the belt of rule.

Die Fussbekleidung, *πέδιλον*, erscheint in den Epithetis *χρυσοπέδιλος, εὐπέδιλος, ἁβροπέδιλος*, welche unter andern der Eos (Sapph. fr. 21 Bergk), der Iris (Alcaeus fr. 9), dem Eros (Meleag. 21) beigelegt werden. Vgl. *χρυσεοσάνδαλον ἴχνος* der Pieriden bei Eur. Iph. A. 1042. Nonn. Dion. 2, 25 *ἵκετο Νίκη ἠέρος ἄκρα κέλευθα διαγράψασα πεδίλῳ*. Eine geniale Personification ist in den Worten des Cratinus bei Meineke, fr. com. 2 p. 57: *Δωροῖ συκοπέδιλε* (feigenholzsolige Doro, Göttin der Bestechlichkeit). Der Cothurn der Tragödie bei Ovid. Amor. 3, 1, 14: Lydius alta pedum vincla cothurnus erat. Von der Gnade Geibel, Juniuslieder p. 376: Aber neben den Hochherdräuenden wie Mond durch Nächte, wandelt auf schwebenden Sohlen die Gnade. Vgl. Möricke, Gedichte p. 234: Die Liebe, sagt man, steht am Pfahl gebunden, geht endlich arm, verlassen, unbeschuht. — Geibel, Juniuslieder p. 140: Auf leisen Sohlen über Nacht kommt doch der Lenz gegangen. Lenau, Gedichte 1 p. 163: Mit den rauhen Sohlen tanzt nun auch der Winter frisch auf den Gräbern etc.

Bei Pindar heissen die *κίονες ἀδαμαντοπέδιλοι*, Prosod. fr. 1. (Dissen).

49. Στέφανος und Composita, corona, garland.
Ὅρμος, δακτύλιος, σκῆπτρον.

Ein von den Dichtern oft erwähnter Schmuck ist der Kranz. Die Epitheta εὐστέφανος, ἰοστέφανος, χρυσοστέφανος sind sehr häufig für Göttinnen. Von Naturerscheinungen tragen Kränze die Flussgötter: dem Ismenus ruft der Chor bei Eur. Herc. fur. 781 zu: Ἴσμην' ὦ στεφανοφόρει. Der liebende Alpheios trägt der Arethusa Kränze und Blumen zu, so in dem Epigr. 21 bei Jac. Anth. 4 p. 114: ἱμερόεις Ἀλφειέ, Διὸς στεφανηφόρον ὕδωρ. Mosch. Id. 7, 1 Ἀλφειός, μετὰ Πῖσαν ἐπὴν κατὰ πόντον ὀδεύῃ, ἔρχεται εἰς Ἀρέθοισαν ἄγων κοτινηφόρον ὕδωρ, ἕδνα φέρων καλὰ φύλλα καὶ ἄνθεα καὶ κόνιν ἱράν. Sil. Ital. 14, 53 hic Arethusa suum piscoso fonte receptat Alpheon sacrae portantem signa coronae. Vgl. Jac. Anth. 11 p. 279. Sonst tragen die Flussgötter Schilfkränze, wie Tiberinus, Mincius, Acis, Achelous: Virg. Aen. 4, 34 et crines umbrosa tegebat arundo (des Tiberinus), ibid. 10, 205 velatus arundine glauca Mincius. Ovid. Met. 13, 894 incinctus iuvenes flexis nova cornua cannis (Acis), ibid. 9, 1 inornatos redimitus arundine crines (Achelous), vgl. 100. — Vom Himmel sagt Const. Manass. Chr. 103: τὸν οὐρανὸν εὐστέφανον τοῖς ἀστράσι γενέσθαι. Von der Sonne sagt Rückert, Gedichte p. 591: Aufsetzet sie dann festlich den Abendwolkenkranz. Von der Erde sagt Hor. carm. saec. 29: fertilis frugum pecorisque tellus spicea donet Cererem corona. Vgl. Geibel, Juniuslieder p. 141 von der Erde: Sie flicht sich blühende Kränze ins Haar und schmückt sich mit Rosen und Aehren. Bei Oppian. cyn. 1, 462 εὐστέφανοι λειμῶνες. Personificirend ist ἰοστέφανος für Athen in der berühmten Stelle Pindars, dithyr. fr. 4 (Dissen): αἵ τε λιπαραὶ καὶ ἰοστέφανοι καὶ ἀοίδιμοι, Ἑλλάδος ἔρεισμα, κλειναὶ Ἀθᾶναι, δαιμόνιον πτολίεθρον.

2. Wie die Hebe χρυσοστέφανος heisst bei Hesiod. theog. 17, Pind. Ol. 6, 58, Pyth. 9, 109, so werden in einem Skolion (Ilgen carm. conv. Gr. p. 4) die Ὧραι στεφανοφόροι erwähnt, womit Pindar Ol. 13, 17 Ὧραι πολυάνθεμοι zu vergleichen ist. Bei Hesiodos kränzen die Horen die Pandora mit Frühlingsblumen, op. 74 ἀμφὶ δὲ τήνγε Ὧραι καλλίκομοι

στέφον ἄνθεσιν εἰαρινοῖσιν. Der Frühling erscheint kranz-
tragend als Person, Anacreont. 56, 1 (Bergk) στεφανοφό-
ρου μετ' ἦρος. Ovid. Met. 2, 27 verque novum stabat cinctum florente corona, zu vergleichen Pind. Pyth. 4, 64 φοι-
νικανθέμου ἦρος ἀκμᾷ. Rückert, Gedichte p. 237: Und sie
freut sich meiner Liebesblüthen, wie der Kränze, die der
Lenz ihr bietet. Ibid. p. 581 sagt die Rose: Als ich im
Kranz des Frühlings werde blühen. Ibid. 575 vom Frühlinge:
Wie schmückt mein scheidender Freund sich schön mit bunten
Blumensternen! Vom Sommer sagt Ovid. Met. 2, 28: stabat
nuda aestas et spicea serta gerebat. Vom Herbste Geibel,
Neue Gedichte p. 125: Gönne dem Herbst zum Eigenthum
den blassen Kranz doch, der ihn schmückt. Der Tag ist mit
Putz und Tand beschäftigt in der herrlichen Stelle Shaksp.
K. John 3, 3 (Del. p. 59): the sun is in the heaven and the
proud day, attended with the pleasures of the world, is all
too wanton and too full of gawds to give me audience. Vgl.
Geibel, Neue Gedichte p. 47: Weil ich ein Rosenblatt aus
deiner Tage Kranze entrissen sinken sah in meines Lebens
Bach. Von der Nacht Rückert, Gedichte p. 415: Nacht, All-
mutter des Lebens, ich preise dich, herrliche Göttin, Königin,
keine, wie du, kränzet mit Sternen ihr Haupt. Von den
Stunden und dem Jahre: Göthe, Tasso p. 179: Wo sind die
Stunden, die um dein Haupt mit Blumenkränzen spielten?
Rückert, Gedichte p. 599: Und dreschen in den Scheunen des
Jahres Ahrenkranz.

3. Die Musen lieben und haben Kränze, welche die
Poesie bedeuten, vgl. Pind. Nem. 7, 77, Mitscherlich zu Hor.
carm. 1, 26, 8. In diesem Sinne sagt Antip. Sid. 70 (Jac.
Anth. 2 p. 25) von der Sappho: ἇς μετὰ Πειθὼ ἔπλεκ' ἀείζωον Πιερίδων στέφανον. Propert. 3, 1, 19 mollia, Pegasi-
des, vestro date serta poetae. Hor. carm. 1, 26, 6 o quae
fontibus integris gaudes, apricos lecte flores, necte meo La-
miae coronam, Pimplei dulcis. Vgl. Lucret. 1, 927 avia Pie-
ridum peragro loca — iuvatque novos decerpere flores in-
signemque meo capiti petere inde coronam, unde prius nulli
velarint tempora musae. Einen mythischen Charakter trägt
Νίκη στεφανοφόρος in den adesp. Byz. 19, 3 (Jac. Anth. 4

p. 105), ein Anonym. tr. fr. 216 (Wagner) hat στεφανοφό-
ρον Εἰράναν, vgl. Tibull. 1, 10, 67 at nobis, Pax alma, veni
spicamque teneto, wie Ceres bei Theocr. 7, 153 Garben und
Mohn in beiden Händen trägt. Reine Personification ist in
Shaksp. Haml. 5, 2 (Del. p. 145) as peace should still her
wheaten garland wear. Den Hochzeitskranz bei der Vermählung des Peleus und Thetis flicht Peitho bei Coluth. 28
(O. Jahn, Peitho p. 12): καὶ στέφος ἀσκήσασα γαμήλιον
ἤλυθε Πειθώ. Von der Ehrbarkeit sagt Göthe, Hans Sachsens poet. Sendung: Hätt' auf dem Haupt einen Kornähr-
kranz. Geibel, Gedichte und Gedenkblätter p. 32: Die Freu-
den, die rosigen Tänzerinnen, mit Kränzen und Fackeln, mit
Spiel und Gesang, wie fliehn sie auf schimmernden Sohlen
von hinnen. Vgl. Göthe, Elpenor p. 378: Nicht jede Hoffnung, die im strengen Winter mit Frühlingsblumen uns das
Haupt umwindet, vom Blüthenbaum aus reichen Früchten
lächelt. Man bemerke noch Eur. Bacch. 374 παρὰ καλ-
λιστεφάνοις εὐφροσύναις, womit Simonides fr. 150, 2 κισσο-
φόροις ἐπὶ διθυράμβοις zu vergleichen.

Anderer Schmuck ist das Halsband, das Geschmeide, der
Fingerring, das Scepter, die Krone. Die Pandora trägt ein
goldnes Halsband, Hesiod. op. 73 ἀμφὶ δέ οἱ Χάριτές τε θεαὶ
καὶ πότνια Πειθὼ ὅρμους χρυσείους ἔθεσαν χροΐ. Rückert,
Gedichte p. 228: Der Morgenthau verstreut im Thale sein
blitzendes Geschmeide. Der Demos, von Aristophanes als
Person, namentlich als Greis dargestellt, trägt einen Fingerring: eq. 946 οὐκ ἔσθ' ὅπως ὁ δακτύλιός ἐσθ' οὑτοσὶ
οὑμός· τὸ γοῦν σημεῖον ἕτερον φαίνεται, ἀλλ' ἢ οὐ καθορῶ.
L. Tieck, Fortunat p. 132: Und was soll mir die Herrschaft, da ich längst gesehn, dass Gold allein in jedem Land
den Scepter führt? Fr. Rückert, Gedichte p. 415 von der
Nacht: Aber zu mir auch reichet herab ein Schatten von
deinem Herrschaftsstabe, womit Sterne du lenkest und Mond.
Orph. h. 10, 25 Φύσις σκηπτουχοῦσα. Mythisch hat Hermes
einen Stab, mit welchem er die Seelen der Verstorbenen in
die Unterwelt treibt (χρυσόρραπις), vgl. Il. 24, 343. Od. 24,
5. Orph. h. 58, 8. Hor. carm. 1, 10, 17; 24, 16. Stat.

Theb. 1, 306. Martial. 7, 74. Einen solchen Stab führt Hades selbst bei Pind. Ol. 9, 33: οὐδ' Ἀΐδας ἀνικήταν ἔχε ῥάβδον, βρότεα σώμαϑ' ᾷ κατάγει κοίλαν πρὸς ἀγυιὰν ϑνασκόντων. Einen Stab führt die Weisheit und die Tragödie: Meleager 37, 2 τὸ δ' ἐπ' ὀφρύσι κεῖνο φρίαγμα σκηπτοφόρου σοφίας ἠνίδε ποσσὶ πατῶ. Ovid. Amor. 3, 1, 11 venit et ingenti violento Tragoedia passu — laeva manus sceptrum late regale movebat. — Von der Mondgöttin Shaksp. As you like it 3, 2 (Del. p. 55): and thou, thrice-crowned queen of night. Mythisch Geibel, Neue Gedichte p. 5: Es ruht auf klarem Perlenthrone die Meerfey im Krystallpalast, der Feuergeist mit güldner Krone durchschweift die Lüfte sonder Rast.

Erwähnt sei hier auch der falsche Schmuck, die Schminke: Sh. K. John 3, 1 (Del. p. 49): the grappling vigour and rough frown of war is cold in amity and painted peace. Sie wird als bastard signs of fair bezeichnet von Shaksp. Sonn. 68, 3 (Del. p. 150).

50. Δόμος, δῶμα, ϑάλαμος, domus, hall, house, torus, bed, cradle. Νηός, τέμενος, temple, βωμός. Κῆπος, λειμών, regio, σπήλυγξ, ἄντρον, antrum.

Die Wohnungen der Götter werden überaus häufig von den Dichtern erwähnt, bereits Homer Il. 13, 10 beschreibt den Palast des Poseidon, Ovid. Met. 2, 1 fg. 112. 113 mit individualisirender Ausführlichkeit den Königspalast des Sonnengottes. Eine Fülle von verschiedenen Ausdrücken bezeichnet die Wohnung des Hades, bei Homer Il. 3, 322 δῦναι δόμον Ἄϊδος εἴσω, vgl. 11, 263; Od. 14, 208. Hiermit vgl. Hor. carm. 1, 4, 17 domus exilis Plutonia, ibid. 2, 18, 29 nulla certior tamen rapacis Orci fine destinata aula divitem manet herum. Häufig die Thore des Hades, bereits Homer in der herrlichen Stelle Il. 9, 312 ἐχϑρὸς γάρ μοι κεῖνος ὁμῶς Ἀΐδαο πύλῃσιν, ὅς χ' ἕτερον μὲν κεύϑῃ ἐνὶ φρεσίν, ἄλλο δὲ εἴπῃ, vgl. Od. 14, 156. Il. 23, 72 ϑάπτε με, ὅττι τάχιστα πύλας Ἀΐδαο περήσω, Od. 11, 571 εὐρυπυλὲς Ἄϊδος δῶ, Aesch. Ag. 1250 Ἄϊδου πύλας. Orph. hymn. 18, 1 ὦ τὸν ὑποχϑόνιον ναίων δόμον (Pluto angere-

det), vgl. Virg. Aen. 6, 127 Noctes atque dies patet atra
ianua Ditis. Valerius Fl. 4, 231 roclusaquo ianua leti. Vgl.
Hor. carm. 1, 24, 17 fata recludere. Rückert, Gedichte p. 146:
wenn zu den Thoren des Todes fuhr der Mensch, der einzle,
nieder. Hades heisst πυλάρτης Il. 8, 367, Od. 11, 277.
Das Haus der Persephone bei Pindar. Ol. 14, 20 μελανο-
τείχης δόμος Περσεφόνης. Der orphische Hymnus 29, 4
redet die Persephone an: ἣ κατέχεις Ἀΐδαο πύλας ὑπὸ κεύ-
θεα γαίης. Ibid. 47, 5 Περσεφόνης ἱερὸς δόμος. Vgl. auch
Eur. fr. inc. 294 (Wagner p. 505) θεοὶ χθόνιοι ζοφερὰν
ἀδίαυλον ἔχοντες ἕδραν τὴν φθειρομένων, Ἀχερόντειαν λίμνην.
Häufig ist das Brautgemach der Persephone: Sappho fr. 119
(Bergk) Τιμάδος ἅδε κόνις, τὰν δὴ πρὸ γάμοιο θανοῦσαν
δέξατο Περσεφόνας κυάνεος θάλαμος. Simonid. 97 (Jac.
Anth. 1 p. 77) οὐκ ἐπιδὼν νύμφεια λέχη, κατέβην τὸν ἄφυ-
κτον Γόργιππος ξανθῆς Περσεφόνης θάλαμον. Vgl. Soph.
Ant. 804 τὸν παγκοίταν θάλαμον und Empedocl. 2, 4 (Jac.
Anth. 1, 94). Hades selbst heisst παγκοίτας Soph. Ant. 810.

Die Bezeichnung der Behausung dient dazu, besonders
kleineren Gottheiten anschaulichere Existenz zu geben. So
haben die Wassernymphen ein Haus: Hermocreon 1 (Jac.
Anth. 2 p. 229) redet sie an: χαίρετε, καὶ στείβοιτ' ἐρατοῖς
ποσὶν ὑδατόεντα τόνδε δόμον. In dem orphischen Hymnus
51, 2 heisst es von den Nymphen: ὑγροπόροις γαίης ὑπὸ
κεύθεσιν οἰκί' ἔχουσαι, κρυψίδομοι. Hor. carm. 1, 20, 34
domus Albuneae resonantis, vgl. Propert. 1, 20, 34 grata
domus Nymphis humida Thyniasin. Akragas heisst die
Wohnuug des Flusses bei Pind. Ol. 2, 11 ἱερὸν οἴκημα ποταμοῦ. Bei Rückert, Gedichte p. 89 sagt der Strom: Mein
Haus ist hochgewölbt und kühl. — Die Wohnung des Schlafes Ovid. Met. 11, 597: est prope Cimmerios longo spelunca
recessu, mons cavus, ignavi domus et penetralia Somni. Vgl.
Virg. Aen. 6, 893—896. Die Wohnung der Träume war
nach der Odyss. 24, 12 im westlichen Ocean in der Nähe
des Sonnenuntergangs (παρ' Ἡελίοιο πύλας) und hatte zwei
Pforten: Odyss. 19, 562 δοιαὶ γάρ τε πύλαι ἀμενηνῶν εἰσιν
ὀνείρων, vgl. 4, 809. Von Ländern Rückert, Gedichte p. 158:
Du, Austria, schau nicht müssig von den Zinnen!

Ueberaus schön sind die Vorstellungen des Hesiod. theog. 748 fg., nach welchen die Nacht und der Tag nie zusammen in der Behausung sich aufhalten: ὅθι Νύξ τε καὶ Ἡμέρη ἆσσον ἰοῦσαι ἀλλήλας προςέειπον, ἀμειβόμεναι μέγαν οὐδόν, χάλκεον. ἡ μὲν ἔσω καταβήσεται, ἡ δὲ θύραζε ἔρχεται, οὐδέ ποτ᾿ ἀμφοτέρας δόμος ἐντὸς ἐέργει, ἀλλ᾿ αἰεὶ ἑτέρη γε δόμων ἔκτοσθεν ἐοῦσα γαῖαν ἐπιστρέφεται, ἡ δ᾿ αὖ δόμου ἐντὸς ἐοῦσα μίμνει τὴν αὐτῆς ὥρην ὁδοῦ, ἔςτ᾿ ἂν ἵκηται, ἡ μὲν ἐπιχθονίοισι φάος πολυδερκές ἔχουσα, ἡ δ᾿ Ὕπνον μετὰ χερσί, κασίγνητον Θανάτοιο, Νὺξ ὀλοή, νεφέλη κεκαλυμμένη ἠεροειδεῖ. Vgl. Möricke, Gedichte p. 156, welcher die Nacht einen Mohrenknaben nennt und sagt: doch ihn fasst ein reizend Bangen,‚kommt von ferne sie (der Tag) gegangen, und er sucht sein dunkel Haus. Bildlich vom Tode Eur. Or. 1225 ὦ δῶμα ναίων νυκτὸς ὀρφναίας πάτερ.

Nicht minder tritt diese Anschaulichkeit hervor, wenn den Gottheiten, welche Ideen und Begriffe repräsentiren, Behausung zugeschrieben wird: Aesch. Eum. 507 ἐπειδὴ πιτνεῖ δόμος Δίκας. Paul. Sil. 65, 3 (Jac. Anth. 4 p. 62) κατηφέα νύκτα διώκεις ἐκ Θέμιδος μεγάρων. Vgl. epigr. adesp. 612 b, 2 (Jac. Anth. 4 p. 246) ἀγχίθυρος δ᾿ ἕστηκα Δίκης πέλας, ibid. 612 c, 5 προθύροισι Δίκης. Agath. 53, 3 (Jac. Anth. 4 p. 21) ἔμπης οὐκ ἀπέειπεν ἀφεγγέα δώματα Μοίρης. Simonid. 116, 6 (Bergk) Λήθης δόμων, vgl. Plut. Mor. 110 E., Diodor. 1, 96 Λήθης πύλαι. Die Wohnung der Invidia beschreibt Ovid. Met. 2, 760 — 764, die Wohnung der Fama derselbe Met. 12, 43,. vgl. Plinius, ep. 1, 18 .illa actio mihi ianuam famae patefecit, Shaksp. Tit. Andr. 2, 1 (Del. p. 30) the emperor's court is like the house of fame. Hierher gehören auch die Sprichwörter bei Zenobius und Diogenian (Schneidew. und v. Leutsch, Paroem. gr. p. 29, 217) ἀνεῳγμέναι Μουσῶν θύραι und ἄφθονοι Μουσῶν θύραι.

Hieran schliesst sich die Personification bei Bacchyl. fr. 14 (Bergk) οὐδὲ γὰρ ῥᾶστον ἀρρήτων ἐπέων πύλας ἐξευρεῖν, vgl. hiermit solche Wendungen, wie Dion. Hal. de vi Rom. p. 1026 (bei Passow s. v. θύρα) οὐδὲ θύρας ἰδὼν λόγος₁ eine Rede, die nicht über die Schwelle gekommen ist, Plut. mor. p. 940 F τοῦ λόγου θύριον παραβάλλεσθαι, mit

Reden aufhören. Oppian. hal. 2, 117 vom Fuchse: δόλῳ πετάσασα ϑίρϝτρα. Bemerkenswerth ist auch der Gebrauch von ϑυραῖος, Aeschyl. Eum. 864 ϑυραῖος ἔστω πόλεμος. In freier Personification spricht Euripides von dem Gemache des Reichthums, Shakspere von der Halle des launischen Glücks: Eur. Beller. fr. 20, 8 ὁ μὲν ζάπλουτος, εἰς γένος δ' οὐκ εὐτυχής, ἀλγεῖ μὲν, ἀλγεῖ, παγκάκως δ' ἀλγύνεται ὄλβου διοίγων θάλαμον ἥδιστον χερί, vgl. Aesch. Ag. 805 καὶ τὸν ϑυραῖον ὄλβον εἰσορῶν στένει. Troil. and Cress. 3, 3 (Del. p. 75) how some men creep in skittish fortune's hall, while others play the idiots in her eyes. Rückert, Gedichte p. 94: Ich habe geklopft an des Reichthums Haus. — Ich habe gesucht der Arbeit Dach. — Ich suchte das Haus der Zufriedenheit. Vgl. As you like it 5, 4 (Del. p. 97) rich honesty dwells like a miser in a poor house. Auf derartiger Personification beruht auch die komische Wendung der Valeria in Shakspere's Coriol. 1, 3 (Del. p. 29) pr'ythee, Virgilia, turn thy solemness ut of doors. Tempest 3, 2 (Del. p. 56) I'll turn my mercy out of doors. As you like it 4, 1 (Del. p. 86) make the doors upon a woman's wit. — Bei Aristophanes hat die Weisheit einen Thurm zur Wohnung, nub. 1025 ὦ καλλίπυργον σοφίαν κλεινοτάτην ἐπασκῶν („Du Hüter der strahlenden Burg züchtiger, ernster Weisheit"). Vgl. Aesch. Suppl. 86 ἰάπτει δ' ἐλπίδων ἀφ' ὑψιπύργων πανώλεις βρότους. Das Haus des Lebens, der Bau der Tyrannei, die Pforten der Freundschaft bei Shakspere und Cicero: K. John 4, 2 (Del. p. 78) to break within the bloody house of life. Makbeth 3, 3 (Del. p. 101) great tyranny, lay thou thy basis sare. Cic. ad fam. 13, 10 in omnibus novis coniunctionibus interest qualis primus aditus sit et qua commendatione quasi amicitiae fores aperiantur. Bemerkenswerth auch Plaut. Capt. 3, 2, 8 nec confidentiae usquam hospitium est, nec deverticulum dolis. Vgl. hiermit Shaksp. Rich. II 5, 1 (Del. p. 87) thou most beauteous inn, why should hard-favour'd grief be lodg'd in thee, when triumph is become an alehouse guest. Vgl. Göthe, Der Besuch: Auf den Lippen war die stille Treue, auf den Wangen Lieblichkeit zu Hause. Geibel, Neue Gedichte p. 95: Und suchst, o Herz, das Haus der Liebe und pilgerst nach dem Land der Ruh. Vgl. Geibel, Gedichte und Gedenkblätter p. 199: Glaube, dem die Thür versagt, steigt als Aberglaub' ins Fenster. Goethe, Tasso p. 201: Hat nicht dieser das Gebäude meines Glücks von seinem tiefsten Grund aus umgestürzt? Von der Freiheit Rückert, Gedichte p. 189: Ihr Fürsten, die berufen mich habt zu diesen Au'n und wollt mit neuen Stufen allhier ein Haus mir baun, o baut doch Dach und Halle, dass es mir wohlgefalle. Die Laster haben eine Wohnung: Shaksp. Sonn. 95 (Del. p. 162) o what a mansion have those vices got, which for their habitation chose out thee. Die Miethswohnung der Seele bei Shaksp. Sonn. 146 (Del. p. 187): Poor soul — why dost thou pine within, and suffer dearth, painting thy outward walls so gostly gay? Why so large cost, having so short a lease, dost thou upon thy fading mansion spend? Man bemerke hier noch den Ausdruck Inc. trag. fr. 1 (Wagner) ταμεῖον ἀρετῆς ἐστι γενναία γυνή.

Die Wohnung der Brezeln: Arist. fr. bei Meineke fr. com. 2 p. 946 und 1009: ἥκω Θεαρίωνος ἀρτοπώλιον λιπών, ἵν' ἐστὶ κριβάνων ἐδώλια.

Erwähnt sei hier das Bett und die Wiege. Der Schlafgott hat einen torus bei Ovid. Met. 11, 610: at medio torus est, hebeno sublimis in atra, plumeus, unicolor, pullo velamine tectus, quo cubat ipse deus. Vgl. Shaksp. Henry IV II, 3, 1 (Del. p. 59) why rather, sleep, liest thou in smoky cribs upon uneasy pallets stretching thee, — why liest thou with the vild, in loathsome beds etc. — Vom Tode: Oppian. Halieut. 4, 392 ἀνέκβατος Ἄϊδος εὐνή. — Vgl. L. Tieck, Fortunat p. 492: Ein Gottesbote könnt' ich ihnen sein, mit einem Wink Durst, Hunger, Krankheit, Angst vom Lager scheuchen.

Das Jahr hat eine Wiege bei Rückert, Gedichte p. 569: In der Wiege neugeboren, wo das stumme Kindlein liegt — in der weihnachtlichen Wiege hat das Kindlein bangen Traum. Ibid. p. 190: Im Schooss der Mitternacht geboren, worin das Kind bewusstlos lag, erwacht, zum Leben jetzt erkoren, das Jahr am ersten Glockenschlag. An seiner Wieg' ein Engel sitzet.

Der Friede schlummert in der Wiege des Landes: Shaksp. Rich. II 1, 3 (Del. p. 27) to wake our peace, which

in our country's cradle draws the sweet infant breath of
gentle sleep, Von der Ehrbarkeit Henry IV I, 2, 4 (Del.
p. 53): what doth gravity out of his bed at midnight?
Auch die kleineren Gottheiten der Alten hatten einen Tempel
oder Tempelbezirk, z. B. Tyche, Dike, die Charitinnen u. a.
Gottheiten, vgl. Byz. Anath. 4, 1 (Jac. Anth. 4 p. 101) *Τύχης*
εὐκίονα νηόν, Eur. Hel. 1002 *ἔνεστι δ' ἱερὸν τῆς Δίκης ἐμοὶ*
μέγα ἐν τῇ φύσει, Paul. Silent. 65, 2 (Jac. Anth. 4 p. 62)
μέγιστα Δίκης τεμένη, Plato 11 (Jac. Anth. 1 p. 104) *αἱ*
Χάριτες τέμενός τι λαβεῖν, ὅπερ οὐχὶ πεσεῖται, ζητοῦσαι ψυ-
χὴν εὗρον Ἀριστοφάνους. Bei römischen Dichtern häufig der
Tempel des Kriegs: Ennius bei Hor. serm. 1, 4, 60 postquam
Discordia tetra Belli ferratos postes portasque refregit; Virg.
Aen. 7, 622 et cardine verso Belli ferratos rumpit Saturnia
postes, ibid. 1, 294 claudentur Belli portae, ibid. 7, 607 sunt
geminae Belli portae. Ovid. ep. Pont. 2, 126 clausit (Augustus) et aeterna civica bella sera. Valer. Fl. 3, 253 tunc
porta trucis coit infera Belli. Vgl. Lucan. 1, 61. 62. Stat.
Theb. 5, 146 ubi arma indulget pater et saevi movet ostia
Belli. Vgl. auch Hor. epist. 2, 1, 255 claustraque custodem
pacis cohibentia Ianum, und Lucan. 1, 61. 62. Bei Shakspere
hat die Tugend einen Tempel, Cymbel. 5, 5 (Del. p. 132)
the temple of virtue was she, yea and she herself. Hierher
gehört die schöne Ausdrucksweise des Horaz ep. 2, 1, 229
sed tamen est operae pretium cognoscere quales aedituos habeat belli spectata domique virtus. Vgl. Rückert, Gedichte
p. 155: Und wenn der Freiheit Tempel aus dem Leide neu
steigt durch sie, so soll's die Welt erkunden, dass, ihn zu
schmücken, ihr gabt eu'r Geschmeide.

Die Tempelpriesterinnen führten wie Iphigenie vom
Tempel der Artemis (Eur. Iph. T. 131) die Schlüssel des
Tempels. Aus diesem Gebrauche ist zu erklären, dass klei-
nere Gottheiten, wie Peitho Schlüssel führen, vgl. Pind. Pyth.
9, 39 *κρυπταὶ κλαΐδες ἐντὶ σοφᾶς Πειθοῦς ἱερᾶν φιλοτάτων*.
Schön ist diese Personification · ausgeführt an der *Ἀσυχία*
bei Pindar. Pyth. 8, 1: *φιλόφρον Ἀσυχία, Δίκας ὦ μεγιστό-*
πολι θύγατερ, βουλᾶν τε καὶ πολέμων ἔχοισα κλαΐδας ὑπερτά-
τας. Zur Erklärung diene Eur. Hipp. 538 *Ἔρωτα δὲ τὸν τύραν-*

νον ἀνδρῶν, τὸν τᾶς Ἀφροδίτας φιλτάτων θαλάμων κληδοῦχον,
und der orphische Hymnus 58,4, welcher den Eros *πάντων κληΐ-*
δας ἔχοντα nennt. Auch der Genius und Hecate führen Schlüssel: Orph. hymn. 73, 6 *ἐν σοὶ γὰρ λύπης τε χαρᾶς τε κλῆ-*
δες ὀχοῦνται, ibid. 1, 6 von der Hecate: *παντὸς κόσμου*
κλειδοῦχον ἄνασσαν. Vgl. Rückert, Gedichte p. 248: Mit
dem goldnen Schlüssel des Vertrauens hat ihr· Herz die
Liebste mir erschlossen. Vgl. Dissen zu Pind. Pyth.· 8, 4,
Jac. Anth. 10· p. 214.

Der Altar der kleineren Gottheiten dient oft der plastischen Darstellung, namentlich der Altar der Dike, öfter erwähnt von Aeschylus, z. B.˘Ag. 367 (vgl.˙Schneidew.) *λα-*
κτίσαντι μέγαν Δίκας βωμόν, Eum. 529 *βωμὸν αἴδεσαι Δί-*
κας, μηδέ νιν κέρδος ἰδὼν ἀθέῳ ποδὶ λὰξ ἀτίσῃς. Aehnlich *σεμνὰ θέμεθλα Δίκας* Solon. El. 3, 14 (Bergk) und
Aesch. Choeph. 635 *Δίκης δ' ἐρείδεται πυθμήν.* Schön ist
die Stelle des Euripides Ant. fr. 170 (Nauck p. 325) *οὐκ ἔστι*
Πειθοῦς ἱρὸν ἄλλο πλὴν λόγος καὶ βωμὸς αὐτῆς ἔστ' ἐν
ἀνθρώπου φύσει, von Aristoph. ran. 1391 verspottet. Personificirend ist *βωμὸς Ὁμοφροσύνης* bei Agathias 89, 8
(Jac. Anth. 4 p. 37), obwohl die *Ὁμόνοια* bei den Eleern
einen Altar hatte (vgl. Jac. Anth. 11 p. 116). Einen Altar hatte in Athen auch die *Ὕβρις* nach Theophrast, vgl.
Schneidew. et Leutsch, Paroem. gr. p. 94. Die ganze Uner-
bittlichkeit des Todes wird dadurch anschaulich, dass er keinen
Altar hat, dass keine Opfer bei ihm helfen, vgl. Aesch. Niob.
fr. 168 (Herm. 1 p. 353) *μόνος θεῶν γὰρ Θάνατος οὐ δώ-*
ρων ἐρᾷ· οὐδ' ἄν τι θύων οὐδ' ἐπισπένδων ἄνοις, οὐδ' ἔστι
βωμός, οὐδὲ παιωνίζεται· μόνου δὲ Πειθὼ δαιμόνων ἀποστα-
τεῖ. Vgl. Geibel, Juniuslieder: Wo jede Trauer ·den Altar
sich baute.

Wie die Gottheiten Wohnungen, Tempel, Altäre haben,
so auch Gärten, Wiesen. Durch diesen anmuthigen Besitz
wird ihre Persönlichkeit anschaulicher. Die Gärten der Charitinnen und Musen werden oft erwähnt von den Dichtern:
Pind. Ol. 9, 26 *εἰ σύν τινι μοιριδίῳ παλάμᾳ ἐξαίρετον Χα-*
ρίτων νέμομαι κᾶπον. Arist. av. 1099 *ἠρινά τε βοσκόμεθα.*

παρϑένια λευκότροφα μύρτα Χαρίτων τε κηπεύματα. Hierher gehört die Bemerkung des Libanius, Epist. 34 bei Boeckh fr. Pind. p. 630 (121): ὁ μὲν Πίνδαρός που φησὶ μήλων τε χρυσῶν εἶναι φύλαξ, τὰ δὲ εἶναι Μουσῶν, καὶ τούτων ἄλλοτε ἄλλοις νέμειν. Von den κηπεύματα der Charitinnen machte einen höchst poetischen Gebrauch Sappho, wenn sie von einer ungebildeten Frau sagt fr. 11: οὐ γὰρ πεδέχεις ῥόδων τῶν ἐκ Πιερίας. Aus dem Gebiete der Natur ist zu erwähnen Rückert, Gedichte p. 45: Den Garten kenn' ich wohl, wo alle Lenze wohnen, die flüchtig auf Besuch durchziehn der Erde Zonen. — Die Wiesen der Musen kommen vor bei Choerilus fr. 1 (Naeke p. 104): ὦ μάκαρ, ὅστις ἔην κεῖνον χρόνον ἴδρις ἀοιδῶν Μουσάων θεράπων, ὅτ' ἀκήρατος ἦν ἔτι λειμών. Arist. ran. 1334 ἵνα μὴ τὸν αὐτὸν Φρυνίχῳ λειμῶνα Μουσῶν ἱερὸν ὀφϑείην δρέπων. Auch Gefilde und Fluren haben die Charitinnen, bei Pind. Pyth. 6, 1 ἢ γὰρ ἑλικώπιδος Ἀφροδίτας ἄρουραν ἢ Χαρίτων ἀναπολίζομεν. Die Dichter bebauten den Acker der Musen und heissen Πιερίδων ἀρόται (Pind. Nem. 6, 33), vgl. auch Nem. 10, 26 τύχα τε μολὼν καὶ τὸν Ἰσϑμοῖ καὶ Νεμέα στέφανον (ἐκράτησε), Μοίσαισι τ' ἔδωκε ἀρόσαι, vgl. Lucret. 1, 926 (Lachm.) avia Prieridum peragro loca nullius ante trita solo. Solche Vorstellungen waren es, welche L. Tieck im Zerbino (p. 250 fg.) veranlassten, einen Garten zu dichten, in welchem die „Poesie wohnt." Vgl. Göthe, Tasso p. 98: Ich halte mich am liebsten auf der Insel der Poesie in Lorbeerhainen auf. Rückert, Gedichte p. 393: Hoch im Gebirg, ob Wald und Wolken hoch, bewohnt ein paradiesisches Gehege die Liebe. Dass diese Vorstellungen eine symbolische Bedeutung haben, beeinträchtigt die Anschaulichkeit der Darstellung nicht. Sehr schön spricht Euripides Hipp. 73 von der Wiese der Αἰδώς, welche sie selbst bewässert: σοὶ τόνδε πλεκτὸν στέφανον ἐξ ἀκηράτου λειμῶνος, ὦ δέσποινα, κοσμήσας φέρω, ἔνϑ' οὔτε ποιμὴν ἀξιοῖ φέρβειν βοτά, οὐδ' ἦλϑέ πω σίδηρος, ἀλλ' ἀκήρατον μέλισσα λειμῶν' ἠρινὸν διέρχεται, Αἰδὼς δὲ ποταμίοισι κηπεύει δρόσοις, Vgl. Hofm. Peerlk. zu Hor. carm. 1, 26, 7. Vgl. Λήϑης πεδίον bei Arist. ran. 186 und Plato de republ. p. 621 A. Eine wirkliche Personification ist in der Plautinischen Stelle mil. gl. 3, 3, 12 (Ritschl), wo von der Gegend die Rede ist, in welcher der gute Rath wohnt: nam ego multos saepe vidi regionem fugere consili prius quam repertam haberent. Vgl. Plato, Phaedr. p. 248 B ἀληθείας πεδίον. — Sprichwörtlich war λιμοῦ πεδίον, Zenob. bei Schneidew. und v. Leutsch, Paroem. Gr. p. 113 Not. 93. — Höhlen und Grotten sind die Aufenthaltsorte der Nymphen, Erinyen, Musen. Die Grotte der Nymphen auf Ithaka bei Hom. Od. 13, 102 — 112 mag erwähnt werden. Im orphischen Hymnus 51, 5 heissen die Nymphen σπήλυγξι κεχαρμέναι. Die Erinyen werden im orphischen Hymnus 69, 3 genannt νυκτέριαι, μύχιαι, ὑπὸ κεύθεσι οἰκί᾽ ἔχουσαι ἄντρῳ ἐν ἠερόεντι. In mythischer Weiterbildung Göthe, Iphig. p. 44: Sie (die Erinyen) rühren sich in ihren schwarzen Höhlen und aus den Winkeln schleichen ihre Gefährten, der Zweifel und die Reue, leis' herbei. Die Musen haben Grotten, in welchen (symbolisch) die Freunde der Poesie Erholung finden, wie Horaz carm..3, 4, 37 die Musen anredet — vos Caesarem altum — Pierio recreatis antro; vgl. Pind. Pyth. 6, 49 σοφίαν δρέπων ἐν μυχοῖσι Πιερίδων, Martial. 12, 11, 4 antra Pimplea. Vgl. Mitscherlich zu Hor. 3, 4, 40. — Bei Aristoph. pac. 222 hat der Krieg die Friedensgöttin in eine tiefe Höhle geworfen (ὁ Πόλεμος αὐτὴν ἀνέβαλ᾽ εἰς ἄντρον βαθύ). Von der Freiheit Rückert, Gedichte p. 163: Die Freiheit, die im Maiensonnenscheine lustwandeln ging an den krystallnen Wogen, sah's und erschrak und flüchtete betrogen zur tiefsten Grotte, dass sie einsam weine. Vgl. auch die schönen Worte des Simonides 14 (Jac. Anth. 1 p. 61) ἔστι τις λόγος τὰν Ἀρετὰν ναίειν δυσαμβάτοις ἐπὶ πέτραις, νῦν δέ μιν θοὰν χῶρον ἁγνὸν ἀμφέπειν.

51. Θρόνος und Composita, throne, enthroned.

Den Göttern einen Ehrensessel zuzuschreiben ist plastische Anschauung, aus der wir die Epitheta ποικιλόθρονος (Sapph. fr. 1, 1 Bergk), χρυσόθρονος (Sapph. fr. 30), ἀγλαόθρονος (Pind. Ol. 13, 96), ὁμόθρονος (Pind. Nem. 11, 2), εὔθρονος (Pind. Nem. 3, 83), λιπαρόθρονος hervorheben. Die Göttermutter rodet der orphische Hymnus 27, 5 an: ἢ κατέχεις κόσμοιο μέσον θρόνον. Der θρόνος der Demeter ibid. 40, 15. Die Φύσις heisst εὔθρονος ibid. 10, 18. Pan wird σύνθρονος ὥραις genannt ibid. 11, 4. Die Eos ist χρυσόθρονος. Von der Sonne Shaksp. Henry VIII 2, 3 (Del. p. 55) after so many courses of the sun enthroned. Von den Wolken sagt Möricke, Gedichte p. 48: Da seid ihr alle wieder aufgerichtet, besonnte Felsen, alte Wolkenstühle. Von den Felsen selbst Rückert, Gedichte p. 571: Es seufzt der Fels, dass ihr sein Steingestühle zerbracht, um eure Wände draus zu schichten. Vom Pluto heisst es im orphischen Hymnus 18, 8: ὃς θρόνον ἐστήριξας ὑπὸ ζοφοειδέα χῶρον. Dem Schlafgotte verspricht Here bei Hom. Il. 14, 238 einen goldnen Sessel: δῶρα δέ τοι δώσω, καλὸν θρόνον, ἄφθιτον αἰεί, χρύσεον. Wie die Götter erhalten einen θρόνος auch Heroinen, z. B. Kyrene, welche als Personification der gleichnamigen Stadt bei Pind. Pyth. 4, 26 ἄστυ χρυσοθρόνου Κυράνας genannt wird.

Oefter wird der θρόνος der Dike erwähnt, welche bei Julian. Aeg. 39, 6 (Jac. Anth. 3 p. 203) σύνθρονος heisst, vgl. den orphischen Hymnus 62, 1: ὄμμα Δίκης μέλπω, πανδερκέος, ἀγλαομόρφου, ἢ καὶ Ζηνὸς ἄνακτος ἐπὶ θρόνον ἱερὸν ἵζει. Sophokles braucht βάθρον im Sinne von θρόνος, Antig. 854 ὑψηλὸν ἐς Δίκης βάθρον προσέπεσες. Anonymus tr. fr. 216 (Wagner) λιπαροθρόνους ἀδελφὰς Δίκαν καὶ στεφανοφόροι Εἰράναν. Der θρόνος der Erinyen und Parzen: Aesch. Eum. 505 ὦ θρόνοι τ' Ἐρινύων, Eur. Pel. fr. 2 (Wagner 614) κλύετ' ὦ Μοῖραι, Διὸς αἵτε παρὰ θρόνον ἀγχόταται θεῶν ἑζόμεναι. Vgl. Plato de rep. p. 621 A ὑπὸ τὸν τῆς Ἀνάγκης θρόνον ἰέναι. Wichtig ist Soph. Ol. 1267 ἀλλ' ἔστι γὰρ καὶ Ζηνὶ σύνθακος θρόνων Αἰδὼς ἐπ' ἔργοις πᾶσι. Hiermit ist die vollständige Personification zu vergleichen bei Aesch. Sept. 405 αἰσχύνης θρόνος, noch stärker in Aesch. Ag. 948 θάρσος εὐπιθὲς ἵζει φρενὸς φίλον θρόνον. Vgl. Plato de rep. 8 p. 553 B ἐπὶ κεφαλὴν ὠθεῖ ἐκ τοῦ θρόνου τοῦ ἐν ἑαυτοῦ ψυχῇ φιλοτιμίαν. Sehr wichtig Moschion, fr. 7, 16 (Nauck p. 633) ἦν δ' ὁ μὲν νόμος ταπεινός, ἡ δὲ βία σύν-

ϑϱόνος δίκη. Ebenso Shakspere: Romeo 5, 1 (Del. p. 110)
my bosom's lord (die Liebe) sits lightly in his throne. Othello
3, 3 yield up, o love, thy crown and hearted throne
to tyrannous hate. Tw.-night 2, 4 (Del. p. 39) it gives a
very echo to the seat, where love is throned. Romeo 3, 2
(Del. p. 78) upon his brow shame is ashamed to sit: for 't is
a throne, where honour may be crown'd sole monarch of the
universal earth. Die Freiheit bei Rückert p. 189: Da konnten sie gewahren, wie ich dort sass zu Thron. Zuweilen dient
zu dieser Personification das Adjectiv enthroned: Merch. of Venice 4, 1 (Del. p. 80) but mercy is enthroned in the hearts
of kings. Shakspere braucht es auch von der Sonne Henry VIII
2, 3 (Del. p. 55) after so many courses of the ·sun enthroned. Charakteristisch ist Shaksp. Timon 5, 5 (Del. p. 101),
wo „die bisher stumme Kränkung, d. h. die bisher stumm
Duldenden es sich jetzt in den Polsterstühlen der Senatoren
bequem machen und sich verschnaufen" (now breathless
wrong shall sit and pant in your great chairs of ease). Vgl.
Göthe, Tasso p. 208: Sein launisch Missbehagen ruht auf
dem breiten Polster seines Glücks. Vgl. auch Henry IV
II, 5, 2 (Del. p. 106) to pluck down' justice from your
awfull bench.

52. Ἅϱμα, δίφϱος, ἵππος und Composita, ὄχημα,
currus, quadriga. Χαλινός, ζυγόν, rota, wheel.
Κέντϱον, μάστιξ, flagellum.

Die plastische Schönheit der Darstellung gewinnt unge-
mein dadurch, dass den Gottheiten ein Gespann zugeschrieben wird. Der Wagen des Zeus bei Plato Phaedr. p. 246 E:
ὁ μὲν δὴ μέγας ἡγεμὼν ἐν οὐϱανῷ Ζεὺς πτηνὸν ἅϱμα ἐλαύ-
νων, vgl. Hor. carm. 1, 12, 58 vom Zeus: tu gravi curru quaties
Olympum. Ibid. 1, 34, 5 namque Diespiter, igni corusco
nubila dividens, plerumque per purum tonantes egit equos vo-
lucremque currum. Vgl. Geibel, ·K. Roderich p. 119: nun
schirrt das Wetter seinen Rappen an und fährt rollend empor am Himmel, dass der Hufschlag von streif'gen Flam-
men sprüht. — Im orphischen Hymnus 88, 1 ist Ares βϱι-
σάϱματος. Der Wagen der Rhea Kybele war mit Lö-

wen bespannt (Soph. Phil. 394 ἰὼ μάκαιρα ταυροκτόνων λεόντων ἔφεδρε. Orph. H. 14, 2 ἧ λῖς ταιροφόνος ἱερότροχον ἄρμα τιταίνει. 27, 3 ταυροφόνων ζεύξασα ταχύδρομον ἄρμα λεόντων), der Wagen der Aphrodite war von Sperlingen oder Schwänen gezogen (Sapph. fr. 1, 9 καλοὶ δέ σ' ἆγον ὦκεες στροῦθοι, Hor. carm. 3, 28, 14 quae Cnidon fulgentesque tenet Cycladas et Paphon iunctis visit oloribus, ibid. 4, 1, 10 purpureis ales oloribus. Andere Stellen bei Orelli zu Hor. carm. 3, 28, 14.). Die Ceres wird im orphischen Hymnus 40, 14 als ἄρμα δρακοντείοισιν ὑποζεύξασα χαλινοῖς bezeichnet. Vgl. Ovid. Fast. 4, 562 aligero tollitur axe Ceres. Das Epitheton χρυσήνιος erhält Artemis bei Homer. Il. 6, 205, Ares Od. 8, 285, Aphrodite Soph. OC. 692.

1. Das Gespann des Helios kommt in vielen Stellen und in sehr mannigfaltigen Bezeichnungen vor. Den schönsten Gebrauch hat davon gemacht Soph. Aj. 845: σὺ δ', ὦ τὸν αἰπὺν οὐρανὸν διφρηλατῶν Ἥλιε, πατρῴαν τὴν ἐμὴν ὅταν χθόνα ἴδῃς, ἐπισχὼν χρυσόνωτον ἡνίαν, und 857: καὶ τὸν διφρευτὴν Ἥλιον προςεννέπω. Vgl. Eur. Phoen. 1 ὦ τὴν ἐν ἄστροις οὐρανοῦ τέμνων ὁδὸν καὶ χρυσοκολλήτοισιν ἐμβεβὼς δίφροις, Ἥλιε und Theodect. fr. 17 (Nauck p. 627) ἥλιος διφρηλατῶν. Der Orphische Hymnus 8, 18 redet ihn an: ὦ ἐλάσιππε, μάστιγι λιγυρῇ τετράορον ἅμα διώκων. Euripides liebt es, das Viergespann des Helios zu erwähnen, vgl. Pflugk ad Eur. Hel. 342. Die Ausdrücke Ἥλιος τεθριππεύων Eur. Arch. fr. 2, 5 (Wagner p. 114), τέθριππα ἅρματα Phoen. 1565, Phaeth. fr. 1 (Wagner p. 380), τεθρίπποις ἡλίου Cresph. fr. 2 — 8 (Wagner p. 233) kommen vor. Die Rosse des Helios sind auch geflügelt, Eur. Phaeth. 10 (Wagner p. 390) πλευρὰ πτεροφόρων ὀχημάτων. Bei Soph. fr. 523 (Dind.) heisst Helios φίλιππος, bei Arist. nub. 571 ἱππονώμας. Witzig ist die ἁρματωλία des Helios und der Selene bei Arist. pac. 407. Die ἱπποστάσεις Ἡλίου kommen bei Eur. Phaeth. 1, 5 (Wagner p. 380) vor, vgl. Hel. 592 ἀμφὶ μὲν ἀελίου κνεφαίαν ἱππόστασιν und die herrliche Stelle des Aeschylus fr. 202 (Herm. 1 p. 363) ἵν' ὁ παντόπτας Ἥλιος αἰεὶ χρῶτ' ἀθάνατον κάματόν θ' ἵππων θερμαῖς ὕδατος μαλακοῦ προχοαῖς ἀναπαύει. Vgl. Ovid. Met. 4,

214 axe sub Hesperio sunt pascua Solis equorum. Zu welchen zierlichen Wendungen diese Anschauungen benutzt wurden, mag noch Euripides und Horaz lehren: Suppl. 990 τί φέγγος, τίν' αἴγλαν ἐδίφρευσε τότ' ἅλιος σελάνα τε κατ' αἰθέρα, vgl. Ion. 1148 ἵππους μὲν ἤλαυν' ἐς τελευταίαν φλόγα Ἥλιος, ἐφέλκων λαμπρὸν Ἑσπέρου φάος. Hor. carm. saec. 9 alme Sol, curru nitido diem qui promis et celas aliusque et idem nasceris, possis nihil urbe Roma visere maius, vgl. Carm. 3, 6, 44, Epist. 1, 16, 7. Vgl. Rückert, Gedichte p. 379: Seit ihr ihm fehlet, vergebens gezogen sind über ihm hin Sonnen und Monde, so goldengeschirret als silbergehuft. Ibid. p. 591: Und wie die goldnen Zügel in leichter Hand sie führt (die Sonne), so haben sie (die Winde) die Flügel auf ihren Wink gerührt. Das hab' ich in den Tagen des Sommers klar geschn, wo ihren Siegeswagen sie lässt am höchsten gehn. Bei anderen Dichtern, wie bei Stesichorus, Aeschylus, Mimnermus fährt Helios auf einer Schale oder einem becherartigen Fahrzeuge über die Strömung des Oceanus zu der heiligen Nacht oder nach nächtlicher Ruhe im Westen nach dem Aufgange hin, um von da zu dem Himmel emporzusteigen: Stesich. fr. 8 (Bergk) Ἀέλιος δ' Ὑπεριονίδας δέπας ἐςκατέβαινεν χρύσεον, ὄφρα δι' Ὠκεάνοιο περάσας ἀφίκοιθ' ἱερᾶς ποτὶ βένθεα νυκτὸς ἐρεμνᾶς ποτὶ ματέρα κουριδίαν τ' ἄλοχον παῖδας τε φίλους. Aesch. fr. 71 (Herm. 1 p. 328) ἐπὶ δυσμαῖσι τεοῦ πατρὸς Ἡφαιστοτυκὲς δέπας, ἐν τῷ διαβάλλει πολὺν οἰδματόεντ' ἀμφίδρομον πόρον, εἰς μελανίππου προφυγὼν ἱερᾶς νυκτὸς ἀμολγόν. Mimnerm. eleg. 12, 5 (Bergk) τὸν μὲν γὰρ διὰ κῦμα φέρει πολυήρατος εὐνὴ κωΐλη, Ἡφαίστου χερσὶν ἐληλαμένη χρυσοῦ τιμήεντος, ὑπόπτερος, ἄκρον ἐφ' ὕδωρ, εὕδονθ' ἁρπαλέως. Auch Shaksp. benutzt diese Anschauungen und stellt sie in höchst individueller Weise dar: Henry IV 1, 3, 1 (Del. p. 68) the hour before the heavenly harness'd team begins his golden progress in the east. Tempest 4, 1 (Del. p. 65) when I shall think, or Phoebus steeds are founder'd or Night kept chain'd below. Romeo 3, 2 (Del. p. 75) gallop apace, you fiery-footed steeds, towards Phoebus lodging: such a waggoner as Phaethon would whip you to the west, and bring in cloudy

night immediately. Höchst individuell Henry V 4, 1 (Del.
p. 87) like a lackey, from the rise to set, sweats in the eye
of Phoebus and all night sleeps in Elysium; next day, after
dawn, doth rise and help Hyperion to his horse. Ant. and
Cleop. 4, 8 (Del. p. 108) he has deserv'd it, were it car-
buncled like holy Phoebus' car, vgl. Romeo 2, 3 (Del. p. 54).
Oft kommt auch das Gespann der Mondgöttin vor. Der
Orphische Hymnus 9, 5 bezeichnet sie als φίλιππος. Propert.
1, 10, 7 quamvis labentes premeret mihi somnus ocellos et
mediis coelo Luna ruberet equis. Ovid. Tr. 1, 3, 27 Luna-
que nocturnos alta regebat equos. Ov. Fast. 4, 373 postera
cum coelo motis Pallantias astris fulserit et niveos Luna leva-
rit equos. Von der Mondgöttin Geibel, Gedichte und Gedenkblätter p. 129: Mit sichrer Hand die Zügel fasst sie,
halb zurück gewandt, und sanft vom Hang sich lösend, über'm
Tann in's Blaue zaudernd, schwebt ihr Lichtgespann. Bemerkenswerth der Ausdruck bei Rückert, Gedichte p. 129:
silbergehufte Monde. Von den Sternen wird dem Lucifer
ein Gespann zugeschrieben: Tibull. 1, 9, 62 dum rota Luci-
feri provocet orta diem. Ovid. Met. 1, 6, 65 iamque prui-
nosos molitur Lucifer axes, Met. 15, 189 cumque albo Lucifer
exit clarus equo. Hiermit vgl. Eur. fr. inc. 196 (Wagner
p. 494) ἕως ἡνίχ' ἱππότης ἐξέλαμψεν ἀστήρ. Vgl. Heyne
zu Tibull. 1, 9, 62. Ein Gespann hat die Eos: Theocr. 13, 11
λεύκιππος ἀώς, ibid. 2, 147 σάμερον, ἁνίκα πέρ τε ποτ' οὐρανὸν ἔτρεχον ἵπποι, Ἀῶ τὰν ῥοδόπαχυν ἀπ' Ὠκεανοῖο φέ-
ροισαι. Dionys. hymn. Ap. 7 (Jac. Anth. 2 p. 230) χιονοβλεφάρου πάτερ Ἀοῦς, ῥοδόεσσαν ὃς ἄντυγα πώλων πτανοῖς
ὑπ' ἴχνεσι διώκεις. Virg. Aen. 6, 535 hac vice sermonum
roscis Aurora quadrigis iam medium aetherio cursu traiecerat
axem. Ibid. 7, 24 iamque rubescebat radiis mare, et aethere
ab alto aurora in roscis fulgebat lutea bigis. Rückert, An
die Göttin Morgenröthe (Gedichte p. 7): Trag' auf deinen
Flammenrossen mich hinauf zum Sternenzelt.

Auch die Winde haben ein Gespann oder reiten, vgl.
Virg. Aen. 2, 417 laetus Eois Eurus equis. Bemerkenswerth
Eur. Phoen. 211 περιῤῥύτων ὑπὲρ ἀκαρπίστων πεδίων Σι-
κελίας Ζεφύρου πνοαῖς ἱππεύσαντος, vgl. Hor. carm. 4, 4, 43

ceu flamma per taedas vel Eurus per Siculas equitavit undas. Vgl. Geibel, König Roderich p. 134: Und wäre selbst der giftge Samum gegen mich gezogen, der reitet auf des Todes fahlem Ross.

Vom Tode sagt Geibel, Gedichte p. 154: Der schnellste Reiter ist der Tod, er überreitet das Morgenroth, — sein Ross ist fahl und ungeschirrt.

Von den Städten wird insbesondere Theben dadurch personificirt, dass seine Liebe zu Wagen und Wettfahrten hervorgehoben wird. Diese Personification tritt am deutlichsten hervor bei Pindar fr. 104 (Dissen) εὐάρματε χρυσοχίτων, ἱερώτατον ἄγαλμα, Θήβα. Vgl. Pind. Ol. 6, 85 πλάξιππον Θήβαν. Isthm. 7, 20 heisst Theben φιλάρματος πόλις, vgl. Pind. fr. 204 (Boeckh p. 662) Θήβας χρυσαρμάτους. Nach Dionysius von Phaselis hatte Pindar auch λευκίπποις Θήβας, vgl. Boeckh expl. Pind. p. 327. Soph. Ant. 149 τᾷ πολυαρμάτῳ Θήβᾳ, ibid. 845 εὐάρματοι Θῆβαι. Eur. Phoen. 17 Θηβαῖσιν εὐίπποις.

2. Der Zeit, der Nacht, dem Tage wird Ross oder Gespann gegeben. Rückert, Gedichte p. 378: Wie die schöne Jugendgöttin auf dem Ross der Zeit hintrabend. Geibel, Juniuslieder p. 85: Vom müden Saumross, das sich wund getragen, nimmt sie das Joch und schirrt vor ihren Wagen den Dampf, den wilden Riesen, an. Der Wagen der Nacht ist bei den Dichtern sehr häufig: Aesch. Choeph. 647 νυκτὸς ἅρμ᾽ ἐπείγεται σκοτεινόν, Aesch. fr. 71 (Herm. 1 p. 328) μελανίππου ἱερᾶς νυκτός. Herrlich ist die von Aristophanes Thesm. 1065 persiflirte Stelle des Euripides, Andromeda 1 (Nauck p. 313) ὦ Νὺξ ἱερά, μακρὸν ὡς ἵππευμα διώκεις ἀστεροειδέα νῶτα διφρεύοισ᾽ αἰθέρος ἱερᾶς τοῦ σεμνοτάτου δι᾽ Ὀλύμπου. Vgl. Eur. Ion. 1152 μελάμπεπλος δὲ Νὺξ ἀσείρωτον ζυγοῖς ὄχημ᾽ ἔπαλλεν. Bei Theocr. 2, 166 folgen die Sterne dem Wagen der Nacht: ἀστέρες, εὐκήλοιο κατ᾽ ἄντυγα Νυκτὸς ὀπαδοί. Bei Orph. hymn. 3, 7 νὺξ ἐλάσιππος. Ebenso die lateinischen Dichter: Tibull. 2, 1, 87 Nox iungit equos, ib. 3, 4, 17 nox aetherium nigris emensa quadrigis mundum caeruleo laverat amne rotas. Andere Stellen angeführt von Dissen zu Tibull. 2, 1, 87. Bei

Shakspere Mids. 3, 2 (Del. p. 58) wird der Wagen der Nacht von Drachen gezogen ι for night's swift dragons cut the cloud foul fast; ebenso Cymb. 2, 3 (Del. p. 42) swift, swift, you dragons of the night. Troil. 5, 10 (Del. p. 125) the dragon wing of night o'erspreds the earth. Der Tag erscheint in **selbständiger Personification** auf einem mit weissen Rossen bespannten Wagen: Aesch. Pers. 392 λευκίπωλος ἡμέρα, Soph. Aj. 673 τῇ λευκοπώλῳ ἡμέρᾳ, vgl. das Fragment eines unbekannten Dichters bei Ribbeck tr. fr. p. 224 orto beato lumine, volitans qui per coelum candidus equitas. Vgl. Ovid. Met. 4, 629 dum Lucifer ignes evocat Aurorae, currus Aurora diurnos.

3. Simonides giebt den Grazien und der Nike einen Wagen: fr. 150, 10 (Bergk) ἅρμασιν ἐν Χαρίτων φορηθείς, vgl. auch Sappho (angeführt von Jac. Anth. 6 p. 252) ἄγει καὶ Ἀφροδίταν ἐφ' ἅρμα Χαρίτων. Sim. fr. 147, 3 Νίκης ἅρμ' ἐπέβης. Der Wagen der Musen ist ein Lieblingsausdruck des Pindar, vgl. Boeckh zu Ol. 6, 22 und die treffliche Anmerkung Hertzbergs zu Propert. 3, 1, 10. Pind. Isthm. 2, 1 οἱ μὲν πάλαι φῶτες, οἳ χρυσαμπύκων ἐς δίφρον Μοισᾶν ἔβαινον κλυτᾷ φόρμιγγι συναντόμενοι. Olymp. 9, 80 εἴην εὐρησιεπὴς ἀναγεῖσθαι πρόσφορος ἐν Μοισᾶν δίφρῳ. Isthm. 7, 62 ἔσσυταί τε Μοισαῖον ἅρμα Νικοκλέος μνᾶμα πυγμάχου κελαδῆσαι. Diese Anschauung gab Veranlassung zu dem Ausdrucke Pind. scol. fr. 3 (Dissen) ἐρατᾶν ὄχημα ἀοιδᾶν. Vgl. Rückert, Gedichte p. 39: Dahin hat mich emporgehoben der Begeisterung Flammenwagen. Auf einem goldnen Wagen führen die Parzen die Themis zum Olymp, dass sie des Zeus Gattin sei, Pindar. hymn. fr. 2 (Boeckh p. 56) πρῶτον μὲν εὔβουλον Θέμιν οὐρανίαν χρυσέαισιν ἵπποις Ὠκεανοῦ παρὰ παγᾶν Μοῖραι ποτὶ κλίμακα σεμνὰν ἀγον Οὐλύμπου λιπαρὰν καθ' ὁδὸν σωτῆρος ἀρχαίαν ἄλοχον Διὸς ἔμμεν. Der Triumph wird als Gott oder Person gedacht und von Hor. epod. 9, 21 angeredet: io Triumphe, tu moraris aureos currus? vgl. hiermit Propert. 3, 1, 10 a me nata coronatis Musa triumphat equis. Selbständige Personification ist bei Aesch. Choeph. 781 ἴσθι δ' ἀνδρὸς φίλου πῶλον εὖνιν ζυγέντ' ἐν ἅρματι πημάτων (in den Wagen der Leiden

gespannt). Eur. Herc. f. 780 ἔϑϱαισε δ' ὄλβου κελαινὸν
ἄϱμα. Vgl. Rückert, Gedichte p. 359: Wenn euch des
Glückes Ross zu tragen sich fühlt gelenk. Geibel, K. Roderich p. 55: Unbeständig ist das Ross des Glücks. Eur. fr.
inc. 167 (Wagner) πυϱιγενὴς δὲ δϱάκων ὁδὸν ἡγεῖται ταῖς
τετϱαμόϱφοις ὥϱαισι, ζευγνὺς ἁϱμονίᾳ πλούτου πολύκαϱπον
ὄχημα. Der Wagen des Ruhmes und der Ruhmsucht bei Hor.
Serm. 1, 6, 23 sed fulgente trahit constrictos Gloria curru,
ep. 2, 1, 177 quem tulit ad scenam ventoso Gloria curru. Vgl.
Orph. hymn. 59, 8 ὅϑι πάγγεον ἅϱμα διώκει δόξα. Schiller,
Die Ideale: Wie tanzte vor des Lebens Wagen die flüchtige
Begleitung her. Tieck, Fortunat p. 132: Ja, Sterne sinds,
die unsers Lebens Wagen ziehn, Vernunft genügt der frem-
den Rosse Lenkung nicht. Vgl. Tieck, Genov. p. 114: Die
Erinnerung umgeschmissen, der taube Fuhrmann Vernunft im
Hohlweg liegend. Bemerkenswerth ist auch die sprichwörtliche Wendung bei Plaut. Asin. 2, 2, 13 si occasioni huic
tempus sese subterduxerit, nunquam edepol quadrigis albis
indipiscet postea. Die kühnste Personification auf diesem Gebiete ist in Shaksp. Rich. III 1, 1 (Del. p. 19): Der grimme
Krieg hat seine Stirn entrunzelt, und statt zu reiten das
geharnschte Ross, um droh'nder Gegner Seelen zu er-
schrecken, hüpft er behend in einer Dame Zimmer nach
üppigem Gefallen einer Laute. Vgl. Henry V 3, 7 (Del.
p. 75) even as your horse bears your praises: who would
trot as well, were some of your brags dismounted.

Einen Zügel geben die Dichter dem Zeus, Aesch. Prom.
692 ἀλλ' ἐπηνάγκαζέ νιν Διὸς χαλινὸς πϱὸς βίαν πϱάσσειν
τάδε, der Nemesis, z. B. Mesomedes 1, 3 Νέμεσι, — ἃ
κοῦφα φϱυάγματα ϑνατῶν ἐπέχεις ἀδάμαντι χαλινῷ, vgl.
Ammian. Marc. 14, 11 (bei Jac. Anth. 9 p. 342) eadem (Nemesis) necessitatis insolubili retinaculo mortalitatis vinciens
fastus. Epigr. inc. 255 (Jac. Anth. 4 p. 170) ἡ Νέμεσις
πϱολέγει τῷ πήχεϊ, τῷ τε χαλινῷ, μήτ' ἄμετϱόν τι ποιεῖν,
μήτ' ἀχάλινα λέγειν. Hiermit vgl. die Stelle eines alten
Dichters bei Cic. de orat. 3, 41 exsultantem te et praefiden-

tem tibi repriment validae legum habenae, atque imperii insistent iugo. Zu beachten Pind. Isthm. 7, 45 ἐν διχομηνίδεσσιν δὲ ἑσπέραις ἐρατὸν λύοι κεν χαλινὸν ὑφ᾽ ἥρωι παρθενίας. Bemerkenswerth ist aus dem Gebiete der Natur Virg. Georg. 4, 136 quum tristis hiems glacie cursus frenaret aquarum.

Hier ist auch das Joch zu erwähnen, welches z. B. die Stärke, die Sklaverei, die Nothwendigkeit auflegen: mythisch das Joch der Δικαιοσύνη bei Orph. 63, 5: ὅσσοι μὴ τὸ σὸν ἦλθον ὑπὸ ζυγόν. Vgl. 61, 5 von der Nemesis: ἣν πάντες δεδίασι βροτοὶ ζυγὸν αὐχένι θέντες. — Aesch. Pers. 586 ἐλύθη ζυγὸν ἀλκᾶς. Soph. Aj. 944 πρὸς οἷα δουλείας ζυγὰ χωροῖμεν. Soph. Ter. fr. 8, 7 (Dind. 518) τοὺς δὲ δουλείας ζυγὸν ἔσχεν ἀνάγκᾳ. Vgl. Moschion, fr. 2 (Nauck p. 631) πάντολμ᾽ ἀνάγκη, στυγνὸν ἢ κατ᾽ αὐχένων ἡμῶν ἐρείδεις τῆςδε λατρείας ζυγόν. Häufig bei Aeschylus δούλιον oder δούλειον ζυγόν, Ag. 927. 1199. Sept. 453. 775. — Inc. trag. fr. 85 (Wagner p. 202) τὸ τῆς ἀνάγκης ἰσχυρὸν ζυγόν. Vgl. Aesch. Ag. 205 ἐπεὶ δ᾽ ἀνάγκας ἔδυ λέπαδνον. Eur. Beller. fr. 20, 9 (Nauck) ἔξω δὲ βαίνων τοῦδε, τὸν πάρος χρόνον πλουτῶν, ὑπ᾽ ἄτης ζεῦγμ᾽ ἂν ἀσχάλλοι πεσών. Vgl. Pind. fr. 97 (Boeckh p. 623) ψυχαὶ ἀσεβέων ὑπουράνιοι γαίᾳ πωτῶνται ἐν ἄλγεσι φονίοις ὑπὸ ζεύγλαις ἀφύκτοις κακῶν.

Ein Jochriemen wird zugeschrieben der Stadt Rom von Agathias 62, 7 (Jac. Anth. 4 p. 25): σὺ δ᾽, ὦ τέκος, ἄτρομε Ῥώμη, βάλλε καθ᾽ Ἑλλήνων σῆς ζυγόδεσμα δίκης. Erwähnt sei hier auch das Rad der Fortuna: Fronto orat. p. 125 Nieb. omnes Fortunas — cum pennis, cum rotis, cum gubernaculis reperies. Tibull. 1, 5, 70 versatur celeri Fors levis orbe rotae. Cic. Pis. 10 Fortunae rotam pertimescere. Vgl. Sidon. Apoll. Carm. V, 205 fatorum currente rota. In individuellster Darstellung bei Shaksp. Hamlet 2, 2 (Del. p. 68): out, out, thou strumpet Fortune! All you gods, in general synod, take away her power; break all the spokes and fellies from her wheel, and bowl the round nave down the hill of heaven, as low as to the fiends. Vgl. King Lear 2, 2 (Delius p. 56) Fortune, good night; smile once more; turn thy wheel. Verzerrt im Munde des Pistol in Henry V 3, 6 (Del. p. 68).

Einen Stachel, wie man ihn brauchte, um Zugthiere anzutreiben, hat die Wuth, die Liebe, die Ueberredung, die Verläumdung: Aesch. fr. 456 (Herm. 1 p. 409) *οὕτως πέπονθα καί με συμφορᾶς ἀεὶ βαθεῖα κηλὶς ἐκ βυθῶν ἀναστρέφει λύσσης πικροῖς κέντροισιν ἠρεθισμένον.* Ibid. fr. 176 (Herm. 1 p. 356) *κέντημα λύσσης.* Eur. Hipp. 39 *ἐκπεπληγμένη κέντροις ἔρωτος.* Synes. ep. 139 *κέντρον πειθοῦς.* Himer. p. 560 *κέντρον διαβολῆς.* Vgl. Möricke p. 112: Durch beharrlichen Fleiss der Armuth grimmigen Stachel zu versöhnen umsonst und zu verachten bemüht.

Eine Geissel wird Gottheiten zugeschrieben, z. B. dem Zeus, Ares, der Bellona, der Venus: Hom. Il. 12, 37; 13, 812 *Διὸς μάστιγι δαμέντες.* Aesch. Ag. 620 *διπλῇ μάστιγι, τὴν Ἄρης φιλεῖ, δίλογχον ἄτην, φοινίαν ξυνωρίδα,* vgl. Blomf. gl. Vgl. Virg. Aen. 8, 703 quam cum sanguineo sequitur Bellona flagello. Die Venus redet Hor. carm. 3, 27, 10 an: sublimi flagello tange Chloen semel arrogantem. Andere Stellen bei Orelli, vgl. Markland zu Stat. Silv. 5, 4. Die Peitho führt eine Geissel bei Pindar: Pyth. 4, 219 *μάστιγι Πειθοῦς,* ebenso die Winde bei Meleager 50, 5 *ἀνέμων μάστιξι Θάλασσα τραχὺ βοᾷ,* vgl. Musaeus 296 *χειμέριοι πνείοντες ἀεὶ στυφέλιζον ἀῆται λαίλαπι μαστίζοντες ὅλην ἅλα* und Shaksp. K. Lear 1, 2 (Del. p. 27) yet nature finds itself scourged by the sequent effects.

53. *Τόξον, ξίφος,* sword, *βέλος,* lance, *λίθος. Λόφος, αἰγίς, ἀσπίς,* clypeus. Flag.

Der plastischen Darstellung dienen die Waffen, welche die Götter führen. Zeus führt den Bogen bei Aesch. Ag. 347 (vgl. Schneidew.), ebenso Helios bei Eur. Herc. fur. 1090, vgl. Inc. trag. fr. 244, 3 (Wagner). Sehr wichtig Timotheus fr. 9 (Bergk) *σύ τ᾽ ὦ τὸν ἀεὶ πόλον οὐράνιον ἀκτῖσι λαμπραῖς Ἥλιε βάλλων, πέμψον ἑκαβόλον ἐχθροῖς βέλος σᾶς ἀπὸ νευρᾶς, Παιάν.* Vgl. Göthe, Die natürliche

Tochter p. 312: Der Sonne glühendes Geschoss durchdringt ein feuchtes kaum der Fluth entrinnncs Land. Rückert, Gedichte p. 20: Die Sonn' ist Gottes ew'ger Held mit goldner Wehr im blauen Feld. Ibid. p. 269: Scheuche doch mit deinem Pfeile, scheuch' in Eile, Sonne, mein geliebtes Kind. — Vom Monde vgl. Eur. Ion. 1155 κύκλος δὲ πανσέληνος ἠκόντιζ ἄνω μηνὸς διχήρης. — L. Tieck, Genov. p. 71: Ich muss es fühlen, wie alle Sterne nach mir mit Liebespfeilen zielen. — Bemerkenswerth Mosch. 5, 106 ἐκφυγέειν μεμαὼς ὀλοὸν βέλος Ἡφαίστοιο. In Bezug auf den Wein sagt Pind. fr. inc. 136 (Dissen): φρένας ἀμπελίνοις τόξοις δαμέντες.

Von der Zeit bemerke man lucida tela diei bei Lucret. 1, 148 und an andern Stellen.

Einen Bogen führt Aphrodite bei Eur. Med. 621, vgl. jedoch Schöne, insbesondere Eros in vielen Stellen, vgl. die ἔμπυρα, πυρίπνοα τόξα, αἱματόφυρτα βέλη des Eros bei Meleag. 28, 3. 50, 1. 8. Der orphische Hymnus 48, 2 nennt ihn τοξαλκῆ. Seine Rüstung beschreibt Mosch. 1, 18: τόξον ἔχει μάλα βαιόν, ὑπὲρ τόξω δὲ βέλεμνον · τυτθὸν ἀεὶ τὸ βέλεμνον, ἐς αἰθέρα δ' ἄχρι φορεῖται. καὶ χρύσεον περὶ νῶτα φαρέτριον, ἔνδοθι δ' ἐντὶ τοὶ πικροὶ κάλαμοι, τοῖς πολλάκι κἠμὲ τιτρώσκει. Vgl. Hor. 2, 8, 15 und dazu Mitscherl. und Orelli: ferus et Cupido semper ardentes acuens sagittas cote cruenta. Bei Shaksp. ist der Bogen des Cupido mit individuelleren Zügen gezeichnet in Tit. Andr. 1, 1 (Del. p. 24), Romeo 1, 4 (Del. p. 33). Ein Bogen wird der Ἀρά zugeschrieben von Aesch. Choeph. 680 — 682, Geschosse der Keren und Erinyen von Mosch. 4, 13 erwähnt: σχέτλιος, ὃς τόξοισιν, ἅ οἱ πόρεν αὐτὸς Ἀπόλλων ἠέ τινος Κηρῶν ἢ Ἐρινύος αἰνὰ βέλεμνα etc. Wirkliche Personification findet Statt, wenn bei Eur. Mel. fr. 30 (Wagner p. 267) der Tadel sein Geschoss abschnellt: μάτην ἄρ' εἰς γυναῖκας ἐξ ἀνδρῶν ψόγος ψάλλει κενὸν τόξευμα καὶ κακῶς λέγει, vgl. jedoch Nauck, tr. gr. fr. p. 411. Zu vergl. Inc. tr. fr. 118 (Wagner) τόδ' ἔστι τὸ ζηλωτὸν ἀνθρώποις, ὅτῳ τόξον μερίμνης, εἰς ὃ βούλεται, πέσῃ. Eur. Hec. 603 καὶ ταῦτα μὲν δὴ νοῦς ἐτόξευσεν μάτην. Eur. fr. inc. 38 (Wagner

p. 442) ἡ γαϱ τυϱαννὶς πάντοϑεν τοξεύεται δεινοῖς ἐϱῶσιν. Pind. Nem. 3, 37 χαλκότοξον ἀλκάν. Shaksp. All's well 5, 3 (Del. p. 97) through my revenges were high bent upon him and watch'd the time to shoot. Tit. Andr. 2, 1 (Del. p. 25) now climbeth Tamora Olympus top save out of fortune's shot. Schiller, Die Künstler: Gelassen hingestützt auf Grazien und Musen empfängt er das Geschoss, das ihn bedräut, mit freundlich dargebotnem Busen vom sanften Bogen der Nothwendigkeit. Geibel, Gedichte p. 327: Es leert umsonst der Tod den Köcher. Vgl. noch Passow's Wörterbuch s. v. τοξεύω und τόξευμα.

Mit einem Schwerte bewaffnet ist Orion bei Eur. Ion. 1152 (ξιφήϱης Ὠϱίων). — Von der Zeit Rückert, Gedichte p. 359: Die leid'ge Zeit führt doppelschneidig am Wehrgehenk ein Schwert, das dreinhaut ungeschmeidig. — Mythisch ist, dass der Tod ein Schwert führte. Bei Eur. Alc. 74 sagt der Θάνατος: στείχω ἐπ' αὐτὴν, ὡς κατάϱξωμαι ξίφει. Servius in Virg. Aen. 4, 694: alii dicunt Euripidem Orcum in scenam inducere gladium ferentem, quo crinem Alcesti abscindat. Cf. Nauck, tr. gr. fr. p. 558. Eur. Orest. 1383 αἷμ' ἐχύϑη κατὰ γᾶν ξίφεσι σιδαϱέοισιν Ἀΐδα. Vgl. Soph. Ant. 601 κατ' αὖ νιν φοινία ϑεῶν τῶν νεϱτέϱων ἀμᾷ κοπίς. Vgl. Shaksp. Cymb. 5, 3 (Del. p. 115) t' is strange he (der Tod) hides him in fresh cups, soft beds, sweet words; or hath more ministers than we that draw his knives i' the war. Hier sei bemerkt, dass die Ἀῖσα selbst das Schwert schmiedet, vgl. Aesch. Ch. 636 πϱοχαλκεύει δ' Ἀῖσα φασγανουϱγός. Vgl. Soph. Aj. 1034 ἆϱ' οὐκ Ἐϱινὶς τοῦτ' ἐχάλκευσε ξίφος; Personificirend Hor. carm. 4, 15, 19 non ira, quae procudit enses.

Bei Pind. Nem. 5, 19 steht σιδαϱίτας πόλεμος, der mit Eisen, mit dem Schwerte bewaffnete Krieg. Vgl. Shaksp. Henry V 1, 2 (Del. p. 23) how you awake our sleeping sword of war, Henry IV II, 4, 1 (Del. p. 75) and consecrate commotions bitter edge. Wichtig Shaksp. Henry V 2 Chor. (Del. p. 34) for now sits Exspectation in the air, and hides a sword from hilts unto the point, with crowns imperial.

Der Neid hat Geschosse, Epigr. inc. 430 (Jac. Anth. 4 p. 209) ὁ φϑόνος αὐτὸς ἑαυτὸν ἰοῖς βελέεσσι δαμάζει. So giebt Shaksp. der Verläumdung einen vergifteten Speer, Rich. II 1, 1 (Del. p. 18) pierc'd to the soul with slander's venom'd spear. Vgl. Cymbol. 3, 4 (Del. p. 70) t' is slander, whose edge is sharper than the sword. Das Schwert und die Lanze der Gerechtigkeit bei Shaksp. Othello 5, 2 (Del. p. 126) o balmy breath, that dost almost persuade justice to break her sword. K. Lear 4, 6 (Del. p. 116) and the strong lance of justice hurtless breaks. Zu diesen Anschauungen kam der Dichter um so leichter, da in den altenglischen Moralitäten Vice einen hölzernen Dolch führte, wie es aus Shaksp. Tw. night 4, 2 (Del. p. 75) sichtbar ist. Vgl. Geibel, König Roderich p. 194: o Gram, was bist du langsam? Ist dein Dolch denn nicht so scharf, um rasch ein Herz zu treffen?

Oft von den Alten wurde citirt Pind. Ol. 8, 55 μὴ βαλέτω με λίϑῳ τραχεῖ φϑόνος. Von den Stellen der Nachahmer, welche Boeckh anführt, ist hervorzuheben Gregor. Naz. ep. 194 μηδὲν τὸν τραχὺν τοῦ Μώμου λίϑον εὐλαβηϑεὶς κατὰ τὸν Πίνδαρον.

Geibel, Gedichte p. 99 vom Weine: In goldner Rüstung geht der Gesell, das funkelt so hell.

Der Helmschmuck der Sonne wird erwähnt von Shaksp. K. John 5, 4 (Del. p. 96): even this night, whose black contagious breath already smokes about the burning crest of the old, feeble and day-wearied sun. Das Wort κορύσσεσϑαι verlor frühzeitig seine specielle Bedeutung „behelmen," doch dient es der Personification in Stellen, wie Antiphil. 31 (Jac. Anth. 2 p. 162) λαβροπόδη χείμαρρε, τί δὴ τόσον ὧδε κορύσσῃ, πέζον ἀποκλείων ἴχνος ὁδοιπορίης; Apollon. Rh. 1, 1026 ὀξείῃ ἴκελοι ῥιπῇ πυρός, ἥτ' ἐνὶ ϑάμνοις αὐαλέοισι πεσοῦσα κορύσσεται. Mythisch der Helm des Hades bei Hesiod. scut. 226.

Durch Helm und Helmbusch entsteht Personification in den komisch übertreibenden Worten bei Arist. ran. 818 ἔσται δ' ἱππολόφων τε λόγων κορυϑαίολα νείκη, vgl. ibid. 924 ῥήματ' εἶπεν, ὀφρῦς ἔχοντα καὶ λόφους. — Ein Schild wird dem Himmel und der Sonne zugeschrieben,

Ennius, fr. 177 quid noctis videtur in altisono coeli clipeo?
Ovid. Met. 15, 192 ipse dei clipeus — mane rubet. Von
der Sonne und Rose heisst es bei Rückert, Gedichte p. 579:
In Gold und Scharlach wappnen sich die Streiter. — Der
Wein wird bei Plutarch. mor. 692 E οἶνος μελάναιγις ge-
nannt. Vgl. Geibel, Gedichte p. 99 vom Weine: In goldner
Rüstung geht der Gesell, das funkelt so hell.

Eine schwarze Aegis trägt die Erinys (μελάναιγις) bei
Aesch. Sept. 696. Pindar redet Theben an Isthm. 1, 1 μᾶτερ ἐμά, χρύσασπι Θήβα. Bemerkenswerth ist der Ausdruck
bei Aesch. Ag. 386 ἀσπίστορας κλόνους λογχίμους τε, womit
Eur. Phoen. 799 ἀσπιδοφέρμονα θίασον und Suppl. 390 κῶμον δέχεσθαι τὸν ἐμὸν ἀσπιδηφόρον zu vergleichen ist.
Einen Schild, einen siebenhäutigen wie Ajax, trägt der Kriegs-
muth bei Arist. ran. 1017: θυμοὺς ἑπταβοείους, hiermit vgl.
Soph. Trach. 882 τίς θυμὸς ἢ τίνες νόσοι τάνδ' αἰχμᾷ βέ-
λεος κακοῦ ξυνεῖλε;

Wir erwähnen hier auch die Fahne z. B. des Morgen-
roths, der Schönheit, des Todes, der Liebe. Rückert, Gedichte
p. 32: Das Morgenroth hat blut'ge Fahnen an jedem Tag neu
in die Welt hereingehangen wie lange schon! Shaksp. Romeo 5, 3 (Del. p. 117) beauty's ensign yet is crimson in thy
lips and in thy cheeks, and death's pale flag is not advanced
there. Merry wives 3, 4 (Del. p. 64) I must advance
the colours of. my love, vgl. hiermit Hor. carm. 4, 1, 15
et centum puer artium late signa feret militiae tuae (der
Venus). Geibel, König Roderich p. 23: der Fried' hat
sein Panier in unsern Thälern segnend aufgepflanzt. Gedichte p. 313: Sein rothes Banner wird der Kampf ent-
rollen.

Personification durch Beilegung von Waffen überhaupt
ist in solchen Wendungen wie Pind. Isthm. 1, 23 ὁπλίταις
δρόμοις, Aesch. Sept. 303 ῥίψοπλος ἄτα, Ovid. Trist. 4, 9, 6
induet infelix arma coacta dolor, Tibull. 2, 3, 37 praeda fe-
ras acies cinxit discordibus armis. Geibel, Roderich p. 168:
dem Hochverrath, der mit den Waffen mir ins Antlitz
trotzt etc.

54. *Δίκτυον*, *ἄρκυς*, plaga, laqueus, *πέδη*, *δεσμός*, catena. Mace.

Durch die Vorstellung des Netzes entstehen schlagende Personificationen. So sagt Rückert, Gedichte p. 45: der Frühling strickt ein Netz aus Farben, Tönen, Düften. In einer grossartigen Stelle des Aeschylus Agam. 340 wird der Nacht ein Netz gegeben, welches sie nach den Thürmen von Ilion wirft: *ὦ Ζεῦ βασιλεῦ καὶ νὺξ φιλία, μεγάλων κόσμων κτεά- τειρα, ἥτ᾽ ἐπὶ Τροίας πύργοις ἔβαλες στεγανὸν δίκτυον.* Die Stricke des Todes bei Horat. carm. 3, 24, 8: non mortis laqueis expedies caput. Stat. Silv. 5, 1, 155 furvae miseram circum undique leti vallavere plagae. Im Mahabarata (Höfer, indische Gedichte 2 p. 106) hält der Todesgott Jama in seiner Hand einen Strick. Mythischen Charakter hat noch Dicaeogenes 1 (Nauck, tr. gr. fr. p. 601): *ὅταν δ᾽ ἔρωτος ἐνδεθῶ- μεν ἄρκυσι.* Hiermit vgl. Ariphron 8 (Jac. Anth. 1 p. 92) *πόθων, οὓς κρυφίοις Ἀφροδίτης ἄρκυσι θηρεύομεν* und Ibycus, fr. 2 (Bergk) *Ἔρος αὖτέ με κυανέοισιν ὑπὸ βλεφάροις τακέρ᾽ ὄμμασι δερκόμενος κηλήμασι παντοδαποῖς ἐς ἄπειρα δίκτυα Κύπριδι βάλλει.* Bemerkenswerth ist Aesch. Agam. 1601 *ἰδόντα τοῦτον τῆς Δίκης ἐν ἕρκεσιν*, von Hesychius durch *δικτύοις* erklärt; hiermit vgl. Eur. Hipp. 1171 *τῷ τρόπῳ δίκης ἔπαισεν αὐτὸν ῥόπτρον, αἰσχύναντ᾽ ἐμέ*; Valck. sagt zu dieser Stelle: „figuram mihi Tragicus ab usu transtulisse videtur Archilochi, qui paxillum in decipula, quo moto irretiuntur animantia aut retinentur, *ῥόπτρον* appellavit." Das Netz der *ἄτη* bei Aesch. Prom. 1078 *ἀπέραντον δίκτυον ἄτης*, womit Soph. Trach. 1051 *Ἐρινύων ὑφαντὸν ἀμφίβλη- στρον* zu vergleichen. Die *μοῖρα* wird *παναγρής* genannt von Paul. Silent. 78, 1 (Jac. Anth. 4 p. 72), vgl. Aesch. Ag. 1040 *μόρσιμα ἀγρεύματα*, retia fati, mortis. Wichtig ist Aesch. Ag. 345 *μέγα δουλείας. γάγγαμον ἄτης παναλώτου* „das gewaltige Knechtschaftsgarn allfangenden Elends." Vgl. Agam. 1335 *πῶς γάρ τις — πημονῆς ἀρκύστατ᾽ ἂν φράξειεν ὕψος κρεῖσσον ἐκπηδήματος.* Bemerkenswerth Shakspere Makbeth 1, 7 (Del. p. 40) if the assassination could trammel up the consequence and catch with his surcease success.

Fesseln und Ketten personificiren. Mythisch ist Orph. hymn. 13, 3 vom Kronos: δεσμοὺς ἀῤῥήκτους ὃς ἔχεις κατ' ἀπείρονα κόσμον. Ebendaselbst 85, 4 wird der Schlaf angeredet: σώματα δεσμείων ἐν ἀχαλκεύτοισι πέδῃσιν. Vgl. Mosch. 2, 3 ὕπνος ὅτε γλυκίων μέλιτος βλεφάροισιν ἐφίζων λυσιμελὴς πεδάᾳ μαλακῷ κατὰ φάεα δεσμῷ. Von Abstracten bemerke man Pind. fr. 124 (Boeckh p. 630) λύοντι τὸ τῶν δυσφόρων σχοινίον μεριμνῶν. In dem Fragment 223 (Boeckh p. 667) Ταρτάρου πυθμὴν πιέσει σ' ἀφανοῦς σφυρηλάτοις . . . ἀνάγκαις ist vielleicht σφυρηλατοῖς δεσμοῖς ἀνάγκας zu lesen. Eur. Pirith. fr. 598 (Nauck p. 433) αἰδοῦς ἀχαλκεύτοισιν ἔζευκται πέδαις. Ovid. Fast. 1, 701 religata catenis iam pridem nostro sub pede bella iacent, vgl. Manil. 1, 921 iam bella quiescant atque adamanteis Discordia vincta catenis aeternos habeat frenos in carcere clausa.

Eine bleierne Keule hat der Schlaf und legt sie auf diejenigen, welche der Müdigkeit nicht widerstehen können, vgl. Shaksp. Jul. Caesar 4, 3 (Del. p. 86) o murderous slumber! lay 'st thou thy leaden mace upon my boy, that plays thee music? Delius führt aus Spenser's Fairy Queen an: but whenas Morpheus has with leaden mace arrested all that courtly company. Vgl. Rückert, Gedichte p. 198: Was zusammen ward gelöthet von des Krieges Hammer.

55. Clavus, ἧλος. Ἀμᾶν, metere, scythe, sickle. Μάχελλα. Fan. Πέλεκυς, axe. Shears. Purse. Πλάστιγξ, τάλαντον. Πηδάλιον, οἴαξ, gubernaculum. Κερκίς, stamen. Κύλιξ, φιάλη. Κάτοπτρον. Hour-glass. Πίθος, cornu. Orbis. Λαμπάς, δᾴς, ἱπνός. Book, table, pen, δέλτος, διφθέρα. Harfe. Κύβος.

Abstracta, wie die Necessitas, erhalten eine persönliche, plastische Erscheinung, indem ihr der Dichter wie Horaz Balkennägel und Keile in die Hand giebt; mit ihnen (clavos trabales et cuneos manu gestans aena Hor. carm. 1, 35, 18) schreitet die Necessitas der Fortuna voran, ähnlich wie bei

11*

Aesch. Prom. 64 *Κράτος* dem Hephästus befiehlt: *ἀδαμαντί-*
νον νῦν σφηνὸς αὐδάθη γνάθον στέρνων διαμπὰξ πασσά-
λευ' ἐῤῥωμένως. Hierher gehört auch die Stelle bei Hor.
carm. 3, 24, 5. si figit adamantinos summis verticibus dira
Necessitas clavos, vgl. hiermit Plaut. Asin. 1, 3, 4 fixus hic
apud nos est animus clavo Cupidinis. Eine selbständige Personification dieser Art ist bei Pind. Pyth. 4, 71: *τίς δὲ κίν-*
δυνος κρατεροῖς ἀδάμαντος δῆσεν ἅλοις; Die *ἔντεα ἀνάγκης*
erwähnt Pind. Pyth. 4, 234. Hiermit verwandt ist, wenn
Hor. carm. 1, 35, 38 der Fortuna zuruft: o utinam nova
incude diffingas retusum in Massagetas Arabasque ferrum
— aus Aesch. Choeph. 645 *προχαλκεύει Αἶσα φασγανουργός*
zu erklären.

Mythisch wird eine Sichel zugeschrieben vielleicht dem
Ares, wenn Valckenaer's Conjectur richtig ist, von Aesch.
fr. 104 (vgl. indessen Herm. Aesch. 1 p. 339): *ἀλλ' Ἄρης*
φιλεῖ γ' ἀεὶ τὰ λῷστα πάντ' ἀμᾶν στρατοῦ, bemerkenswerth
ist auch Orph. hymn. 40, 11, wo Demeter *δρεπάνοις χαί-*
ρουσα θερείοις genannt wird. Ferner dem Tode von Hor.
ep. 2, 2, 178: metit Orcus grandia cum parvis, vgl. Geibel,
Roderich p. 166: ins Gewühl der Schlacht, wo schonungslos
der Tod die Garben fällt. Rückert, Gedichte p. 277: Der
Brautkranz, den der düstre Schnitter mähte. Geibel, Juniuslieder
p. 158: Und drunten seh' ich sitzen den Tod mit Augen hohl und
grass, und mit der Sense blitzen. Personificirend der Zeit
und dem Vergessen von Shaksp. Love's l. l. 1, 1 (Del. p. 9):
when, spite of cormorant devouring time, the endeavour of
this present breath may buy that honour, which shall bate
his scythe's keen edge. Vgl. Sonn. 126 (Del. p. 177) o
thou, my lovely boy, who in thy power dost hold Time's
fickle glass, his sickle, hour. Vgl. Tieck, Sternbald p. 136:
Mit der Sense das goldne Korn zu schneiden, dazu will ich
den Herbst euch schicken.

Der Karst des Zeus (*Διὸς μάκελλα* bei Aesch. Ag.
504, Soph. fr. 767 Dind.) wird auch der Dike zugeschrieben
von Ar. av. 1240: *μὴ θεῶν κίνει φρένας δείσας ὅπως μή*
σου γένος πανώλεθρον Διὸς μακέλλῃ πᾶν ἀναστρέψει Δίκη.

In komischer Individualisirung wird dem Zeus ein Besen zugeschrieben von Arist. pac. 58: ὦ Ζεῦ, τί ποτε βουλεύει ποιεῖν; κατάθου τὸ κόρημα· μὴ κόρει τὴν Ἑλλάδα. Höchst individuell wird der Sonderung von Shaksp. eine Wurfschaufel beigelegt, mit welcher sie das Leichte hinwegwirft: Troil. and Cr. 1, 3 (Del. p. 25) but in the wind and tempest of her frown (der Fortuna) distinction with abro ad and powerful fan, puffing at all, winnows the light away.

Bei Anacreon fr. 47 (Bergk) hat Eros ein Beil: μεγάλῳ δηὖτέ μ' Ἔρως ἔκοψεν ὥςτε χαλκεὺς πελέκει, χειμερίῃ δ' ἔλουσεν ἐν χαράδρῃ. Von Shakspere wird eine Axt dem Morde zugeschrieben, eine Scheere dem Schicksal, ein Beutel dem Erfolge, ein Ranzen der Zeit: K. Rich. II 1, 2 (Del. p. 20) murder's bloody axe; K. John 4, 1 (Del. p. 74) think you I bear the shears of destiny? Ibid. 5, 2 (Del. p. 90) for you shalt thrust thy hand as deep into the purse of rich prosperity. Troil. 3, 3 (Del. p. 75) Time hath, my lord, a wallet at his back.

Eine Wage wird den Göttern gegeben, z. B. dem Zeus bei Hom. Il. 16, 658. 8, 69, Virg. Aen. 12, 725, vgl. Macedon. 38, 6 (Jac. Anth. 4 p. 92), Theogn. 157. Ein interessantes Fragment des Sophokles (14 Dind.) lautet: ὅταν δὲ δαίμων ἀνδρὸς εὐτυχοῦς τὸ πρὶν πλάστιγγ' ἐρείσῃ τοῦ βίου παλίντροπον, τὰ πολλὰ φροῦδα καὶ καλῶς εἰρημένα. Eine Wage haben ferner die Tyche und die Dike: in Bezug auf die erstern heisst es in einem Hymnus bei Stobaeus ecl. phys. 1, 6, 13 p. 74 (Gaisf.): καὶ τὸ τεᾷ πλάστιγγι δοθὲν μακαριστότατον τελέθει, vgl. Agathias: τύχης σφαλεροῖσι ταλάντοις. — Diotim. 2, 4 (Jac. Anth. 1 p. 184) οὐ γὰρ ἀφαυρῶς ἐκ Διὸς ἰθείης οἶδε τάλαντα Δίκης. Wie Ares ταλαντοῦχος heisst bei Aesch. Ag. 420, so hat in vollständiger Personification die Schlacht eine Wage bei Quintus Smyrn. 8, 272. 282: μάχη δ' ἔχεν ἶσα τάλαντα, — μάχης ἀλέγεινα τάλαντα ἶσα πέλεν. Die Wage der Geschichte Geibel, Gedichte und Gedenkblätter p. 291: Wie hoch und ernst mit deiner Wage, Geschichte, stehst du vor mir da.

Die Wage der Zeit bei Mörickc p. 236: Bedächtig stieg die Nacht ans Land, lehnt träumend an der Berge Wand, ihr Auge sieht die goldne Wage nun der Zeit in gleichen Schalen stille ruhn.

Ein Steuerruder wird der Tyche zugeschrieben, so in der Stelle des Pindar bei Plut. de fort. Rom. 4 (Boeckh fr. 15): οὐ μὲν γὰρ ἀπειϑὶς (ἡ Τύχη) κατὰ Πίνδαρον οὐδὲ δίδυμον στρέφοισα πηδάλιον. Vgl. zur Erklärung Pind. Ol. 12, 3 σώτειρα Τύχα. τὶν γὰρ ἐν πόντῳ κυβερνῶνται ϑοαὶ νᾶες. Von der Tyche sagt Dio Chrysost. Orat. LXIV p. 593: τῇ μὲν δεξιᾷ χειρὶ πηδάλιον κατέχει, διότι τὸν βίον ἡμῖν ὥς τινα μεγάλην ναῦν κυβερνᾷ, vgl. ibid. p. 591 und Jac. Anth. 6 p. 279. 10 p. 249. Palladas ep. 104, 2 nennt die Tyche κυβερνήτειρα. Menander fr. 471, 9 (Meineke 4 p. 213) Τύχη κυβερνᾷ πάντα, vgl. auch Aeschyl. Ag. 642 Τύχη δὲ σωτὴρ ναῖν ϑέλουσ' ἐφέζετο. Fronto orat. p. 125 (ed. Niebuhr) omnes Fortunas — cum gubernaculo reperias. Bemerkenswerth Aesch. Prom. 518 τίς οὖν ἀνάγκης ἐστὶν οἰακοστρόφος; Μοῖραι τρίμορφοι μνήμονές τ' Ἐρινύες. Der Eros, der Tod haben ein Steuerruder: Orph. hymn. 58, 8 μοῦνος (Eros) γὰρ τούτων πάντων οἴηκα κρατύνεις. Orph. hymn. 87, 1 (Herm.) κλῦϑί μευ (Tod), ὃς πάντων ϑνητῶν οἴηκα κρατύνεις. Personificirend wird dem Gesetz, der Weisheit, dem Verstande ein Steuerruder zugeschrieben: Orph. hymn. 64, 8 αὐτὸς (das Gesetz) γὰρ μοῦνος ζώων οἴηκα κρατύνεις. Procl. hymn. 2 (Jac. Anth. 3 p. 150) κλῦτε ϑεοὶ σοφίης ἱερῆς οἴηκας ἔχοντες. Aesch. Pers. 777 φρένες γὰρ αὐτοῦ ϑυμὸν οἰακοστρόφουν. Ag. 778 οὐδ' εὖ πραπίδων οἴακα νέμων.

Ein Schiff oder Boot selbst wird zugeschrieben dem Schlafe von L. Tieck, Octavian p. 113: Wo der Mensch recht Leiden duldet, komm' ich her auf meinem Schifflein mit der stillen, leisen Fahrt. Vom März sagt Geibel, Gedichte und Gedenkblätter p. 115: Zu dem schönen Griechenvolke übers blaue Mittelmeer schifft in dichter Schwalbenwolke wonnevoll der März daher.

Ein Schiff wird ferner der Sophrosyne gegeben, vgl. Epicharmus bei Blomf. zu Aesch. Sept. 343: ἁ δ' ἀσυχία τᾶς σωφροσύνης πλατίον οἰκεῖ. Bei Shaksp. hat die Melancholie ein Boot, für welches sie nie einen Ankergrund findet: Cymb. 4, 2 (Del. p. 98) O melancholy! who ever yet could sound thy bottom? find the ooze, to show what coast thy sluggish crare might easiliest harbour in? — Geibel, K. Roderich p. 205: Das Segel unsrer Grösse, welches schlaff herabhing, wird der frische Sturm zu junger Pracht und Herrlichkeit entfalten. Ibid. p. 136: es läuft buntbewimpelt die Siegesbotschaft hier im Hafen ein.

Oft wird die Thätigkeit des Webens, Spinnens zur personificirenden, plastischen Ausdrucksweise benutzt. Von der Schöpfung sagt Rückert, Gedichte p. 31: Gieb, dass in das Lobgeweb', das neu die Schöpfung täglich dir aus tausend Fäden wirkt, ich wirken dürf' auch meine! Vgl. Göthe, Die natürliche Tochter p. 230: Lass dieser Lüfte liebliches Geweb' uns leis' umstricken. — Geibel, Juniuslieder p. 206: Es sitzt die Zeit am grossen Webestuhle, im Teppich der Geschicht' ein Bild zu weben.

Webend und ein ehernes Weberschiffchen gebrauchend wird die Schicksalsgöttin gedacht bei Soph. fr. 604 Dind.: περιῶσις ἄφυκτά τε μήδεα παντοδαπᾶν βουλᾶν ἀδαμαντίναις ὑφαίνεται κερκίσιν Αἶσα. Eine Spindel führt die Nothwendigkeit: Plato de rep. 10 p. 616 Ἀνάγκης ἄτρακτον. — Die Parzen wurden spinnend dargestellt, bei Homer schon heissen sie Κατακλῶθες βαρεῖαι Od. 7, 197, vgl. Marcellus 14 (Jac. Anth. 3 p. 16) Ἅρπυιαι κλωθῶες. Stereotyp wurde diese Ausdrucksweise, häufig das Verbum ἐπικλώθειν (vgl. Callin. fr. 1, 9 [Bergk], Plato epigr. 7, 1 [Bergk]), welches seine ursprüngliche Bedeutung erweiterte. Selbständiges Leben ist wieder in solchen Wendungen wie Epigr. inc. 524, 4, wo die Μοῖρα λινοκλώστου δεσπότις ἡλακάτης heisst, oder Epigr. inc. 586, 2 (Jac. Anth. 4 p. 241) μίτοις ἀνεβάλλετο Μοίρη, oder Epigr. inc. 499 (Jac. Anth. 4 p. 224) εἰ μὲν θνητὸς ἔφυς, πῶς ἀθάνατόν σ' ἐποίησαν Μοῦσαι, καὶ Μοιρῶν νῆμ' ἀνέκλωσαν, ἄναξ; Agathias 89, 3 ξυνὰ δὲ καὶ Μοίρης λαχέτην λίνα. Callim. Lavacr. Pall. 104 ἐπεὶ μοιρᾶν ὧδ' ἐπένευσε λίνα, ἁνίκα τὸ πρῶτόν νιν ἐγείναο. Hieraus ist zu erklären Hor. carm. 2, 3, 15 dum res

et aetas et sororum fila trium patiuntur atra. Ueberhaupt
ist diese Ausdrucksweise häufig bei den Lateinern; eine
Hauptstelle bei Catull. 64, 311, vgl. Ovid. Tr. 5, 13, 25
scilicet hanc legem nentes fatalia Parcae stamina bis genito
bis cecinere tibi (Baccho). Tibull. 1, 7, 1 hunc cecinere diem
Parcae fatalia nentes stamina non ulli dissolvenda deo. Ovid.
Am. 1, 3, 17 quos dederint annos mihi fila sororum. Met. 2,
654 triplicesque deae tua fila resolvent. Amor. 2, 6, 45 et
stabat vacua iam tibi Parca colo. Tr. 4, 1, 64 hic quoque
cognosco natalis stamina nostri, stamina de nigro vellere facta
mihi. Stat. Theb. 3, 240 nigraeque sororum iuravere colus.
— Ovid. Tr. 5, 10, 45 o duram Lachesin, quae tam grave
sidus habenti fila dedit vitae non breviora meae. Anth. Lat.
ed. Burm. 2 p. 173 sic etenim duxere olim primordia Parcae
et nevere super nobis natalia fila, cum primum Lucina daret
lucemque animumque. . Juvenal. 10, 251 quantum de legibus
ipse queratur fatorum et nimio de stamine. Ovid. Tr. 5, 13,
24 non ita sunt fati stamina nigra mihi. Möricke, Gedichte
p. 69: Dazwischen hört man weiche Töne gehen von sel'gen
Feen, die im Sternensaal beim Sphärenklang und fleissig mit
Gesang die goldnen Spindeln hin und wieder drehen.

Ein Becher, Kelch, eine Schale wird Naturgegenständen,
der Zeit und geistigen Verhältnissen gegeben. Rückert p. 597:
Natur, dein voller Becher hat niemals bittern Trank. Derselbe
vom Rheine, Gedichte p. 195: Eine bergkrystallne Schale
haltend in der Linken, angefüllt mit Fluthenstrahle, wie mit
Silberblinken, so in seinen Wassern stehend etc.

Vom Monat Augustus heisst es in der Anthologia latina
(Meyer 2 p. 55) 1045: Fontanos latices et lucida pocula
vitro cerne ut demerso torridus ore bibat.

Gottheiten, wie Aphrodite, Apollo haben einen Becher,
vgl. Sappho fr. 6 (Bergk) ἔλθε, Κύπρι, χρυσίαισιν ἐν κυλί-
κεσσιν ἄβροις συμμεμιγμένον θαλίαισι νέκταρ οἰνοχόεισα.
Ovid. Amor. 1, 15, 35 mihi flavus Apollo pocula Castaliae
plena ministret aquae. Der Becher der Hebe öfter bei Schiller: Das Ideal und das Leben: Und die Göttin mit den Rosenwangen reicht ihm lächelnd den Pokal. Dithyrambe:

Reich' ihm die Schale, schenke dem Dichter, Hebe, nur ein. Der Maler Pausias, wie Pausanias 2, 27 erzählt, stellte die Trunkenheit dar, welche aus einer krystallenen Schale trank, Μέθην ἐξ ὑαλίνης φιάλης πίνουσαν· ἴδοις ἂν ἐν τῇ γραφῇ φιάλην τε ὑάλου καὶ δι' αὐτῆς γυναικὸς πρόσωπον. Personificirt werden in dieser Weise der Tod, die Erinnerung, die Liebe, die Freude: Geibel, König Roderich p. 194: Komm, o Tod, du schöner Freund, komm, reich mir deinen Kelch! Ich will ihn lächelnd leeren bis zum Grund. Möricke, Gedichte p. 50: Erinn'rung reicht mit Lächeln die verbittert — bis zur Betäubung süssen Zauberschalen. Rückert, Gedichte p. 251: Die Liebe hat den bittern und den süssen Kelch, was sie zu trinken dir will geben, frommt. Vgl. Geibel, Neue Gedichte p. 124: Wenn dir die Freude zu trinken beut, thu einen herzhaften Zug für heut.

Einen Spiegel hat der νοῦς im Weine; diese bildliche Personification findet sich in einem Fragment des Aeschylus (Herm. 1 p. 399): κάτοπτρον εἴδους χαλκός ἐστ', οἶνος δὲ νοῦ. Vgl. Aesch. Ag. 806 κάτοπτρον ὁμιλίας. — Ein Stundenglas hat die Zeit, vgl. Shaksp. Sonn. 126 (Del. p. 177) o thou my lovely boy, who in thy power dost hold Time's fickle glass — hour.

Nach Homer Il. 24, 528 stehen in der Wohnung des Zeus zwei Fässer, von denen das eine mit schlimmen, das andere mit erfreuenden Gaben gefüllt ist. Danach ist das Fass der Pandora gebildet bei Hesiod. op. 94: ἀλλὰ γυνὴ χείρεσσι πίθου μέγα πῶμ' ἀφελοῦσα ἐσκέδασεν, vgl. Macedon. 40, 1 (Jac. Anth. 4 p. 92) Πανδώρης ὁρόων γελόω πίθον. Vgl. Schiller, An den Frühling: Willkommen, schöner Jüngling — mit deinem Blumenkörbchen! Vgl. Antholog. latina (Meyer 2 p. 55) 1042, wo vom Mai gesagt wird: Cunctas veris opes et picta rosaria gemmis liniger in calathis, adspice, Maius habet. Aehnlich wird der Copia ein Füllhorn gegeben, Hor. carm. saec. 60 apparetque beata pleno Copia cornu. Epist. 1. 12, 29 aurea fruges Italiae pleno defundit Copia cornu. Nach der Erzählung Ovids Met. 9, 87 war es das Horn des Flussgottes Achelous, das Hercules im Kampfe ihm abgerissen hatte: Naides hoc, pomis et odoro flore repletum

sacrarunt; divesque meo bona Copia cornu est. Boeth. Metr. II,
2 nec retrahat manum pleno Copia cornu. Von Seneca Med. 65
wird mit der Pax dieses Füllhorn in Verbindung gebracht: et cornu
retinet divite copiam. Vgl. Sidon. Apoll. Carm. 11, 110 patulo
copia cornu. Zum Vergleiche diene Hor. carm. 1, 17, 14. Das Horn
der Amalthea, von den Griechen oft als Bild des Ueberflusses
erwähnt (vgl. Philoxen. 3, 4 bei Bergk p. 855, Anacreon fr.
8, Babrius 2, 108, 10. 11; Phocylid. fr. 7, 2 (Bergk p. 339),
Athenaeus 12 p. 542 A), war in den Händen des Achelous,
man sieht es an Statuen und Bildern des Dionysos, der Demeter, Tyche und des guten Dämon, „kurz bei allen Gottheiten, welche strömende Fülle und Ueberfluss in ihrer Macht
haben,“ Preller, gr. Myth. 2 p. 171 (Ausg. 1). Auch die
römische Fortuna trägt das Füllhorn, vgl. Preller, röm. Myth.
p. 560 not. 4.

    Die Kugel der Fortuna findet man bei römischen Dich-
tern. Pacuvius fr. 14 (Ribbeck p. 104) Fortunam insanam
esse et caecam et brutam perhibent philosophi saxoque in-
stare in globoso praedicant volubili. Ovid. Pont. 2, 3, 56 te
fieri comitem stantis in orbe deae. Vgl. J. Grimm, deutsche
Mythologie p. 840.

    Fackeln und Lampen werden zugeschrieben der Sonne,
dem Monde, den Sternen, dem Blitze: vgl. Eur. Ion. 1468
ἀελίου δ’ ἀναβλέπει λαμπάσιν. Med. 352 εἰ σ’ ἡ ’πιοῦσα
λαμπὰς ὄψεται θεοῖ. Suppl. 991 τί φέγγος, τίν’ αἴγλαν
ἐδίφρευε τόθ’ ἅλιος σελάνα τε καθ’ αἰθέρα, λαμπάδ’ ἵν’
ὠκυθόαι νύμφαι ἱππεύουσι δι’ ὄρφνας. Theodectes fr. 10
(Nauck p. 625) ὦ καλλιφεγγῆ λαμπάδ’ εἰλίσσων φλογός,
Ἥλιε. Ennius 234 (Ribbeck, tr. lat. rel. p. 40) Sol, qui can-
dentem in coelo sublimas facem! Lucret. 5, 402 solque cadenti
(dem Phaethon) obvius aeternam suscepit lampada mundi. ibid.
610 c rosea sol alte lampade lucens. Silius: rutilantem attol-
lens lampada Titan. Virg. Aen. 4, 6 postera Phoebea lustrabat lampade terras humentemque Aurora polo dimoverat
umbram. 3, 637 Phoebeae lampadis instar. Vgl. Anthol. lat.
(Meyer 2 p. 55) 1043: Nudus membra dehinc solares respi-
cit horas Junius, ac Phoebum flectere monstrat iter. Lampas
maturas Cereris designat aristas. Shaksp. All's well 2, 1

(Del. p. 38) ere twice the horses of the sun shall bring their fiery torcher his diurnal ring. In höchst komischer Individualisirung sagt Arist. nub. 585, dass der Sonnengott den Docht seiner Lampe zurückgezogen habe: ὁ δ᾽ ἥλιος τὴν θρυαλλίδ᾽ εἰς ἑαυτὸν εὐθέως ξυνελκύσας οὐ φανεῖν ἔφασκεν ὑμῖν, εἰ στρατηγήσει Κλέων. Auch die Mondgöttin ist Fackelträgerin: bei Hor. carm. 4, 6, 38 crescentem face Noctilucam. Der orphische Hymnus 9, 3 redet sie mit δαδοῖχε an, vgl. Orph. fr. 41, 6 (Herm. p. 496) von der μήνη: τετράδι δ᾽ αὐξομένη πολυφεγγέα λαμπάδα τείνει, Geibel, König Roderich p. 84: eh' im Zelt der Nacht des Mondes goldne Leuchte sich entzündet. Die Sterne haben bei Arist. pac. 807 Laternen: ἀπὸ δείπνου τινὲς τῶν πλουσίων οἶτοι βαδίζουσ᾽ ἀστέρων, ἱπνοὺς ἔχοντες, ἐν δὲ τοῖς ἱπνοῖσι πῦρ. Schön sagt Shaksp. All's well 2, 1 (p. 38) vom Abendsterne: ere twice in murk and occidental damp moist Hesperus hath quench'd his sleepy lamp. Auch dem Blitze wird die Fackel zugeschrieben, vgl. Eur. Bacch. 245 ὃς ἐκπιροῦται λαμπάσιν κεραυνίαις, vgl. Suppl. 1011. Bacch. 594 ἅπτε κεραύνιον αἴθοπα λαμπάδα. Vgl. Aesch. Suppl. 582.

Eine bemerkenswerthe Stelle ist bei Shaksp. Romeo 3, 5 (Del. p. 87): it is some meteor that the sun exhales, to be to thee this night a torch-bearer and light the on thy way to Mantua.

Personificirend wird eine Leuchte oder Fackel dem Tage geliehen von Eur. Iph. Aul. 1506, wo Iphigenie ausruft: λαμπαδοῦχος ἁμέρα Διός τε φέγγος, ἕτερον ἕτερον αἰῶνα καὶ μοῖραν οἰκήσομεν. Ebenso Virg. Aen. 7, 148 postera cum prima lustrabat lampade terras orta dies. Schiller, Erwartung: O lösche deine Fackel, Tag! Geibel, Neue Gedichte p. 222: Auf jeden Tag, und schwing in glühnder Pracht er noch so stolz die Fackel, folgt die Nacht. — Die Nacht ist Fackelträgerin bei Bacchyl. fr. 38 (Bergk): Ἑκάτα, δαδοφόρον Νυκτὸς μελανοστέρνου θύγατερ. Vgl. Shaksp. Romeo 3, 5 (Del. p. 87) Night's candles are burnt out.

Die Fackel des Amor bei Mosch. 8, 1: λαμπάδα θεὶς καὶ τόξα βοηλάτιν εἵλετο ῥάβδον οὖλος Ἔρως, vgl. ibid.

1, 22 von der Fackel des Amor: πολὺ πλεῖον δ' ἐνιαυτῷ βαιὰ λαμπὰς ἐοῖσα τὸν Ἅλιον αὐτὸν ἀναίϑει. Vgl. Stat. Silv. 1, 2, 79, wo Amor sagt: ast illum summa leviter (sic namque iubebas [Venus]) lampade parcentes et inerti strinximus arcu. Shaksp. Sonn. 153. 154 (Del. p. 190) the little Love-god lying once asleep, laid by his side his heart inflaming brand. Rückert, Gedichte p. 389: Amor mit glühnder Fackel in der Hand sprang gegen mich. Die Fackel des Hymenäus bei Bion 1, 87: ἔσβεσε λαμπάδα πᾶσαν ἐπὶ φλιαῖς Ὑμέναιος. Als Fackelträger erscheinen bei Rückert, Gedichte p. 138, Liebe und Tod: Ich bin die erste, die die Fackel hält, so lange sie, von Lebensgluth getränket, ihr Sehnen richtet nach des Himmels Zelt. Ich bin der andre, der die Fackel schwenket zum letzten Mal, wo sie zu löschen droht, und sie dann friedlich in die Nacht versenket. — Von der Erinys Geibel, Neue Gedichte p. 376: Sie legt die Fackel an den Prachtbau ganzer Geschlechter. Von der Jugend und Jugendschönheit sagt mit Anspielung auf den Fackellauf personificirend Alc. Mess. 1, 2: ἡ δ' ὥρη λαμπάδ' ἔχουσα τρέχει, vgl. Jac. Anth. 7 p. 345. Bemerkenswerth ist die Stelle bei Plutarch. Mor. p. 10 E ὥσπερ ϑεῶν ἱεροφάνται καὶ δᾳδοῦχοι τῆς σοφίας ὄντες. Vgl. Rückert, Gedichte p. 376: Lösche du des Verstandes flackernde Lampe mit deinem Schein.

Personification ist auch sichtbar, wenn dem Unglück, dem Aufruhr ein Buch, dem Gedächtniss eine Tafel, der Schönheit eine Feder geliehen wird; vgl. Shaksp. Romeo 5, 3 (Del. p. 117) o give me thy hand, one writ with me in sour misfortune's book; Henry IV II, 4, 1 (Del. p. 75) that you should seal this lawless bloody book of forg'd rebellion with a seal divine. In Kyd's First Part of Jeronimo (bei Delius zu Rich. II p. 67) then I unclasp the purple leaves of war. Zu vergleichen ist Rich. II 3, 3 (Del. p. 67) he is come to ope the purple testament of bleeding war. Hamlet 1, 5 (Del. p. 42) from the table of my memory I'll wipe away all trivial fond records. — Romeo 1, 3 (Del. p. 32) and find delight writ there with beauty's pen. Aehnliche Anschauungen hatten auch die Alten; den Göttern selbst werden δέλτοι, διφϑέραι, wie dem Zeus, zugeschrieben, vgl. Eur. Melan. fr. 3, Valck. Diatrib. p. 118, Jac. Anth. 11 p. 142, Paul. Silent. 24, ·5 (Jac. Anth. 4 p. 49). Bemerkenswerth das Sprichwort bei Zenobius 4, 11 (Schneidew. und Leutsch, Paroemiogr. Gr. p. 87) Ζεὺς κατεῖδε χρόνιος εἰς τὰς διφϑέρας, vgl. ἐκ τῶν Διὸς δέλτων ὁ μάρτυς ibid. p. 291 not. 29. Die Nemesis trägt übermüthige Worte in ihr Gedenkbuch ein: Callim. hymn. in Cerer. 57 Νέμεσις δὲ κακὰν ἐγράψατο φωνάν. Vgl. Aesch. Prom. 789 (Herm.) σοὶ πρῶτον, Ἰοῖ, πολύδονον πλάνην φράσω, ἣν ἐγγράφου σὺ μνήμοσιν δέλτοις φρενῶν. Soph. Triptol. fr. 8 (Nauck p. 209) ϑὲς δ' ἐν φρενὸς δέλτοισι τοὺς ἐμοὺς λόγους. Vgl. Aesch. Eum. 270 μέγας γὰρ Ἅϊδης — δελτογράφῳ πάντ' ἐπωπᾷ φρενί. Aesch. Suppl. 678 τρίτον τόδ' ἐν ϑεσμίοις δίκας γέγραπται μεγιστοτίμου.

Naturerscheinungen und Abstracta werden ferner personificirt, indem ihnen eine Laute, Harfe und drgl. zugeschrieben wird. So die Natur, die Sonne, der Lenz, der Wind: Geibel, Gedichte und Gedenkblätter p. 41: Das ist's, was süssen Trost mir bringt und Jugendmuth im Alter, dass mir, Natur, noch hell erklingt dein tausendstimmiger Psalter. Hölderlin 1 p. 27 von der Sonne: denn eben ist's, dass ich gelauscht, wie goldner Töne voll der entzückende Götterjüngling sein Abendlied auf himmlischer Harfe spielt. Geibel, Gedichte p. 249: Da kam der Lenz und harfte miʋ den Winden ein Stück dazwischen. Juniuslieder p. 90: Dazu die Harfe rührt der müde Wind. Neue Gedichte p. 33 (Salamis): Doch harfet Heldenlieder der Wind um deines Felsens Zackenkronen. — Ebenso Abstracta: Göthe, Tasso 121: Indess auf wohlgestimmter Laute wild der Wahnsinn hin und her zu wühlen scheint und doch im schönsten Tact sich mässig hält. Geibel, Neue Gedichte p. 159: Doch sitzt an ihrer Thürme Scharten die Sage harfend noch, die Wundermaid. Juniuslieder p. 202: Wohl mag dich, Mutter (die Sprache), fassen drob ein Staunen, doch zage nicht! Nein, greif auf deinem Psalter ein wehrhaft Lied.

Eine durch Erwähnung des Würfelspiels gebildete Personification ist bei Aesch. Ag. 32, wo der Wächter sagt, „er wolle das seiner Herrschaft zugefallene Glück sich zu Gute kommen lassen, da seine Feuerwacht den besten Wurf gethan (τρὶς ἓξ βαλούσης τῆςδε μοὶ φρυκτωρίας), eine um so geläufigere Anschauung, da auch den Göttern Würfel zugeschrieben wurden, wie dem Zeus, Ares u. a., vgl. die sprichwörtlich gewordene Sentenz des Sophocl. fr. 763 Dind.: ἀεὶ γὰρ εὖ πίπτουσιν οἱ Διὸς κύβοι, Aesch. Sept. 410 ἔργον δ᾽ ἐν κύβοις Ἄρης κρινεῖ, Rhesus 183 ψυχὴν προβάλλοντ᾽ ἐν κύβοισι δαίμονος, Hom. Od. 1, 234 νῦν δ᾽ ἑτέρως ἐβάλοντο θεοὶ κακὰ μητιόωντες (von Eustath. ἐκ μεταφορᾶς τῶν κύβων erklärt).

56. Ἀνήρ, ἄνθρωπος, woman.

1. Durch ἀνήρ etc. werden Naturgegenstände personificirt, in dieses Gebiet gehört die cynische Stelle bei Arist. eccl. 361: νῦν μὲν γὰρ οὗτος βεβαλάνωκε τὴν θύραν, ὅστις ποτ᾽ ἔστ᾽ ἄνθρωπος Ἀχραδούσιος (vgl. ἀχράς ibid. 355), vgl. eccl. 316 ὁ δ᾽ ἤδη τὴν θύραν ἐπεῖχε κροίων ὁ Κοπρεαῖος. Die Stelle in Aesch. Ch. 154 ἀναλυτήρ τίς δόμων δοριοθενὴς ἀνὴρ Σκύθης wird von Blomfield nach dem Vorgange Bothe's so erklärt, dass ἀνὴρ Σκύθης personificirend gefasst wird: „δοριοθενὴς ἀνὴρ Σκύθης nihil aliud est quam ferri prosopopoeia, quod verissime adnotavit Botheus." Die Sache ist aber mehr als zweifelhaft und die Stelle bedarf der kritischen Heilung. Beiläufig erwähne ich, dass Arist. vesp. 918 einen Hund ἀνήρ nennt: θερμὸς γὰρ ἀνὴρ οὐδὲν ἧττον τῆς φακῆς, vgl. ibid. 922 μὴ νῦν ἀφῆτε γ᾽ αὐτόν, ὡς ὄντ᾽ αὖ πολὺ κυνῶν ἁπάντων ἄνδρα μονοφαγίστατον.

2. Von Zeitverhältnissen, wie von den Jahren, dem Alter heisst es bei Göthe: Die Jahre sind allerliebste Leut'; sie brachten gestern, sie bringen heut. Personificirend sagt Göthe vom Alter: Das Alter ist ein höflich Mann, einmal übers andere klopft er an; aber nun sagt Niemand herein und vor der Thüre will er nicht sein; da klinkt er auf, tritt ein so schnell, und nun heisst's, er sei ein grober Gesell.

3. Von Abstracten wird der Krieg durch ἀνήρ personificirt: Arist. Ach. 942 οὐδέποτ' ἐγὼ πόλεμον οἴκαδ' ὑποδέξομαι, οὐδὲ παρ' ἐμοί ποτε τὸν Ἀρμόδιον ᾄσεται ξυγκατακλινείς, ὅτι παροίνιος ἀνὴρ ἔφυ. Wichtig ist Göthe, Tasso
p. 121: Zufriedenheit, Erfahrung und Verstand und Geistes-
kraft, Geschmack und reiner Sinn für's wahre Gute, geistig
scheinen sie in seinen Liedern und persönlich doch wie
unter Blüthenbäumen auszuruhn. Der Phantasus und der
Verstand wird personificirt von Tieck und Rückert. Sternbald p. 365: Wer ist dort der alte Mann in einer Ecke fest
gebunden? — Der Alte ist verdrüsslich, um ihn in tausend
Falten ein weiter Mantel geschlagen. Es ist der launige
Phantasus, ein wunderlicher Alter u. s. w. Rückert, Gedichte
p. 108: Der Verstand seitwärts stand, ein proportionirter
Mann, sah das tolle Spiel mit an. — Ebenso personificirend ist
die Bezeichnung „Weib": Shaksp. Hamlet 1, 2 Frailty, thy
name is woman, vgl. Lord Byron, Marino Faliero 5, 1: Fortune is female: from my youth her favours were not with-
held, the fault was mine to hope her former smiles again at
this late hour. Geibel, Juniuslieder p. 368: Launisch nennst
du Fortunen, ein Weib nur ist sie, den dringend Werbenden
flieht sie. Rückert, Gedichte p. 108: Phantasie, das ungeheure Riesenweib, sass zu Berg. Aristophanes redet die
Muse als ein Acharnerweib an Acharn. 639: δεῖρο Μοῦσ'
ἐλθὲ φλεγυρά, πυρὸς ἔχουσα μένος, ἔντονος Ἀχαρνική. Geibel, Gedichte p. 296, von der Einsamkeit: Du warst es, göttlich Weib, die mir von alten Zeiten, von Hellas Glanz erzählt an Suniums Klippenstrand. Vgl. Göthe, Hans Sachsens
poetische Sendung: Da tritt herein ein junges Weib, mit voller Brust und rundem Leib, kräftig sie auf den Füssen steht,
grad, edel vor sich hin sie geht, ohne mit Schlepp und Steiss
zu schwenzen oder mit den Augen herum zu scharlenzen.
Man nennt sie thätig Ehrbarkeit, sonst auch Grossmuth, Recht-
fertigkeit. Lenau, Gedichte p. 130 von Deutschland: dort
sass erhöht in einer Nische, schweigend, ein Weib, ehrwür-
diger Gestalt, und schien, ihr Haupt hinab zur lauten Bühne
neigend, zu lauschen.

57. Bride, to woo, to betroth.

1. Naturerscheinungen werden durch die Bezeichnung des Brautverhältnisses personificirt; die Natur selbst von Lenau, Gedichte 2 p. 300: Sehnsüchtig zieht entgegen Natur auf allen Wegen als schöne Braut im Schleier dem Geiste, ihrem Freier. Lenau, Gedichte 1 p. 137: Da hören recht wir's, wenn die Winde brausen, wenn unser Schätzel kommt, die Wetternacht. Die Erde, Länder, Städte: Rückert, Gedichte p. 41: Wenn zur harrenden Erdenbraut mit Liebkosen der Frühling kehrt. Geibel, Juniuslieder p. 19: Deutschland, die schön geschmückte Braut, schon schläft sie leis' und leiser, wann weckst du sie auf mit Trommellaut, wann führst du sie heim, mein Kaiser? Lenau, Gedichte 2 p. 187: Danubius, der starke Riese, hat schon längst gebuhlt um diese schöne Stadt. Er springt nach seiner Braut mit offenen Armen. Bei Rückert, Gedichte p. 89 spricht der Strom: Und wenn du denn das Quellchen bist und wenn ich dir gefalle, so sei mir froh als Braut gegrüsst und komm in meine Halle. Rückert, Gedichte p. 20: Der Himmel ein saphirnes Dach der Flur smaragdnem Brautgemach, wo sich im Spiegel von Krystallen schaut Rose Braut mit Wohlgefallen. Das Echo sagt von sich bei Rückert, Gedichte p. 141: Einst fühlt ich mich als eine Braut entzückt. — Lenau, Gedichte 1 p. 126: Wie mir das Leben einst so hold, so traut, umsäuselt von Hesperiens Blütenbäumen, entgegentrat als eine holde Braut. Ein Schleier hielt das Liebchen mir umschlungen. Lenau, Gedichte 2 p. 468: Hochzeit ist in diesem Zelte, mit der Pest bin ich getraut; furchtbar war Johannes Ziska, furchtbar auch ist seine Braut. Die Finsterniss des Todes wird als Braut begrüsst bei Shaksp. Measure for Measure 3, 1 (Del. p. 54): if I must die, I will encounter darkness as a bride and hug it in mine arms. Lenau, Gedichte 1 p. 311: Da ward des Traumes kalte Braut (die Verwesung) am schweigenden Altare dem Jüngling wirklich angetraut auf seiner Todtenbahre.

2. Mythisch ist Bellona Braut, indem bei Shaksp. Makb. 1, 2 (Del. p. 22) ihr Bräutigam (Bellona's bridegroom)

genannt wird. Bei Rückert, Gedichte p. 81 wird Catulls Lied
an Lesbia (51) Braut genannt: Das Lied war aufgeschlagen,
leicht Romas schönste Braut, obgleich nur übertragen aus
Sapphos weichem Laut. Geibel, Juniuslieder p. 58: Heil dir
Freiheit, meine Braut. Lenau, Gedichte 2 p. 446 von Ziska:
Seine Brautfahrt gilt der Freiheit, — Ziska bringt als Mor-
gengabe seinen Leichenschatz ihr dar. Lenau, Faust p. 24:
Wie du in heisser Lieb entflammt für deine räthselhafte Braut
(die Wahrheit), p. 25: für's holde Liebchen Veritas. Lenau,
Gedichte 1 p. 29: Deine Braut heisst Qual, den Segen spricht
das Unglück über euch. Ibid. 2 p. 206: Was ist die Ge-
fahr? sein (des Husaren) herzliebster Schatz.

3. Von mechanischen Gegenständen wird Braut genannt z. B. die Fahne und der Strick: Geibel, Neue Gedichte
p. 19: die Fahne will ich führen, die Fahne, meine Braut.
P. Heyse, Die Braut von Cypern p. 70: Seht ihr's mit an,
dass zwölf blutjunge Seelen sich morgen mit des Seilers
Braut vermählen?

Wir erwähnen hier noch den personificirenden Gebrauch
von to woo. Das griechische μνᾶσϑαι in solchen Wendungen,
wie bei Pindar. fr. 190 (Bergk) φιλοτιμίαν. μνώμενοι ἐν πό-
λεσιν ἄνδρες ἢ στάσιν, verlor die Bedeutung „freien." Ener-
gisch tritt diese Personification hervor bei Rückert, Gedichte
p. 20: Der Morgenwind, ihr (der Rose) kecker Freier, küsst
sie erröthend unterm Schleier. Geibel, Neue Gedichte p. 155:
Wein, der glühende Freier, o wie schmeichelt er traut! feurig
hebt er den Schleier meiner Seele, der Braut. — Oefter vom
Tode: Eichendorf, Ezelin von Romano p. 44: Ein wüster Frei-
ersmann der Tod! hat sich sein Bräutchen in dem Graun der
Schlacht geholt. Vgl. Lenau, Gedichte 1 p. 184: Deine
Reize lockten den Tod, er kam, er hält dich umarmet. Ma-
gazin für die Literat. des Auslandes 1867 p. 193: Kamen
endlich drei Bewerber, wie die Mutter mir gesungen: Sorge
steckte mir den Ring an, Thränen brachten mir das Braut-
tuch, bald naht auch der Tod als Dritter, mich als Liebchen
heimzuführen. To woo ist personificirend gebraucht bei Shaksp.
vom Winde: Romeo 1, 4 (Del. p. 38) and more inconstant
than the wind, who wooes even now the frozen bosom of the

north, and, being anger'd, puffs away from thence, turning
his face to the dew-dropping south. Von Edelsteinen: Richard III 1, 4 (Del. p. 45) reflecting gems, that woo'd the
slimy bottom of the deep, and mock'd the dead bones that
lay scatter'd by. Das Gold wird von Timon of Ath. 4, 3
(Del. p. 84) angeredet: thou ever young, fresh, lov'd, and deli-
cate wooer, whose blush doth thaw the consecrated snow
that lies on Dian's lap! thou visible god, etc. In Bezug auf
Abstracta vgl. Timon 3, 4 (Del. p. 50): but his occasions
might have woo'd me first. Henry VIII 3, 1 (Del. p. 107)
and woo your own destruction. Henry IV 1, 5, 1 and,
from this swarm of fair advantages, you took occasion
to be quickly woo'd to gripe the general sway into your
hand.

Auch to betroth ist als personificirend zu erwähnen:
Shaksp. Much ado 1, 3 (Del. p. 20) what is he for a fool
that betroths himself to unquietness?

58. Maritus, maritare, nubere, coniux, νυμφεύειν,
γάμος, γαμεῖν, to wed, to marry, γυνή, νύμφη,
σύλλεκτρος.

1. Das Verhältniss des γάμος wird auf Himmel und
Erde übertragen von Aeschylus, Danae 45 (Herm. 1 p. 320):
ἐρᾷ μὲν ἁγνὸς οὐρανὸς τρῶσαι χθόνα, ἔρως δὲ γαῖαν λαμβάνει γαμοῦ τυχεῖν. Vgl. Geibel, Gedichte p. 38: Der Himmel selbst ist tief herabgesunken, dass liebend er der Erde
sich vermähle. Von der Erde sagt Colum. 10, 157: alma
sinum tellus iam pandet adultaque poscens semina depositis
cupiet se nubere plantis. — Maritus, maritare werden häufig
in Bezug auf Pflanzen gebraucht; vermählt werden die Pap-
peln und Ulme mit der Rebe: Hor. epod. 2, 10 ergo aut
adulta vitium propagine altas maritat populos. Catull. 62,
54 at si forte eadem (vitis) est ulmo coniuncta marito. Ebenso
die Verbindung von coniux und nubere: Vomanus in der
Anth. lat. 1, 533 (Meyer 1 p. 137) fecunda vitis coniuges
ulmos gravat. Manil. 5, 238 et te, Bacche, tuas nubentem

iunget ad ulmos. Vgl. Plin. 14, 1, 3 Vites in Campano agro populis nubunt maritosque complexae etc. — Auch in der Prosa: Quinctilian 8, 3, 8 sterilem platanum tonsasque myrtos quam maritam ulmum et uberes oleas praeoptaverim? Andere Stellen bei Mitscherl. zu Hor. epod. 2, 10. Hier seien auch die Wörter viduus, caelebs, castus, innubus von Pflanzen gebraucht erwähnt. Hor. carm. 4, 5, 30 et vitem viduas ducit ad arbores. Juvenal. 8, 78 stratus humi palmes viduas desiderat ulmos. Ovid. Met. 14, 663 at si staret, ait, caelebs sine palmite truncus. Hor. carm. 2, 15, 4 platanus caelebs. Martial. 3, 58 vidua platanus. In anderem Sinne Ovid. Met. 10, 92 innuba laurus (mit Anspielung auf Daphne), Tibull. 3, 4, 23 casta laurus. Von den blassen Primeln heisst es in Shaksp. Wintermährchen 4, 3 (Del. p. 81): that die unmarried ere they can behold bright Phoebus in his strength. Vgl. Göthe, Die Metamorphose der Pflanzen, von denselben: Traulich stehen sie nun, die holden Paare, beisammen, zahlreich ordnen sie sich um den geweihten Altar. Hymen schwebet herbei und herrliche Düfte, gewaltig, strömen süssen Geruch, alles belebend umher. Hiermit mag man vergleichen, dass in einem Räthsel das Chaeremon fr. 42 (Nauck p. 614) der Weinstock die Gattin des Frühlings heisst, nach Meinekes Conjectur: εἴαρος νύμφη τεκνοῖ τι μέγα θέρους. Von den Flüssen heisst mythisch Tiberis uxorius amnis bei Hor. carm. 1, 2, 20. Vgl. Orph. fr. 14, 1 (Herm.) Ὠκεανὸς πρῶτος καλιῤῥόου ἦρξε γάμοιο, ὅς ῥα κασιγνήτην ὁμομήτορα Τηθὺν ὄπυιεν.

Zuweilen wird die Vorstellung der Vermählung auf den Tod bezogen. In Romeo und Julie 4, 5 (Del. p. 106) sagt Capulet von seiner todtgeglaubten Tochter: the night before thy wedding day hath death lain with thy wife — my daughter he has wedded. Verwandt ist Anton. and Cl. 4, 12 (Del. p. 117): but I will be a bridegroom in my death and run into 't as to a lover's bed. Diese Vorstellungen haben in mythischer Form auch die Griechen: Eur. Iph. A. 461 Ἅιδης νιν, ὡς ἔοικε, νυμφεύσει τάχα. Eur. Or. 1009 Ἅιδην νυμφίον κεκτημένη. Soph. Antig. 815 Ἀχέροντι νυμφεύσω, ibid. 1240 und 1205 (Schneidew.). Vgl. Meleager 105 (Jac.

Anth. 1 p. 38) οὐ γάμον, ἀλλ' Ἀΐδαν ἐπινυμφίδιον Κλεαρίστα δέξατο. Vgl. Geibel, Juniuslieder p. 347: Doch wirst du nie sie minnen, geminnt hat sie der bleiche Tod. Bei Shaksp. die Wendung, dass der Tod Schwiegersohn ist: Romeo 4, 5 (Del. p. 106) death is my son-in-law; death is my heir.

2. Mythisch ist Themis die Gemahlin des Zeus bei Pind. Hymn. 2, 5 (Diss. p. 223): ἀρχαίαν ἄλοχον Διὸς ἔμμεν· ἁ δὲ τὰς χρυσάμπυκας ἀγλαοκάρπους τίκτεν ἀλαθέας Ὥρας. Im Sinne des Mythus heirathet der Krieg die Frechheit bei Babrius 70: Πόλεμος — Ὕβριν γήμας, ἣν μόνην κατειλήφει, ταύτης περισσῶς, ὡς λέγουσιν, ἠράσθη, ἕπεται δ' ἔτ' αὐτῇ πανταχοῦ βαδιζούσῃ. Hiermit ist zu vergleichen, dass Aesch. Ag. 664 die Helena δορίγαμβρος (dem Speere, d. h. dem Kriege vermählt) nennt, vgl. beiläufig Virg. Aen. 7, 319 et Bellona manet te pronuba. In dem Drama Πυτίνη hatte Cratinus die Komödie als seine Gattin dargestellt, die sich aber von ihm trennen will, da er der Μέθη sich ergeben habe, vgl. Meineke, fr. com. I p. 48, II p. 196, Suidas s. v. κώδιον, Bernhardy 1 p. 369. Hierher gehören die Fragmente bei Meineke II p. 117, wo die Komödie spricht: Γυνὴ δ' ἐκείνου πρότερον ἦ, νῦν δ' οὐκέτι. Vgl. Lenau, Albigenser p. 100: Nicht taug' ich zum Gemahl in diesen Tagen für eine königliche Frau, die Muse. Bei Arist. pac. 690 räth Hermes dem Trygäus, die Opora selbst zum Weibe zu nehmen: Ἴθι νυν, ἐπὶ τούτοις τὴν Ὀπώραν λάμβανε γυναῖκα σαυτῷ τήνδε· κᾆτ' ἐν τοῖς ἀγροῖς ταύτῃ ξυνοικῶν ἐκποοῦ σαυτῷ βότρυς. Bei Arist. av. 1536 erhält Peisthetärus die Βασίλεια zum Weibe: ὑμεῖς δὲ μὴ σπένδεσθ', ἐὰν μὴ παραδιδῷ τὸ σκῆπτρον ὁ Ζεὺς τοῖσιν ὄρνισιν πάλιν καὶ τὴν Βασίλειάν σοι γυναῖκ' ἔχειν διδῷ. Vgl. den orphischen Hymnus 67, 7, wo die Gesundheit als Gattin des Asklepios dargestellt wird: Ὑγίειαν ἔχων σύλλεκτρον ἀμεμφῆ, vgl. ibid. 67, 1 Μνημοσύνην καλέω, Ζηνὸς σύλλεκτρον, ἄνασσαν. Mit abstracten Begriffen wird to marry und to wed häufig von Shakspere verbunden: K. Lear 1, 1 (Del. p. 16) let pride, which she calls plainness, marry her. Romeo 3, 3 (Del. p. 80) affliction is enamour'd of thy parts and thou art wedded to

calamity. K. Rich. II 5, 2 (Del. p. 90) come, come, in wooing sorrow let's be brief, since, wedding it, there is such length in grief. Tieck, Octav. p. 92: Verweilt zu lange dir des Elends Gattin? All's well 2, 1 (Del. p. 33) see, that you come, not to woo honour, but to wed it. Henry VIII 1, 1 (Del. p. 19) till this time pomp was single, but now married to one above itself. Cymbel. 5, 5 (Del. p. 125) married your royalty, was wife to your place, abhorr'd your person. Anton. and Cl. 2, 6 (Del. p. 60) he married but his occasion here. Man vergleiche noch solche Wendungen, wie „das Ehebett des Friedens" u. dergl.: Shaksp. K. John 3, 1 (Del. p. 53) and on the marriage - bed of smiling peace to march a bloody host. Rich. II 5, 1 (Del. p. 89) bad men, ye violate a twofold marriage; 'twixt my crown and me. Möricke, Gedichte p. 139: Dir angetrauet am Altare, o Vaterland! wie bin ich dein. Taming of the shrew 1, 1 (Del. p. 31) to be married to hell. Geibel, Neue Gedichte p. 222: Witz ist ein schelmischer Pfaff, der keck zu täuschendem Ehbund zwei Gedanken, die nie früher sich kannten, vermählt; aber der nächste Moment schon zeigt dir im Hader die Gatten.

3. Von mechanischen Gegenständen wird in witziger Wendung bei Shaksp. der Galgen durch marry personificirt Cymb. 5, 4 (Del. p. 123), wo der Kerkermeister sagt, „nur einer, der einen Galgen heirathen wollte, um junge Galgen zu erzeugen, könnte noch versessener darauf sein als Posthumus (unless a man would marry a gallows, and beget young gibbets, I never saw one so prone). — Vgl. auch Henry IV II, 4, 4 (Del. p. 9) why doth the crown lie there upon this pillow being so troublesome a bed - fellow.

Wir erwähnen hier auch die Personification durch „Wittwe": Hölderlin 1 p. 99: Mutter Erde, rief ich, du bist zur Wittwe geworden, dürftig und kinderlos lebst du in langsamer Zeit. Geibel, Juniuslieder p. 195: Deutschland, die Wittib, sass im Trauerkleide und ihre Stimme war von Stöhnen heiser.

59. Πατήρ, γενέτωρ, pater, father, sire, πάππος, forefather, grandsire.

1. Unter den Naturerscheinungen wird der Sonnengott vom dichtenden Mythus πατήρ genannt bei Sophocl. fr. 875 (Nauck): Ἥλιος οἰκτείρειέ με, ὃν οἱ σοφοὶ λέγουσι γεννητὴν θεῶν καὶ πατέρα πάντων. Im orphischen Hymnus 8, 4 wird er angeredet: δεξιὲ μὲν γενέτωρ ἠοῦς, εὐώνυμε νυκτός, im Hymnus des Dionysius 2, 7 (Jac. Anth. 2 p. 230) χιονοβλεφάρου πάτερ Ἀοῦς, Orph. hymn. 8, 14 χρόνου πάτερ, ibid. fr. 7, 28 wird er παγγενέτωρ genannt. Im mythischen Sinne heisst bei Eur. Chrys. (Nauck fr. 836 p. 497) der Aether ἀνθρώπων καὶ θεῶν γενέτωρ. Vgl. Eur. El. 897 οἰωνοῖσιν, αἰθέρος τέκνοις. Eur. fr. 990 bei Wagner p. 483 Αἰθέρα καὶ Γαῖαν πάντων γενέτειραν ἀείδω. Bei Arist. nub. 569 nennen die Wolken den Aether μεγαλώνυμον ἡμέτερον πατέρ', Αἰθέρα σεμνότατον, βιοθρέμμονα πάντων. Vgl. Lucret. 1, 251 pereunt imbres, ubi eos pater Aether in gremium matris Terrai praecipitavit. Hölderlin, An den Aether: Treu und freundlich, wie Du, erzog der Götter und Menschen keiner, o Vater Aether, mich auf. Geibel, Neue Gedichte p. 16: Neigst du den Blick, den strahlend hellen, nicht, Vater Aether, zu mir her? Ebenso wird Οὐρανός γονεύς und πατήρ genannt: Eur. fr. 995 (Wagner p. 486) καὶ γονεῖς ἐνδείκνυσι κοινοὺς ἁπάντων Οὐρανὸν πέλειν μέγαν καὶ Γῆν. Eur. Hel. 613 πατέρ' ἐς Οὐρανὸν ἄπειμι. Orph. hymn. 4, 1, Οὐρανὲ παγγενέτωρ. Vgl. hier auch Soph. OT. 868 ὑψίποδες νόμοι, οὐρανίαν δι' αἰθέρα τεκνωθέντες, ὧν Ὄλυμπος πατὴρ μόνος.

Vom Feuer und Wasser: Orph. fr. 5, 5 ἀθανάτων γεννήτορες αἰὲν ἐόντες, πῦρ καὶ ὕδωρ etc. — Erwähnt sei hier das Sprichwort ἀνέμου παιδίον, welches von einem unbeständigen und leichtsinnigen Menschen gesagt wurde, Bernhardy, Suidas 1, 1 p. 405. — Die Flüsse werden im mythischen Sinne πατέρες genannt: Eur. Hec. 451 ἔνθα καλλίστων ὑδάτων πατέρα φασὶν Ἀπίδανον γύας λιπαίνειν. Bacch. 511 Λυδίαν τε, τὸν τῆς εὐδαιμονίας βροτοῖς ὀλβοδόταν πατέρα τε. Virg. Georg. 4, 369 pater Tiberinus. Tibull. 1,

7, 23 Nile pater. Vom Meere Hölderlin, Empedokles (1 p. 181): Mit dem Echo der Gestade tönt deiner werth, o Vater Ocean, der Lobgesang aus reicher Wonne wieder. Vgl. Göthe, Mahomets Gesang: Und so trägt er seine Brüder, seine Schätze, seine Kinder dem erwartenden Erzeuger freudebrausend an das Herz (dem Ocean). — Der Weingott wird angeredet bei Aesch. fr. 354 (Herm.) πάτερ Θέοινε.

Dagegen ist freie Personification, wenn von Amphis bei Stob. LIV p. 369 der Acker πατήρ genannt wird: ὁ πατήρ γε τοῦ ζῆν ἐστὶν ἀνθρώποις ἀγρός. Hölderlin, Empedokles (1, p. 167): es nimmt der heil'ge Berg, der väterliche, wohl in seine Ruh die umgetriebnen Gäste. Ebendas. 198: und herrlich wohn' ich, wo den Feuerkelch, mit Geist gefüllt bis an den Rand, bekränzt mit Blumen, die er selber sich erzog, gastfreundlich mir der Vater Aetna beut. — Von Bäumen: Shaksp. Rich. II 3, 4 (Del. p. 72) go, bind thou up yond dangling apricocks, which like unruly children, make their sire stoop with oppression of their prodigal weight. Das Gold, oft von den Dichtern personificirt, wird von Pallad. Alex. 110 (Jac. Anth. 3 p. 136) so angeredet: χρυσέ, πάτερ κολάκων, ὀδύνης καὶ φροντίδος υἱέ. Der Schlaf ist bei Ovid. Met. 11, 633 Vater der Träume: At pater e populo natorum mille suorum excitat artificem. Valer. Fl. 8, 70 Somne pater. Vom Tode sagt Agathias 81 (Jac. Anth. 4 p. 34): τὸν θάνατον τί φοβεῖσθε, τὸν ἡσυχίης γενετῆρα, τὸν παύοντα νόσους καὶ πενίης ὀδύνας. — Der γαστήρ erscheint als Vater bei Soph. fr. 148 Dind.: οὗτοι γένειον ὧδε χρὴ διηλιφὲς φοροῦντα κἀντίπαιδα καὶ γένει μέγαν μέγαν γαστρὸς καλεῖσθαι παῖδα, τοῦ πατρὸς παρόν. In komischer Weise wird der Demos bei Arist. eq. 1107 — 1116 personificirt und von dem Wursthändler v. 1211 παππίδιον genannt.

2. Die Zeit heisst bei Pindar Ol. 2, 17 χρόνος ὁ πάντων πατήρ, vgl. Eur. Suppl. 788 χρόνος παλαιὸς πατὴρ ἀμερᾶν. Mythisch ist Orph. hymn. 13, 1, wo Κρόνος angeredet wird: αἰθαλής, μακάρων τε θεῶν πάτερ ἠδὲ καὶ ἀνδρῶν, ibid. 5 αἰῶνος Κρόνε παγγενέτωρ. Die Monate sind Väter der Zinsen τόκων πατέρες bei Basil. M. 1 p. 708 E

Bei Shaksp. heisst die Minute Vater: Henry IV 2, 1, 1 (Del. p. 15) every minute now should be a father of a stratagem.

3. Oefter dient πατήρ zur Personification abstracter Begriffe. Mythisch heisst Ares Νίκης εὐπολέμοιο πατήρ Hymn. Mart. 4, Momus ist Vater der Grammatiker bei Philipp. Thess. 43, 1 (Jac. Anth. 2 p. 207) Γραμματικοὶ Μώμου στυγίου τέκνα. — Sprichwörtlich war πόλεμος ἁπάντων πατήρ, vgl. Lucian, conscr. hist. 2. Sententiös Eur. Licymn. fr. 2 (Wagner p. 249) πόνος γάρ, ὡς λέγουσιν, εὐκλείας πατήρ. Wichtig ist die Stelle bei Eur. Troad. 761: ὦ Τυνδάρειον ἔρνος, οὔποτ' εἶ Διός, πολλῶν δὲ πατέρων φημί σ' ἐκπεφυκέναι, Ἀλάστορος μὲν πρῶτον, εἶτα δὲ Φθόνου, Φόνου τε Θανάτου θ', ὅσα τε γῆ τρέφει κακά. In der Prosa wird πατήρ ohne personificirende Kraft oft im Sinne von Urheber gebraucht, vgl. Jacobs zu Achilles Tat. p. 393. — Rutil. Lup. II p. 90 nam crudelitatis mater est avaritia et pater furor, haec facinori coniuncta parit odium. Bei Shaksp. wird die Seele, das Gesetz durch father, der Friede durch getter personificirt: Rich. II 5, 5 (Del. p. 100) my brain I 'll prove the female to my soul, my soul the father: and these two beget a generation of still breeding thoughts. Henry IV I, 1, 2 (Del. p. 19) old father Antick the law. Im Coriol. 4, 5 (Del. p. 108) heisst der Friede a getter of more bastard children. Vgl. noch Henry IV II, 4, 4 (Del. p. 96) thy wish was father, Harry, to that thought. Measure for M. 4, 2 (Del. p. 70) O place and greatnes! — thousand escapes of wit make thee the father of their idle dream. Cordelia hat keinen anderen Vater als den Hass, K. Lear 1, 1 (Del. p. 20) new adopted to our hate. .

4. Von Gegenständen mechanischer Arbeit wird σάλπιγξ πατήρ genannt von Christodor. 23 (Jac. Anth. 3 p. 162): καὶ Παιανιέων δημηγόρος ἔπρεπε σάλπιγξ, ῥήτης εὐκελάδοιο πατὴρ σοφός.

Auf Personification beruhen solche komische Bildungen, wie sie Aristophanes hat, wenn sich Ran. 22 Dionysos als Wein υἱὸς Σταμνίου „Fasses Sohn" nennt, man vergleiche hiermit, dass Antimachus Vesp. 1115 ὁ ψακάδος

„Sohn des Sprühregens" genannt wird, weil er beim Spre-chen sprudelte. Vesp. 1115 heisst Amynias οὐκ τῶν Κρω-βύλου, einer von den Söhnen des Schopfes, weil er auf seine Haartour viel Fleiss wandte. Σταμνίον, ψακάς, κρωβύλος sind also hier als Väter vorzustellen. In dieses Gebiet gehört auch die Stelle bei Arist. vesp. 150: ἀτὰρ ἄθλιός, γ᾽ εἴμ᾽, ὡς ἕτερος γ᾽ οὐδεὶς ἀνήρ, ὅστις πατρὸς νῦν Καπνίου κεκλήσομαι.

Zu bemerken sind auch die Personificationen, welche durch πάππος, forefather, grandsire gebildet werden. Hier-her gehört die kühne Ausdrucksweise bei Aesch. Ag. 295: κἄπειτ᾽ Ἀτρειδῶν ἐς τόδε σκήπτει στέγος φάος τόδ᾽ οὐκ ἄπαππον Ἰδαίου πυρός. Shaksp. Cymb. 5, 4 (Del. p. 121) sleep, thou hast been a grandsire and begot a father me; and thou hast created a mother and two brothers. Rich. II 2, 2 (Del. p. 46) conceit is still dirived from some forefa-ther grief.

60. Μήτηρ, γενέτειρα, μαῖα, mater, genetrix, mother.

1. Naturgegenstände werden häufig durch μήτηρ per-sonificirt. Die Natur selbst in dem orphischen Hymn. 10, 1: ὦ Φύσι, παμμήτειρα θεά, πολυμήχανε μῆτερ, vgl. Rückert, Gedichte p. 593: O Natur, du grosse Mutter, die im Schoosse viele Kinder hält, lächelst recht von Herzen, wenn sie fröhlich scherzen, wie's dir wohl gefällt. Lenau, Gedichte 2 p. 232: So Natur, der heil'gen Mutter dort, schien das Herz durchschnitten von dem Quelle. Lenau, Faust p. 162: Denn was Natur gebiert, die reiche Mutter. Ibid. p. 153: Wie süss es ist des Schlafes weicher Macht, dem Mutterkusse der Na-tur erliegen. Rückert, Gedichte p. 595: Mutter, nur belau-schet hab' ich dein Gemüth. Göthe, Der Wanderer: Natur, hast deine Kinder alle mütterlich mit Erbtheil ausgestattet. Schiller, Punschlied im Norden zu singen: An des warmen Strahles Kräften zeugt Natur den goldnen Wein. Und noch Niemand hat's erkundet, was die grosse Mutter schafft.

Geibel, Neue Gedichte p. 308: Schaffe, Mutter Natur, mit Schweigen, dein stilles Werk in der Tage Kreis. — Von der Sonne Göthe, Herbstgefühl: Euch brütet der Mutter Sonne Scheideblick. Vom Monde Orph. hymn. 9, 5: δῖα σελήνη χρόνου μήτηρ. — Mythisch ist die Erde bei Hesiod. Op. 563 πάντων μήτηρ, der homerische Hymnus 27, 1. 30, 1 nennt sie παμμήτειρα, ϑεῶν μήτηρ, ἄλοχος Οὐρανοῦ ἀστερόεντος. Der dodonäische Hymnus bei Pausan. 10, 12, 5 sagt: γᾶ καρποὺς ἀνίει, διὸ κλῄζετε μητέρα γαῖαν. Grossartig ist die Sophokleische Chorstelle Phil. 391: ὀρεστέρα παμβῶτι Γᾶ, μᾶτερ αὐτοῦ Διός, ἃ τὸν μέγαν Πακτωλὸν εὔχρυσον νέμεις, σὲ κἀκεῖ, μᾶτερ πότνι', ἐπηυδώμαν. Eur. Hipp. 601 ὦ γαῖα μῆτερ ἡλίου τ' ἀναπτυχαί. Eur. fr. inc. 168 (Wagner p. 487) καὶ Γαῖα μῆτερ· Ἑστίαν δέ σ' οἱ σοφοὶ βροτῶν καλοῦσιν, ἡμένην ἐν αἰϑέρι. Solon, fr. 35 (Bergk) συμμαρτυροίη ταῦτ' ἂν ἐν δίκῃ Κρόνου μήτηρ, μεγίστη δαιμόνων Ὀλυμπίων, ἄριστα, Γῆ μέλαινα. Eur. fr. inc. 161 (Wagner p. 483) Γαῖαν πάντων γενέτειραν. Meleag. 121 (Jac. Anth. 1 p. 36): παμμῆτορ Γῆ, χαῖρε, Democritus bei Blomf. gl. Prom. 90 γῆ παμμήτωρ. Epigr. inc. 633, 2 (Jac. Anth. 4 p. 251) γῆ, μήτηρ πάντων, μητροφϑόρον οὐ δέχετ' ἄνδρα. Eur. Phoen. 1023 ὦ πτεροῦσσα, γῆς λόχευμα. Bemerkenswerth ist Eur. Ion. 542 γῆς ἄρ' ἐκπέφυκα ματρός: Xuthus antwortet: οὐ πέδον τίκτει τέκνα. Vgl. Eur. Hel. 40 μητέρα χϑόνα. Lat. Stellen: Lucret. 2, 991 humorum guttas mater cum terra recepit. Pacuv. fr. 93 mater est terra, ea parturit corpus. Ovid. Met. 15, 91 terra optima matrum. Fast. 2, 715 Brutus matri dedit oscula terrae, 3, 799 matre satus terra. Vgl. Hor. carm. 3, 4, 65 injecta monstris Terra dolet suis maeretque partus fulmine luridum missos ad Orcum. Manil. 3, 6 von den Giganten: fulminis et flamma partus in matre sepultos. Reine Personification mit höchst individuellen Zügen ist die Anrede Timons bei Shaksp. Tim. 4, 3 (Del. p. 77) an die Natur, unter welcher er die Erde versteht; er nennt sie die allgemeine Mutter, deren Schooss unmessbar, deren Brust unendlich ist u. s. w. In Shaksp. Romeo 2, 3 (Del. p. 54) heisst die Erde die Mutter der Natur und „Kinder verschiedener Art aus ihrem Schoosse saugen

an ihrer Brust." Hölderlin 1 p. 59: Du aber wandelst ruhig
die sichre Bahn, o Mutter Erd', im Lichte. Fr. von Logau,
Der Mai: Dieser Monat ist ein Kuss, den der Himmel giebt
der Erde, dass sie jetzund seine Braut, künftig eine Mutter
werde. Göthe, Ein Gleichniss, sagt von den Blumen: Die
Köpfchen heben sie empor, die Blätterstengel im grünen Flor,
und allzusammen so gesund, als stünden sie noch auf Mut-
tergrund. Geibel, Neue Gedichte p. 16: Tränkst Du nicht
mich auch, Mutter Erde, mit deiner Milch aus heilger Brust?
Göthe, Beispiel: Wenn ich 'mal ungeduldig werde, denk' ich
an die Geduld der Erde, die, wie man sagt, sich täglich dreht,
und jährlich so wie jährlich. geht. Bin ich denn für was
andres da? — Ich folge der lieben Frau Mama. Witzig
Shaksp. As you like it 1, 2 (Del. p. 28) where is this young
gallant, that is so desirous to lie with his mother earth?
Die Erde (oder die Unterwelt) ist auch Mutter der Träume:
Eur. Hec. 70 ὦ πότνια χθών, μελανοπτερύγων μᾶτερ ὀνείρων (vgl. Pflugk). Die Erde wird auch Grossmutter genannt:
Shaksp. Henry IV I, 3, 1 (Del. p. 61) old beldame earth.
Specieller Aesch. Prometh. 309: τὴν σιδηρομήτορα ἐλθεῖν
ἐς αἶαν. Bei Eur. Troad. 221 heisst das ätnäische Land
die Mutter der sicilischen Berge: τὰν Αἰτναίαν χώραν, Σι-
κελῶν ὀρέων ματέρα, vgl. Stat. Theb. 3, 106 et nemorum
Dodona parens.

Hauptsächlich wird das Vaterland μήτηρ genannt, ferner einzelne Länder und Städte: Pind. Ol. 9, 19 κλυτὰν Λο-
κρῶν ματέρ' ἀγλαόδενδρον, Pyth. 4, 74 πὰρ μέσον ὀμφαλὸν
εὐδένδροιο ματέρος. Aesch. Sept. 19 τέκνοις τε γῇ τε μητρί,
φιλτάτῃ τροφῷ, ἣ γὰρ νέους ἕρποντας εὐμενεῖ πέδῳ, ἅπαντα
πανδοκοῦσα παιδείας ὄτλον, ἐθρέψατ' οἰκητῆρας ἀσπιδη-
φόρους πιστοὺς ὅπως γένοισθε πρὸς χρέος τόδε. Ibid. 416
εἴργειν τεκούσῃ μητρὶ πολέμιον δόρυ. Virg. Georg. 2, 173 salve,
magna parens frugum, Saturnia tellus, magna virum. Catull.
63, 50 patria o mea creatrix, patria o mea genetrix. Hölderlin 1
p. 114: Glückselig Suevien, meine Mutter! auch du, der glän-
zenderen, der Schwester Lombarda drüben gleich, von hundert
Bächen durchflossen. Eben so wird μαῖα gebraucht: Dionysius
10, 4 (Jac. Anth. 2. p. 232) οὐδὲ Κυρήνη μαῖά σε πατρῴων

ἐντὸς ἐδεκτο τάφων. Rückert, Gedichte p. 169 von Deutschland: Hast's, Mutter, nicht gefühlt mit Gluth in deiner kalten
Brust? ibid. p. 171: Fühlst, Mutter, du's durchzucken nicht
dein steinernes Gebein? Vgl. hiermit die schönen Worte,
mit welchen Bolingbroke von England Abschied nimmt bei
Shaksp. Rich. II 1, 3 (Del. p. 32): then England's ground,
farewell, sweet soil, adieu: my mother and my nurse, that
bears me yet. – Dionys. Perieget. 356 nennt Rom μητέρα
πασάων πολίων, vgl. Claudian. cons. Stil. 2, 175 protegis
hanc clypeo matrem regumque ducumque (in Bezug auf Rom
gesagt). Catull. 67, 33 Brixia, Veronae mater amata meae.
Bei Pindar. Ol. 6, 100 heisst Stymphalus μάτηρ εὐμήλοιο
Ἀρκαδίας. Vgl. Pind. Isthm. 1, 1 μᾶτερ ἐμά, χρύσασπι
Θήβα, Pyth. 8, 98 Αἴγινα, φίλα μᾶτερ, Callim. fr. ap.
Strab. 17 p. 837 Θήρη, μήτηρ εὐίππου πατρίδος ἡμετέρης.
Theocr. 9, 15 Αἴτνα μᾶτερ ἐμά. – Sehr schön nennt Pindar O. 8, 1 Olympia die Mutter der goldbekränzten Kampf-
preise, der Wahrheit Herrin: μᾶτερ ὦ χρυσοστεφάνων ἀέθλων,
Οὐλυμπία, δέσποιν᾽ ἀλαθείας.

Inseln, Länder und Berge heissen Mütter der Menschen
und Thiere: Soph. Phil. 324 Σκῦρος, ἀνδρῶν ἀλκίμων μήτηρ.
Die Insel Rhodus ist Mutter lieblicher Kinder, Meleag. 7, 6
(Jac. Anth. 1, 5) τὴν γλυκύπαιδα Ῥόδον. Hölderlin, Archi-
pelagus: Alle leben sie noch, die Heroenmütter, die Inseln.
Hymn. Pan. 30 Ἀρκαδίην πολυπίδακα, μητέρα μήλων; Hymn.
Cer. 68 Ἴδην πολυπίδακα, μητέρα θηρῶν. Arist. ran. 1352
ἀλλ᾽ ὦ Κρῆτες Ἴδης τέκνα. — Den Feuerstein nennt Iulian.
Aegypt. 6, 5 (Jac. Anth. 3 p. 196) Mutter des Feuers, μη-
τέρα πυρσῶν τήνδε λίθον.

Auch das Meer wird Mutter genannt, gemüthlich fassen
es Fischer so auf bei Eur. Sthen. fr. 6 (Wagner p. 341),
weil sie von demselben ihre Nahrung erhalten: ὑγρὰ δὲ
μήτηρ, οὐ πεδοστιβὴς τροφός, θάλασσα. Vgl. Philipp. 36, 1
(Jac. Anth. 2 p. 205) τὰν ἀναδυομέναν ἀπὸ μητέρος ἄρτι
θαλάσσης, Κύπριν. Vgl. Apollonidas 13 (Jac. Anth. 2
p. 126) μητρὶ περιστεφέα σηκόν, Κυθέρεια, θαλάσσῃ κρη-
πῖδας βυθίας οἴδματι πηξαμένη. Von Apollonidas 13 (Jac.
Anth. 2 p. 121) wird das Meer als treulos getadelt, da es

seinen mütterlichen Sinn gerühmt und doch den Aristomenes
in die Fluthen getaucht habe: *ἀλλὰ καὶ ἡνίκα μαῖα καὶ
ὠδίνεσσεν ἀπήμων αἰχεῖς, σὺν φόρτῳ δύσας Ἀριστομέ-
νην.* Vgl. Hölderlin, Empedokles (1 p. 200): wenn die Wo-
genwüste ihren Arm, die Mutter, um mich breitet. Die
Wolken fragen bei Lenau, Gedichte 1 p. 248: ob die alte
Mutter todt, die See? Vom Wasser überhaupt Möricke, Gedichte p. 49: Wo eurer (der Quellen) Mutter Kraft im Berge
grollt. Die Frösche nennen sich bei Arist. ran. 211 *λιμναῖα
κρηνῶν τέκνα.*

Von den Pflanzen wird besonders der Weinstock als
Mutter bezeichnet: Aesch. Pers. 620 *ἀκήρατόν τε μητρὸς
ἀγρίας ἄπο ποτόν, παλαιᾶς ἀμπέλου γάνος τόδε.* Eur. Alc.
757 *πίνει μελαίνης μητρὸς εὔζωρον μέθυ.* In einem interessanten Compositum dieselbe Personification bei Astyda-
mas fr. 6 (Nauck p. 615): *θνητοῖσι τὴν ἀκεσφόρον λύπης
ἔφηνεν οἰνομάτωρ ἄμπελον.* Anmuthig ist die Stelle eines
dem Simonides zugeschriebenen Epigrammes fr. 179, 1
(Bergk p. 796): *ἡμερὶ πανθέλκτειρα, μεθυτρόφε, μῆτερ ὀπώρας.* Achill. Tat. p. 67 *οἴνων μήτηρ.* Plaut. Amphitr.
1, 1, 274 hirneam ego, ut matre fuerat natum, vini eduxi
meri. Geibel, Juniuslieder p. 359: Und vom Stamme gelöst,
und gelöst von der nährenden Mutter (der Rebe). Die Eiche
heisst die Mutter der Eicheln bei Zonas 5, 1 (Jac. Anth. 2
p. 68): *ὢ 'νερ, τὰν βαλάνων τὰν ματέρα φείδεο κόπτειν.*
Nach der Sage waren die Eichen die Mütter der Menschen, wie es in demselben Epigramm heisst: *κοκύαι γὰρ ἔλε-
ξαν ἁμῖν ὡς πρότεραι ματέρες ἐντὶ δρύες.* Vgl. hiermit
Virg. Aen. 8, 315 haec nemora indigenae Fauni Nymphaeque
tenebant gensque virum truncis et duro robore nata. Juvenal.
6, 12 homines, qui rupto robore nati compositique luto nullos
habuere parentes. Hierher gehören auch Stellen wie Palladas 13, 2 (Jac. Anth. 2 p. 117) *οὐ γὰρ ἀπὸ δρυὸς εἶ οὐδ'
ἀπὸ πέτρης,* welche aus Homer Od. 19, 163 *οὐ γὰρ ἀπὸ
δρυός ἐσσι παλαιφάτου οὐδ' ἀπὸ πέτρης* stammen, vgl. Il.
22, 126, über deren Erklärung man Götting zu Hes. Theog.
35 und Ameis zu Od. 19, 163 vergleiche, welcher auch die
platonischen Stellen anführt. Vgl. Hesiod. op. 145. Die

Fichte nennt sich selbst die Mutter der Holzkeile bei Babrius 38, 6: τοὺς κακίστους σφῆνας, ὧν ἐγὼ μήτηρ. Die Palme heisst Mutter, Aenigmata 20, 1 (Jac. Anth. 4 p. 291) sagt die Palmfrucht: οὔνομα ματρὸς ἔχω· γλυκυρώτερος εἰμὶ τεκούσης. — Von Theilen des ·menschlichen Körpers Tieck, Fortunat p. 409: Das ist die Grossmutter aller Nasen auf der Welt.

2. Die Nacht, als Gottheit angeschaut, ist Mutter der Eumeniden, Aesch. Eum. 311, 394, 715, 807, 838, welche bei Soph. OC. 106 παῖδες ἀρχαίου Σκότου heissen, der Eos, Aesch. Ag. 249 εὐάγγελος μέν, ὥσπερ ἡ παροιμία, ἕως γένοιτο μητρὸς εὐφρόνης πάρα, der Klotho und Lachesis, welche Inc. tr. fr. 216 (Wagner) εὐώλενοι κοῦραι Νυκτός genannt werden, der Hekate, Bacchyl. fr. 38 (Bergk p. 831) Ἑκάτα, δᾳδοφόρου Νυκτὸς μελανοκόλπου θύγατερ, der Lyssa, Eur. Herc. fur. 823 Νυκτὸς τῆνδ᾽ ὁρῶντες ἔκγονον Λύσσαν, 833 ἀλλ᾽ εἶ, ἄτεγκτον συλλαβοῦσα καρδίαν, Νυκτὸς κελαινῆς ἀνυμέναιε παρθένε, sie selbst sagt v. 843: ἐξ εὐγενοῦς μὲν πατρὸς ἔκ τε μητέρος πέφυκα, Νυκτὸς Οὐρανοῦ τ᾽ ἀφ᾽ αἵματος, der Götter, Meleag. 102 (Jac. Anth. 1 p. 30) ἓν τόδε, παμμήτειρα θεῶν, λίτομαί σε, φίλη Νύξ. Orph. hymn. 3, 1 Νύκτα θεῶν γενέτειραν ἀείσομαι. In einem orphischen Fragmente 10, 1 (Herm.) wird die Nacht angeredet: Μαῖα, θεῶν ὑπάτη, Νὺξ ἄμβροτε. Die Nacht ist Mutter des Schlafs und der Träume, des Lichtes, der Sterne: Hesiod. th. 210 Νὺξ δ᾽ ἔτεκεν — Ὕπνον, ἔτικτε δὲ φῦλον Ὀνείρων. Orph. hymn. 3, 5 redet sie μῆτερ ὀνείρων an. Göthe, Faust p. 56: Ein Theil der Finsterniss, die sich das Licht gebar, das stolze Licht, das nun der Mutter Nacht, den alten Rang, den Raum ihr streitig macht. Herder, Die Nacht, redet sie an: Kommst du wieder, heil'ge, stille Mutter der Gestirn' und himmlischer Gedanken? — Lass den Schleier sinken, heil'ge Mutter, schlage zu dein Buch voll Gottesschriften! — Fühl' ich nicht, wie ihre Schlummerbinde mich umhüllet, wie mit Mutterhänden sie mein fallend Augenlied mir zuschliesst? Vgl. Rückert, Gedichte p. 415; Nacht, Allmutter des Lebens, dich preis' ich, herrliche Göttin, Königin, keine wie du kränzet mit Sternen ihr Haupt. Möricke p. 236: Und kecker rauschen die

Quellen empor, sie singen der Mutter, der Nacht ins Ohr,
vom Tage etc. Shaksp. Lucrece 17 (Del. p. 55) till
sable Night, mother of Dread and Fear, upon the world
dim darkness doth display. Bemerkenswerth ist Schol.
Plat. Clark. p. 331 (Bergk bei Meineke, fr. com. 2
p. 1175): Χαιρεφῶντα Ἀριστοφάνης ἐν Ὥραις νυκτὸς
παῖδα καλεῖ.

Den Herbst nennt Pindar Mutter der blühenden Rebe,
Nem. 5, 10 τέρειναν ματέρ᾽ οἰνάνθας ὀπώραν.

3. Abstracta werden durch μήτηρ personificirt. In
Bezug auf Enyo schwankte der Mythus, wie Cornut. 21 sagt:
περὶ δὲ τῆς Ἐνοῦς οἱ μὲν μητρὸς οἱ δ᾽ ὡς θυγατρὸς οἱ δ᾽
ὡς τροφοῦ Ἄρεως διαφέρονται. Mythisch ist Τύχη Mutter,
Soph. OT. 1080 ἐγὼ δ᾽ ἐμαυτὸν παῖδα τῆς Τύχης νέμων,
vgl. Shaksp. Henry VIII 2, 2 (Del. p. 50), wo Wolsey der
älteste Sohn der Fortuna heisst: the blind priest, like the
eldest son of fortune. Vgl. Schiller, Das Glück und die Weisheit, wo das Glück sagt: Mit meinen reichsten, schönsten
Gaben beschenkt ich ihn so mütterlich. Mnemosyne ist Mutter der Musen, hymn. in Merc. 2, 429. Vgl. Rückert, Gedichte p. 446: Wie die Griechen das Gedächtniss Mutter
ihrer Musen nannten, so den Vater meiner Lieder nenn᾽ ich
Mangel an Gedächtniss und Vergesslichkeit die Mutter.
Göthe, Epigramme: Langeweile, du bist Mutter der Musen
gegrüsst. Mythisch ist Peitho die Mutter der Hygieia bei
Procl. in Tim. 3, 158 (Lobeck, Aglaoph. p. 833): Ὑγίεια, ἣν
παράγουσιν ἀπὸ Πειθοῦς καὶ Ἔρωτος. Im orphischen Hymnus
68, 2 wird die Hygieia angeredet als μήτηρ πάντων. Die
Personification der Abstracta durch μήτηρ ist sehr häufig in
der sententiösen Sprache: Aesch. Sept. 210 πειθαρχία γάρ
ἐστι τῆς εὐπραξίας μήτηρ, γύναι, σωτῆρος. Pind. Ol. 13, 10
ὕβριν, κόρου μητέρα, θρασύμυθον. Soph. Phil. 1360 οἷς γὰρ
ἡ γνώμη κακῶν μήτηρ γένηται, τἄλλα παιδεύει κακά. Eur.
In. fr. 19 (Wagner p. 215) τίς ἄρα μήτηρ ἢ πατὴρ κακὸν
μέγα βροτοῖς ἔφυσε τὸν δυσώνυμον φθόνον. Dionys. fr. 4
(Nauck p. 617) ἡ γὰρ τυραννὶς τῆς ἀδικίας μήτηρ ἔφυ. Po-
lus bei Stob. S. IX, 54 p. 106 (Welcker, Theogn. p. 93)

δοκεῖ μοι τῶν ἀνδρῶν τὰν δικαιοσίναν ματέρα τε καὶ τιϑηνὰν τᾶν ἄλλαν ἀρειᾶν προσειπέν. Pseudophocyl. 42 (Bergk p. 344) ἡ φιλοχρημοσύνη μήτηρ κακότητος ἁπάσης. Pallad. Alex. 112 (Jac. Anth. 3 p. 137) φεύγετε τοὺς πλουτοῦντας, ἀναιδέας, οἰκοτυράννους, μισοῦντας πενίην μητέρα σωφροσύνης. Ecphant. Pythag. ap. Stob. p. 302 (Blomf. gl. Aesch. Sept. 210) ἁ γὰρ πολυτέλεια μήτηρ τῆς ἀκρασίας. Pseudo-Ignatius p. 80 μήτηρ τῆς ἐνδείας ἡ ἀργία. Hor. Serm. 1, 3, 97 sensus moresque repugnant atque ipsa utilitas, iusti prope mater et aequi. Auch in der lateinischen Prosa ist mater in sententiösen Stellen: Cic. de leg. 1, 22 mater omnium bonarum artium sapientia est. Academ. 1, 10 immoderata intemperantia, omnium perturbationum mater. Inv. 1, 41 omnibus in rebus similitudo est societatis mater. Or. 2, 40 avaritiam tollere si vultis, mater eius tollenda est luxuries. Vgl. Iustin. 20, 4, 10 genetrix virtutum frugalitas. Vgl. die Stelle bei Rutil. Lup. p. 90 crudelitatis mater est avaritia et pater furor. — Shakspere nennt Drangsal die Mutter der Keckheit, Cymb. 3, 6 (Del. p. 84) plenty and peace breeds cowards: hardness ever of hardiness is mother. Vgl. Troilus 3, 3 (Del. p. 76) for emulation hath a thousand sons, that one by one pursue.

Andere Stellen, in welchen Abstracta durch μήτηρ bezeichnet werden, sind folgende: Aesch. Prom. 470 μνήμην ϑ', ἁπάντων μουσομήτορ' ἐργάνην. Soph. Aj. 173 ὦ μεγάλα φάτις, ὦ μᾶτερ αἰσχύνης ἐμῆς. Von Palladas 58 (Jac. Anth. 3 p. 127) wird Jemand angeredet: Τέκνον ἀναιδείης, ἀμαϑέστατε, ϑρέμμα μορίης. Vgl. Shaksp. Troil. and Cr. 4, 5 (Del. p. 95) set them down for sluttish spoils of opportunity and daughters of the game. Vgl. Soph. fr. 704 Dind. ϑυμῷ (?) δ' οὔτις φαιδρὰ χορεύει τάρβους ϑυγάτηρ. Incert. tr. fr. 121 (Wagner) τῆς δειλίας γὰρ αἰσχρὰ γίγνεται τέκνα. Cratin. fab. inc. 51 (Meineke, fr. com. 2, 1 p. 192) χαῖρ', ὦ μέγ' ἀχρειόγελως ὅμιλε, ταῖς ἐπίβδαις, τῆς ἡμετέρας σοφίας κριτὴς ἄριστε πάντων, εὐδαίμον' ἔτικτέ με μήτηρ ἱερῶν ψόφησις. Theogn. 384 πενίην μητέρ' ἀμηχανίης ἔλαβον. Tull. Gem. 1, 6 (Jac. Anth. 2 p. 254) τέχνην μητέρ' ἐπισταμένη. Geibel, Juniuslieder p. 202: Wohl mag dich, Mutter,

(die Sprache), fassen drob ein Staunen, doch zage nicht!
Nein, greif auf deinem Psalter ein wehrhaft Lied.

4. Erzeugnisse mechanischer Art werden durch μήτηρ
bezeichnet, z. B. der Schild, das Ruder, die Lyra: Eur.
Troad. 1221 redet Hecuba den Schild des Hector an: σύ τ',
ὦ ποτ' οὖσα καλλίνικε μυρίων μῆτερ τροπαίων, Ἕκτορος
φίλον σάκος, στεφανοῦ. θανεῖ γὰρ οὐ θανοῦσα σὺν νεκρῷ.
Der Chor in Eur. Hel. 1452 redet das Ruder an in mehreren personificirenden Wendungen, unter welchen auch μήτηρ ist:
Φοίνισσα Σιδωνιὰς ὦ ταχεῖα κώπα, ῥοθίοισι μάτηρ, εἰρεσία
φίλα, χοραγὲ τῶν καλλιχόρων δελφίνων. Die Argo erscheint
als Mutter und sagt Aenigmata 16 (Jac. Anth. 4 p. 299):
υἷας πεντήκοντα ἐμῇ ἐνὶ γαστρὶ λαβοῦσα. — Arist. Thesm.
124 κίθαρίν τε ματέρ' ὕμνων.

Eine seltsame Wendung sei hier noch erwähnt, mit
welcher Imogen bei Shaksp. Cymb. 3, 4 (Del. p. 71) von
einer römischen Elster (Buhlerin) spricht, deren Mutter ihre
Schminke war (whose mother was her painting); „sie war
gleichsam das Geschöpf ihrer buhlerischen Kunst, welche
mütterlich für sie sorgte" (Delius).

61. Μητρυιά.

Wie der Begriff der Mütterlichkeit Zuneigung und Liebe
andeutet, so bezeichnet μητρυιά die Feindseligkeit, vgl.
Antipat. Thess. 47, 7 (Jac. Anth. 2 p. 108) ὅσσον μητρυιῆς
γλυκυρωτέρη ἔπλετο μήτηρ, τόσσον ἁλὸς πολιῆς γαῖα ποθει-
νοτέρη. In Bezug auf Italien sagte Scipio bei Plutarch. II
p. 201 E (Jac. Anth. 8 p. 328): ἐμὲ οὐδέποτε στρατοπέδων
ἀλαλαγμὸς ἐθορύβησεν, οὔτι γε συγκλύδων ἀνθρώπων, ὧν
οὐ μητέρα τὴν Ἰταλίαν, ἀλλὰ μητρυιὰν οὖσαν ἐπίσταμαι.
Vgl. Plato Menex. p. 237 B. τρεφόμενος οὐχ ὑπὸ μητρυιᾶς,
ἀλλ' ὑπὸ μητρὸς τῆς χώρας. Von Aeschylus Prom. 750
wird die Salmydessische Klippe Stiefmutter der Schiffe genannt: ἵνα τραχεῖα πόντου Σαλμυδησσία γνάθος ἐχθρόξενος
ναύταισι, μητρυιὰ νεῶν. Fast sprichwörtlich war der Vers
des Hesiodus Op. 823: ἄλλοτε μητρυιὴ πέλει ἡμέρη, ἄλλοτε
μήτηρ.

62. Matrona, housewife.

Durch „Hausfrau" wird die Natur selbst personificirt von Shaksp. Timon of Ath. 4, 3 (Del. p. 86): the bounteous housewife, nature, on each bush lays her full mess before you. Durch matrona wird die Tragödie wenigstens vergleichend personificirt bei Hor. de arte poet. 231: effutire levis indigna tragoedia versus, ut festis matrona moveri iussa diebus, intererat Satyris paulum pudibunda protervis. Bei Shakspere wird die Fortuna housewife genannt: As you like it 1, 2 (Del. p. 24) let us sit and mock the good housewife Fortune from her wheel. Ant. and Cleop. 4, 13 (Del. p. 121) and let me rail so high, that the false housewife Fortune — break her wheel, provok'd by my offence. Henry V 4, 1 doth fortune play the housewife with me now? Lenau, Albigenser p. 73: Die Altfrau Kirche weiss mit Indulgenzen von jeder Schuld Gewissen rein zu schaffen.

Erwähnt sei hier auch die Göthesche Personification in dem Gedichte: „Meine Göttin": Und dass die alte Schwiegermutter Weisheit das zarte Seelchen ja nicht beleidige.

63. Κύειν, ἔγκυος, gravidus, to conceive, maritare, ὠδίνειν, ὠδίς, parturire, to teem, to be with child.

1. Naturgegenstände werden durch die Vorstellungen des Schwängerns, der Schwangerschaft, der Geburtsschmerzen personificirt, die Natur selbst von Shaksp. Merch. of Ven. 1, 1 (Del. p. 17): Nature has fram'd strange fellows in her time. Vgl. Iulian. Aeg. 64, 1 (Jac. Anth. 3, 209) ἡ Φύσις ὠδίνουσα πολὺν χρόνον ἀνέῳ᾽ ἔτικτεν. In stat. athlet. 24, 3 (Jac. Anth. 3 p. 244) ὅπερ Φύσις ὀψὲ τεκοῦσα ὤμοσεν· ὠδίνειν δεύτερον οὐ δύναμαι. Der Regen schwängert die Erde: Aesch. Dan. 45 (Herm. 1 p. 320) ὄμβρος — ἔκυσε γαῖαν, vgl. Mosch. fr. 7, 13 (Nauck p. 633) ἀλλ᾽ ἦν ἀκύμων γῆ. Die Erde wird angeredet im orphischen Hymnus 26, 4: πολυ-

ποίκιλε κούρη, ἢ λοχίαις ὠδῖσι κύεις καρπὸν πολυειδῆ.
Shaksp. Henry IV I, 3, 1 (Del. p. 61) the teeming earth.
Wie κύειν wird maritare gebraucht: Patricius in der Anth.
lat. 283 (Meyer 1 p. 112) vere novo florebat humus, satus
aethere sudo imbre maritatum vegetabat spiritus orbem.
Claud. rapt. Pros. 2, 89 Zephyrus glebas fecundo rore maritat. Vgl. Ovid. Fast. 4, 633 gravidae semine terrae. Virg.
Georg. 2, 5 ager gravidus autumno, vgl. Pentad. in der Anth.
lat. 252 (Meyer 1 p. 99) parturit omnis ager. — Von Ländern: Shaksp. Rich. II 2, 1 (Del. p. 36) this England, this
nurse, this teeming womb of royal kings. Von Städten:
Theogn. 39 Κύρνε, κύει πόλις ἥδε, δέδοικα δὲ μὴ τέκη
ἄνδρα etc. — Das Sprichwort vom Berge bei Athen. 14,
616 D: ὤδινεν ὄρος, Ζεὺς δ' ἐφοβεῖτο, τὸ δ' ἔτικτεν μῦν.
Phaedr. fab. 4, 22 mons parturibat gemitus immanes ciens
eratque in terris maxima exspectatio. At illo murem peperit.
Hor. ep. 2, 3, 139 parturiunt montes, nascetur ridiculus mus.
Der Feuerstein wird ἔγκυος genannt von Philipp. 22, 5 (Jac.
Anth. 2 p. 201): καὶ τὸν ἐγερσιφαῆ πυρὸς ἔγκυον ἔμφλογα
πέτρον. Von den Quellen Rückert, Gedichte p. 102: Aber
wenn nun erblaute die Luft und ergrünte die Erde, draussen
flössen die Quellen, die ewigen heilkraftschwangern. Vom
Wetter: Lucret. 6, 259 gravidam fulminibus tempestatem.
Von Pflanzen Shaksp. Winter's tale 4, 3 (Del. p. 79): you
see, sweet maid, we marry a gentler scion to the wildest
stock, and make conceive a bark of baser kind by bud of
nobler race.

Von Theilen des menschlichen Körpers: Shaksp. Love's
l. l. 4, 3 (Del. p. 52) sagt witzig von einem Mädchen, die
eine hohe Schulter hat: her shoulder is with child. Bemerkenswerth ist auch Shaksp. Troil. 1, 3 (Del. p. 35): I have
a young conception in my brain: be you my time to bring
it to some shape. Vgl. Sonn. 86 (Del. p. 158) that did my
ripe thoughts in my brain inherse, making their tomb the
womb wherein they grew. Love's l. l. 5, 2 (Del. p. 82)
when great things labouring perish in their birth.

2. Die Zeit ist Neuigkeiten schwanger bei Shaksp.
Ant. and Cl. 3, 7 (Del. p. 82): with news the time is with

labour; and throws forth each minute some. Das Jahr
und der Herbst: Shaksp. Henry IV 11 Prol. whilst the
big year, swoln with some other grief, is thought with
child by the stern tyrant war. Sonn. 97 (Del. p. 163)
and yet this time remov'd was summers time; the teeming autumn, big with rich increase, bearing the wanton
burden of the prime, like widow'd wombs after their lords
decease. Mythisch von der Nacht Hesiod. th. 125 οὓς τέκε
κυσαμένη,

3. Die Segel: Shaksp. Mids. 2, 2 (Del. p. 30) when
we have laugh'd to see the sails conceive and grow big-
bellied with the wanton wind.

64. *Τίκτειν* und Composita, *τεκνοῦσθαι*, *γεννᾶν*,
λοχεύειν, gignere, progignere, parere, parturire,
to beget, to engender, birth.

1. Die Natur selbst wird als gebärend dargestellt von
Julian. Aegypt. 64, 1 (Jac. Anth. 3 p. 209): ἡ Φύσις ὠδίνουσα πολὺν χρόνον ἀνέρ᾽ ἔτικτεν. In stat. athlet. 24, 3
(Jac. Anth. 3 p. 244) ὅπερ Φύσις ὀψὲ τεκοῦσα ὤμοσεν·
ὠδίνειν δεύτερον οὐ δύναμαι. Epigr. inc. 494 (Jac. Anth. 4
p. 223) εὗρε Φύσις, μόλις εὗρε· τεκοῦσα δ᾽ ἐπαύσατο μόχθων, εἰς ἕνα μοῦνον Ὅμηρον ὅλην τρέψασα μενοινήν.

Von den Naturerscheinungen sind Himmel und Erde
durch den Mythus Gottheiten, ihr Verhältniss zu einander
wird als Ehe aufgefasst und die Erde ist Gebärerin in dem
Fragmente des Aeschylus, Danae 45 (Herm. 1 p. 320): ἐρᾷ
μὲν ἁγνὸς οὐρανὸς τρῶσαι χθόνα, ἔρως δὲ γαῖαν λαμβάνει
γάμου τυχεῖν· ὄμβρος δ᾽ ἀπ᾽ εὐνάεντος (Lobeck vermuthet
εἰνασθέντος) οὐρανοῦ πεσὼν ἔκυσε γαῖαν· ἡ δὲ τίκτεται
βροτοῖς μήλων τε βοσκὰς καὶ βίον Δημήτριον· δενδρῶτις
ὥρα δ᾽ ἐκ νοτίζοντος γάμου τέλειός ἐστιν. Hes. theog. 45
οὓς Γαῖα καὶ Οὐρανὸς ἔτικτεν. Eur. Melanipp. fr. 5 (Wagner p. 255) κοὐκ ἐμὸς ὁ μῦθος, ἀλλ᾽ ἐμῆς μητρὸς πάρα, ὡς
οὐρανός τε γαῖά τ᾽ ἦν μορφὴ μία· ἐπεὶ δ᾽ ἐχωρίσθησαν
ἀλλήλων δίχα, τίκτουσι πάντα κἀνέδωκαν ἐς φάος δένδρη,

πετεινά, θῆρας, οἵς θ' ἅλμη τρέφει, γένος τε θνητῶν. An die Stelle des Οὐρανός setzt Euripides den Aether im Chrysipp. fr. 6 (Wagner p. 428): Γαῖα μεγίστη καὶ Διὸς Αἰθήρ, ὁ μὲν ἀνθρώπων καὶ θεῶν γενέτωρ, ἡ δ' ὑγροβόλους σταγόνας νοτίους παραδεξαμένη τίκτει θνατούς, τίκτει δὲ βορὰν φῦλά τε θηρῶν, ὅθεν οὐκ ἀδίκως μήτηρ πάντων νενόμισται. χωρεῖ δ' ὀπίσω τὰ μὲν ἐκ γαίας φύντ' εἰς γαῖαν, τὰ δ' ἀπ' αἰθερίου βλαστόντα γονῆς εἰς οὐράνιον πάλιν ἦλθε πόλον· θνήσκει δ' οὐδὲν τῶν γιγνομένων, διακρινόμενον δ' ἄλλο πρὸς ἄλλου μορφὴν ἰδίαν ἀπέδειξεν. Hiermit vgl. Vitruv. VIII praef. §. 1 und Lucret. 2, 991 fg. Vom Eros sagt Meleager 91, 5 (Jac. Anth. 1 p. 27): πατρὸς οὐκέτ' ἔχω φράζειν τίνος· οὔτε γὰρ Αἰθήρ, οὐ Χθών φησι τεκεῖν τὸν θρασύν, οὐ πέλαγος. Sehr häufig wird τίκτειν der Erde allein zugeschrieben: Aesch. Choeph. 119 γαῖαν αὐτήν, ἢ τὰ πάντα τίκτεται. Eur. Arch. 48 (Wagner p. 111) ἅπαντα τίκτει χθὼν πάλιν τε λαμβάνει. Menand. mon. 89 (Meineke, fr. com. 4 p. 89) γῆ πάντα τίκτει καὶ πάλιν κομίζεται. Eur. Phoen. 822 ἔτεκες, ὦ γᾶ, ἔτεκες. Julian. Aeg. 55, 1 (Jac. Anth. 3 p. 207) χθών σ' ἔτεκε, πόντος δὲ διώλεσεν. Orph. fr. 8, 40 (Herm.) κούρους οὐρανίωνας ἐγείνατο πότνια γαῖα. Ovid. Met. 9, 670 progenuit tellus ignotum nomine Ligdum. Eur. Iph. T. 1228 νύχια χθὼν ἐτεκνώσατο φάσματ' ὀνείρων. Vgl. Plat. Menex. p. 337 C ἡ τεκοῦσα καὶ θρέψασα χώρα, Herod. 7, 49 λέγω τὴν χώραν λιμὸν τέξεσθαι.

Von bestimmten einzelnen Ländern, von dem Vaterlande, von Städten wird τίκτειν, λοχεύεσθαι, τεκνοῦν gesagt: Epigr. inc. 506 ἥδε Σόλωνα τόνδε τεκνοῖ Σάλαμις θεσμοθέτην ἱερόν. Epigr. inc. 487 (Jac. Anth. 4 p. 221) οὐχὶ πέδον Σμύρνης ἐλοχεύσατο θεῖον Ὅμηρον. Philipp. 68, 4 (Jac. Anth. 2 p. 214) τῆς δὲ σιδηροτόκου βῶλος Ἰβηριάδος. Hor. carm. 4, 5, 25 Germania quos horrida parturit fetus. Vgl. Geibel, Juniuslieder 207 von Deutschland: Ein Jahr lang rangest du in bittern Wehen. Vom Vaterlande: Eur. Heracl. 826 τῇ τε βοσκούσῃ χθονὶ καὶ τῇ τεκούσῃ νῦν τιν' ἀρκέσαι χρεών. Phoen. 1000 πατρίδος, ἥ μ' ἐγείνατο. Von Städten: sehr bezeichnend Theogn. 39 Κύρνε, κύει πόλις ἥδε, δέδοικα δὲ μὴ τέκῃ ἄνδρα εὐθυντῆρα κακῆς ὕβριος ἡμετέρης. Epigr.

inc. 528 (Jac. Anth. 4 p. 231) *πάτρα Μίλητος τίκτει τὸν Μούσαισι ποθεινὸν Τιμόθεον.* Antip. Sid. 60, 1 (Jac. Anth. 2 p. 22 *ἕπτα σοφῶν, Κλεόβουλε, σὲ μὲν τεκνώσατο Λίνδος.* Meleager 127, 1 (Jac. Anth. 1 p. 38) *νᾶσος ἐμὰ θρέπτειρα Τύρος· πάτρα δ' ἐμὲ τεκνοῖ Ἀτθίς.* Ar. ran. 1419 *ἡ πόλις γὰρ δυστοκεῖ.* In Bezug auf den Sonnengott heisst es bei Dionys. 2, 15 (Jac. Anth. 2 p. 231) *ποταμοὶ δὲ σέθεν πυρὸς ἀμβρότου τίκτουσιν ἐπήρατον ἀμέραν.* Vgl. beiläufig Xen. Cyr. 7, 5, 23 *πολλὴν δᾷδα ἔχομεν, ἢ τάχα πολὺ πῦρ τέξεται.* — Von dem Monde sagt Timoth. fr. 2 (Bergk): *διά τ' ὠκυτόκοιο σελάνας.* — Die Wolken werden angeredet in dem orphischen Hymnus 21, 1: *ἠέριοι νεφέλαι, καρποτρόφοι, οὐρανόπλαγκτοι, ὀμβροτόκοι.* — Lenau, Gedichte 2 p. 343: Kräuter, die der fernste Süden, die der höchste Nord geboren.

Der Zephyros wird *πλοητόκος* genannt von Satyr. Thuill. 6, 1 (Jac. Anth. 2 p. 253), vgl. Catull. 64, 281 quos propter fluminis undas aura parit flores tepidi fecunda Favoni. Vgl. Hor. carm. 1, 7, 16 neque parturit imbres saepe Notus. Möricke, Gedichte p. 52: Du, einer luftgebornen Muse geheimnissvolles Saitenspiel. Vgl. Sh. K. Lear 3, 2 (Del. p. 73) but yet I call you servile ministers, that will with two pernicious daughters join your high-engender'd battles 'gainst a head so old and white as this.

Vom Meere, den Flüssen und Quellen: Anacreontea 57, 13 (Bergk) *χαροπῆς ὅτ' ἐκ θαλάσσης δεδροσωμένην Κυθήρην ἐλόχευε Πόντος ἀφρῷ.* Antip. Thess. 50, 5 (Jac. Anth. 2 p. 109) *ἡ δὲ τεκοῦσα θάλασσα διώλεσεν.* Tibull. 3, 4, 85 nam te neo vasti genuerunt aequora ponti. Bei Soph. OC. 689 heisst der Kephisos *ὠκυτόκος.* Hierher gehört die schöne Stelle bei Aesch. Suppl. 996: *ποταμοὺς δ' οἳ διὰ χώρας θελεμὸν πῶμα χέουσιν πολύτεκνοι λιπαροῖς χεύμασι γαίας τόδε μειλίσσοντες οὖδας.* Arist. vesp. 1033 *φωνὴν δ' εἶχεν χαράδρας ὄλεθρον τετοκυίας.* Bemerkenswerth Nestor 1, 3. (Jac. Anth. 3 p. 54) *ἀοιδοτόκοι πτηναί.*

Von Bergen und Steinen: Virg. Aen. 4, 365 sed duris genuit te cautibus horrens Caucasus Hyrcanaeque admorunt ubera tigres. Sprichwörtlich bei Athenaeus 13, 616 D *ὤδινεν*

ὄρος, Ζεὺς δ' ἐφοβεῖτο, τὸ δ' ἔτεκεν μῦν, Hor. ep. 2, 3, 139
parturiunt montes, nascetur ridiculus mus. Philipp. 61, 6
(Jac. Anth. 2 p. 212) Καίσαρι μὴ τίκτειν οὐδὲ λίθος δύναται. Vom Feuersteine: Philipp. 5, 6 (Jac. Anth. 2 p. 195)
λίθον δὲ ναύταις ἑσπέρης πυριτόκον. Theaetet. Schol. 1
(Jac. Anth. 3 p. 214) λίθον πυρσοτόκον.

Der Olivenbaum sagt von sich Aenigmata 37 (Jac.
Anth. 4 p. 294) Παλλάδος εἰμὶ φίλη, τίκτω δ' ἀπερείσια
τέκνα. Vom Weinstock: Ar. nub. 1117 τὸν καρπὸν τεκού-
σας ἀμπέλους, vgl. Theocrit. ep. 4, 5 ἔνθα πέριξ κέχυται
βοτρυόπαις ἕλικι ἄμπελος. Philipp. 45, 2 (Anth. 2 p. 207)
ἄγχεις τὴν Βρομίοιο βοτρυόπαιδα χάριν. — Babrius 11, 6
ἦν δὲ ληΐων ὥρη καὶ καλλίπαις ἄμητος ἐλπίδων πλήρης.
Vom Walde heisst es Aenigmata 21, 1 (Jac. Anth. 4 p. 291):
ὕλη μέν μ' ἔτεκεν. Von der Wiese bei Shaksp. Henry V 5,
2 (Del. p. 116): the even mead — conceives by idleness,
and nothing teems, but hatefull docks.

Der Rauch sagt von sich Aenigmata 17 (Jac. Anth. 4
p. 290): κούραις δ' ἀντομέναισιν ἀπενθέα δάκρυα τίκτω·
εὐθὺ δὲ γεννηθεὶς λύομαι εἰς ἀέρα.

Eine Krankheit ist eingeboren in der Stadt: Arist. vesp.
651 ἰάσασθαι νόσον ἀρχαίαν ἐν τῇ πόλει ἐντετοκυῖαν.

Bemerkenswerth die Stelle bei Shaksp. Sonn. 59 (Del.
p. 146), welcher von den Geburtswehen des Gehirns spricht:
how are our brains beguil'd, which, labouring for invention,
bear amiss the second burden of a former child. Verwandt
der Ausdruck eines unbekannten Tragikers bei Wagner
anonym. tr. fr. 23: γαστὴρ παχεῖα λεπτὸν οὐ τίκτει νόον.
Bion 1, 66 αἷμα ῥόδον τίκτει, τὰ δὲ δάκρυα τὰν ἀνεμώναν.

2. Der Zeit, dem Jahre, dem Tage, der Nacht wird
τίκτειν, τεκνοῦσθαι zugeschrieben. Eur. fr. 597 (Nauck
p. 432) ἀκάμας τε πέριξ χρόνος ἀενάῳ ῥεύματι πλήρης
φοιτᾷ τίκτων αὐτὸς ἑαυτόν. Soph. OC. 617 μυρίας ὁ μυρίος χρόνος τεκνοῦται νύκτας ἡμέρας τ' ἰών. Eur. Palam. 5
(Wagner p. 296) μακρὸς γὰρ αἰὼν μυρίους τίκτει πόνους.
Moschion fr. 18 (Nauck p. 633) ὁ τίκτων πάντα καὶ τρέφων
χρόνος, vgl. Soph. Aj. 646 ἅπανθ' ὁ μακρὸς κἀναρίθμητος
χρόνος φύει τ' ἄδηλα καὶ φανέντα κρύπτεται. Antiphanes

4, 1 (Jac. Anth. 2 p. 188) ὁ δὲ χρόνος, ὡς τόκον, οὕτω καὶ πολιὸν τίκτει γῆρας ἐπερχόμενος. Geibel, Neue Gedichte p. 61: Nur Schade, soll die Zeit jetzt in die Wochen. — Eur. Iph. T. 20 ὅ τι γὰρ ἐνιαιτὸς τέκοι κάλλιστον. Vom Jahre ist bemerkenswerth Hermippus bei Meineke fr. com. 2 p. 380: ἐκεινός ἐστι στρογγύλος τὴν ὄψιν, ὦ πονηρέ, — ἡμᾶς δὲ τίκτει περιτρέχων τὴν γῆν ἀπαξάπασαν· ὀνομάζεται δ' ἐνιαιτός. — Geibel, Gedichte p. 143: ein Mensch, als hätt' ihn der April geboren. — Soph. OT. 438 ἥδ' ἡμέρα φύσει σε καὶ διαφθερεῖ. Eur. Alcm. 101 (Wagner p. 51) ἀλλ' ἡμέρα τοι πολλὰ καὶ μέλαινα νὺξ τίκτει βροτοῖς. — Ueberaus schön von der Nacht Soph. Trach. 95: ὃν αἰόλα νὺξ ἐναριζομένα τίκτει κατευνάζει τε, φλογιζόμενον Ἅλιον Ἅλιον αἰτῶ. Die Nacht als gebärende Gottheit häufig: Hesiod. th. 124 Νυκτὸς δ' αὖτ' Αἰθὴρ καὶ Ἡμέρη ἐξεγένοντο; οὓς τέκε κισαμένη, Ἐρέβει φιλότητι μιγεῖσα. Verwandte Anschauung bei Arist. av. 1192: ἀέρα περινέφελον, ὃν Ἔρεβος ἐτέκετο. Vgl. Aesch. Eum. 318, Agam. 264 τῆς νῦν τεκούσης φῶς τόδ' εὐφρόνης λέγω. Hes. Theog. 211. Inc. tr. fr. 702 (Nauck p. 702) οἱ γάρ με Νὺξ ἔτικτε δεσπότην λύρας. Das Räthsel des Theodectes vom Tage und der Nacht bei Nauck p. 632 lautet: εἰσὶ κασίγνηται διτταί, ὧν ἡ μία τίκτει τὴν ἑτέραν, αὐτὴ δὲ τεκοῦσ' ὑπὸ τῆσδε τεκνοῦται. Hes. Theog. 223 fg. τίκτε δὲ καὶ Νέμεσιν — Νὺξ ὀλοή. — Vgl. auch Aesch. Suppl. 740 (Herm.) φιλεῖ δ' ὠδῖνα τίκτειν νὺξ κυβερνήτῃ.

3. Auf abstracte Begriffe angewandt kommt τίκτειν sehr häufig vor. Mythisch ist Pindar. hymn. fr. 2 (Boeckh p. 561), wo Themis die Horen gebiert: ἁ δὲ χρισάμιπυκας ἀγλαοκάρπους τίκτεν ἀλαθέας Ὥρας. Vgl. Hesiod. theog. 901 δεύτερον ἠγάγετο λιπαρὴν Θέμιν, ἣ τέκεν Ὥρας, Εὐνομίην τε Δίκην τε καὶ Εἰρήνην τεθαλυῖαν. Mythisch werden im orphischen Hymnus 76, 4 die Musen genannt πάσης παιδείης ἀρετὴν γεννῶσαι ἄμεμπτον, ib. 77, 2 heisst es von der Mnemosyne: ἣ Μούσας τέκνωσ' ἱεράς. Häufig wird es wie μήτηρ in sententiösen Stellen gebraucht: Eur. Heracl. 898 πολλὰ τίκτει Μοῖρα. · Von der ὕβρις sagt Aesch. Ag. 733 (Herm.): φιλεῖ δὲ τίκτειν ὕβρις μὲν παλαιὰ νεάζουσαν ἐν κακοῖς βροτῶν ὕβριν. Vgl. ὕβρις ὕβριν ἔτικτε καὶ ψόγος

ψόγον bei Wagner, tr. fr. 3 p. 138 und Soph. OT. 873 ὕβρις φυτεύει τύραννον. Vgl. Welcker zu Theogn. 109 p. 93. — Solon fr. 7, 1 (Bergk p. 323) τίκτει γὰρ κόρος ὕβριν, ὅταν πολὺς ὄλβος ἔπηται. Theogn. 153 τίκτει γὰρ κόρος ὕβριν, ὅταν κακῷ ὄλβος ἔπηται ἀνθρώπῳ. Schön ist Bacchylid. 9 (Jac. Anth. 1 p. 83): τίκτει δὲ θνάτοισιν Εἰρήνη μεγάλα πλοῦτον καὶ μελιγλώσσων ἀοιδῶν ἄνθεα. Häufig ist diese Ausdrucksweise bei Euripides in Sentenzen: Hipp. fr. 3 (Wagner p. 223) ὁρῶ δὲ τοῖς πολλοῖσιν ἀνθρώποις ἐγὼ τίκτουσαν ὕβριν τὴν πάρος εὐπραξίαν. Hipp. fr. 11 (W. p. 226) ὕβριν τε τίκτει πλοῦτος. Temenid. 16 (W. p. 371) ῥώμη δὲ γ' ἀμαθὴς πολλάκις τίκτει βλάβην. Eur. inc. fab. fr. 41 (W. p. 442) οἱ γὰρ πόνοι τίκτουσι τὴν εὐανδρίαν. Temen. 10 (Wagner p. 369) ὁ γὰρ ἐν καιρῷ μόχθος πολλὴν εὐδαιμονίαν τίκτει θνητοῖσι τελευτῶν. fr. inc. 62 (W. p. 449) λῦπαι γὰρ ἀνθρώποισι τίκτουσιν νόσους, vgl. Soph. fr. 597 (Nauck p. 221) τίκτουσι γάρ τοι καὶ νόσους δυσθυμίαι und Cicero, Phil. II utinam reipublicae dolor pariat, quod iam diu parturit. Eur. Arch. 8 (W. p. 118) ἀλλ' οἱ πόνοι τίκτουσι τὴν εὐδοξίαν, vgl. Soph. fr. 287 (Nauck) τίκτει γὰρ οὐδὲν ἐσθλὸν εἰκαία σχολή. — Soph. Aj. 518 χάρις χάριν γάρ ἐστιν ἡ τίκτουσ' ἀεί, vgl. Anaxandrides bei Meineke, fr. com. 3, 200 οὐχὶ παρὰ πολλοῖς ἡ χάρις τίκτει χάριν. Theodectes fr. 11 (Nauck p. 626) ῥαθυμία δὲ τὴν παραιτίκ' ἡδονὴν λαβοῦσα λύπας τῷ χρόνῳ τίκτειν φιλεῖ, vgl. Menand. mon. 217 (Meineke, fr. com. 4 p. 346) ἡ παράκαιρος ἡδονὴ τίκτει βλάβην. Dem Solon schreibt man zu: Ἡδονὴν φεῦγε· αὕτη γὰρ λύπην τίκτει. Ein Sprichwort bei Zenob. 3, 28 (Leutsch et Schneidewin, paroemiographi graeci p. 65): δίκη δίκην ἔτικτε καὶ βλάβην βλάβη. Isidor. fr. 1 (Nauck p. 644) ἐκ τοῦ κακοῦ γὰρ ἡ φύσις τίκτει κακόν, ὡς ἐξ ἐχίδνης πάλιν ἔχιδνα γίγνεται. Theogn. 389 ἡ γὰρ χρημοσύνη χαλεπὴν τίκτει ἀμηχανίην.

Bemerkenswerth sind auch folgende Stellen: Aesch. Ag. 722 παλαίφατος δ' ἐν βροτοῖς γέρων λόγος τέτυκται, μέγαν τελεσθέντα φωτὸς ὄλβον τεκνοῦσθαι μηδ' ἄπαιδα θνήσκειν, vgl. die von Blomf. im Glossar angeführte Stelle aus Longinus π. ὕ. 44: ἐὰν δὲ καὶ τούτους τις τοῦ πλούτου τοὺς ἐκγόνους εἰς ἡλικίαν ἐλϑεῖν ἐάσῃ, ταχέως δεσπότας ταῖς ψυχαῖς ἐντίκτουσιν ἀπαραιτήτους, ὕβριν καὶ παρανομίαν καὶ ἀναισχυντίαν. Aehnlich wie in der Stelle des Aeschylus ist der Sprachgebrauch bei Shaksp. Measure for M. 2, 2 (Del. p. 39), wo vom Gesetz gesagt wird: now, 't is awake; takes note of what is done, and, like a prophet, looks in a glass, that shows what future evils, either new, or by remissness new-conceiv'd, and so in progress to be hatch'd and born, are now to have no successive degrees, but, ere the live, to end. Aesch. Suppl. 482 φύλαξαι, μὴ ϑράσος τέκῃ φόβον. Cratin; Chir. 3 (Meineke 2 p. 147) Στάσις δὲ καὶ πρεσβυγενὴς Κρόνος ἀλλήλοισι μιγέντε μέγιστον τίκτετον τύραννον. Ibid. 4 (M. 2 p. 148) Ἥραν τέ οἱ Ἀσπασίαν τίκτει Καταπηγοσύνη παλλακὴν κυνώπιδα (nach der Conjectur Bergk's, Comment. p. 238). Soph. Trach. 834 προςταχέντος ἰοῦ, ὃν ἔτεκε ϑάνατος. OT. 869 οὐδέ νιν (νόμους) ϑνατὰ φύσις ἀνέρων ἔτικτεν. Leonid. Alexandr. 2, 3 (Jac. Anth. 2 p. 174) τόλμα ἔτικτε (die Wahrsager). Agathias 69, 20 βιότου λῆγε μεριμνοτόκου. — Aesch. Ch. 794 γέρων φόνος μηκέτ' ἐν δόμοις τέκοι. Anaxilas bei Meineke 3 p. 352 ἡ μουσικὴ δ' ὥσπερ Λιβύη ἀεί τι καινὸν κατ' ἐνιαυτὸν ϑηρίον τίκτει. Von der Seele: Pseudophocyl. 63 (Bergk p. 346) ϑυμὸς ὑπερχόμενος μανίην ὀλοόφρονα τίκτει, Liv. 21, 18 quod iam diu parturit animus vester, aliquando pariat, vgl. Hofm. Peerlk. zu Hor. 4, 5, 26. Vgl. Shaksp. As you like it 4, 1 (Del. p. 82) that same wicked bastard of Venus, that was begot of thought, conceived of spleen, and born of madness. — Shaksp. Tempest 1, 2 (Del. p. 17) and my trust, like a good parent, did beget of him a falsehood. Tit. Andr. 2, 3 (Del. p. 32) knew that this gold must coin a stratagem, which, cunningly effected, will beget a very excellent piece of villainy.

Oft kommen bei Shaksp. Zeitverhältnisse und Abstracta durch das Passivum personificirt vor, z. B. Henry IV I, 5, 1 (Del. p. 96) a portent of broached mischief to the unborn time. Vgl. Winter's tale 4, 3 (Del. p. 79) the birth of trembling winter. Merchant of Venice 3, 2 (Del. p. 58) tell me, where is fancy bred, or in the heart, or in the head? how

begot, how nourished? It is engender'd in the eyes, with
gazing fed. Vgl. Anacreontea 39, 8 (Bergk) δι' ὃν ἡ Μέϑη
λοχεύϑη, δι' ὃν ἡ Χάρις ἐτέχϑη. — Love's l. l. 4, 2 (Del.
p. 46) — a foolish extravagant spirit, full of forms, figures,
shapes etc. —: these are begot in the ventricle of memory,
nourished in the womb of pia mater, and delivered upon the
mellowing of occasion. Winter's Tale 5, 2 (Del. p. 115)
every wink of an eye, some new grace will be born. Cymbel.
3, 2 (Del. p. 63) why should excuse be born or ere begot?
Sonnets 131 (Del. p. 189) Love is to young to know what
conscience is; yet who knows not, conscience is born of love?
Timon of Athens 1, 2 (Del. p. 27) o joy, e'en made away
ere 't can be born. Henry IV II, 1, 3 (Del. p. 32) grant,
that our hopes, yet likely of fair b i r t h, should be still-born.
Cymb. 1, 5 (Del. p. 25) gentlemen, enough of this; it came
in too suddenly; lit it die as it was born. Troil. 3, 2 (Del.
p. 67) we will not name desert before his birth, and being
born, his addition shall be humble. Die Rauflust ist eine
missgeborne Tapferkeit: Timon 3, 5 (Del. p. 57) quarrelling,
which, indeed, is valour misbegot and came into the world,
when sects and factions were newly born. Vgl. Lenau, Gedichte 2 p. 237: Und wenn ihr heischt vom freigebornen
Lied, dass es dienstbar nur eure Gleise trete. Hierher gehören auch folgende Wendungen: K. John 4, 3 (Del. p. 82)
the yet-unbegotten sin of times. K. Rich. II 2, 2
(Del. p. 45) some unborn sorrow, ripe in fortune's womb, is
coming towards me. — As you like it 1, 3 (Del. p. 32)
never so much as in a thought unborn did I offend your
highness.

4. Von mechanischen Produkten ist die Flasche als
Person dargestellt in einem Epigramm des Marc. Argent. 26
(Jac. Anth. 2 p. 248); von einem Steine zertrümmert
wird sie von dem Dichter angeredet: οὐ ϑρηνῶ σε, λάγυνε, τὸν εὐαστῆρα τεκοῦσαν Βάκχον, ἐπεὶ Σεμέλη καὶ
σὺ πεπόνϑατ' ἴσα. Cynisch Plaut. Pseudol. 1, 1, 23
(Ritschl) ut opinor, quaerunt literae hae sibi liberos: aliam
alia scandit.

65. *Μαιοῦσθαι, λοχεύεσθαι,* midwife.
   Ἐξαμβλίσκειν.

Von Naturerscheinungen wird die Windsbraut als Hebamme bezeichnet von Lenau, Gedichte p. 442: Nur der Wald vernahm ihr Kreisen, Windsbraut war die Hebamme. Mythisch ist Königin Mab Hebamme, Shaksp. Romeo 1, 4 (Del. p. 36) queen Mab hath been with you; she is the fairies' midwife. Als Hebamme erscheint die *ἀφροσύνη* bei Leonid. Alex. 2, 3 (Jac. Anth. 2 p. 174): *ὑμέας* (die Wahrsager) *ἀφροσύνη μαιώσατο, τόλμα δ' ἔτικτε.* Vielleicht gehört hierher Anacreontea 38, 8, wo von dem Bacchus gesagt wird: *δι' ὃν ἡ Μέθη ἐλοχεύθη.* Vgl. Shaksp. Rich. II 2, 2 so, Greene, thou art the midwife to my woe. Der Gedanke wird als Fehlgeburt aufgefasst von Arist. nub. 137: *καὶ φροντίδ' ἐξήμβλωκας ἐξευρημένην,* vgl. ib. 139 *τὸ πρᾶγμα τοὐξημβλωμένον.*

66. *Ἡ δεκάτη. Τὰ ἀμφιδρόμια.* Gossip.

Das Fest der Namengebung wird personificirend auf sachliche Gegenstände, wie die Stadt, den Helm übertragen: vgl. Arist. av. 922, wo Peisthetäros sagt, er feiere das Namensfest der Stadt (*οὐκ ἄρτι θύω τὴν δεκάτην ταύτης ἐγώ, καὶ τοὔνομ' ὥσπερ παιδίῳ νῦν δὴ 'θέμην;).* Arist. Lysistr. 757 *οὐ τἀμφιδρόμια τῆς κυνῆς αὐτοῦ μενεῖς;* Eine ähnliche Anschauung ist es, wenn Rückert, Gedichte p. 131, einen Fluss den Taufpathen der Stadt nennt: aber der irdische Fluss, der hindurch sich schlängelt, ein winziger, nennet sich Rodach, der Taufpathe der Stadt, welcher den Namen ihr lieh.

Verwandt ist die Personification durch „Gevatterin" bei Shakspere, wo gossip mit der Vorstellung der Schwatzhaftigkeit verbunden ist. Das Echo, die Nachricht werden gossip genannt: Tw.-night 1, 5 (Del. p. 28) and make the babbling gossip of the air cry out, Olivia! Merch. of Ven. 3, 1 (Del. p. 53) if my gossip, report, be an honest woman of her word. Solanio: I would she were as lying a gossip in that, as ever knapped ginger. Mythisch ist Shaksp. All's well 1, 1 (Del. p. 17) with a world of pretty, fond, adoptious christendoms, that blinking Cupid gossips.

67. Παῖς und Composita, τέκνον und Composita, τέκος, υἱός, γόνος, ἔκγονος, child, son, babe, baby.

1. Von Naturgegenständen sind die Sterne die Kinder der Nacht bei Orph. hymn. 7, 3: ἀστέρες οὐράνιοι, Νυκτὸς φίλα τέκνα μελαίνης. Der Regen heisst das Kind der Wolke: Pind. Ol. 10, 2 οὐρανίων ὑδάτων ὀμβρίων, παίδων νεφέλας. Vgl. Geibel, Juniuslieder p. 371: Doch fröhlich schliesset sich der Himmel auf und schickt den frischen Wolkensohn, den Regen. Der Rauch nennt sich selbst das schwarze Kind eines weissen Vaters: Aenigmata 17 (Jac. Anth. 4 p. 290) εἰμὶ πατρὸς λευκοῖο μέλαν τέκος. Den Dampf nennt Geibel, Neue Gedichte p. 6, das starke Riesenkind. — Das Land Orplid wird angeredet von Weyla bei Möricke, Gedichte p. 190: Uralte Wasser steigen verjüngt um deine Hüften, Kind? Vor deiner Gottheit beugen sich Könige, die deine Wärter sind. Die Blumen sind die „Kinder der verjüngten Au": Aeschyl. Pers. 624 ἄνθη τε πλεκτά, παμφόρου γαίας τέκνα, Chaeremon 10 (Nauck p. 608) τὰ λειμώνων τέκνα, ferner Kinder des Frühlings Chaeremon 9 (Nauck p. 608) ἀνθηροῦ τέκνα ἔαρος πέριξ στρώσαντος. In demselben Sinne auch τιθήνημα bei Chaeremon 13 (Nauck p. 609), wo die Rosen so bezeichnet werden: κόμαισιν Ὡρῶν σώματ' εὐανθῆ εἶχον, ·τιθήνημ' ἔαρος εὐπρεπέστατον. Vgl. Hölderlin 1 p. 92: Euch, ihr liebenden auch, ihr schönen Kinder des Maitags, stille Rosen, und euch, Lilien, nannt ich so oft. Shaksp. Love's l. l. 1, 1 (Del. p. 12) an envious sneaping frost, that bites the first-born infants of the spring. Hamlet 1, 3 the canker galls the infants of the spring, too oft before their buttons be disclosed. Schiller, Die Blumen: Kinder der verjüngten Sonne, holde Frühlingskinder. Paul Flemming, Auf Herrn Timothei Poli neugebornen Töchterleins Christinen ihr Absterben: Etwa wie ein Tausendschönlein, des gemalten Lentzen Söhnlein, mit dem frühen Tag entsteht, welches, wie es mit ihm wachet, mit

ihm scheinet, mit ihm lachet, so auch mit ihm untergeht.
Hölderlin 1 p. 57: Die Bäum' und Blumen, seiner Jugend
lächelnde Kinder. Tieck, Zerbino p. 40: Wär' immer Frühling, könntest du nicht hoffen, nicht sehnsuchtsvoll das Blu-
menfeld besuchen und jeden grünen Schössling fragen, ob er
nicht bald das bunte Kind gebäre. Rückert, Gedichte p. 531
von den Blüthen: Die zarten Frühlingskinder sind erfroren.
Lenau, Gedichte 1 p. 92: Frühlingskinder im bunten Ge-
dränge, flatternde Blüthen etc. Lenau, Faust p. 1: O freue
dich am hellen Sonnenglanze, freu dich an seinem Kind, der
stillen Pflanze. — Der Epheu heisst das Kind des Jahres
bei Chaeremon fr. 5 (Nauck): χορῶν ἐραστὴς κισσός, ἐνιαυ-
τοῦ δὲ παῖς („hedera filia anni, quia toto anno viret ac
viget). Die Zwiebel wird von Xenarch. bei Meineke fr.
com. 3 p. 614 βυσαίχην θεᾶς Δηοῦς σύνοικος, γηγενὴς
βολβός genannt. — Die Klopstock'sche Personification des
Weins „o du der Traube Sohn" findet sich auch bei den
Griechen: Pind. Nem. 9, 52 ἀργυρέαισι δὲ νωμάτω φιάλαισι
βιατὰν ἀμπέλου παῖδα. Vgl. Anacreontea 58, 7 (Bergk)
γόνον ἀμπέλου τὸν οἶνον. Geibel, Juniuslieder p. 132: Der
gleich dem wilden Sohn der Trauben. Vgl. ibid. p. 54: O
Wein, du Kind der Sonnen. Rückert, Gedichte p. 504: Dort
wächst ein goldner Wein, den als Sonnenkind gebären wun-
derähnlich Sand und Stein. Vgl. Geibel, Gedichte p. 99: Er
kam zur Welt auf sonnigem Stein — und wie er geboren,
da jauchzt überall etc. Die Trauben selbst heissen παῖδες
bei Ion Chius (Jac. Anth. 1 p. 93): ὀφθαλμῶν (aus den
Augen des Weinstocks) δ' ἐξέθορον πυκινοὶ παῖδες φωνή-
εντες. — In gezierter Weise nennt Strattis bei Meineke fr.
com. 3 p. 764 die Brode des Weizenmehles Söhne: τῶν δὲ
διδύμων ἐκγόνων σεμιδάλιδος. Meineke führt Archestratus
bei Athen. 3 p. 112 b an: εἶτα τὸν ἐν Τεγέᾳ σεμιδάλεως
υἱὸν ἐπαινῶ. Den Kuchen nennt Archestratus bei Athen. 4
p. 137 c den Sohn der Demeter: Δήμητρος παῖδ' ὀπτὸν
ἐπεισελθόντα πλακοῦντα. Bei Philyllius πυρῶν ἐκγονοι, cf.
Meineke. — Von Flüssen Hölderlin 1 p. 26: und von der
Stimme des Göttersohns (des Stromes) erwachen die Berge
rings, vgl. Geibel, Neue Gedichte p. 157: o Sohn der Alpen,

in krystallnen Wiegen genährt an Gletscherbrüsten, heilger
Rhein. Hölderlin 1 p. 116: von ihren Söhnen einer, der
Rhein, mit Gewalt wollt er ans Herz ihr stürzen. Bei
Rückert, Gedichte p. 195 sagt der Rhein: Saar und Mosel,
meine Kinder, von den linken Borden, Knechte einst etc.

Die Muschel heisst bei Alcaeus fr. 51 (Bergk) πέτρας
καὶ πολιᾶς θαλάσσας τέκνον, das Gold, von Pind. fr. 140
(Dissen) Διὸς παῖς genannt, heisst bei Pallad. 110 (Jac.
Anth. 3 p. 136) ὀδύνης καὶ φροντίδος υίός, vgl. γηγενέτην
ἄργυρον bei Timoth. fr. 10 (Bergk p. 862). Das Echo ist
das Kind des Bergfelsens: Eur. Hec. 1110 πέτρας οὐρείας
παῖς — Ἠχώ. — Vom Schlafe: Simonid. fr. 173 (Bergk)
παῖδα δὲ νυκτὸς δεξάμενοι βλεφάροισιν. Vgl. Hesiod. theog.
758 ἔνθα δὲ Νυκτὸς παῖδες ἐρεμνῆς οἰκί᾽ ἔχουσιν, Ὕπνος
καὶ Θάνατος. Vgl. Geibel, Neue Gedichte p. 283: Schlaf,
süsser Schlaf, geheimnissvoller Sohn des heilgen Dunkels, der
du jede Last uns abnimmst und im Kranz von buntem Mohn
vom Bruder Tod nichts als sein Lächeln hast. Den Traum
nennt Arist. ran. 1335 μελαίνης Νυκτὸς παῖδα. Den Tod
redet Soph. OC. 1574 an ὦ Γᾶς παῖ καὶ Ταρτάρου. — Man
beachte noch den Ausdruck bei Shaksp. As you like it 3, 4
(Del. p. 70): Seine Küsse sind Judaskinder (his kisses are
Judas's own children).

Von Troja wird Rom Kind genannt bei Agathias 62, 7
(Jac. Anth. 4 p. 25): εἰμὶ πάλιν βασίλεια· σὺ δ᾽, ὦ τέκος,
ἄτρομε Ῥώμη, βάλλε καθ᾽ Ἑλλήνων σῆς ζυγόδεσμα δίκης.

2. Die Zeit wird παῖς genannt bei Eur. Heracl. 900:
Αἰών τε Κρόνου παῖς. Nach Ion Chius war Καιρός der
Sohn des Zeus: Pausan. 5, 19, 4 γενεαλογεῖ δὲ ἐν τῷ ὕμνῳ
νεώτατον παίδων Διὸς Καιρὸν εἶναι. Vom Jahre Rückert,
Gedichte p. 190: Im Schoos der Mitternacht geboren, worin
das Kind bewusstlos lag, erwacht zum Leben jetzt erkoren,
das Jahr am ersten Glockenschlag. Ibid. 190 vom Jahre:
O du der jüngste jetzt der Söhne, die unsre Mutter Zeit
gebar, sei mir gegrüsst, du junges Jahr. Ibid. p. 569: In
der Wiege neugeboren, wo das stumme Kindlein (das Jahr)
liegt. In dem Räthsel. des Kleobulus von Lindos (Jac. Anth. 1

p. 52) heissen die Monate die Kinder des Jahres, welches der Vater ist, die Töchter der Monate sind die Tage und Nächte: εἷς ὁ πατήρ, παῖδες δὲ δυώδεκα· τῶν δὲ ἑκάστῳ κοῦραι ἑξήκοντα διάνδιχα εἶδος ἔχουσαι· αἱ μὲν λευκαὶ ἔασιν ἰδεῖν, αἱ δ' αὖτε μέλαιναι, ἀθάναται δέ τ' ἐοῦσαι ἀποφθινύθουσι ἅπασαι. E. Möricke (Gedichte p. 156) nennt die Nacht einen Mohrenknaben, den Tag das Kind im Rosenkleide. Bei Pind. Ol. 2, 32 ist der Tag παῖς ἁλίου.

3. Abstracta werden häufig durch παῖς personificirt. Mythisch ist Dike das Kind des Zeus bei Aesch. Sept. 659, vgl. Blomf. gl., das Kind des Chronos bei Eur. Ant. 52 (Wagner p. 109) τήν τοι Δίκην λέγουσι παῖδ' εἶναι Χρόνου, δείκνυσι δ' ἡμῶν ὅστις ἔστ' ἢ μὴ κακός, vgl. Pind. Ol. 13, 6 Δίκα καὶ ὁμότροπος Εἰράνα, χρύσεαι παῖδες εὐβούλου Θέμιτος. Die Themis selbst nennt der orphische Hymnus 79, 1 Οὐρανόπαιδ' ἁγνήν, Θέμιν εὐπατέρειαν. Der Harmonia Kinder sind die Musen: Eur. Med. 830 ἔνθα ποθ' ἀγνὰς ἐννέα Πιερίδας Μούσας λέγουσι ξανθὰν Ἁρμονίαν φυτεῦσαι. Die Ἀραί sind Kinder der Nacht: Aesch. Eum. 410 ἡμεῖς γάρ ἐσμεν Νυκτὸς αἰανῆς τέκνα, vgl. Ovid. Met. 4, 451 illa sorores nocte vocat genitas, grave et implacabile numen. Die Parzen sind Kinder der Nacht: Orph. hymn. 59, 1 Μοῖραι ἀπειρέσιοι, Νυκτὸς φίλα τέκνα μελαίνης. Der Sohn der Tyche ist Plutus und wurde in Theben verehrt, vgl. Pausan. 9, 16 Τύχη, Πλοῦτον παῖδα φέρουσα. Vgl. hiermit Aesch. Ag. 731 οἴκων γὰρ εὐθυδίκων καλλίπαις πότμος ἀεί. Im Sinne der Personification ist Λύσσα Νυκτὸς ἔκγονος bei Eur. Herc. f. 822. Der Krieg (Πόλεμος) redet den Κυδοιμός bei Arist. pac. 254 an: παῖ, παῖ Κυδοιμέ. Lenau, Gedichte 2 p. 459: Ziska gängelt mit dem Geiste leicht sein wildes Kind, die Schlacht. Der Krieg selbst wird von Shakspere Hydrasohn, Sohn der Hölle genannt: Henry IV II 4, 2 where on this Hydra son of war is born, whose dangerous eyes may well be charmd asleep. Henry VI II, 5, 2 O war, thou son of hell, whom angry heavens do make their minister. — Incert. tr. fr. 226 (Nauck p. 687) Ἐλευθερία Διὸς ὄλβιον τέκος. — Des Dionysos Kinder sind die

φιλοφροσύναι, vgl. Jon. El. 1 (Bergk p. 426) τοῦ θαλίαι φίλα τέκνα φιλοφροσύναι τε χοροί τε. Von der Phantasie sagt Göthe, Meine Göttin: ich geb ihn der ewig beweglichen, immer neuen, seltsamen Tochter Jovis, seinem Schoosskinde, der Phantasie. Eur. inc. fr. 125 (Wagner p. 468) ὁ τῆς Τύχης παῖς κλῆρος. Rein personificirend nennt Sophokles die göttliche Orakelstimme, weil sie durch Hoffnung auf Hülfe veranlasst war, das Kind der goldnen Hoffnung: OT. 158 εἰπέ μοι, ὦ χρυσέας τέκνον ἐλπίδος, ἄμβροτε φάμα. Hyperides bei Stob. 124 p. 616 nennt die ἔπαινοι παῖδες, indem er von den Gutdenkenden sagt: ὅσοι γὰρ αὐτῶν ἄπαιδες τετελευτήκασιν, οἱ παρὰ τῶν Ἑλλήνων ἔπαινοι παῖδες αὐτῶν ἀθάνατοι ἔσονται. Sententiös Aesch. Eum. 525 δυςσεβίας μὲν ὕβρις τέκος, vgl. Inc. tr. fr. 121 (Wagner) τῆς δειλίας γὰρ αἰσχρὰ γίγνεται τέκνα. Vgl. τέκνωμα: Aesch. fr. 377 (Herm. 1 p. 400) τῷ πονοῦντι δ' ἐκ θεῶν ὀφείλεται τέκνωμα τοῦ πόνου κλέος. — Das Orakel bei Herodot 8, 77 sagt: Δῖα δίκη σβέσσει κρατερὸν κόρον, ὕβριος υἱόν. — Die Scham ist das Kind des Tadels: Eumath. p. 27 αἰδὼς παῖς ἐλέγχων. Vgl. Shaksp. Troil. 3, 2 (Del. p. 65), wo die Scham ein einfältiges Kind genannt wird (shame is a baby). Vgl. Lenau, Faust p. 181: Bis ich den Jammerbalg erschlug, die Reue. Shaksp. Jul. Caes. 5, 3 (Del. p. 95) o hateful error, melancholy's child, vgl. Göthe, Jahreszeiten, Sommer 58: Fremde Kinder, wir lieben sie nie so sehr als die eignen, Irrthum, das eigene Kind, ist uns dem Herzen so nah. Die Liebe ist ein eigensinniges Kind: Shaksp. Two gentlemen 1, 2 (Del. p. 17) how wayward is this foolish love, that like a testy babe, will scratch the nurse, and presently all humbled, kiss the rod. Vgl. Rückert, Gedichte p. 454: Der Liebe Leben ist schnell vollbracht; es keimet, es reift in einer Nacht; frühmorgens erwacht, noch eh' du's gedacht, hüpft's Kindlein frisch durch Blüthengebüsch und reget die Glieder. — mit Macht, mit Macht. Kommt's Abendroth, ist's Kindlein todt. — Shaksp. Makb. 4, 3 (Del. p. 104) this noble passion, child of integrity. Ibid. 1, 4 (Del. p. 32) our duties are to your throne and state children and servants. Der Schmerz wird als ein Embryo angesehen bei Shaksp.

K. Rich. II 2, 2 (Del. p. 47): so, Greene, thou art the midwife to my woe. Rückert, Gedichte p. 29: Dann wird — das rege Wiegenkindlein Schmerz im Busen endlich schlafen. Vgl. ibid. p. 559: Dann gehn die Augenlider dem Kindlein (dem Leide) wieder zu. — Geibel, Juniuslieder p. 207: Es wird aus deines Schoosses dunklem Gähren die Eintracht wie ein lächelnd Kind erstehen. Lenau, Gedichte 1 p. 49: Hab' ich das süsse Kind (die Hoffnung) erschlagen. Aesch. Ag. 369 βιᾶται δ' ἁ τάλαινα πειθὼ προβουλόπαις („vorgängiger Ueberlegung Tochter") ἄτας. Vgl. noch Aesch. Sept. 637 ἀλλ' οὔτε κλαίειν οὔτ' ὀδίρεσθαι πρέπει, μὴ καὶ τεκνωθῇ δυσφορώτερος γόος. Pind. Nem. 8, 16 σὺν θεῷ γὰρ φιτευθεὶς ὄλβος παρμονώτερος. Die Strafe des Meineids wird Ὅρκου παῖς genannt in dem Orakel bei Herodot. 6, 86 θάνατός γε καὶ εὔορκον μένει ἄνδρα. Ἀλλ' ὅρκου παῖς ἐστιν ἀνώνυμος, οὐδ' ἔπι χεῖρες, οὐδὲ πόδες· κραιπνὸς δὲ μετέρχεται, εἰσόκε πᾶσαν συμμάρψας ὀλέσῃ γενεήν.

Von den Briefen des Julian sagte Libanius, Epitaph. 1 p. 624 (angeführt von Jac. Anth. 13 p. 7): παῖδας τούτους ἐκεῖνος ἀθανάτους καταλέλοιπεν, οὓς οὐκ ἂν ὁ χρόνος δίναιτο — ἐξαλεῖψαι.

4. Bemerkenswerth ist τέκνον in der zweifelhaften Stelle des Simonides fr. 153 (Bergk p. 790): πατρίδα κυδαίνων ἱερὰν πόλιν Ὦπις Ἀθάνας, τέκνον μελαίνης γῆς, χαρίεντας αὐλοὺς — ἀνέθηκε, wo τέκνον von Jacobs Anth. 6 p. 246 auf αὐλούς bezogen wird. Die Geburt und Schicksale der Lampe werden erzählt bei Arist. eccl. 3 γονάς τε γὰρ σὰς καὶ τύχας δηλώσομεν. Von einem Spiesse sagt Plaut. rud. 5, 2, 15: nam quidem hoc Vere natum est verum: ita in manibus consenescit.

68. Θυγάτηρ, κόρη, ἔκγονος, filia, filiola.

1. Unter den Naturerscheinungen heisst in mythischer Neuerung Selene die Tochter des Helios bei Eur. Phoen. 175: ὦ λιπαροζώνου θύγατερ Ἀλίου Σελιναία, mythisch ist auch Ἔρσα Διὸς θυγάτηρ καὶ Σελάνας δίας bei Alcman, fr. 32

(Bergk p. 547). Die Wolken werden Töchter des Meeres genannt von Lenau, Gedichte 1 p. 248: Der Töchter Kummer hat sie aufgestört aus ihrem Schlummer (die See). Schiller, Berglied: Drauf tanzen, umschleiert mit goldenem Duft, die Wolken, die himmlischen Töchter. Geibel, Juniuslieder p. 373: Schweifst du noch immer dort oben, du von den Töchtern des Himmels mir die freundlichste, Abendröthe? — Die Meeresstille (*Γαλήνη*), bei Hesiod. Theog. 244 Tochter des Nereus, ist bei Eur. Hel. 1457 des Pontos Tochter: γλαυκὰ Πόντου θυγάτηρ Γαλάνεια. Euripides Bacch. 515 redet die Dirke an: Ἀχελώου θύγατερ, εὐπάρθενε Δίρκα. In einem anmuthigen Fragmente des Sosicrates bei Meineke, fr. com. 4 p. 591 heisst die Luft die Tochter des Scironischen Gebirgs: λεπτὴ δὲ κύρτοις ἐγγελῶσα κύμασιν αὖρα, κόρη Σκείρωνος. Aus der Pflanzenwelt wird der Rettig durch θυγάτηρ personificirt Epigr. inc. 570 (Jac. Anth. 4 p. 237): ἡ πλατύφυλλος τιμωρὸς μοιχῶν γῆς θυγάτηρ ῥάφανος. In dem Räthselstile, wie ihn die mittlere Komödie liebt, heisst bei Antiphan. Aphrod. 1, 8 (Meineke 3 p. 27) das Mehl die Tochter der heiligen Ceres: ἀγνῆς παρθένος Δηοῦς κόρη. Ebenso Eubul. Orth. 10 (Mein. 3 p. 242) μεμαγμένη δὲ Δήμητρος κόρη. Von den Perlen sagt Rückert p. 125: An ihr hangen Meerestöchterchen, die runden. Die Insel Delos, als Göttin gedacht, wird von Pindar. pros. fr. 1 (Dissen) angeredet: χαῖρ', ὦ θεοδμάτα, λιπαροπλοκάμου παίδεσσιν Λατοῦς ἱμεροέστατον ἔρνος, πόντου θύγατερ, Kamarina ist Ὠκεανοῦ θυγάτηρ bei Pind. Ol. 5, 2. Vgl. Hölderlin, Archipelagus: Deiner Töchter, o Vater (Archipelagus), deiner Inseln ist noch, der blühenden, keine verloren. Von Ländern Hölderlin 1 p. 85: Dich, Glücklicher, umfing die Riesentochter der schaffenden Natur, Helvetia. — Vom Podagra sagt Hedyl. 10 (Jac. Anth. 1 p. 235): λυσιμελοῦς Βάκχου καὶ λυσιμελοῦς Ἀφροδίτης γεννᾶται θυγάτηρ λυσιμελὴς ποδάγρα.

2. In dem Räthsel des Kleobulus von Lindus (Jac. Anth. 1 p. 52) heissen die Monate die Kinder des Jahres, welches der Vater ist, die Töchter der Monate sind die Tage und Nächte: εἷς ὁ πατήρ, παῖδες δὲ δυώδεκα· τῶν δὲ ἑκάστῳ κοῦραι ἑξήκοντα διάνδιχα εἶδος ἔχουσαι· αἱ μὲν λευκαὶ ἔασιν

ἰδεῖν, αἱ δ' αὖτε μέλαιναι, ἀθάναται δέ τ' ἐοῦσαι ἀποφθινύθουσιν ἄπασαι.

3. Die Personification der Abstracta durch θυγάτηρ
kommt in mythischer Form häufig bei Pindar vor. Wie bei
Soph. OC. 40 die Erinyen Γῆς τε καὶ Σκότου κόραι heissen,
bei Alcman fr. 46 (Bergk) Τύχα Προμαθείας θυγάτηρ, so
ist bei Pindar Ol. 11, 4 Ἀλάθεια θυγάτηρ Διός, (vgl. Aesch.
Ch. 936 Διὸς κόρα — Δίκα), vgl. Pind. Ol. 8, 81 Ἑρμᾶ θυγάτηρ Ἀγγελία, Ol. 9, 16 ἂν Θέμις θυγάτηρ τέ οἱ Σώτειρα
λέλογχεν μεγαλόδοξος Εὐνομία, Pyth. 8, 1 φιλόφρον Ἀσυχία,
Δίκας ὦ μεγιστόπολι θύγατερ, Ol. 13, 6 ἐν τᾷ (Korinth)
Εὐνομία ναίει, κασίγνηταί τε, βάθρον πολίων ἀσφαλές, Δίκα
καὶ ὁμότροπος Εἰράνα, ταμίαι ἀνδράσι πλούτου, χρύσεαι
παῖδες εὐβούλου Θέμιτος. Der Aphrodite Tochter ist Peitho
bei Sappho (O. Jahn, Peitho p. 8): Σαπφὼ δέ φησι τὴν
Πειθὼ Ἀφροδίτης θυγατέρα. Die Musen sind Töchter der
Mnemosyne nach Aristot. eleg. 7, 15 (Bergk), des Himmels
nach Dosiadas bei Jac. Anth. 1 p. 202 (Οὐρανοῦ ἔκγονοι),
des Himmels und der Erde nach Alcman bei Diodor. 4, 7:
ὀλίγοι δὲ τῶν ποιητῶν, ἐν οἷς ἐστι καὶ Ἀλκμάν, θυγατέρας
ἀποφαίνονται Οὐρανοῦ καὶ Γῆς. Vgl. Orph. hymn. 76, 1 Μνημο-
σύνης καὶ Ζηνὸς ἐριγδούποιο θύγατρες. Crates 1, 1 (Bergk) Μνη-
μοσύνης καὶ Ζηνὸς Ὀλυμπίου ἀγλαὰ τέκνα, Μοῖσαι Πιερίδες.
Der Musen Töchter sind durch freie Personification die Gesänge
bei Pindar Nem. 4, 3: αἱ δὲ σοφαὶ Μοισᾶν θύγατρες ἀοιδαί. Dioscorides 25, 9 (Jac. Anth. 1 p. 251) θεοῖς ἴσας
γὰρ ἀοιδὰς ἀθανάτας ἔχομεν σὰς (der Sappho) ἔτι θυγατέρας.
Vgl. Antiphilus 11, 1 (Jac. Anth. 2 p. 157) αἱ βίβλοι —
θυγατέρες Μαιονίδεω. Aehnliches bei Plato, vgl. Jac. Anth.
7 p. 392. Vgl. Rückert, Gedichte, wo die Lieder die
Kinder sorgloser Eltern (des Mangels an Gedächtniss und
der Vergesslichkeit) genannt werden. Geibel, Neue Gedichte
p. 212: Aber die Tochter des heutigen Tags ist immer die
Dichtkunst, aber die Mutter zugleich soll sie des künftigen
sein. Bei Lenau, Faust p. 161 sagt Mephistopheles: Du
treibst mir die Metapher in die Enge; sie aber wäre nicht
mein Töchterlein, wenn sie sich nicht aus deiner Frage
schlänge. — Höchst bemerkenswerth ist Pindar. fr. 122

(Dissen): *Ἀλαλά, Πολέμου θύγατερ*, vgl. Orph. hymn. 88, 4, wo Ares *Νίκης εὐπολέμοιο πατήρ* genannt wird. — Pindar. Pyth. 5, 25 *τὰν Ἐπιμαθέος, ὀψινόου θυγατέρα πρόφασιν.* Wichtig Epicharmus bei Orelli zu Hor. Serm. 2, 6, 27: *ἐγγύα θυγάτηρ μὲν ἄτας, ἐγγύας δὲ ζημία.* Die Luxuria nennt die Inopia ihre Tochter bei Plaut. Trin. Prol. 1 und spricht zu ihr: Sequere huc me, gnata, ut fungaris munus tuum. Interessant ist Crates Theb. 1, 4 (Jac. Anth. 1 p. 119): *χαῖρε θεὰ δέσποιν᾽, ἀνδρῶν ἀγαθῶν ἀγάπημα, Εὐτελίη, κλεινῆς ἔκγονε Σωφροσύνης· σὴν ἀρετὴν τιμῶσιν ὅσοι τὰ δίκαι᾽ ἀσκοῦσι.* Arist. fr. (Mein. 2 p. 1065) *Γεωργία Εἰρήνης θυγάτηρ.* Hölderlin 1 p. 28 von der Hoffnung: O du des Aethers Tochter! erscheine denn aus deines Vaters Gärten. Göthe, Iphigenie p. 45: So steigst du denn, Erfüllung, schönste Tochter des grössten Vaters endlich zu mir nieder! Geibel, Neue Gedichte p. 3: Was mir so frisch mit unsichtbarem Fittich die Stirne rührt, bist du's endlich, Himmelstochter Genesung! Schiller: Freude, Tochter aus Elysium.

4. Gegenstände mechanischer Art werden durch *κόρη* und filia personificirt. Ein Schiff, *Ναυφάντη* genannt bei Arist. eq. 1309, nennt sich selbst Tochter des Nauson (*Ναυφάντης γὲ τῆς Ναύσωνος*), vgl. Hor. carm. 1, 14, 12 pontica pinus, silvae filia nobilis. Der Schlauch mit Wein wird bei Arist. Thesm. dadurch personificirt, dass er für eine Tochter von der Mika ausgegeben wird: daher sagt Mnesilochus 733: *ἀσκὸς ἐγένεθ᾽ ἡ κόρη οἴνου πλέως, καὶ ταῦτα Περσικὰς ἔχων.* Vgl. auch die Worte der Mika 754: *δός μοι τὸ σφάγιον Μανία, ἵν᾽ οὖν τὸ γ᾽ αἷμα τοῦ τέκνου τοὐμοῦ λάβω.* Die Flasche wird *θυγάτηρ* genannt von Mars. Argent. 21, 1 fg. (Jac. Anth. 2 p. 247): *Κύπριδι κεῖσο, λάγυνε μεθυσφαλές, αὐτίκα δῶρον κεῖσο, κασιγνήτη νεκταρέης κύλικος, βακχιάς, ὑγρόφθογγε, συνέστιε δαιτὸς ἐΐσης, στειναύχην, ψήφου συμβολικῆς θύγατερ.* Den Tiegel nennt Xenarch bei Meineke fr. com. 3 p. 614 die Tochter der Töpferscheibe: *τῆς τροχηλάτου κόρης πίμπλησι λοπάδος στεῤῥοσώματον κύτος.* Vgl. Critias, welcher bei Athen. 1 p. 28 ein Thongefäss *τροχοῦ ἔκγονον* nennt (bei Meineke l. l.). Ein Tisch heisst bei Martial. 14, 90 filia. silvae Maurae, höchst geziert werden

von Anson. ep. 7, 52 die Buchstaben Cadmi filiolae atricolores genannt. Hiermit vgl. das Räthsel in den Aenigmata 13 (Jac. Anth. 4 p. 289): ἔστι φύσις θήλεια βρέφη σώζουσ' ὑπὸ κόλποις αὐτῆς u. s. w. und die Lösung der Sappho bei Jac. Anth. 12 p. 350: θήλεια μὲν γοῦν ἐστι φύσις ἐπιστολή· βρέφη δ' ἐν αὐτῇ περιφέρει τὰ γράμματα.

69. Νόθος, bastard.

1. Von Naturgegenständen bezeichnet ein wilder Birn-baum seine Frucht als νόθη ὀπώρη bei Cyllen. 1, 1 (Jac. Anth. 2 p. 257), die Personification durch νόθος wird voll-endet durch das Verbum ἐγγράφεσθαι und durch die selb-ständige Erzählung des Baums: ἡ παρὸς ἐν δρυμοῖσι νόθης ζείδωρος ὀπώρης ἀχράς, θηροβότου πρέμνον ἐρημοσύνης, ὀθνείοις ὄζοισι μετέμφυτος, ἥμερα θάλλω, οὐκ ἐμὸν ἡμετέ-ροις κλωσὶ φέρουσα βάρος. πολλή σοι, φυτόεργε, πόνου χάρις· εἵνεκα σεῖο ἀχρὰς ἐν εὐκάρποις δένδρεσιν ἐγγράφομαι. Vgl. Shaksp. Winter's tale 4, 3 (Del. p. 79) the fairest flowers o' the season are our carnations, and streak'd gilly-vors, which some call nature's bastards. Ibid. p. 80 then make your garden rich in gillyvors and do not call them bastards. Der Wind des Blasebalgs heisst bei Ar-chias 5, 3 (Jac. Anth. 2 p. 80) νόθον ἄημα. In dieser und anderen von Jac. Anth. 9 p. 316 angeführten Stel-len ist νόθος nur im Sinne von „unächt, verfälscht" zu fassen.

Mehr tritt die Personification in solchen Verbindungen hervor, wie νόθοι ἀοιδαί Call. fr. 279, νόθος καὶ κίβδηλος σοφία bei Himer. Or. 4, 7. Vgl. auch Dioscorid. 13, 6 (Jac. Anth. 1 p. 247) κῖδος νόθον. Vollständige Personification ist bei Shaksp. Two gentlemen 3, 1 (Del. p. 53), wo es heisst, dass Bastardtugenden ihren Vater nicht kennen: bastard virtues, that, indeed, know not their fathers and therefore have no names. Vgl. Merchant of Venice 3, 5 (Del. p. 71) and that is but a kind of bastard hope neither. Coriolan. 3, 5 (Del. p. 84) but with such words that are but roted in your tongue, though but bastards, and syllables 'of no allowance, to your bosoms truth.

70. *Τροφός, θρέπτειρα, τιθηνός, τιθήνη, τιθηνήτειρα, βώτας, τρόφιμος, τρέφειν* und Composita, *βόσκειν* und Comp., *τιθηνεῖσθαι, φέρβειν* und Comp., alere, nutrire, altrix, nutrix, nurse, to nurse.

1. Die Natur selbst (*Φύσις*) wird von Orph. hymn. 10, 18 bezeichnet: *πάντων μὲν σὺ πατήρ, μήτηρ, τροφὸς ἠδὲ τιθηνός,* und angeredet ibid. 121 *πάντροφε κούρη.* Von der Sonne sagt Aesch. Ag. 619: *πλὴν τοῦ τρέφοντος Ἡλίου χϑονὸς φύσιν.* Vom Aether Eur. fr. inc. 133, 15 (Wagner p. 471): *τὸ δυστυχὲς βίου ἐκεῖθεν ἔλαβες, ὅθεν ἅπασιν ἤρξατο τρέφειν ὅδ' αἰθήρ, ἐνδιδοὺς ϑνητοῖς πνοάς.* Die Wolken und der Regen heissen *καρποτρόφοι* bei Orph. hymn. 21, 1. 7. 82, 7. Lenau, Gedichte 2 p. 443, von Ziska: Als ein rauher Wettersäugling nehm' ich meinen Heldenflug. Von Naturerscheinungen wird am häufigsten die Erde durch *τροφός* personificirt, sie wird auch *παμβώτωρ, βωτιάνειρα, πολύφορβος, παμβῶτις,* altrix genannt: Eur. Phoen. 689 *πάντων δὲ Γᾶ τροφός,* vgl. Bacch. 275 fg., Theodect. 18 (Nauck p. 627) *γαῖα φέρει τρόφος,* vgl. Hymn. Apoll. 365 *γαίης πολυφόρβου,* Hom. Il. 14, 200. 301. Stasin. Cypr. 14 *παμβώτορα γαῖαν,* Hymn. Apoll. 363 *ἐπὶ χϑονὶ βωτιανείρῃ,* vgl. Ven. 266. Soph. Phil. 391 *ὀρεστέρα παμβῶτι γᾶ, μᾶτερ αὐτοῦ Διός.* Arist. Thesm. 300 *καὶ τῇ κουροτρόφῳ, τῇ Γῇ·* vgl. Aesch. Ch. 577 *πολλὰ μὲν γᾶ τρέφει καὶ δεινὰ δειμάτων ἄχη.* Ib. 60 *ὑπὸ χϑονὸς τροφοῦ.* Menand. mon. 617 *μήτηρ ἁπάντων γαῖα καὶ κοινὴ τροφός.* Orph. hymn. 64, 15 *καὶ ζώων πάντων, ὁπόσ' ἐν κόλποισι τιθηνεῖ γαῖα ϑεῶν μήτηρ.* Eur. Troad. 1302 *ἰὼ γᾶ τρόφιμε τῶν ἐμῶν τέκνων.* Plato Tim. p. 40 B *γῆν τροφὸν ἡμετέραν.* Cic. Tim. 10 terram, altricem nostram. Vgl. auch Hom. Il. 18, 130 *οὐδὲν ἀκιδνότερον γαῖα τρέφει ἀνθρώποιο,* ib. 11, 741 ἢ *τόσα φάρμακα ᾔδη, ὅσα τρέφει εὐρεῖα χϑών.* Aesch. Choeph. 121 *καὶ γαῖαι αὐτήν, ἥ τὰ πάντα τίκτεται, ϑρέψασα τ' αὖϑις τῶνδε κῦμα λαμβάνει.* Hymn. Apoll. 1, 21

ἀν' ἤπειρον πορτιτρόφον. Silius 1, 218 altrix bellorum
bellatorumque.
.Einzelne Länder und Landestheile: Eur. Troad. 563 Ἑλλάδι κουροτρόφῳ. Aesch. Pers. 62 οὓς πέρι πᾶσα χθὼν
Ἀσιῆτις θρέψασα ποθῷ στένεται μαλερῷ. Suppl. 532 μη-
λοβότου- Φρυγίας. Coluth. rapt. Hel. 265 Φθίην χαρίεσσαν,
ἀριστήων τροφὸν ἀνδρῶν. Archias 24, 5 (Jac. Anth. 2 p. 86)
Νεμέη βλοσυροῖο τιθηνήτειρα λέοντος. Epigr. adesp. 174, 1
(Jac. Anth. 4 p. 152) μῆτερ ἐμή, γαίη Φρυγίων, θρέπτειρα
λεόντων. Hor. carm. 1, 22, 15 Jubae tellus, leonum arida
nutrix. Hor. carm. 3, 4, 10 altricis extra limina Dauniae,
1, 22, 13 quale portentum neque militaris Daunias latis alit
aesculetis. Virg. Aen. 4, 37 quos Africa terra triumphis di-
ves alit.

Inseln: Hom. Od. 9, 27 Ithaca ἀγαθὴ κουροτρόφος. Aesch. Pers. 314 ἀμφὶ νῆσον τὴν πελειοθρέμμονα.
Pind. Nem. 2, 13 καὶ μὰν ἁ Σαλαμίς γε θρέψαι φῶτα μα-
χατὰν δυνατός. Eur. Troad. 795 μελισσοτρόφου Σαλαμῖνος
ὦ βασιλεῦ. Alexis 30, 4 (Meineke 3 p. 517) ἡ Διὸς Κρήτη
τροφός. Vgl. Eur. Bacch. 125 ζάθεοί τε Κρήτας Διογενέ-
τορες ἔναυλοι. Meleager 127, 1 (Jac. Anth. 1 p. 38) νᾶσος
ἐμὰ θρέπτειρα Τύρος. Virg. Aen. 3, 273 et terram altricem
saevi exsecramur Ulixi. — Städte: Pind. Pyth. 2, 2 μεγαλοπό-
λιες ἁ' Συράκοσαι — ἀνδρῶν ἵππων τε σιδαροχαρμῶν δαι-
μόνιαι τροφοί. Eur. Iph. A. 167 στενόπορθμον Χαλκίδα,
πόλιν ἐμὰν προλιποῦσ' ἀγχιάλων ὑδάτων τροφὸν τᾶς κλεινᾶς
Ἀρεθούσας. Eur. Bacch. 108 ὦ Σεμέλας τροφοὶ Θῆβαι.
Rhianus 3 ἡ Τροιζὴν ἀγαθὴ κουροτρόφος. Antip. Sidon.
45, 1 (Jac. Anth. 2 p. 18) οἱ μέν σευ Κολοφῶνα τιθηνήτειραν, Ὅμηρε, ἐνέπουσιν. Soph. OC. 760 πόλις — οὖσα σὴ
πάλαι τροφός, ib. 185 ὅ τι καὶ πόλις τέτροφεν ἄφιλον,
ibid. 920 Θῆβαι — οὐ φιλοῦσιν ἄνδρας ἐκδίκους τρέφειν.
Von Rom sagt P. Heyse,. Rafael p. 168: Heut eine Greisin,
tief gebeugt, kahlhäuptig mit verdorrter Brust, die nie mehr
ein Lebend'ges säugt.

Berge, Warten und Grotten: Der Chor bei Soph. OT.
1091 nennt den Berg Cithäron καὶ πατριώταν Οἰδίπου καὶ τροφὸν καὶ μητέρα. Pind. Pyth. 1, 20 νιφόεσσ' Αἴτνα, πάνετες

χιόνος ὀξείας τιθήνα, vgl. Eur. Phoen. 815 χιονοτρόφον ὄμμα Κιθαιρών. Bacch. 549 Νύσης τᾶς Θηροτρόφοι. Vgl. Soph. fr. 782 D Νῦσαν, ἣν Ἴακχος αὐτῷ μαῖαν ἡδίστην νέμει. Dionys. 7, 1 (Jac. Anth. 2 p. 232) μελισσοβότου Ἑλικῶνος. Ovid. Met. 4, 293 Idaque altrice relicta. — Eur. Hel. 1323 χιονοθρέμμονας Ἰδαιᾶν Νυμφᾶν σκοπιάς. Pind. Pyth. 1, 16 τόν ποτε Κιλίκιον θρέψεν πολυώνυμον ἄντρον.

Haine, Aecker, Wiesen, Wälder, Einöden: Aesch. Suppl. 559 Δίον πάμβοτον ἄλσος. Menand. 1, 3 (Meineke 4, p. 207) ἱκανὸν κτῆμ᾽ ἀγρὸς τρέφων καλῶς. Fr. com. anon. 350 (Meineke 4 p. 691) ἐγὼ γεωργῶ τὸν ἀγρὸν, οὐχ ὅπως τρέφῃ αὐτός με. Menand. 3 (Meineke 4 p. 87) τὰ κακῶς τρέφοντα χωρί᾽ ἀνδρείους ποιεῖ. Philemon. fab. inc. 12 (Mein. 4 p. 38) ἐγὼ τὸν ἀγρὸν ἰατρὸν ἐληλήθειν ἔχων· τρέφει γὰρ οὗτος ὥσπερ ἀῤῥωστοῦντά με. Plaut. Trin. 2, 4, 111 vom Acker: nostramne, ero, vis nutricem, quae nos educat, abalienare a nobis? — Von Moschion fr. 7, 10 (Nauck) wird die Erdscholle τροφός genannt: οὐ μὲν ἀρότρος ἀγκύλοις ἐτέμνετο μέλαινα καρποῦ βῶλος ὀμπνίου τροφός. — Aesch. Suppl. 560 λειμῶνα χιονόβοσκον. Eur. Phoen. 1574 λωτοτρόφον κατὰ λείμακα. — Hom. Il. 5, 62 βάλλειν ἄγρια πάντα, τάτε τρέφει οὔρεσιν ὕλη. Vgl. Arist. vesp. 927 οὐ γὰρ ἄν ποτε τρέφειν δύναιτ᾽ ἂν μία λόχμη κλέπτα δύο, nach dem Sprichwort (Leutsch und Schneidew. Paroemiogr. Gr. p. 120) μία λόχμη οὐ τρέφει δύο ἐριθάκους. Cyllenius 1, 2 (Jac. Anth. 2 p. 257) θηροβότου ἐρημοσύνας.

Das Vaterland und die Heimath: Aesch. Sept. 16 γῆ τε μητρί, φιλτάτη τροφῷ. Eur. Phoen. fr. 13 (Wagner p. 418) ἀνδρὶ γάρ τοι, κἂν ὑπερβάλλῃ κακοῖς, οὐκ ἔστι τοῦ θρέψαντος ἥδιον πέδον. Sehr bemerkenswerth Menand. 8 (Mein. 4 p. 76): χαῖρ᾽ ὦ φίλη γῆ, διὰ χρόνου πολλοῦ σ᾽ ἰδὼν ἀσπάζομαι· τουτὶ γὰρ οὐ πᾶσαν ποιῶ τὴν γῆν, ὅταν δὲ τοὐμὸν ἐσίδω χωρίον, τὸ γὰρ τρέφον με τοῦτ᾽ ἐγὼ κρίνω θεόν. Eur. Med. 1332 πατρός τε καὶ γῆς προδότιν, ἥ σ᾽ ἐθρέψατο. Vgl. Aesch. Eum. 59. Von England Rich. II 2, 1 (Del. p. 36): this England, this nurse, this teeming womb of royal kings. Coriol. 5, 3 (Del. p. 128) or we must lose the country, our dear nurse. — Meer, Flüsse, Sümpfe, Regen

Eur. Stenob. 672 (Nauck p. 450) ὑγρὰ δὲ μήτηρ, οὐ πεδοστι-
βής, τροφὸς θάλασσα. Archias 13, 1 (Jac. Anth. 2 p. 83)
αὐτὸν᾽ ἐκ πόντοιο τιθηνητῆρος Ἀπέλλης τὰν Κύπριν γυ-
μνὰν εἶδε λοχευομέναν. Vgl. Aesch. Ag. 925 θάλασσα —
τρέφουσα πολλῆς πορφύρας ἰσάργυρον κηκῖδα. Hesiod. theog.
582 κνώδαλ᾽, ὅσ᾽ ἤπειρος πολλὰ τρέφει ἠδὲ θάλασσα, vgl.
ibid. 107. Hor. serm. 2, 2, 48 quid? tunc rhombos minus
aequora alebant? — Aesch. Suppl. 844 ὁ δὲ βώτας ὁ μέγας
Νεῖλος. Pers. 33 ὁ μέγας καὶ πολυθρέμμων Νεῖλος. Vgl.
Suppl. 481 Νεῖλος γὰρ οὐχ ὅμοιον Ἰνάχῳ γένος τρέφει, 268
καὶ Νεῖλος ἂν θρέψειε τοιοῦτον φιτόν. Theogn. 785 Εὐ-
ρώτα δονακοτρόφου, vgl. Eur. Iph. A. 179. Corinn. fr. 12
(Bergk p. 813) Λάδοντος δονακοτρόφῳ. Eur. Troad. 227
Κρᾶθις, ζαθέαις παγαῖσι τρέφων εὔανδρον τ᾽ ὀλβίζων γᾶν.
Ovid. Met. 3, 411 gramen erat circa, quod proximus humor
alebat. Hor. de art. poet. 65 sterilisve diu palus aptaque
remis vicinas urbes alit. — Hor. Carm. 4, 2, 6 amnis, imbres
quem super notas aluere ripas. Vgl. Lenau, Dichterischer
Nachlass p. 127: Der Bach beschleunigt seine Flucht von
Regenwolken grossgesäugt. — Die Rebe: Simonid. fr. 179, 1
(Bergk) ἡμερὶ πανθέλκτειρα, μεθιτρόφε, μῆτερ ὀπώρας.
Hölderlin 1, 57 und wählt — die heil'ge Rebe zur Amme
sich. Der Schlaf: Eubul. Gan. 1 (Meineke, fr. com. 3 p. 213)
ὕπνος αὐτὸν ὄντα κακόσιτον τρέφει. Shaksp. Henry IV II,
3, 1 (Del. p. 59) o sleep! o gentle sleep! Nature's soft
nurse. Vgl. Makb. 2, 2 (Del. p. 51) sleep — chief nourisher
in life's feast. K. Lear 4, 4 (Del. p. 106) our fosternurse
of nature is repose.

2. Die Zeit, die Nacht wird durch nurse, τροφός,
nutrix personificirt: Shaksp. Two gentlemen 3, 1 (Del. p. 50)
Time is the nurse and breeder of all good. Lucrece 132
(Del. p. 80) Mis - shapen Time — thou nursest all and murderest
all that are. Eur. El. 54 ὦ νὺξ μέλαινα, χρυσέων ἄστρων
τροφέ. Ovid. Met. 8, 81 talia dicenti curarum maxima, nutrix,
Nox intervenit. Zu vergleichen Eur. Cycl. 601 σύ τ᾽, ὦ με-
λαίνης Νυκτὸς ἐκπαίδευμ᾽, Ὕπνε. Shaksp. Lucrece 110
(Del. p. 75) O, comfort - killing night, — nurse of blame.
Orph. hymn. 51, 17 ἀεξιτρόφοισιν ἐν ὥραις.

3. Abstracte Begriffe werden häufig durch τροφός, θρέπτειρα, τιθήνη, nurse personificirt, z. B. der Aufruhr, die Hoffnung, der Ackerbau, der Reichthum, die Gerechtigkeit, die Poesie, die Meinung, die Melancholie, das Verzeihen. Mythisch ist Soph. OC. 1050: οὗ πότνιαι σεμνὰ τιθηνοῦνται τέλη θνατοῖσιν, Nonn. 3, 112 (bei O. Jahn, Peitho, die Göttin der Ueberredung p. 9) τερπομένην δὲ γάμοισι τιθηνήτειραν Ἐρώτων Πειθὼ πομπὸν ἔχεις, Eur. Bacch. 416 ὀλβοδότειραν Εἰρήναν, κουροτρόφον θεάν, vgl. Ovid. Fast. 1, 704 Pax Cererem nutrit: pacis alumna Ceres. Vgl. Tibull. 1, 10, 47 Pax aluit vites. Menander 95 (Mein. 4 p. 259) εἰρήνη γεωργὸν κἂν πέτραις τρέφει καλῶς, πόλεμος δὲ κἂν πεδίῳ κακῶς. Orph. hymn. 12, 8 εἰρήνην κουροτρόφον, ἀγλαότιμον, vgl. 15, 12. 19, 22. Rein personificirend Shaksp. Henry V 5, 2 (Del. p. 116) the naked, poor, and mangled peace, dear nurse of arts, plenties and joyful births. Mythisch ist auch Hor. Carm. 4, 5, 18: nutrit rura Ceres almaque Faustitas und inc. tr. fr. 197 (Nauck p. 684) παμβῶτις τύχη. Die Musen heissen im orphischen Hymnus 76, 5 θρέπτειραι ψυχῆς. — Reine Personification ist bei Pind. fr. inc. 125 (Dissen): στάσις ἐπίκοτος, πενίας δότειρα, ἐχθρὰ κουροτρόφος. Pind. fr. 130 (Boeckh p. 672) γλυκεῖα οἱ καρδίαν ἀτάλλοισα γηροτρόφος σιναορεῖ ἐλπίς, ἃ μάλιστα θνατῶν πολύστροφον γνώμαν κυβερνᾷ. Aristoph. fr. 2, 2 (Bergk bei Mein. fr. com. 2 p. 1065) Γεωργία — εἰρήνης φίλης πιστὴ τροφός. Vgl. Xenoph. oec. 5, 17 τὴν γεωργίαν τῶν ἄλλων τεχνῶν μητέρα καὶ τροφὸν εἶναι, vgl. Plato Pol. p. 267 D. Eine Stelle aus Plutarchs Schrift gegen den Reichthum, von Stobaeus p. 515 aufbewahrt, lautet: Ἀρκεσίλαος τὴν Πενίαν λυπρὰν μὲν ἔλεγεν εἶναι, ὥσπερ καὶ τὴν Ἰθάκην, ἀγαθὴν δὲ κουροτρόφον, ἐθίζουσαν σινεῖναι λιτότητι καὶ καρτερίᾳ καὶ καθόλου γυμνάσιον ἀρετῆς ἔμπρακτον (Hofm. Peerlk. zu Hor. 1, 12 p. 51). Parmenio 10, 3 (Jac. Anth. 2 p. 156) μισῶ πλοῦτον ἄνουν, κολάκων τροφόν. Oppian. hal. 2, 680 δίκη θρέπτειρα πολήων. Die Poesie nannte ein unbekannter Tragiker (Nauck p. 690) ἀγαθὴν τιθήνην καὶ τροφὸν γνώμης νέας. Schiller, Die Künstler, von der Schönheit: Als in den weichen Armen dieser Amme

die zarte Menschheit noch geruht. Inc. tr. fr. 722 (Nauck p. 722) γνῶμαι γὰρ ἔργων τιῶν ἐν ἀνθρώποις τροφοί. — Shaksp. Taming of the shrew, Induct. 2 (Del. p. 26) melancholy is the nurse of frenzy. Measure for Measure 3, 1 (Del. p. 35) pardon is still the nurse of secund woe. Geibel, Juniuslieder p. 178: Drum gieb, o Herr, dass ich die Lebensamme, die heilge Freiheit, nie mit jenem Weibe im blutig aufgeschürzten Kleid verdamme.

Oft wird τρέφειν, βόσκειν mit einem Abstractum verbunden, in mythischer Färbung mit μοῖρα und τύχη. Soph. fr. 518, 3 (Dind.) βόσκει δὲ τοὺς μὲν μοῖρα δυσαμερίας, τοὺς δ' ὄλβος ἡμῶν. Philemon 104 (Meineke fr. com. 4 p. 62) τὸν δὲ μόνον ὄντα καὶ κακὴ τύχη τρέφει. — Simonid. fr. 1 (Bergk p. 501) ἐλπὶς δὲ πάντας κἀπιπειθίη τρέφει ἄπρηκτον ὁρμαίνοντας. Soph. fr. 687 (Dind.) ἐλπὶς γὰρ ἡ βόσκουσα τοὺς πολλοὺς βροτῶν. Eur. Phoen. 399 αἱ δ' ἐλπίδες βόσκουσι φυγάδας, ὡς λόγος. Die Scholien führen zu dieser Stelle das Sprichwort an: αἱ δ' ἐλπίδες βόσκουσι τοὺς κενοὺς βροτῶν. Tibull. 2, 7, 3 Spes alit agricolas. — Menand. Thess. 2 (Mein. 4 p. 133) εὐθυμία βέλτιστε τὸν δοῦλον τρέφει. Menand. mon. 460 (Mein. 4 p. 353) πένητας ἀργοὺς οὐ τρέφει ῥᾳθυμία. — Pseudophocyl. 155 (Bergk p. 351) τέχνη μὲν τρέφει ἄνδρας. Umgekehrt sagt Eurip. bei Arist. ran. 944, er habe die Tragödie mit Monodien aufgenährt: εἶτ' ἀνέτρεφον μονῳδίαις, vgl. mit dieser Ausdrucksweise Pindar. fr. 245 (Boeckh p. 676) Κῆρες ὀλβοθρέμμονες μεριμναμάτων ἀλεγεινῶν (Parcae curarum difficilium, opibus enutritae) und Shaksp. Rich. III 2, 2 (Del. p. 59) I am your sorrow's nurse and I will pamper it with lamentation. Tieck, Fortunat p. 314: Die Lumpensippschaft stammt von Lug und Trug und Kargheit säugte sie an schlaffen Brüsten. Alexid. Tarent. 2, 7 (Mein. fr. com. 3 p. 483) Πυθαγορισμοὶ καὶ λόγοι λεπτοὶ διεσμιλευμέναι τε φροντίδες τρέφουσ' ἐκείνους. Soph. fr. 521, 3 (Nauck p. 205) τερπνῶς γὰρ ἀεὶ πάντας ἄνοια τρέφει. — Menand. fab. inc. 93, 2 (Mein. 4 p. 258) ἀπραξία γὰρ λιτὸν οὐ τρέφει βίον. Eur. Hipp. 369 ὦ πόνοι τρέφοντες βροτοῖς, vgl Soph. Trach. 114 fg. Aesch. Ch. 959 τρέφει δέ γ' ἀνδρὸς μόχθος

ἡμένας ἔσω. — Menand. mon. 445 (Mein. 4 p. 352) πολλοὺς τρέφειν εἴωθε τἀδικήματα. Dionys. fab. inc. 3, 6 (Mein.
p. 555) εἰσίν τινες νῦν οὓς τὸ βασκαίνειν τρέφει.

4. Von leblosen Gegenständen wird der Tisch durch
τιθήνη personificirt von Timocles bei Meineke fr. com. 3
p. 599 βίου τιθήνη — τράπεζα. Den Blasebalg nennt
Philipp. 13, 2 (Jac. Anth. 2 p. 198) περιτρόφους ῥιπίδας.
Den Thurm (Tower) redet Elisabeth bei Shaksp. Richard III
4, 1 (Del. p. 97) an: Pity, you ancient stones, those tender
babes, whom envy hath immur'd within your walls: rough
craddle for such little pretty ones: rude rogged nurse,
old sullen play-fellow for tender princes, use my babies
well! so foolish sorrow bids your stones farewell.

71. Ἀδελφός, αὐτοκασίγνητος, frater, brother, διδυμάων, twin.

1. Naturerscheinungen werden durch die Bezeichnung
„Bruder" personificirt, z. B. die Sonne, die Sterne, Winde,
Flüsse, Pflanzen, Schlaf und Tod: Shaksp. Mids. 3, 2 (Del.
p. 47) and that the moon may through the centre creep and
so displease her brother's noontide with the Antipodes. Vom
Abendsterne Geibel, Neue Gedichte p. 167: Der du am Ster-
nenbogen als Erstling kommst gezogen, schön vor den Brüdern du. Juniuslieder p. 128: Lobpreisend im Azur ziehn
die Stern' als Bruderwesen. Von den Winden Möricke, Gedichte p. 74: Kommen andere noch, unsere Brüder. — Bei
Stephan. Byz. in Εὐφρατίς steht: ἐλέγοντο αὐτὸς καὶ Ἀρά-
ξης ἀδελφοί, ῥέοντες ἐξ ὄρους Ἀρμενίας. Vgl. Göthe, Mahomets Gesang, vom Felsenquell: Durch die Gipfelgänge
jagt er bunten Kieseln nach und mit frühem Führertritt
reisst er seine Bruderquellen mit sich fort. Nun tritt er
in die Ebene silberprangend und die Ebene prangt mit ihm
und die Bäche von den Bergen jauchzen ihm und rufen:
Bruder, Bruder, nimm die Brüder mit, mit zu deinem alten
Vater, zu dem ew'gen Ocean, der mit ausgespannten Armen
unser wartet. Hölderlin 1, 48 vom Main: Wallst du von
deinem Morgen zum Abend fort, dem Bruder zu, dem Rhein.

— Lenau, Gedichte p. 448: Lenz, wie dich und deine Won-
nen Stürme zur Nachtgleiche melden, hat dein Bruder Gei-
stesfrühling sich vorausgesandt den Helden.   Von Pflanzen
und Bäumen: Shaksp. Haml. 3, 4 (Del. p. 101) like a mil-
dew'd ear, blasting his wholesome brother.   Bei Geibel, Neue
Gedichte p. 45, redet die Linde den Eichbaum an: Bruder,
hast Recht; sind sie nicht Thoren? Schlummer und Schlaf
sind Brüder bei Göthe, Die Geschwister: Schlummer und
Schlaf, zwei Brüder, zum Dienste der Götter berufen.   Schlaf
und Tod sind Brüder oder Zwillingsbrüder bei Hom. Il. 14,
232; 16, 672: $^{"}Y\pi\nu\omega$ $\varkappa\alpha\grave{\iota}$ $\Theta\alpha\nu\acute{\alpha}\tau\omega$ $\delta\iota\delta\upsilon\mu\alpha\acute{o}\sigma\iota\nu$, Hesiod. th.
756.   In dem orphischen Hymnus 85, 8 wird der Schlaf
genannt $\alpha\grave{\upsilon}\tau o\varkappa\alpha\sigma\acute{\iota}\gamma\nu\eta\tau o\varsigma$ $\varDelta\acute{\eta}\vartheta\eta\varsigma$ $\Theta\alpha\nu\acute{\alpha}\tau o\upsilon$ $\tau\varepsilon$.   Vgl. Lenau,
Gedichte p. 463: Schlaf und Tod als Zwillingsbrüder standen
oft auf einem Bilde.   Lord Byron, Sardanapalus 4, 1 Oh, thou
God of Quiet! whose reign is o'er seal'd eyelids and soft
dreams, or deep, deep sleep, so as to be unfathom'd, look
like thy brother, Death — so still, so stirless — for then
we are happiest of all within the realm of thy stern, silent,
and unawakening twin.   Die Liebe sagt bei Rückert, Gedichte p. 13: Stärk're (Flügel) giebt mein stärk'rer Zwillingsbruder Tod dir einst. — Zwillingsbrüder heissen auch
Ipswich und Oxford bei Shaksp. Henry VIII 4, 2 (Del.
p. 97): Ever witness for him those twins of learning, that
he rais'd in you, Ipswich and Oxford.

2.   Von abstracten Begriffen wird die Furcht durch
frater personificirt bei Claudian. de laud. Stil. 2, 373: lictor-
que Metus cum fratre Timore.   Vgl. Aesch. Eum. 681 $\varphi\acute{o}$-
$\beta o\varsigma$ $\sigma\upsilon\gamma\gamma\varepsilon\nu\acute{\eta}\varsigma$.   Lenau, Gedichte p. 31: Es ist der Glaube
vielleicht sein Bruder.   Henry V 4, 1 (Del. p. 86) o hard
condition! twin-born with greatness, subject to the breath of
every fool.   Wichtig Antonius and Cleop. 3, 8 (Del. p. 83):
when vantage like a pair of twins appear'd, both as the same,
or rather ours the elder.   Henry IV II, 4, 1 (Del. p. 75)
my brother general the commonwealth.   Wir erwähnen hier
beiläufig den Ausdruck sworn brother (Bundesbruder), der
öfter bei Shakspere personificirend gebraucht ist: Winter's
Tale 4, 3 (Del. p. 97) what a Fool honesty is! and Trust

his sworn brother, a very simple gentleman (Del. p. 87)
I am sworn brother, sweet, to grim necessity. Coriol. 2, 3
(Del. p. 63) I will flatter my sworn brother the people.

3. Bei Pollianus 5, 3 (Jac. Anth. 3 p. 147) heisst ein
Gemälde des Polyklet *Ἥρας ἀδελφὸν ἔργον*. Der Brief ist
Zwillingsbruder bei Shaksp. Merry wives 2, 1 (Del. p. 35):
here is the twin - brother of thy letter.

72. *Κάσις, κασιγνήτη, ἀδελφή*, soror, sister.

1. Von der Natur selbst heisst es bei Lenau, Gedichte
2 p. 303: Die Natur, die offenbare, traulich sich mit ihm ver-
schwisternd (mit Merlin). Von Naturgegenständen wird der
Mond sister genannt: Shaksp. Tim. of Ath. 4, 3 (Del. p. 69)
o blessed breeding sun! draw from the earth rotten humi-
dity; below thy sister's orb infect the air. Vgl. Göthe, An
Luna: Schwester von dem ersten Licht, Bild der Zärtlich-
keit in Trauer. Von der Morgenröthe Geibel, Juniuslieder
p. 373: Schweifst du noch immer dort oben, du von den
Töchtern des Himmels mir die freundlichste, Abendröthe!
Oder naht schon von ferne Tagverkündend die prangen-
gende Schwester, die mit Rosenfingern die Rosse des Helios anschirrt? Die Farben sagen von sich in Schillers
Räthsel 9: Wir stammen unser sechs Geschwister von einem
wundersamen Paar, die Mutter ewig ernst und düster, der
Vater fröhlich immerdar. Von der Luft Hölderlin, Hyperion
(I p. 46): o Schwester des Geistes, der feurig in uns waltet
und lebt, heilige Luft. Bei Schiller (Räthsel 11) sagt der
Funke von sich: Wenn die mächtige Schwester sich zu mir
gesellt. Durch *κάσις* wird der Rauch personificirt: Aesch.
Sept. 489 *λιγνὺν μέλαιναν, αἰολὴν πυρὸς κάσιν*. — Shaksp.
A lover's complaint 1 (Del. p. 193) from off a hill whose concave
womb reworded a plaintful story from a sistering vale. Der
Staub wird Schwester genannt: Aesch. Ag. 477 *μαρτυρεῖ δέ*
μοι κάσις πηλοῦ ξύνουρος, διψία κόνις. Vgl. Hipponax im
Etym. M. 204, 29 *βολβίτου κασιγνήτην*. Aus der Pflanzen-
welt heisst der Feigenbaum *συκῆ μέλαινα ἀμπέλου κασιγνήτη*

bei Hipponax fr. 25 (Bergk). Bei Rückert, Gedichte p. 203, sagt die Tanne: doch, jüngere Waldgeschwister, ihr hauchet frisch belaubt theilnehmendes Geflüster um mein erstorbnes Haupt. Möricke, Gedichte p. 115, an eine Buche: Künftig sei Du die Erste von allen deinen Geschwistern, welche der kommende Lenz wecket und reichlich belaubt. Von Blumen Rückert, Gedichte p. 278: Ihr Schwestern (Rose und Lilie), o versöhnt euch, was hadert ihr und dienet zweigestaltig doch nur zu eines Lichtes Schattenbildern? Bildlich Göthe, Künstlerlied: Soll des Lebens heitre Rose frisch auf Maler-tafeln stehn, von Geschwistern reich umgeben. Onestes 4, 1 (Jac. Anth. 3 p. 3) nennt Quellen Schwestern: Ἀσωπὶς κρήνη καὶ Πηγασίς, ὕδατ' ἀδελφά. Hiermit ist zu vergleichen Soph. fr. 758 (Dind.) ὦ γῆ Φεραία, χαῖρε, σύγγονόν θ' ὕδωρ, Ὑπερεία κρήνη. Von Ländern: Pind. Nem. 1, 1 Ἄμπνευμα σεμνὸν Ἀλφεοῦ, κλεινᾶν Συρακοσσᾶν θάλος Ὀρτυγία, δέμνιον Ἀρτέμιδος, Δάλου κασιγνήτα. Vgl. Lenau, Gedichte 1 p. 132: die hohe Roma, stumm und düster, die schöne Hel-las, bang mit Klaggeflüster, und ihren Schwestern traulich sich vereinend, Germania. — Von Theilen des menschlichen Körpers bemerkenswerth Plaut. Poen. 1, 3, 8: obsecro te hanc dexteram perque hanc sororem laevam. Vgl. (Virg.) Moret. 28 fessae succedit laeva sorori. Catull. 66, 51 ab-iunctae paulo ante comae mea fata sorores lugebant. Tieck, Octavian p. 93: O Mund, o Lippen, schönes Schwesternpaar, habt ihr der süssen Küsse all vergessen?

2. Tag und Nacht sind Schwestern in dem Räthsel des Theodektes fr. 4 (Nauck p. 623): εἰσὶ κασίγνηται διτ-ταί, ὧν ἡ μία τίκτει etc. Vgl. Lenau, Gedichte 2 p. 430: Hochzeitfeiernd hat im Haus die Stille mit dem Dunkel trau-lich sich verschwistert.

3. Am häufigsten kommt κασιγνήτη und ἀδελφή in Verbindung mit abstracten Begriffen vor. Noch mythisch sind die Personen: Homer. Il. 4, 441 Ἔρις, ἄμοτον μεμαυῖα, Ἄρεος ἀνδροφόνοιο κασιγνήτη ἑτάρη τε. Pind. Ol. 13, 5 ἐν τᾷ (Korinth) γὰρ Εὐνομία ναίει, κασίγνηταί τε — Δίκα καὶ ὁμότροπος Εἰράνα, Hor. carm. 1, 26, 6 Iustitiae soror, incorrupta Fides. Alcman fr. 46 (Bergk) ὦ Τύχα, Εὐνομίας

τε καὶ Πειθοῦς ἀδελφὰ καὶ Προμαθείας θύγατερ, Pind. Nem. 7, 4 τεὰν (der Eleithyia) ἀδελφεὰν ἐλάχομεν ἀγλαόγυιον Ἥβαν. Hor. carm. 4, 7, 5 Gratia cum Nymphis geminisque sororibus audet ducere nuda choros. Göthe, Amor und Psyche: Den Musenschwestern fiel es ein, auch Psychen in der Kunst zu dichten methodice zu unterrichten. Göthe, Meine Göttin: Doch ich kenn' ihre Schwester, die ältere, gesetztere, meine stille Freundin. Geibel, Juniuslieder p. 377 : dass ihn die zürnende Schwester (die Erinys) nicht schaut. Die Μοῖραι heissen bei Aesch. Eum. 920 ματροκασίγνηται. Geibel, Gedichte p. 24: O kennst du, Herz, die beiden Schwesterengel, herabgestiegen aus dem Himmelreich, stillsegnend Freundschaft mit dem Lilienstengel, entzündend Liebe mit dem Rosenzweig? — Dagegen ist freie Personification in folgenden sententiösen Stellen: Soph. fr. 663 (Dind.) ἡ δὲ μωρία μάλιστ' ἀδελφὴ τῆς πονηρίας ἔφυ. Arist. Plut. 549 οὐκοῦν δήπου τῆς πτωχείας πενίαν φαμὲν εἶναι ἀδελφήν; Alcaeus fr. 90 (Bergk) ἀργάλεον πενία, κακὸν ἄσχετον, ἃ μέγα δάμναις λᾶον ἀμαχανίᾳ σὺν ἀδελφίᾳ. Auch in der griechischen und lateinischen Prosa war diese Personification gebräuchlich, z. B. bei Plato und Philo, vgl. Ruhnken zu Timaeus p. 3, dem wir eine Stelle aus Philo 1 p. 658 entlehnen: τὴν εὐσεβείας συγγενεστάτην καὶ ἀδελφὴν, καὶ δίδυμον ὄντως, φιλανθρωπίαν. Sententiös Petron. Sat. 84 nescio quomodo bonae mentis soror est paupertas. Arist. fr. (Mein. fr. com. 2 p. 1065) Γεωργία — τοῖς πᾶσιν ἀνθρώποισιν Εἰρήνης φίλης ἀδελφή. Vgl. auch Shaksp. Winter's Tale 1, 2 (Del. p. 24) my last good deed was to entreat his stay: what was my first? it has an elder sister, or I mistake you: o 'would her name were Grace. Göthe, Süsse Sorgen: So kommt, ihr Sorgen der Liebe, treibt die Geschwister hinaus. Geibel, Juniuslieder p. 362: aber dem Genius schenkte der Gott zur Schwester die Kühnheit. Hölderlin 1 p. 77: und schön ist's, wenn der Schmerz mit seiner Schwester, der Wonne sich versöhnt, noch eh er weggeht. Bei Rückert, Gedichte p. 347, spricht die Architektur in Bezug auf die übrigen Künste: Nicht dir allein, dem ganzen Schwesterchor, der hier versammelt um die Mutter (die Poesie) weilt, bau ich ein Haus.

Bei Schiller, Das Glück und die Weisheit, sagt das erstere
zur letzteren: Komm, Schwester, lass uns Freundschaft
schliessen!

4. Von Gegenständen mechanischer oder künstlerischer
Production heisst die Flasche κασιγνήτη bei Marc. Argent.
21, 2 (Jac. Anth. 2 p. 247): λάγινος κασιγνήτη νεκταρέης κύλικος. Schiller, die Künstler: die Säule muss, dem Gleichmass
unterthan, an ihre Schwestern nachbarlich sich schliessen.
Vgl. Göthe, Der Wanderer: Und du einsame Schwester dort
(eine Säule wird angeredet), wie ihr, düsteres Moos auf dem
heiligen Haupt, majestätisch trauernd herabschaut auf die
zertrümmerten zu euren Füssen, eure Geschwister!

73. Ὁμαίμων, consanguineus, cognatus, kin, kinsman, kindred.

1. Bei Horat. Serm. 2, 6, 63 heisst die Bohne die
Muhme des Pythagoras: o quando faba Pythagorae cognata
simulque uncta satis pingui ponentur holuscula lardo? Vgl.
Lenau, Gedichte 2 p. 445: denn der Held, den du bewir-
thest, Frühling, ist dein Stammgenosse. Der Schlaf ist der
Blutsverwandte des Todes: Virg. Aen. 6, 278 consanguineus
Leti Sopor.

2. Von Abstracten sind bei Aesch. Sept. 343 die ἁρ-
παγαὶ διαδρομᾶν ὁμαίμονες. Die Melancholie ist der Verzweiflung verwandt. Shaksp. Comedy of errors 3, 1 (Del.
p. 62) but moody and dull melancholy, kinsman to grim and
comfortless despair: Wichtig Shaksp. Measure for M. 2, 4 (Del.
p. 48): ignomy in ransom, and free pardon are of two hou-
ses: lawful mercy is nothing kin to foul redemption. Das
Laster hat eine grosse Verwandtschaft: Measure for Measure
3, 2 (Del. p. 63) the vice is of a great kindred: it is well
allied. Vgl. Othello 4, 2 (Del. p. 113) for your words, and
performances, are no kin together.

Sehr interessant ist die Personification durch „Sipp-
schaft" bei L. Tieck, Fortunat p. 314: Ja „kamt ihr gestern"
ist Geschwisterkind mit dem verruchten Balg „ein ander-

mal", die Lumpensippschaft stammt von Lug und Trug und Kargheit säugte sie an schlaffen Brüsten; wohin man kommt, sind die Unholde da mit ihrem dummen Zähnefletsch und Grinsen.

3. Bei Aristophanes cq. 255 heissen die Richter die Verwandten des Triobolon: ὦ γέροντες ἡλιασταί, φράτερες τριωβόλου. Vom Schwerte Shaksp. All's well 2, 1 (Del. p. 34): my sword and yours are kin.

74. *Παρθένος* und Composita, *κόρη*, virgo, maidenhead, maiden.

1. Von den Naturerscheinungen nennen sich die Wolken bei Arist. nub. 298 παρθένοι ὀμβροφόροι. Bei Aesch. Pers. 619 heisst die Quelle so: λιβάσιν ἐδρηλαῖς παρθένου πηγῆς μετά. Euripides Bacch. 515 redet die Dirke mit εὐπάρθενε an. Der Brunnen bei Eleusis, hiess παρθένιον φρέαρ im hymn. Cer. 99. Die Jungfräulichkeit des Wassers wird auch bezeichnet in den Worten des Eur. Hel. 1 Νείλου μὲν αἴδε καλλιπάρθενος ῥοαί, persiflirt von Arist. Thesm. 855, vgl. (Virg.) Copa 15 virgineus amnis, Ovid. Fast. 1, 464 virginea campus obitur aqua. In Rom hiess das von Agrippa dorthin geleitete Wasser Virgo oder Aqua virgo, Ovid. Amor. 3, 385 nec vos Campus habet, nec vos gelidissima Virgo. Andere Stellen bei Forcellini. Auch γῆ und terra wurden παρθένος und virgo genannt. Die Cypressen bei Psophis in Arcadien hiessen παρθένοι, cf. Pausan. 8, 24, 7. — Das Mehl wird παρθένος genannt von Antiphanes 1, 9 (Meineke, fr. com. 3 p. 27): ἀγνῆς παρθένου Δηοῦς κορῆς. Beiläufig sei erwähnt, dass mit Parodie Aeschyleischer Worte und mit besonderer Gemüthlichkeit die Aale im Kapaissee Jungfrauen genannt werden bei Arist. Ach. 848, wo der Böoter zu einem Aale sagt: πρέσβειρα πεντήκοντα Κωπαΐδων κορᾶν, ἔκβαθι. Eubulus nannte die Aale παρθένους Βοιωτίας Κωπαΐδος und die Sardelle Φαληρὶς κόρη, vgl. Meineke, fr. com. 3, 236. 242.

2. Die kleineren Göttinnen, wie Nike, Dike, Nemesis, die *Μοῖρα*, die Erinyen werden als παρθένοι bezeich-

net: Menand. fr. 218 (Meineke 4 p. 282) ἡ δ' εὐπάτειρα
φιλόγελώς τε παρθένος Νίκη μεθ' ἡμῶν εὐμενὴς ἕποιτ'
ἀεί. Pallad. 93 (Jac. Anth. 3 p. 133) Νίκαι πάρεσμεν,
αἱ γελῶσαι παρθένοι. — Hesiod. op. 256 ἡ δέ τε παρθένος ἐστὶ Δίκη, Διὸς ἐκγεγαυῖα. Aesch. Sept. 659
εἰ δ' ἡ Διὸς παῖς παρθένος Δίκη παρῆν. Arat. Phaen. 133
καὶ τότε μισήσασα Δίκη κείνων γένος ἀνδρῶν ἔπταθ' ὑπου-
ρανίη· ταύτην δ' ἄρα νάσσατο χώρην, ἧχί περ ἐννυχίη ἔτι
φαίνεται ἀνθρώποισιν Παρθένος. Macedon. 38, 1 (Jac.
Anth. 4 p. 91) παρθένος εὐπατέρεια Δίκη, πρέσβειρα πολήων. Theophylact. ep. 17 ἡ παρθένος Δίκη διέφθαρται.
Die Themis nennt der orphische Hymnus 79, 2 καλυκώπιδα
κούρην. Virg. Ecl. 4, 6 von der Astraea: iam redit et
virgo. — Diodor. Sard. 5, 2 (Jac. Anth. 2 p. 171) ἰχναίη σε
φυλάσσοι παρθένος Νέμεσις. Meleag. 124, 7 (Jac. Anth. 1
p. 37) κακοπάρθενε Μοῖρα. — Die Erinyen ruft Ajax an
bei Soph. Aj. 835: καλῶ δ' ἀρωγοὺς τὰς ἀεί τε παρθένους
ἀεὶ δ' ὁρώσας πάντα τὰν βροτοῖς πάθη, σεμνὰς Ἐρινῦς
ταναύποδας. Orestes bei Eurip. Or. 256 nennt sie τὰς αἱμα-
τωποὺς καὶ δρακοντιώδεις κόρας. Die Lyssa wird angeredet
bei Eur. Herc. fur. 834 mit Νυκτὸς κελαινῆς ἀνυμέναιε παρθένε. Philo: μιμούμενοι παρθένοις τὰς χάριτας. Schiller,
Abschied vom Leser: Die Muse schweigt. Mit jungfräu-
lichen Wangen, Erröthen im verschämten Angesicht, tritt
sie vor dich, ihr Urtheil zu empfangen. Geibel, Neue Gedichte p. 159: Doch sitzt an ihrer Thürme Scharten die Sage
barfend noch, die Wundermaid, und lallt im Traum von
Chriemhilds Rosengarten. Rückert, Gedichte p. 428 von
unserer Sprache: Reine Jungfrau, ewig schöne, geist'ge Mutter deiner Söhne. In dem dem Aristoteles zugeschriebenen
Hymnus auf die Ἀρετά (Bergk 7) wird dieselbe angeredet:
Ἀρετά, πολύμοχθε γένει βροτείῳ, θήραμα κάλλιστον βίῳ,
σᾶς πέρι, παρθένε, μορφᾶς καὶ θανεῖν ζηλωτὸς ἐν Ἑλλάδι
πότμος καὶ πόνους τλῆναι μαλεροὺς ἀκάμαντας. Vgl. Shaksp.
K. John 2, 1 (Del. p. 28) and done a rape upon the maiden virtue of the crown. — Rückert, Gedichte p. 163: Nun
auf, o Freiheit, deutsche Jungfrau, schaue getrost du wieder,
wie vordem, nach oben aus blauem Aug' empor zum Himmel-

blaue. Ibid. p. 188: Ich edele Jungfrau, Freiheit bin ich
genannt. Lenau, Gedichte 2 p. 8: Schön ist die Armuth,
wenn sie, keusch verhangen, im rauhen Sturm als eine
Jungfrau schreitet, die Hüllen sorglich um die Blössen breitet, den Feind besiegend mit verschämten Wangen. — Bemerkenswerth L. Tieck, Zerbino p. 31: Man lässt sich gar
zu leicht von der Altklugheit, dieser französischen Mamsell,
herausreissen. Lenau, dichterischer Nachlass p. 103: Das
Nothgewändlein, das im Neckarthal die Patria, Religion, Mo-
ral, drei alte Schneiderjungfern zubereiten.

3. Von Producten mechanischer Art heissen die Schiffe .
παρθένοι bei Arist. eq. 1302, das Papier wird virgo genannt
bei Martial. 1, 67: secreta quaero carmina et rudes curas,
quas novit unus virginis pater chartae, vgl. Shaksp. Cymb. 3,
2 (Del. p. 61) senseless bauble, art thou a feodory for this
act and look'st so virgin-like without? Bemerkenswerth
sind die Shaksperischen Stellen: Henry IV I, 5, 4 (Del.
p. 111) full bravely hast thou flesh'd thy maiden sword.
Witzig Henry IV II, 2, 2 (Del. p. 41): Is it such a matter
to get a pottlepot's maidenhead? Auch uneingenommene
Festungen werden von Shaksp. durch maiden bezeichnet.

75. *Πόρνη,* strumpet, whore, libertine, *πειρᾶν.*
Προαγωγός, bawd, bawdy, broker.

1. Von Naturerscheinungen wird das Licht, insbesondere der Wind als Buhler bezeichnet. Vgl. L. Tieck, Octavian p. 113: Immer buhlerischer küsset dich das Licht, das ⟍
dir gewogen. Vom Winde Shaksp. Merchant of Ven. 2, 6
(Del. p. 43), wo das Schiff dargestellt wird als hugg'd and
embraced by the strumpet wind. Vgl. Othello 4, 2 (Del.
p. 109) the bawdy wind, that kisses all it meets, is hush'd
within the hollow mine of earth and will not hear it. Aehnlich heisst die Luft ein ungebundener Wüstling: Henry V
1, 1 (Del. p. 20) that when he speaks the air, a charter'd
libertine, is still. Göthe, Gesang der Geister über den Wassern: Wind ist der Welle lieblicher Buhler. P. Heyse, Ra-

fael p. 190: Der Meerwind war mein Buhle gut. Wie schlug mein Herz, wenn seine Schwingen mich schwül und ungestüm umfingen hinab mich lockend in die Flut. Das Gold redet bei Shaksp. Timon of Ath. 4, 3 (Del. p. 71) an: come, damned earth, thou common whore of mankind. Vgl. Lenau, Faust p. 125.

2. Die Fortuna wird Buhlerin genannt von Constanzen in Shaksp. K. John 3, 1 (Del. p. 47): she adulterates hourly with thine uncle John — that strumpet fortune. Makbeth 1, 2 (Del. p. 19) and fortune, on his damned quarrel smiling, show'd like a rebels whore. K. Lear 2, 4 (Del. p. 59) Fortune, that arrant whore, vgl. K. John 3, 1 (Del. p. 47) France is a bawd to Fortune. In derselben Anschauung wird *Τύχη* genannt von Pallad. 121, 8 (Jac. Anth. 3 p. 139): οἴῳ τρόπῳ γὰρ περιγένωμαι τῆς Τύχης, τῆς ἐξ ἀδήλου φαινομένης ἐν τῷ βίῳ, πόρνης γυναικὸς τοὺς τρόπους κεκτημένης; Vgl. Pallad. 117 (Jac. Anth. 3 p. 138) ἂν μὴ γελῶμεν τὸν βίον τὸν δραπέτην, Τύχην τε πόρνης ῥεύμασιν κινουμένην, ὀδύνην ἑαυτοῖς προξενοῦμεν πάντοτε. Hier ist auch der Ausdruck *γλήνη* zu erwähnen, mit welchem die Ἐλπίς angeredet wird von Pallad. 140, 6 (Jac. Anth. 3 p. 144): ἔῤῥε κακὴ γλήνη, πολυώδυνε. Vgl. Lenau, Gedichte 1 p. 49: Die Hoffnung, eine arge Dirne, verbuhlte mir den Augenblick, bestahl mit frecher Lügenstirne mein junges Leben um sein Glück. Hierher gehört der Ausdruck *πειρᾶν* (zu verführen suchen) z. B. die Komödie, die als Jungfrau dargestellt wird von Aristophanes eq. 515: νομίζων κωμῳδοδιδασκαλίαν εἶναι χαλεπώτατον ἔργον ἁπάντων· πολλῶν γὰρ δὴ πειρασάντων αὐτὴν ὀλίγοις χαρίσασθαι. Sehr cynisch ist der Ausdruck bei Arist. ran. 95 προςουρεῖν τῇ τραγῳδίᾳ, ebenso equit. 1388, wo die Σπονδαί als Mädchen erscheinen und der Demos fragt: ἔξεστιν αὐτῶν κατατριακοντουτίσαι;

Als kupplerisch wird ein Gestirn bezeichnet bei Shaksp. Winter's Tale 1, 2 (Del. p. 28): it is a bawdy planet, that will strike where 't is predominant. — Pentad. in der Anth. lat. 246 (Meyer 1 p. 97) se Narcissus amat captus lenonibus undis. Auf die Muse wird *προαγωγός* bezogen bei Arist.

vesp. 1028: *ἵνα τὰς Μοίσας, αἷσιν χρῆται, μὴ προαγωγούς ἀποφήνῃ.* Vgl. Lenau, Gedichte 1 p. 361: Die Muse muss zur Metze sich erniedern, der Dichter sendet sie zum Mäcenaten, und, frech geschürzt, mit schaugestellten Gliedern, der Göttlichkeit vergessend, tief entrathen, umtanzt sie ihn etc. Rein personificirend sind die Shakspereschen Stellen: Measure for Measure 3, 1 (Del. p. 56) Mercy to thee would prove itself a bawd. Rich. II 5, 3 (Del. p. 96) so shall my virtue be his vice's bawd. Hamlet 1, 3 (Del. p. 42) do not believe his vows: for they are brokers not of the eye which their investments show, but mere implorators of unholy suits. Lucrece 89 (Del. p. 71) and mak'st fair reputation but a bawd. Apemantus nennt bei Shaksp. Tim. of Athens 2, 2 (Del. p. 38) einige Diener bawds between gold and want.

76. *Ζῆν,. ζώειν, βιοτεύειν, ζωός* und Composita, vivere, vivus, vivax, to live, alive, superstes, to outlive.

1. Auf Naturgegenstände wird *ζῆν* häufig übertragen, z. B. auf das Feuer; durchaus personificirend sagt Arist. Lys. 306: *τουτὶ τὸ πῦρ ἐγρήγορεν θεῶν ἕκατι καὶ ζῇ*, vgl. Eur. Bacch. 8 *δίου πυρὸς ἔτι ζῶσαν φλόγα*, Oppian. cyneg. 1, 131 *ὠκύμορον φλόγα* (die nur kurzes Leben hat). Nicand. Alexiph. 174 *πῦρ ἀείζωον*, Ovid. Fast. 3, 427 quos sancta fovet ille manu, bene vivitis ignes, vivite inexstincti flammaque duxque precor. Vom Lampenlichte Hor. carm. 3, 21, 23 vivae lucernae. — Von der Luft: Hölderlin 1 p. 26: Die Liebesboten, welche der Vater schickt, kennst du die lebenathmenden Lüfte nicht? — Quellen und Flüsse: Ovid. Met. 3, 27 et petere e vivis libandas fontibus undas, Virg. Aen. 2, 719 vivum flumen. — ·Von Pflanzen wird dem Epheu und den Malven Leben zugeschrieben von Dioscorid. 30, 2: *κισσὸν ὑπὲρ τύμβου ζῶντα*, von Mosch. Epitaph. Bion. 105: *ταὶ μαλάχαι μὲν, ἐπὰν κατὰ κᾶπον ὄλωνται, ὕστερον αὖ ζώοντι*. Vgl. Hor. carm. 1, 19, 13 vivum caespitem, ibid. 3, 8, 4; Ovid. Fast. 4, 397 vivax caespes, Met. 7, 232 vivax gramen. Auf die Poesie über-

tragen ist Antip. Sidon. 70, 3: αἷς μετὰ Πειθὼ ἔπλεκ᾽ ἀείζωον Πιερίδων στέφανον. — Der Schlaf wird durch ζῆν personificirt, es heisst von ihm Aenigmata 9 (Jac. Anth. 4 p. 288):
οὐ θνητός, οὐδ᾽ ἀθάνατος, ἀλλ᾽ ἔχων τινὰ σύγκρασιν, ὥστε
μήτ᾽ ἐν ἀνθρώπου μέρει μήτ᾽ ἐν θεοῦ ζῆν. — Bion. 1, 46
τοσοῦτόν με φίλασον ὅσον ζώει τὸ φίλαμα. — Sophocles
fr. 807 (Dind.) sagte ἀείζων ἕλκος, vgl. Virg. Aen. 4, 67 et
tacitum vivit sub pectore vulnus. — Aesch. fr. 184 μακραίω-
νας βίους.

Von Inseln wird Tenos und Delos angeredet von Antipat.
Thess. 36, 4 (Jac. Anth. 2 p. 105): νῦν δὲ σὺ μὲν ζώεις, ἡ
δ᾽ οὐκ ἔτι. Von der Stadt Troja sagt Shaksp. Troil. 1, 3
(Del. p. 30) Troy in our weakness lives, not in her strength.

2. Von der Zeit heisst es bei Soph. Trach. 1169: ἥ
μοι χρόνῳ τῷ ζῶντι καὶ παρόντι νῦν ἔφασκε μόχθων τῶν
ἐφεστώτων ἐμοὶ λύσιν τελεῖσθαι. Vom Lebensalter: Shaksp.
A passionate pilgrim 12 (Del. p. 216) crabbed age· and youth
connot live together.

3. Häufig werden Abstracta durch ζῆν (ζώειν), βιοτεύειν personificirt. Mythische Farbe hat noch Alcaeus Messen. 5 (Jac. Anth. 1 p. 238): ἀειζώων ἁψάμενος Χαρίτων.
Eurip. Tem. fr. 734 (Nauck p. 464) sagt von der Tugend:
ἀρετὴ δὲ κἂν θάνῃ τις οὐκ ἀπόλλυται, ζῇ δ᾽ οὐκέτ᾽ ὄντος
σώματος· κακοῖσι δὲ ἅπαντα φροῦδα συνθανόνθ᾽ ὑπὸ χθονός. Vgl. Hor. carm. 3, 24, 31: virtutem incolumem
odimus, sublatam ex oculis quaerimus invidi. — Vom Ruhme:
Aeschyl. ep. 3 (Bergk) ζωὸν δὲ φθιμένων πέλεται κλέος,
οἵ ποτε γυίοις τλήμονες Ὀσσείαν ἀμφιέσαντο κόνιν. Vgl.
Pind. Pyth. 1, 93 ὀπιθόμβροτον αὔχημα δόξας („gloria virtutis post mortem superstes"). Symmachus in der Anth. lat.
265 (Meyer 1 p. 105) post fata superstes uxoris propriae te
quoque fama colit. Ibid. 1318 (Meyer 2 p. 129) multa laude
vigebit vivax venturos gloria per populos. Martial. 1, 88, 8
hic tibi perpetuo tempore vivet honor. Shaksp. Lucrece 89
(Del. p. 71) thou back'st reproach against long-living laud.
Hiermit vgl. Soph. Antig. 457 οὐ γάρ τι νῦν γε κἀχθές,
ἀλλ᾽ ἀεί ποτε ζῇ ταῦτα (τὰ νόμιμα). Phryn. App. Soph. bei

Blomf. gl. Ag. 792 αὐτή νῦν ἡ σοφία ζῇ. Pind. Isthm. 3, 5
ζώει δὲ μάσσων ὄλβος ὀπιζομένων, πλαγίαις δὲ φρένεσσιν
οὐχ ὁμῶς πάντα χρόνον θάλλων ὁμιλεῖ. Sprichwörtlich ζεῖ
χύτρα, ζῇ φιλία, vgl. Bernhardy, Suidas 1, 2 p. 77. Soph.
OT. 45 vom Erfolge: ὡς τοῖσιν ἐμπείροισιν καὶ τὰς ξυμφο-
ρὰς ζώσας ὁρῶ μάλιστα τῶν βουλευμάτων. Bemerkenswerth
Aesch. Ag. 792 ἄτης θύελλαι ζῶσιν. Vom Kummer sagte
ein unbekannter Tragiker (Nauck fr. 15 p. 655) ἀείζων πένθος, Aesch. Suppl. 957 χώρᾳ δ' ἄχθος ἀείζων πέλοι, vgl.
Eur. Hel. 987 ἀθάνατον ἄλγος. Vom Zorne Eur. Phil. fr.
796 (Nauck p. 487): ὥςπερ δὲ θνητὸν καὶ τὸ σῶμ' ἡμῶν
ἔφυ, οὕτω προσήκει μηδὲ τὴν ὀργὴν ἔχειν ἀθάνατον ὅστις
σωφρονεῖν ἐπίσταται. Vgl. Inc. tr. fr. 14 (Wagnér 3 p. 185)
ἀθάνατον ὀργὴν μὴ φύλασσε θνητὸς ὤν. Von der Liebe
der Sappho sagt Hor. carm. 4, 9, 1: spirat adhuc amor
vivuntque commissi calores Aeoliae fidibus puellae. Petil.
Proc. 1 (Meyer, Anth. lat. 2 p. 150) post mortem si vivit
amor. Vgl. Shaksp. Tim. 4, 3 (Del. p. 80) willing misery
outlives incertain pomp, is crown'd before. Vom Worte:
Pind. Nem. 4, 6 ῥῆμα δ' ἐργμάτων χρονιώτερον βιοτεύει.
Vgl. Hor. de arte poet. 68 mortalia cuncta peribunt, nedum
sermonum stet honos et gratia vivax. Plato Phaedr. p. 276
hat λόγον ζῶντα καὶ ἔμψυχον. Hor. epist. 1, 19, 2 nulla
placere diu nec vivere carmina possunt quae scribuntur aquae
potoribus. Vgl. Martial. 1, 25, 7 post te victurae per te
quoque vivere chartae incipiant. L. Tieck, Zerbino p. 29:
Das Leben eines solchen poetischen Bildes ist ein armes,
sehr kurzes Leben. Die viva vox bei den Griechen ζῶσα
φωνή, vgl. Cic. ad Attic. 2, 12. — Soph. OT. τὰ δὲ (μαντεῖα) ἀεὶ ζῶντα περιποτᾶται. Pallad. 87, 3 (Jac. Anth. 3
p. 132) ζῇ ἡ ψῆφος. — Noch sei erwähnt die bemerkenswerthe Stelle Eur. Hel. 1014: ὁ νοῦς τῶν κατθανόντων ζῇ
μὲν οὔ, γνώμην δ' ἔχει ἀθάνατον, εἰς ἀθάνατον αἰθέρ' ἐμπε-
σών. — Vom Staate: Cic. pro Sest. §. 54 statim me perculso
ad meum sanguinem hauriendum et spirante etiam republica
ad eius spolia detrahenda advolaverunt.

 Sehr häufig werden bei Shaksp. Abstracta durch to
live personificirt: Rich. III 3, 1 (Del. p. 69) the truth should

live from age to age. Vgl. Measure for M. 2, 2 (Del. p. 38)
o think on that, and mercy then will breathe within your
lips like man new-made. K. Lear 1, 1 (Del. p. 19) freedom
lives hence, and banishment is here. Tit. Andr. 4, 4 (Del.
p. 76) iustice lives in Saturninus health. Winter's tale 5,
3 (Del. p. 118) scarce any joy did ever so long live, no sorrow, but kill'd itself much sooner. Tw.-night 1, 1 (Del.
p. 12) how will she love, when the rich golden shaft has
kill'd the flock of all affections else, that live in her? K. John
4, 1 (Del. p. 70) let him come back, that his compassion
may give life to yours. Henry IV II, 1, 3 (Del. p. 30) and
our supplies live largely in the hope of great Northumber-
land. — Henry VIII 1, 2 (Del. p. 31) their courses now
live where their prayers did. K. John 4, 2 (Del. p. 74) the
image of a wicked heinous fault lives in his eye. Much ado
5, 4 (Del. p. 85) she died, my lord, but whiles her slander
liv'd. Henry IV II, 2, 4 (Del. p. 55) is it not strange, that
desire should so many years outlive performance. Timon 4,
1 (Del. p. 65) and yet confusion live! Sehr bemerkenswerth ist der Ausdruck im König Johann 2, 1 (Del. p. 28):
Mit England Frieden, wenn der Krieg aus Frankreich
nach England kehrt, in Frieden dort zu leben (if that war
return from France to England, there to live in peace). In
antithetischer Form K. John 3, 1 (Del. p. 52): if you grant
my need, which only lives but by the death of faith, that
need must needs infer this principle, that faith would live
again by death of need. Vgl. Measure for Measure 2, 2
(Del. p. 39) the law — takes note of what is done, and,
like a prophet, looks in a glass, that shows what future evils,
either new, or by remissness new-conceiv'd, and so in progress to be hatch'd and born, are now to have no succesive
degrees, but ere they live, to end.

3. In Bezug auf sachliche Gegenstände hebe ich die
witzige Wendung- „keine Börse am Leben lassen" bei Shaksp.
Winter's tale 4, 3 (Del. p. 97) hervor: I had not left a purse
alive in the whole army.

77. Ἡβᾶν, ἡβάσκειν, iuvenis, youth, youthful, child, childhood.

1. Durch die Vorstellung der Lebensalter, speciell der Kindheit, Jugend, bei den Griechen durch ἡβᾶν, ἡβάσκειν entsteht Personification zunächst auf dem Gebiete der Naturerscheinungen. Von der Sonne: De Sole 5 (Meyer, Anth. lat. 2 p. 50) Sol semper iuvenis. Shaksp. Troil. 1, 3 (Del. p. 33) modest as morning when she coldly eyes the youthful Phoebus. Vgl. Shaksp. Sonn. 7 (Del. p. 120) von der Sonne: and having climb'd the steep - up heavenly hill, resembling strong youth in his middle age. Hölderlin 1 p. 27: denn eben ist's, dass ich gelauscht, wie goldner Töne voll der entzückende Götterjüngling sein Abendlied auf himmlischer Leier spielt. Ibid. p. 27: Wie müde seiner Fahrt der entzückende Götterjüngling die jungen Locken badet im Goldgewölk. Ibid. p. 57: Und freudig sah des Sonnengottes Auge die Erstlinge, die Bäum' und Blumen, seiner Jugend lächelnde Kinder, aus dir geboren. Hyperion 12: die ewig jugendliche Sonne. Geibel, Juniuslieder p. 15: Zum Sonnenjüngling richte das Haupt ich früh und spät und nähre mich vom Lichte, das sein Gelock umweht. — Von den Sternen Hölderlin, Hyperion p. 9: Oder wenn der Abendstern voll friedlichen Geistes heraufkam mit den alten Jünglingen, den übrigen Helden des Himmels. Vom Morgenroth Möricke, Gedichte p. 148: O Morgenroth, ich glühe von deinem Jugendblut.

Das Wort ἡβᾶν wird der Flamme zugeschrieben: Aeschyl. fr. 319 (Herm.) (φλὸξ) ὑψηλὸν ἡβήσασα τεκτόνων πόνον συνεῖλεν, vgl. hiermit Paul. Silent. 10, 7 (Jac. Anth. 4 p. 44) ὁππόσον ἡβάσκει φλογὸς ἄνθεα. Oefter der Traube und dem Weinstock: Hom. Od. 5, 69 ἡμερὶς ἡβώωσα. In ausgeführter, vielseitiger Personification sagt Simonid. 54 (Jac. Anth. 1 p. 68): ἡμερὶ πανθέλκτειρα, μεθυτρόφε, μῆτερ ὀπώρας, οὔλης ἢ σκολιὸν πλέγμα φύεις ἕλικος, Τηΐου ἡβήσειας Ἀνακρείοντος ἐπ' ἄκρῃ στήλῃ. Vgl. Geibel, Juniuslieder p. 359 von der Weinrebe: Bald auch schiessen die Blätter heraus in grünender Jugend. Vgl. Longus 4, 5 von den Trauben: τοὺς ἡβῶντας τῶν βοτρύων. Geibel, Juniuslieder

p. 360 ·von der Traube: Die Strahlen der Sonne, die sie als Kind einsog, regen sich mächtig in ihr. Vom Weine selbst Cratinus bei Meineke, fr. com. 2 p. 117: *νῦν δ' ἦν ἴδη Μενδαῖον ἡβῶντ' ἀρτίως οἰνίσκον, ἔπεται κἀκολουθεῖ καὶ λέγει, οἴμ' ὡς ἁπαλὸς καὶ λευκός.* Meineke sagt: Loquitur de elumbi *οἰνίσκῳ* tanquam de delicatulo *νεανίσκῳ*. Hierher gehört die Stelle, wo der Schlauch mit Wein, den Mika bei Arist. Thesm. für ihre Tochter ausgiebt, als ein drei oder vier Jahre altes Kind bezeichnet wird V. 746: *τὸ παιδίον — πόσ' ἔτη δὲ γέγονε; τρεῖς χόας ἢ τέτταρας;* Shaksp. Mids. 2, 2 (Del. p. 29) spricht von der Kornähre, deren Jugend Bart gewinnt: thee green corn hath rotted, ere his youth attain'd a beard. Vgl. Rückert, Gedichte p. 154: Wie bald gereift wird sein für blut'ge Tennen die Saat, die jetzt noch sprosst in stiller Kindheit. Vgl. pubens und pubescere in den Lexicis. — Vom Archipelagus (Werke 1 p. 104) sagt Hölderlin: Immer, Gewaltiger, lebst du noch und ruhest im Schatten deiner Berge wie sonst; mit Jünglingsarmen umfängst du noch dein liebliches Land. Den Felsenstrom redet Friedrich Stolberg im gleichnamigen Gedichte an: Unsterblicher Jüngling. Hölderlin 1 p. 47: Und der Jüngling, der Strom, fort in die Ebene zog. — Bei Sophokles Ant. 605 wird der Schlaf *ὁ πάντ' ἀγήρως* genannt, der nie alternde, ewig junge. Tieck, Octav. p. 113: Nieder steig ich aus dem Wipfel, bin ein Knabe, heisse Schlaf. Ibid. p. 304: Schlaf, liebes Kind, du streichst mit beiden Händen die Furchen sonst von Stirn und Angesicht. Geibel, Juniuslieder p. 236: So kommen leise zu dir nieder· die stillen Knaben Schlaf und Traum, mit lindem, kühlen Flügelschlagen. Lenau, Gedichte 2 p. 307: Schlaf, du kindlicher Gott, du Gott der Kindheit, du Verjünger der Welt.

2. Von den Jahreszeiten wird *ἡβᾶν* vom Frühlinge gesagt von Oppian. hal. 2, 252: *εὐκραὲς ἕως ἔαρ ἡβήσειεν.* Bei L. Tieck, Sternbalds Wanderungen p. 136 sagt der Frühling von sich: Ich liebe das Spielen, bin nur ein Kind und nicht zur ernsten Arbeit gesinnt. Schön sagt Ovid. Met. 15, 206 transit in aestatem post ver robustior annus fitque valens iuvenis. Ibid. 209 excipit auctumnus posito fervore

iuventae maturus mitisque. Bei Shaksp. Tit. Andr. 3, 1
(Del. p. 46) the youthful April. Schiller, An den Frühling:
Willkommen, schöner Jüngling! Rückert, Gedichte p. 280:
Da fand ich ihn, den Lenz; ein schöner Knabe sass er mit
nassem Auge, blassen Wangen, auf Deinem, als auf seiner
Mutter, Grabe. Lenau, Gedichte 1 p. 75: Da kommt der
Lenz, der schöne Junge, den alles lieben muss, herein mit
einem Freudensprunge und lächelt seinen Gruss. — Vom
Tage: Schiller, Die Künstler: Da stieg der schöne Flüchtling
aus dem Osten, der junge Tag im Westen neu empor.
Göthe, Zueignung: Der junge Tag erhob sich mit Entzücken.
Geibel, Juniuslieder p. 341: In kühler Morgenstunde, da der
junge Tag mit rosenrothen Wangen noch auf den Bergen lag.
Hölderlin 1 p. 36: so lang du (goldner Tag) jugendlich
blickst und noch zu herrlich nicht, zu stolz mir geworden
bist. Der Stunde wird ein unmündiges Alter zugeschrieben in Henry IV I, 2, 4 (Del. p. 47): I am now of all
humours, that have show'd themselves humours, since the old
days of goodman Adam to the pupil age of this present
twelve o' clock at midnight. Von der Zeit überhaupt Geibel, Neue Gedichte p. 159: Wo denn die neue Zeit ihr Kin-
deraug erschloss. L. Tieck, Zerbino p. 82: Damit die Zeit
noch einmal sich verjünge, das frische Glück die muntern
Glieder rege.

3. Oefter erhalten abstracte Begriffe das Prädicat ἡβᾶν
oder ἡβάσκειν, wie die Armuth in der interessanten Stelle
des Macedonius 28*, 6 (Jac. Anth. 4 p. 88): κακοῦ δ' ἐπὶ
γήραος ἡμῖν ἄλλιτος ἡβάσκει γυιοτακὴς πενίη. In Bezug
auf die Kinder des Reichthums, die Hoffahrt und Ueppigkeit,
sagt Longin. π. ὕ. 44: ἐὰν δὲ καὶ τούτοις τοῦ πλούτου τοὺς
ἐκγόνους εἰς ἡλικίαν ἐλθεῖν ἐάσῃ etc. Vgl. Eur. Alc. 1085
νῦν δ' ἔθ' ἡβάσκει κακόν, Aesch. Ag. 582 ἀεὶ γὰρ ἡβᾷ τοῖς
γέρουσιν εὖ μαθεῖν. Philostr. p. 667 ποιητικὴ οὔπω ἡβά-
σκουσα. Vgl. Paul Heyse, Urica p. 133: Und als die Freiheit,
jung und schön und wild mit Füssen trat ihr gräflich Wap-
penschild. Auch λῆμα Eur. Heracl. 702, θῖμοι Theogn. 1230,
γάμοι Opp. hal. 1, 474, δῆμος Eur. Or. 696 werden mit
ἡβᾶν verbunden.

In höchst individueller Weise werden von Shaksp. Abstracta durch Verbindung mit „Kindheit, Jugend" u. dgl. personificirt. Percy legt Heinrich IV höhnend die Worte in den Mund: „wenn sein unmündig Glück zu Jahren käme" (Henry IV 1, 3 (Del. p. 33) when his infant fortune came to age). Romeo 3, 3 (Del. p. 83) now I have stain'd the childhood of our joy with blood remov'd but little from her own. Merch. of Ven. 3, 2 (Del. p. 63) if that the youth of my new interest here have power to bid you welcome. Lucrece 157 (Del. p. 85) old woes, not infant sorrows bear them mild. Sehr interessant sind ferner folgende Stellen: Posthumus sagt in seiner aufgeregten Stimmung, dass die Weiber nicht beständig seien, sondern ein Laster, das nur eine Minute alt sei, mit einem andern vertauschen, das halb so alt sei: Cymbel. 2, 5 (Del. p. 57) they are not constant, but are changing still one vice but of a minute old for one not half so old as that. Aehnlich sagt Rosse im Makbeth 4, 3 (Del. p. 107), das Leid, das schon eine Stunde alt sei, pfeife den Erzähler aus: that of an hour's age doth hiss the speaker. Vgl. noch Merch. of Venice 1, 2 (Del. p. 22) such a hare is madness the youth, to skip o'er the meshes of good counsel, the cripple. Vgl. Geibel, Neue Gedichte p. 123: Sobald sich Wahrheit nur, das junge Kind, von weitem zeigt und ruft: Macht auf geschwind. Gedichte p. 319: Er, der das scheue Kind, noch roth von süssem Schrecken, die deutsche Poesie aus welschen Taxushecken zum freien Dichterwalde führt. Schiller, Braut von Messina: Schön ist der Friede, ein lieblicher Knabe, liegt er gelagert am ruhigen Bach. Bei Arist. eq. 1388 erscheinen die Σπον-δαί (Friede) als Mädchen, welche dreissigjährig mit Anspielung auf historische Verhältnisse genannt werden: φήσεις γ', ἐπειδὰν τὰς τριακοντούτιδας σπονδὰς παραδῶ σοι. Paul Heyse, Rafael p. 169: Bekränzt von Veilchen immerjung lehnt neben ihr Erinnerung. Göthe, Vier Jahreszeiten: Auf, ihr Distichen, frisch! ihr muntern, lebendigen Knaben! Reich ist Garten und Feld, Blumen zum Kranze herbei. — Der Verstand ist ein geschicktes Kind: Shaksp. As you like it 3, 3 (Del. p. 67) a man's good wit seconded with the forward child, understanding; Geibel, Gedichte und Gedenkblätter p. 29: Minne hält, das wilde Kind, einen Brauch, wie blind sie fahre.

78. Hungry, to hunger, to starve, jejunus, νῆστις.

1. Hunger wird dem Meere, dem Meeresstrande von Shakspere zugeschrieben: Sonn. 64 (Del. p. 148) when I have seen the hungry ocean gain advantage on the kingdom of the shore. Tw.-night 2, 4 (Del. p. 42) but mine is all as hungry as the sea, and can digest as much. — Coriol. 5, 3 (Del. p. 126) then let the pebbles on the hungry beach fillip the stars. Cic. Verr. 2, 3, 37 jejunus ager. — Von einem Barte heisst es bei Shaksp. Taming of the shrew 3, 2 (Del. p. 65): but that his beard grew thin and hungerly and seem'd to ask him sops as he was drinking. — Der Hunger selbst wird mit jejunus bezeichnet von Ovid. Met. 8, 793: Frigus iners illic habitant Pallorque Tremorque et jejuna Fames. Ebenso Aesch. Choeph. 243 τοὺς δ' ἀπωρφανισμένους νῆστις πιέζει λιμός (νῆστις nicht durch „Hunger erregend" zu übersetzen, wie in Passow's Wörterbuch s. v. geschieht).

2. Abstracten wie der Rache, der Noth wird Hunger zugeschrieben von Shakspere: Timon of Ath. 5, 5 (Del. p. 102) if thy revenges hunger for that food, which nature loaths. Romeo 5, 1 (Del. p. 112) Need and oppression starveth in thy eyes. Beispiele von jejunus in der Verbindung mit Abstracten siehe bei Forcellini s. v.

3. Von mechanischen Gegenständen: Catull. 68, 79 quam jejuna pium desideret ara cruorem.

79. Ἐσθίειν, Composita von φαγεῖν, δαίνυσθαι, θοινᾶσθαι, βιβρώσκω und Composita, βρωτήρ, Comp. von βορά, edere, exedere, edax, pasci, depasci, to eat, to feast, to be supped.

1. Von Naturgegenständen wird der Flamme das φαγεῖν, δαίνεσθαι, δάπτειν, edere, vorare zugeschrieben: Hom. Il. 23, 182 τοὺς ἅμα σοι πάντας πῦρ ἐσθίει. Aesch. Agam. 575 θνῃφάγον κοιμῶντες εὐώδη φλόγα, vgl. die Stelle

in der griechischen Anthologie: ποταμῷ δέμας ἠὲ κύνεσσι
ῥίψατε ἠὲ πυρὶ δάψατε παντοφάγῳ, vgl. Aesch. Prom. 376
ποτάμιοι πυρὸς δάπτοντες ἀγρίαις γνάϑοις τῆς καλλικάρπους
Σικελίας λευροὺς γύας. Nach dem Scholiasten zu dieser
Stelle nannte Callimachus fr. 346 (vgl. Orelli zu Hor. carm.
3, 4, 75) den Aetna πυρὶ δεῖπνον, hiermit vgl. Arist. Plut.
660 ἐπεὶ δὲ βωμῷ πόπανα καὶ προϑύματα καϑωσιώϑη
πέλανος Ἡφαίστου φλογί, vgl. Lenau, Faust p. 27: Sieh,
wie das Feu'r die Zunge streckt, nach dem geweihten Fut-
ter leckt. Phrynich. Pleuron. 5 (Nauck p. 558) πεδία δὲ
πάντα καὶ παράκτιον ὠκεῖα μάργοις φλὸξ ἐδαίνυτο γνάϑοις.
Apoll. Rh. 4, 666 φλὸξ ἀϑρόα φάρμακ' ἔδαπτεν. Mesomed.
2, 6 (Jac. Anth. 3 p. 7 παμφάγοισι φλοξὶν ἐκπυρούμενος.
Hor. carm. 3, 4, 75 nec peredit impositam celer ignis Aet-
nam, vgl. Petron. Bell. civ. C. 135 iamque Aetna voratur
ignibus insolitis. Lucret. 5, 1251 flammeus ardor silvas
exederat. Virg. Georg. 3, 566 contactos artus sacer ignis
edebat. Aen. 2, 758 edax ignis. Ovid. Amor. 1, 15, 41
cum me supremus adederit ignis. Propert. 4, 7, 9 et soli-
tum digito beryllon adederat ignis. Stat. Theb. 9, 102 nul-
lae illum volucres, nulla impia monstra, nec ipse, si demus,.
pius ignis edat, vgl. 1, 507. Albin. 1, 134 et vorat hos
ipsos flamma rogusque sinus. Andere Stellen bei Heinsius
zu Ovid. Amor. 1, 15, 41. — Ebenso dem Meere, den Flüssen, dem Regen: Lenau, Faust p. 165: Zu Schanden geht
der Nachen: den kleinen Bissen hat der Ocean lang hin-
und hergespielt in seinem Rachen, nun beisst er drauf mit
seinem Klippenzahn. Vgl. Virg. Aen. 1, 116 vorat navem vortex, Ov. Met. 13, 731 Charybdis vorat revomitque
carinas. Hierher gehört der Ausdruck lambere: Hor.
carm. 1, 22, 8 vel quae loca fabulosus lambit Hydaspes.
Stat. Theb. 4, 51 quos pigra vado Langia tacenti lambit.
Curt. 4, 8, 8 nec ulla tam firma moles est, quam non exe-
dant undae. — Hor. carm. 3, 30, 3 imber edax. — Vom
Wetzsteine sagt Soph. Aj. 807: σφαγεὶς — σιδηροβρῶτι
ϑηγάνῃ νεηκονής. — Häufig von Krankheiten: Aesch. Choeph.
276 (Herm.) τὰς δ' αἰνῶν νόσους, σαρκῶν ἐπαμβατῆρας
ἀγρίαις γνάϑοις λειχῆνας ἐξέσϑοντας ἀρχαίαν φύσιν. Soph.

Phil. 7 νόσῳ διαβόρῳ. Trach. 1084 ἡ τάλαινα διαβόρος νόσος. Phil. 313 βόσκων τὴν ἀδηφάγον νόσον. Trach. 769 ἦλθε δ' ὀστέων ἀδαγμὸς ἀντίσπαστος· εἶτα φοινίας ἐχθρᾶς ἐχίδνης ἰὸς ὡς ἐδαίνντο, vgl. 1088 δαίνυται γὰρ αὖ πάλιν. Bei Aesch. Phil. fr. 267 (Herm. 1 p. 378) nennt Philoctet seine Krankheit φαγέδαιναν, ἥ μου σάρκας ἐσθίει ποδός. Eur. Phil. 8 (Wagner p. 409), φαγέδαινα, ἥ μοι σάρκα θοινᾶται ποδός, von Arist. poet. 22, 13 getadelt. Virg. Georg. 3, 458 atque artus depascitur arida febris. Martial. 11, 91 ipsa crudeles ederunt oscula morbi, vgl. Elegia de fortunae vicissitudine 126 in der Anth. lat. 920 (Meyer 2 p. 18): vix macie excesis artubus ossa traho. Die Pest wird θοινάτωρ genannt: Antipat. Sid. 99, 2 (Jac. Anth. 2 p. 35) ὤλεο γὰρ διὰ λοιμὸν ὅλης θοινάτορα χέρσου. Vom Tode: Soph. El. 542 ἦ τῶν ἐμῶν Ἅιδης τιν' ἵμερον τέκνων ἢ τῶν ἐκείνης ἔσχε δαίσασθαι πλέον; wie Aesch. Sept. 227 von Ares sagt: βόσκεται φόνῳ βροτῶν. Const. Manass. Chron. 3659 Ἅιδης ὁ παντοφάγος. Vgl. Catull. 3, 13 at vobis male sit, malae tenebrae Orci, quae omnia bella devoratis. Anth. lat. ed. Meyer 2 p. 174 Orcus cum te voravit. Stat. Silv. 2, 1, 154 mors lenta iacentis exedit pueri decus. Eine ähnliche Anschauung, wie wir oben anführten, dass bei Callimachus der Aetna πυρὶ δεῖπνον genannt wird, findet man in Bezug auf den Tod bei Shaksp. Cymb. 5, 4 (Del. p. 122), wo der Schliesser sagt: come, Sir, are you ready for death? und Posthumus antwortet: overroasted rather; ready long ago. Man vergl. auch K. John 2, 2 (Del. p. 36), wo der Tod als schmausend dargestellt wird: o now doth death line his dead chaps with steel; the swords of soldiers are his teeth, his fangs; and now he feasts, mousing the flesh of men, in undetermin'd differences of kings. Von Städten, wie von Rom, sagt Shaksp. Coriol. 3, 1 (Del. p. 80): now the good gods forbid, that our renowned Rome, whose gratitude towards her deserved children is enroll'd in Jove's own book, like an unnatural dam should now eat up her own! Hiermit vgl. man, dass die Volksmenge mit beastly feeder angeredet wird in Henry IV II, 1, 3 (Del. p. 33). Die Esslust des athenischen Demos, der auch durch andere Eigenschaften als Person auf-

tritt, wird stark hervorgehoben von Arist. equit. 41, wo er
κναμοτρώξ genannt wird; er wird angeredet ihid. 50: ὦ
Δῆμε, λοῦσαι πρῶτον ἐκδικάσας μίαν, ἔνθου, ῥόφησον,
ἔντραγ', ἔχε τριώβολον. βούλει παραθῶ σοι δόρπον; Der
Wursthändler wirft dem Paphlagonier ibid. 713 vor, dass er
den Demos schlecht füttere: κᾷθ', ὥσπερ αἱ τίτθαι γε, σιτί-
ζεις κακῶς· μασώμενος γὰρ τῷ μὲν ὀλίγον ἐντιθεῖς, αὐτὸς
δ' ἐκείνου τριπλάσιον κατέσπακας.

2. Die Zeit, der Tag, die Nacht, das Alter wird mit
edax und dgl. verbunden: Ovid. Met. 15, 234 tempus edax
rerum, tuque invidiosa vetustas, omnia destruitis 'vitiataque
dentibus aevi paulatim lenta consumitis omnia morte. Ibid.
872 edax vetustas. Seneca in der Anth. lat. 131 (Meyer 1
p. 47) omnia tempus edax depascitur, omnia carpit. Rutil.
Itiner. 1, 410 grandia consumsit moenia tempus edax. Shaksp.
Sonn. 19 (Del. p. 126) devouring Time, vgl. Love's l. l. 1, 1
(Del. p. 9) spite of cormorant-devouring time. Petron. 187
(Anth. lat. ed. Meyer 1 p. 64) et Mausoleum — concutiet
sternetque dies, quoque altius exstat quodque opus, hoc illud
carpet edetque magis. — Lenau, Gedichte 2 p. 418: Als sie
speisten ihre Nächte mit gehäuften Türkenleichen. Vom
Alter Prudent. Apoth. 1141 edax senium.

3. Von Abstracten sind die Sorgen, die Mühe, der
Schmerz, das Vergessen, der Neid, die Liebe, der Stolz, die
Eitelkeit, die Begierde, der Hass, das Glück hervorzuheben:
Hesiod. op. 66 γυιοβόρους μελεδῶνας, Theogn. 1324 σκέδα-
σον δὲ μερίμνας θυμοβόρους, Paul. Silent. 10, 8 (Jac. Anth.
4, p. 44) φροντίδι γυιοβόρῳ, Nonn. Dionys. 47, 53 θυμο-
βόροι μελεδῶνες, vgl. Lycophron 259 ἐκεῖτό σ', ὦ τάλαινα
καρδία, κακὸν δάψει, umgekehrt bei Aesch. Choeph. 25: δι'
αἰῶνος δ' ἰύγμοῖσι βόσκεται κέαρ. Catull. 66, 23 cum penitus moestas exedit cura medullas, Hor. carm. 2, 11, 18 curae
edaces, Valer. Fl. 5, 364 pulcrum longissima quando robur
cura ducis magnique edere labores. — Valer. Fl. 4, 470 quum
te exedit labor et miseris festina senectus. — Oppian. Hal.
1, 302 μέχρις ἄπασαν ἄτην γυιοβόρους τε δύας ὀδίνας τε
καθήρῃ, vgl. Paul. Silent. 82 (Jac. Anth. 4 p. 73) πολλά
σοι ἐκ βλεφάρων ἐχύθη περιτύμβια φωτῶν δάκρυα, δυς-

τλήτῳ πένθεϊ δαπτομένων, Rhianus 1 ϑυμὸν ἔδουσι κατη-
φείη καὶ ὀϊζύς. Virg. Aen. 12, 801 nec te tantus edat taci-
tam dolor, Stat. Theb. 2, 319 exedere animum dolor iraque
demens. Vgl. Elegia de fortunae vicissitudine in der Anthol.
lat. 920 (Meyer 2 p. 17) pectora moeror edit. — Sil. 13, 665
nec edunt oblivia laudem. — In der Beschreibung einer
Statue des Momus bei einem unbekannten Dichter der Anthologie 273 (Jac. Anth. 4 p. 174) wird derselbe παμφάγος
und δήκτης (v. 7) genannt in einer auch in Bezug auf Körpertheile sehr ausgeführten Personification: Τάκεο δυστάνων
ὀνύχων ἄπο, π α μ φ ά γ ε Μῶμε, τάκεο σὺ πρίων ἰοβόλους
γένυας. νεῦρά σε μανύει τετανυσμένα, καὶ φλέβες ἄρϑρων,
καὶ κενεὰ σαρκῶν ψυχολιπὴς δύναμις, καὶ ῥικνοῖς φρίσσουσα
περὶ κροτάφοισιν ἔϑειρα. Vgl. Ovid. Amor. 1, 15, 39 pa-
scitur in vivis livor; post fata quiescit, cum suus ex merito
quemque tuetur honos, ibid. 1, 15, 1 quid mihi, livor edax,
ignavos obiicis annos? Senec. Hipp. 493 edaxque livor dente
degeneri petit, Mart. 11, 34 i nunc, livor edax. Vgl.
Vomanus in der Anth. lat. 534 (Meyer 1 p. 188) livor, tabi-
ficum malis venenum, intactis vorat ossibus medullas et totam
bibit artubus cruorem. Vgl. Soph. OT. 681 δάπτει καὶ τὸ
μῆνδικον. — Von der Liebe mythisch Paul. Silent. 18, 3
(Jac. Anth. 4 p. 47): ἤδη γὰρ μετὰ σάρκα δι' ὀστέα καὶ φρένας ἔρπει παμφάγον ἀσϑμαίνων οὗτος ὁ πικρὸς Ἔρως.
Vgl. Virg. Aen. 4, 66 est mollis flamma medullas. Seneca Hipp,
282 amor tacitas vorat penitus medullas. Paul. Silent. 7, 11
(Jac. Anth. 4 p. 43) γυιοβόρον γὰρ εἶχον ἀλωφήτου λιμὸν
ἐρωμανίης, vgl. Arist. ran. 66 τοιουτοσὶ τοίνυν με δαρδάπτει
πόϑος Εὐριπίδου. Vom Stolze Shaksp. Troil. 3, 3 (Del.
p. 75): how some men eats into another's pride, while
pride is feasting in his wantonness. Vom Schaden Aesch.
Suppl. 604: ξενικὸν ἀστικὸν ϑ' ἅμα λέγων διπλοῦν μί-
ασμα πρὸς πόλεως φανὲν ἀμήχανον βόσκημα πημονῆς
πέλειν. Man bemerke auch die Stellen von der Eitelkeit
und Begierde bei Shaksp., wo das Bild von Thieren entlehnt
ist: Rich. II 2, 1 (Del. p. 36) light vanity, insatiate cormorant, consuming means soon preys upon itself. Troil. 1, 3
(Del. p. 29) and appetite, an universal wolf, so doubly secon-

ded with will and power, must make perforce an univeraal
prey, and last eat up himself. Lenau, Gedichte 2 p. 59:
Wenn Hass dir wurmt, der scharfe Herzensnager. Ibid. 1
p. 139: Woran das Glück nun der Aristokraten sich schwel-
gend mäsiet. -

4. Von Gegeständen mechanischer Beschaffenheit ist
die Lanze, das Schwert, das Gewand, die Lampe zu erwähnen: Hom. Il. 21, 70 ἐγχείη ἄρ' ὑπὲρ νώτου ἐνὶ γαίῃ ἔστη
ἱεμένη χροὸς ἄμεναι ἀνδρομέοιο, vgl. 21, 168. 11, 574.
Vgl. Aesch. Eum. 791 (Herm.) ἀφεῖσαι δαίων σταλαγμάτων
βρωτῆρας αἰχμάς, σπερμάτων ἀνημέρους. In individueller
Ausführung mit Anklang an die homerischen Stellen ist bei
Shaksp. Troil. 5, 10 (Del. p. 125) das Schwert personificirt:
my half-supp'd sword, that frankly would have fed, pleas'd
with this dainty bit, thus goes to bed, vgl. Henry IV 1, 5, 4
(Del. p. 111) full bravely hast thou flesh'd thy maiden sword.
Vgl. Troil. 5, 9 (Del. p. 124) rest, sword; thou hast thy fill of
blood and death. — Von dem vergifteten Gewande: Soph.
Trach. 1054 Ἐρινύων ὑφαντὸν ἀμφίβληστρον — πλευραῖσι
προςμαχθὲν ἐκ μὲν ἐσχάτας βέβρωκε σάρκας, vgl. Eur. Med.
1160 πέπλοι δὲ λεπτοί, σῶν τέκνων δωρήματα, λευκὴν ἔδα-
πτον σάρκα τῆς δυςδαίμονος. — Alcaeus Comicus bei Meineke,
fr. com. 2 p. 830 λίχνοι ἀδηφάγοι.

80. Διψῆν, δίψιος, πολυδίψιος, διψηρός,
διψαλέος, sitire, siticulosus.

1. Von Naturerscheinungen wird Argos bei Homer,
z. B. Il. 4, 271 πολυδίψιον genannt, nicht mit Döderlein,
hom. Glossar 1 p. 104, durch „vielvermisst, langentbehrt" zu
erklären, sondern durch Eur. Alc. 560 ὅταν περ Ἄργους δι-
ψίαν ἔλθω χθόνα, Strabo 8 p. 370 Πελοπόννησον διψηρὴν
οὖσαν, Hor. epod. 3, 16 siticulosae Apuliae, Ovid. Fast. 4,
939 est canis, Icarium dicunt, quo sidere moto tosta sitit tellus. Vgl. διψία κόνις bei Aesch. Ag. 495, Soph. Ant. 246.
429. Zu dieser Anschauung gehört auch Virg. Georg. 2,
212 jejuna glarea, vgl. Shaksp. Tit. Andr. 3, 1 (Del. p. 46)

let my tears stanch the earth's dry appetite. Besonders wichtig Henry IV I, 1, 1 (Del. p. 13): no more the thirsty
entrance of this soil shall daub her lips with her own children's blood, vgl. Delius. Henry VI III, 2, 3 thy brother's
blood the thirsty earth hath drunk. — Das Feuer wird δίψιον
genannt im Rhesus 404: δίψιόν τε πῦρ θεοῦ μένουσι καρ-
τεροῦντες. In dem Epigramm eines unbekannten Verf. 678,
1 (Jac. Anth. 4 p. 261) schlägt Jacobs 12 p. 250 zu lesen
vor: σάρκες διψαλέαισι πυρὸς ῥιπῇσι τρυφηλαί. — Von
Pflanzen: Virg. Ecl. 7, 57 aret ager; vitio moriens sitit aëris
herba. Georg. 4, 401 quom sitiunt herbae. — Bemerkenswerth Cic. ad Quint. fr. 3, 1 ipsi fontes sitiunt. — Von
Theilen des menschlichen Körpers vgl. das Fragment eines
unbekannten Tragikers 50 (Wagner p. 192): ἴσχειν κελεύω
χεῖρα διψῶσαν φόνου. Vgl. Lycophr. Cass. 1171 μαιμῶν
κορέσσαι χεῖρα διψῶσαν φόνου.

2. Ein Abstractum hat in dieser Verbindung Christodor.
227 (Jac. Anth. 3, p. 169): πυγμαχίης δ' ὤδινε φόνων διψῶσαν ἀπειλήν.

81. Πίνειν, πότης, πότις, bibere, combibere,
bibulus.

1. Naturgegenständen wird πίνειν häufig beigelegt:
Anacreontea 20, 4 ὁ δ' ἥλιος θάλασσαν πίνει, vgl. Cic. de nat.
deor. 2, 15 und Schöm. — Theogn. 680 δειμαίνω, μή πως
ναῦν κατὰ κῦμα πίῃ. Ebenso der Erde, dem Staube und
dergl.: Aesch. Sept. 789 (Herm.) πέπωκεν αἷμα γαῖ' ὑπ'
ἀλλήλων φόνῳ, ibid. 717 καὶ γαῖα κόνις πίῃ μελαμπαγὲς
αἷμα φοίνιον. Vgl. Choeph. 87 τάδ' ἐκχέουσα, γάποτον χύσιν.
Vgl. Lenau, Albigenser p. 86: Das Blut kann nicht mehr in
den Boden sinken, die Erde ekelt schon es aufzutrinken.
Aesch. Eum. 964 πιοῦσα κόνις μέλαν αἷμα πολιτᾶν. Soph.
OR. 1400 στενωπὸς ἐν τριπλαῖς ὁδοῖς, αἳ τοὐμὸν αἷμα τῶν
ἐμῶν χειρῶν ἄπο ἐπίετε πατρός. — Meleager 110, 5 (Jac.
Anth. 1 p. 32) οἱ δ' ἀπαλὴν πίνοντες ἀεξιφύτου δρόσον
Ἠοῦς λειμῶνες γελόωσιν. Vgl. Virg. Georg. 4, 32 irriguum-
que bibant violaria fontem. Ovid. Met. 12, 632 bibulaeque

securas radicis fibras labentibus irrigat undis. Virg. Georg.
2, 348 lapidem bibulum Ovid. Met. 6, 9 bibulas tingebat
murice lanas. Vgl. Martial. 1, 39, 3 quaeque Tyron totiens
epotavere lacernae. In mythischer Weise vom Tode: Eur.
Alc. 843 ἄνακτα τὸν μελάμπεπλον κεκρῶν πίνοντα τύμβου
πλησίον προσφαγμάτων.

2. Von der Zeit Lenau, Gedichte p. 418: Als die
Ungarn ihre Tage tränkten noch mit Türkenblut. -

3. Vom Neide: Vomanus in der Anth. lat. 534 (Meyer
1 p. 188) livor — totum bibit artubus cruorem.

4. Stark personificirend nennt Aristophanes die Lampe
πότης: nub. 57 τί γάρ μοι τὸν πότην ἦπτες λύχνον; vgl.
Plato 15 (Meineke 2 p. 685) ὠνήσομαι στιλβήν τιν', ἥτις μὴ
πότις. Im Sinne von „hören“ wird πίνειν der Lampe zugeschrieben von Meleager 56, 3 (Jac. Anth. 1 p. 21): φιλάγρυ-
πνον λύχνον ἐμῶν κώμων πολλὰ πιόντα μέλη. Von dem vergifteten Gewande, welches Herakles angelegt hat, sagt derselbe bei Soph. Trach. 1052: ὑφαντὸν ἀμφίβληστρον, ᾧ διόλ-
λυμαι. πλευραῖσι γὰρ προσμαχθὲν ἐκ μὲν ἐσχάτας βέβρωκε
σάρκας, πνεύμονός τ' ἀρτηρίας ῥοφεῖ ξυνοικουν· ἐκ δὲ χλω-
ρὸν αἷμά μου πέπωκεν ἤδη. Vom Altar und dem Wein-
kruge: Ovid. Met. 13, 409 exiguumque senis Priami Jovis
ara cruorem combiberat. Hor. carm. 3, 7, 11 amphorae
fumum bibere institutae. Lenau, Gedichte 2 p. 206: Säbel,
trink, trink Blut.

82. Μεθύειν, ἐκμεθύσκειν, μεθυσφαλής,
παροίνιος, ebrius, ebriosus.

1. Von Naturgegenständen wird die Weinbeere als
trunksüchtig bezeichnet von Catull. 27, 3: Posthumiae magistrae
ebriosa acina ebriosioris. Einen Fluss redet Antiphil. 31, 1
(Jac. Anth. 2 p. 162) an: λαβροπόδη χειμάῤῥε, τί δὴ τόσον
ὧδε κορύσσῃ, πεζὸν ἀποκλείων ἴχνος ὁδοιπορίης; ἢ μεθύεις ὄμβροισι; Vgl. Lenau, Gedichte 2 p. 230: Die hochge-
schwollnen Bäche fallen durch Blumen hin mit trunknem
Lallen.

2. Von Abstracten wird der Krieg ein weintrunkener Mann genannt, welcher die Reben verbrannt hat und die Pfähle und schon im Stocke die gehofften Reben ausschüttet: Ar. Acharn. 941 οὐδέποτ᾽ ἐγὼ πόλεμον οἴκαδ᾽ ὑποδέξομαι, οὐδὲ παρ᾽ ἐμοί ποτε τὸν Ἁρμόδιον ᾄσεται ξυγκατακλινείς, ὅτι παροίνιος ἀνὴρ ἔφυ etc. — Die Hoffnung wird als trunken bezeichnet: Shaksp. Macb. 1, 7 (Del. p. 42) was the hope drunk, wherein you dress'd yourself?

3. Die Weinflasche redet Marc. Argent. 21, 1 (Jac. Anth. 2 p. 247) an: Κυπρίδι κεῖσο, λάγυνε μεθυσφαλές. Passow's Lexicon erklärt das letztere Wort unrichtig durch „welche taumeln macht." Das Richtige hat bereits Jacobs Anth. 9 p. 290: Lagenae, vino repletae, tribuitur, quod iis proprium est, qui se vino ingurgitaverunt." In ähnlicher Weise sagt bei Lenau, Gedichte 1 p. 211 ein Fass (mit Wein) von sich: Braust dir der Geist durch's Innere hin, von dem ich selber trunken bin? Schärfer noch tritt die Personification der Flasche durch μεθύειν in der Anrede an dieselbe hervor in Epigr. adesp. 77, 5 (Jac. Anth. 4 p. 133): τίφθ᾽, ὁπόταν νήφω, μεθύεις σύ μοι, ἢν δὲ μεθυσθῶ, ἐκνήφεις; ἀδικεῖς συμποτικὴν φιλίην. Vgl. auch Philodem. 17, 1 (Jac. Anth. 2 p. 74) τὸν σιγῶντα, Φιλαινί, συνίστορα τῶν ἀλαλήτων λύχνον ἐλαιηρῆς ἐκμεθύσασα δρόσου, ἔξιθι. Das Ruder nennt Philipp. 23, 2 (Jac. Anth. 2 p. 201) κώπην, ἅλμης τὴν μεθύουσαν ἔτι. Lenau, Gedichte 2 p. 208, redet den Säbel an: Im brausenden Moste, mein durstiges Erz, betrinke dich.

83. Fessus, lassus, lassare, fatigare, praedelassare, weary.

1. Während Hesiod. theog. 956 den Helios ἀκάμας nennt, schreibt Shaksp. personificirend der Sonne Müdigkeit zu: K. Rich. III 5, 3 (Del. p. 125) the weary sun hath made a golden set, and by the bright track of his fiery car gives token of a goodly day to morrow. Vgl. K. John 5, 4 (Del. p. 96) the old, feeble, and day-wearied sun. — Von den Winden werden Boreas und Notus ἀκάμαντες genannt von Soph. Trach. 114, dagegen heisst der Notus fessus bei Ovid.

epist. Pont. 2, 1, 2: languida quo fessi vix venit aura Noti,
vgl. ibid. 4, 10, 44 vom Notus: rarus languidiorquo vonit. —
Von der Erde: Ovid. epist. Pont. 1, 4, 14 fructibus assiduis
lassa senescit humus. — Von Flüssen und dem Mcoro häufig
fessus, lassus, lassatus: Ovid. Met. 1, 582 amnes in marc
deducunt fessas erroribus undas. Vgl. Lucan. 2, 618 lassas
refunderet undas. Ibid. 6, 45 flumina tot cursus illic exorta
fatigant. Lucan. 5, 703 lassatum fluctibus aequor. Ovid.
Her. 13, 97 iamquo fatigatas ultima verset aquas. Ovid.
Met. 11, 728 adiacct undis facta manu moles, quae primas
aequoris iras frangit et incursus quae praedclassat aquarum,
vgl. Hor. carm. 1, 11, 5 seu plures hiemes seu tribuit Iupiter
ultimam, quae nunc oppositis debilitat pumicibus marc Tyr-
rhenum. Von Pflanzen: Virg. Aen. 9, 436 lassoquo papavera collo, vgl. Ovid. Met. 5, 485 lolium tribulique fatigant
triticeas messes et inexpugnabile gramon. Vom Schlafe: Virg.
Aen. 12, 908 oculos ubi languida pressit nocte quies.

2. Während die Zeit ἀκάμας genannt wird von Eur.
fr. 597 (Nauck p. 432 ἀκάμας τε πέριξ χρόνος (Meincke)
ἀενάῳ ῥείματι πλήρης φοιτᾷ τίκτων αὐτὸς ἑαυτόν), während
die Monate θεῶν ἄκματοι μῆνες bei Soph. Ant. 607 heissen,
spricht Shaksp. von der müden Zeit: Lucreco 195 (Del. p. 94)
the weary time she cannot entertain. Den Tag nennt Stat.
Silv. 2, 2, 48 fessa dies, vgl. Plin. ep. 6, 20 dubius et quasi
languidus dies, Virg. Aen. 8, 94 olli remigio noctemque
diemque fatigant, Valcr. Fl. 5, 602 Marte diem noctemque
fatigat. — Tac. Ann. 14, 23 lessa actas.

3. Mythisch ist Propert. 3, 2, 14: defessa choris Cal-
liopea meis. Ein Abstractum bei Lucan. 2, 727 lassata triumphis descivit fortuna tuis.

4. Gegenstände mechanischer Art: Virg. Aen. 2, 29
fossae naves.

84. Εὕδειν, ὑπνώειν, ὑπνώσσειν, βρίζειν, κατάκοιτος, σύγκοιτος, dormire, sopitus, to sleep, to
fall asleep, to snore, asleep, drowsy.

1. Die Natur selbst wird als entschlummernd vorge-
stellt von Lenau, Gedichte 1 p. 179: Sanft entschlummert

Natur, um ihre Züge schwebt der Dämmerung zarte Verhüllung und sie lächelt, die holde. Unter den Naturerscheinungen ist es besonders das Meer, welchem Schlaf zugeschrieben wird; der Herold bei Aesch. Ag. 543 sagt: εἶτε πόντος ἐν μεσημβριναῖς κοίταις ἀκύμων νηνέμοις εὕδει πεσών. Vgl. Aesch. Suppl. 741 κἂν ᾖ γαλήνη, νήνεμος δ' εὕδῃ κλυδών. Hermann bemerkt indessen 2 p. 37: non habent libri hunc versum. In dem herrlichen Fragmente des Simonides 44 (Bergk) ist der eigentliche und personificirende Gebrauch von εὕδειν schön verbunden: κέλομαι δ', εὗδε βρέφος, εὑδέτω πόντος, εὑδέτω δ' ἄμετρον κακόν. Theaetet. 2, 7 (Jac. Anth. 3 p. 215) ὑπνώει δὲ θάλασσα, φιλοζεφύροιο γαλήνης νηοφόροις νώτοις εὕδια πεπταμένης. Vgl. Virg. Aen. 5, 848 mene salis placidi voltum fluctusque quietos ignorare iubes? und L. Byron Child Harold's Pilgr. 2, 70 where — weary waves retire to gleam at rest. Plin. 2, 79, 81 sopito mari. Lenau, Gedichte 1 p. 248: Das Meer, die stumme Schläferin. Geibel, Juniuslieder p. 67: Es schlief das Meer und rauschte kaum. Gedichte p. 234: Da mich der Winde leiser Zug sanft über die entschlafnen Wellen an diese stille Küste trug. Von der Donau (Danubius) Lenau, Gedichte 2 p. 187: Im Winter hielt er einen festen Schlaf, bis weckend ihn der Hauch des Frühlings traf. Urplötzlich ward vom Schlaf Danubius munter. Rückert, Gedichte p. 35: Murmelnd ist der Quell entschlafen, wach blieb seiner Wellen keine. — Der Mond, die Sterne, das Feuer, das Licht (der Lampe), die Winde schlafen: Shaksp. Merch. of Venice 5, 1 (Del. p. 92) the moon (als Göttin) sleeps with Eudymion and will not be awaked. Ibid. 5, 1 (Del. p. 90) how sweet the moonlight sleeps upon this bank. Coluth. rapt. Hel. 342 ἀστέρες ὑπνώουσι. Lycophr. 1363 πῦρ εἶδον. Virg. Aen. 5, 763 cinerem et sopitos suscitat ignes, vgl. 6, 226 flamma quievit. Meleager 102, 5 κοιμάσθω μὲν ὁ λύχνος. Ovid. Heroid. 19, 195 iam dormitante lucerna. — Hom. Il. 5, 524 ὄφρ' εὕδῃσι μένος Βορέαο. Lord Byron, The siege of Corinth 11 the winds were pillow'd on the waves. Lenau, Faust p. 153: Der Wind ist mit der Sonne schlafen gangen.

Die Ruhe und Stille der Berggipfel und Gründe, der Firnen und Schluchten wird unter dem personificirenden Bilde des Schlafes schön dargestellt von Alcman fr. 44 (Bergk): εὕδουσιν δ' ὀρέων κορυφαί τε φάραγγες, πρώονές τε καὶ χαράδραι, φύλλα τε, vgl. Callimach. Lav. Pall. 72 μεσαμερινὰ δ' εἴχ' ὄρος ἀσιχία. Mit φύλλα in der Alkmanschen Stelle vgl. Hölderlin, Hyperion (1 p. 102): indess die Pflanze aus dem Mittagsschlummer ihr gesunken Haupt erhebt. Shaksp. Winter's tale 4, 3 (Del. p. 80) the marigold, that goes to bed wi' the sun, and with him rises weeping. Hölderlin, Hyperion (1 p. 24): die herbstlich schlafenden Bäume. Rückert, Gedichte p. 59: Wenn's Nacht ist, schläft das Bäumlein ein und früh ist's aufgewacht. Lord Byron, The island 2, 17 the woods droop'd darkly, as inclin'd to rest. Lenau, Gedichte 2 p. 306: Schläfrig hangen die sonnenmüden Blätter. Lenau, Don Juan p. 67: Der Wald war müd geworden und entschlafen, bis weckend ihn des Frühlings Mächte trafen. Vgl. auch L. Byron, Child Harold's pilgr. 2, 54 and woods along the banks are waving high, whose shadows in the glassy waters dance or with the moonbeam sleep in midnights solemne trance. Man bemerke auch Martial. 10, 62 ferulae tristes, sceptra paedagogorum, cessent et Idus dormiant in Octobres. — Von dem Blute und den Thränen: Aesch. Eum. 280 βρίζει γὰρ αἷμα. Callim. fr. 273 τί δάκρυον εἶδον ἐγείρεις; Shaksp. Rich. II 1, 4 (Del. p. 33) awak'd the sleeping rheum.

Hier ist auch zu erwähnen, dass der Schlaf selbst von Pind. Pyth. 9, 23 σύγκοιτος γλυκύς genannt wird; ebenso Shaksp. Romeo 2, 3 (Del. p. 55) where care lodges, sleep will never lie, und Henry IV II, 3, 1, wo der Schlaf angeredet wird: o thou dull god! what liest thou with the vild in loathsome beds etc., vgl. Hölderlin 1 p. 142: das Weh ist nun mein Tagsgefährt und Schlafgenosse mir.

Von dem Echo sagt Rückert, Gedichte p. 389: Selbst Echo schlummernd schweigt in Bergesklüften und am Gestad leis' athmend schläft Neptun. — Von Deutschland Geibel, Juniuslieder p. 196: Deutschland, bist du so tief in Schlaf gebunden, dass diese frechen Zwerge sich getrauen mit frechem Beil in deinen Leib zu hauen?

2. Die Zeit und Zeitabschnitte, wie Monate und Tageszeiten, Lebensalter werden als schlafend gedacht: Aesch. Ag. 861 ὁ ξυνεύδων χρόνος, vgl. Geibel, Juniuslieder p. 55: Es schläft in dir die alte Zeit. Höchst interessant Shakspere Henry IV II, 4, 4 (Del. p. 92): the seasons change their manners, as the year had found some months asleep, and leap'd them over. Vom Morgen Shaksp. Henry V 4 Chor.: the third hour of d r o w s y morning. Lenau, Gedichte 1 p. 32: drüben geht die Sonne scheiden und der müde Tag entschlief. Shaksp. Merry wives 5, 5 (Del. p. 90) sleep she as sound as careless infancy.

3. Abstracta werden durch εὕδειν und verwandte Wörter personificirt. Mythisch ist Ibycus fr. 1, 4 (Bergk): ἐμοὶ δ' Ἔρος οὐδεμίαν κατάκοιτος ὥραν, vgl. Tibull. 1, 2, 4 infelix dum requiescit amor, vgl. fr. inc. tr. 405 (Nauck p. 715) οὐχ εὕδει Διὸς ὀφθαλμός. — Pind. Isthm. 6, 17 ἀλλὰ παλαιὰ γὰρ εὕδει χάρις. Ueberaus schön und in reich ausgeführter Personification sagt Pind. Isthm. 3, 41 fg.: Der Erdbeweger liess den alten Ruhm glanzvoller Thaten wieder aufstehn vom Lager, denn er schlummerte. Aber erweckt glänzt herrlich seine Gestalt, gleich dem Morgenstern bewundert unter anderen Sternen (ἐκ λεχέων ἀνάγει φάμαν παλαιὰν εὐκλέων ἔργων, ἐν ὕπνῳ γὰρ πέσεν· ἀλλ' ἀνεγειρομένα χρῶτα λάμπει, Ἀωσφόρος θαητὸς ὣς ἄστροις ἐν ἄλλοις. — Der Aufruhr, der Hass, Mord, die Sorgen, das Uebel werden als schlafend gedacht: Solon fr. 3, 19 (Bergk p. 322) ἢ στάσιν ἔμφυλον πόλεμόν θ' εὕδοντ' ἐπεγείρει, vgl. Lucret. 1, 30 efface, ut interea fera moenera militiai per maria ac terras omnes sopita quiescant, Shaksp. Mids. 4, 1 (Del. p. 67) how comes this gentle concord in the world, that hatred is so far from jealousy, to sleep by hate and fear no enmity? Vgl. All's well 5, 3 (Del. p. 99) while shameful hate sleeps out the afternoon. Eur. El. 40 εὕδοντ' ἂν ἐξέγειρε τὸν Ἀγαμεμνόνιον φόνον. Anacreontea 46, 2 (Bergk) εὕδουσιν αἱ μέριμναι, vgl. Shaksp. Henry VIII 3, 1 (Del. p. 68) in sweet

music is such art: killing care and grief of heart fall asleep
or hearing die. Lord Byron, Parisina 11: his sorrow, if he
felt it, slept. Rückert, Gedichte p. 411: Da endlich nun die
Sehnsucht hier entschlief. Lenau, Savonarola p. 83: Der
Schmeichler richtet euch zu Grunde, wenn er den Schmerz
in Schlummer singt. Geibel, Juniuslieder p. 55: Es schläft
in dir — die hohe Lust, das süsse Leid. — Eur. Phoen. 637
ἐλπίδες οὕπω καθεύδουσιν. — Simonid. fr. 44, 6 (Bergk)
εὑδέτω δ' ἄμετρον κακόν. Eurip. Suppl. 1148 οὕπω κακὸν
τόδ' εὕδει. Von φρήν, κέαρ, θυμός wird εὕδειν und Verwandtes gesagt: Aesch. Ag. 266 βριζούσης φρενός. Eum.
104 εὕδουσα γὰρ φρὴν ὄμμασι λαμπρύνεται. Soph. fr. 563
(Dind.) εὑδούσῃ φρενί. Aesch. Sept. 273 φόβῳ δ' οὐχ
ὑπνώσσει κέαρ. Vom Heroldsrufe: Eur. Hec. 662 ὡς οὕποθ'
εὕδει λυπρά σου κηρύγματα. Vgl. Shaksp. Hamlet 4, 2 a
knavish speech sleeps in a foolish ear. Schiller, Graf von
Habsburg: Süsser Wohllaut schläft in der Saiten Gold. Geibel, Juniuslieder p. 71: wo wie im Busen der gewölbten
Laute in jeder Seel' ein tiefer Wohllaut schlief. Geibel,
Gedichte p. 156: doch auf seiner hohen Stirne schläft ein
künftiger Gesang. Juniuslieder p. 55: Es schläft in dir das
Lied verschämt.

Sehr häufig ist die Verbindung der Abstracta mit to
sleep bei Shakspere. Der Friede ist schlafend dargestellt:
Richard III 1, 3 (Del. p. 42) I will not think but they ascend
the sky and there awake God's gentle-sleeping peace. Rich.
II 1, 3 (Del. p. 27) to wake our peace, which in our country's cradle draws the sweet infant breath of gentle sleep.
Ibid. 4, 1 (Del. p. 80) Peace shall go sleep with Turks and
infidels. Henry VIII 5, 4 (Del. p. 122) nor shall this peace
sleep with her. — Die Gerechtigkeit und das Gesetz: Tit.
Andron. 4, 4 (Del. p. 76) but he and his shall know that
justice lives in Saturninus health; whom if he sleep, he 'll so
awake as he in fury shall cut of the proud'st conspirator
that lives. Measure for Measure 2, 2 (Del. p. 38) the
law hath not been dead, though it hath slept. Ibid. 1, 4
(Del. p. 20) we have strict statutes and most biting laws, —

which for this fourteen years we have let sleep. Lord Byron, Marino Fuliero 4, 2 though the laws sleep, justice wakes. Werner 5, 1 and martial law slept for a time. — Die Besserung, die Majestät, das Glück, das Geschäft, die Mühe, die Nachlässigkeit und andere Abstracta werden als schlafend gedacht: K. Lear 1, 4 (Del. p. 37) the fault would not 'scape censure, nor the redresses sleep. K. Rich. II 3, 2 (Del. p. 60) awake, thou sluggard majesty! thou sleepest. Temp. 2, 1 (Del. p. 40) thou let'st thy fortune sleep, die rather. Henry VIII 2, 4 (Del. p. 65) you ever have wish'd the sleeping of this business. Measure for M. 4, 2 (Del. p. 72) as fast lock'd up in sleep, as guiltless labour, when it lies starkly in the traveller's bones, vgl. K. Lear 3, 6 (Del. p. 89) oppressed nature sleeps. — Henry VI I, 4, 3 (Del. p. 72) sleeping neglection doth betray to loss the conquest. — Lord Byron, Werner 5, 1 but ne'er slept guilt as Werner slept that night. — Much ado 5, 1 (Del. p. 71) in a tomb where never scandal slept. Henry IV I, 5, 4 (Del. p. 110) thy ignomy sleep with thee in the grave. Höchst individuell Cymbel. 3, 6 (Del. p. 85): weariness can snore upon the flint, when resty sloth finds the down pillow hard. Winter's Tale 5, 2 (Del. p. 113) though credit be asleep. Ibid. 3, 2 (Del. p. 60) all proofs sleeping but what your jealousies awake. A lover's complaint 18 (Del. p. 197) so on the tip of his subduing tongue all kind of arguments and question deep, all replication prompt, and reason strong, for his advantage still did wake and sleep. —

4. Von mechanischen Producten wird der κιϑάρα, dem pessulus, den Fugen an den Thüren, dem Schwerte Schlaf zugeschrieben: Antip. Sidon. 75, 1 (Jac. Anth. 2 p. 27) εὕδεις ἐν φϑιμένοισιν, Ἀνάκρεον, ἐσϑλὰ ποιήσας, εὕδει δ᾽ ἡ γλυκερὴ νυκτιλάλος κιϑάρα. Plaut. Curcul. 1, 2, 66 hoc vide, ut dormiunt pessuli pessimi nec mea gratia commovent se ocius. Plaut. Mostell. 3, 2, 144 viden' coagmenta in foribus? — Th. video. Tr. specta, quam arcte dormiunt. Th. dormiunt? Tr. illud quidem, ut connivent, volui dicere. Shaksp. Troilus 5, 10 (Del. p. 125) my half-supp'd sword — thus

goes to bed, vgl. Ant. and Cl. 2, 2 (Del. p. 47) she made
great Caesar lay his sword to bed.

Erwähnt sei hier das Träumen. Möricke, Gedichte
p. 37: Veilchen träumen schon, wollen balde kommen. Shaksp.
Troil. 4, 2 (Del. p. 84) and dreaming night will hide our
joys no longer. Leuau, Gedichte: Ernste, milde, träumerische,
unergründlich tiefe Nacht. Möricke, Gedichte: Es träumt der
Tag, nun sei die Nacht entflohn. Lenau, Albigenser p. 126:
Vorüber träumt an seinem Gram und Zorne sein Jugendglück.
Lenau, Gedichte 1 p. 137: das Hüttlein nur mit seinem Lin-
denbaum ist nicht erwacht aus seinem holden Traume.

85. *Κοιμᾶν, κοιμίζειν, μετακοιμίζειν, εὐνάζειν,
κατευνάζειν, sopire.*

1. Wie εὕδειν bringen auch die Verba κοιμᾶν, das
nachhomerische κοιμίζειν, ferner κατευνάζειν Personification
hervor, z. B. der Sonne, der Flamme, des Lichtes, des Windes; mythisch Soph. Trach. 94 vom Helios: ὃν αἰόλα νὺξ
ἐναριζομένα τίκτει κατευνάζει τε, φλογιζόμενον Ἅλιον Ἅλιον
αἰτῶ. Die Nacht bringt die Strahlen der Sonne zur Ruhe:
Meleager 26, 5 (Jac. Anth. 1 p. 11) ἃς (ἀκτῖνας) μὲν νὺξ
αὖθις ἐκοίμισεν. — Aesch. Ag. 580 ἐν θεῶν ἕδραις θυη-
φάγον κοιμῶντες εὐώδη φλόγα. Mit dem bildlich gebrauchten
φλόξ ist κοιμᾶν verbunden bei Meleag. 6, 1 (Jac. Anth. 1
p. 5): καὶ σοῦ φλόγα τὰν φιλόπαιδα κοιμάσει λάθας δωρο-
δότας Βρόμιος. Phrynich. ap. Athen. 15 p. 700 ἐπειδὰν
τὸν λύχνον καταχοιμίσῃ. Meleager 102, 5 (Jac. Anth. 1
p. 30) κοιμάσθω μὲν ὁ λύχνος. — Hom. Il. 12, 281 κοιμή-
σας δ' ἀνέμους. Antip. Sidon. 67 οὐκέτι κοιμάσεις ἀνέμων
βρόμον. Vgl. Plin. 2, 47 venti medio diei aut noctis plerumque
sopiuntur. — Das Meer wird in Schlaf, zur Ruhe gebracht: Hom.
Od. 12, 169 κοίμησε δὲ κύματα δαίμων. Callimachus: εἴπατε
πατρὶ κοιμῆσαι μέγα χεῦμα. Soph. Aj. 664 δεινῶν τ' ἄημα
πνευμάτων ἐκοίμισε στένοντα πόντον. Phil. Thess. 12, 8

(Jac. Anth. 2 p. 198) οἱ δὲ τῷ νεωκόρῳ μούνῳ θάλασσαν
ἀγρίαν ἐκοίμισαν. Antip. Sid. 67, 3 (Jac. Anth. 2 p. 24)
οὐκ ἔτι κοιμάσεις (Orpheus) ἀνέμων βρόμον, οὐδὲ χάλαζαν,
οὐ νιφετῶν συρμούς, οὐ παιαγεῦσαν ἅλα. Vgl. die Worte
im „Scipio" des Ennius (Mommsen, röm. Gesch. 1 p.
895): mundus caeli vastus constitit silentio; et Neptunus saevis
undis asperis pausam dedit, Sol equis iter repressit ungulis
volantibus, constitere amnes perennes, arbores vento vacant.
Plin. 2, 79, 81 sopitum mare. Bemerkenswerth ist die personificirende Verbindung von κατευνάζων mit dem tropisch
gebrauchten κῦμα Epigr. inc. 238ª (Jac. Anth. 4 p. 166):
ἀνίκα κῦμα κατεινάσαντες Ἐννοῦς ἔστεψαν πάτραν δυσμε-
νέων ἐνάροις.

Von Wunden und vom Blute, von Thränen: Soph. Phil.
650 φύλλον, ᾧ κοιμῶ τόδ' ἕλκος. Ibid. 696 οὐδ' ὃς θερμό-
τάταν αἱμάδα κηκιομέναν ἑλκέων — ἠπίοισι φύλλοις κατευ-
νάσειεν. Epigr. inc. 652, 1 (Jac. Anth. 4 p. 255) τλῆθι
πένθος, εὔνασον δάκρυ.

Dem Schlafe selbst und dem Tode wird die Thätigkeit
des κοιμίζειν zugeschrieben, mythisch bei Homer Il. 14, 244,
wo Ὕπνος sagt: ἄλλον μέν κεν ἔγωγε θεῶν αἰειγενετάων
ῥεῖα κατευνήσαιμι. Licymnius 3 (Bergk): Ὕπνος δὲ χαί-
ρων ὀμμάτων αὐγαῖς ἀναπεπταμένοις ὄσσοις ἐκοίμιζε κοῦ-
ρον. Tibull. 3, 4, 19 nec me sopierat menti Deus utilis
aegrae Somnus. Bei Soph. OC. 1574 wird der Tod angeredet: σέ τοι κικλήσκω τὸν αἰένυπνον („in aeternum conso-
pientem"), vgl. Lucret. 3, 918 ut es leto sopitus.

2. Auf Abstracta wird κοιμίζειν, κοιμᾶν, εὐνάζειν
und Verwandtes bezogen, z. B. auf die Hoffnung, Liebe, Sehnsucht, den Uebermuth: Parmenio 13, 4 (Jac. Anth. 2 p. 187)
τὰς δὲ γαμούντων ἐλπίδας οὐ θάλαμος κοίμισεν, ἀλλὰ τά-
φος. Christodor. 44 (Jac. Anth. 3 p. 162) οὐδὲ σὺ μολπῆς
εὔνασας ἄβρον ἔρωτα Σιμώνιδες. Soph. Trach. 106 οὔποτ'
εὐνάζειν ἀδακρύτων βλεφάρων πόθον. Meleag. 32, 1 (Jac.
Anth. 1, 12) λίσσομ', Ἔρως, τὸν ἄγρυπνον ἐμοὶ πόθον Ἡλιοδώ-
ρου κοίμισον. — Eur. Phoen. 186 μεγαλανορίαν ὑπεράνορα κοι-
μίζετε, vgl. Vellej. 2, 89 sopitus ubicunque armorum furor.
Auf Schmerzen, Leiden, den Zorn: Hom. Il. 16, 525 κοίμη-

σον δ' ὀδύνας. Aesch. Ch. 1072 ποῖ καταλήξει μετακοιμι-
σθὲν μένος ἄτης. Soph. Trach. 1242 οἷ γάρ μ' ἀπ' εὐνα-
υθέντος ἐκκινεῖς κακοῦ. Xenoph. Symp. 2, 24 ὁ οἶνος τὰς
μὲν λύπας κοιμίζει, τὰς φιλοφροσύνας ἐγείρει. Anacreontea
39, 10 δι' ὃν εὐνάζετ' Ἀνία — Claudian. in Ruf. 2, 324 coe-
perat humanos alto sopire labores Nox gremio. Aesch. Eum.
822 κοίμα κελαινοῦ κύματος πικρὸν μένος. Apoll. Rh. 3,
1000 χόλον εὕνασε Μίνως. Auf die Seele: Soph. fr. 581
(Dind.) πολλ' ἐν κακοῖσι θυμὸς εὐνηθεὶς ὁρᾷ. Virg. Aen.
10, 642 aut quae sopitos deludunt somnia sensus. Auf den Ton:
Anacr. fr. 79 (Bergk) κοίμισον δ', ὦ Ζεῦ, σόλοικον φθόγγον.
Dem λόγος selbst die Eigenschaft des Einschläferns zugeschrieben bei Cratin. fr. 33ᵇ (Meineke 2 p. 187), nach
Bergk's Vervollständigung: λόγος ὅστις ὑπῆλθ' ἡμᾶς ἀμαθὴς
σκοβαυβαλός ἐστιν ἀληθῶς. Vgl. noch Claudian. Cons. Mall.
Theod. 264 surgite sopitae, quas obruit ambitus, artes. Cic.
Lael. 17 sopita virtus. Valer. Max. 9, 1 n. 1 his vitiis
sopita gloria in infamiam convertitur.

3. Von mechanischen Gegenständen ist das Saitenspiel
zu erwähnen bei Simonides 49 (Jac. Anth. 1 p. 69), welcher
von Anakreon sagt: μολπῆς οὐ λήθει μελιτερπέος, ἀλλ' ἔτ'
ἐκεῖνο βάρβιτον οὐδὲ θανὼν εὕνασεν εἰν Ἀΐδῃ.

86. Ἄϋπνος, ἄγρυπνος, φιλάγρυπνος, ἀκοίμητος,
δυσκολόκοιτος, παννυχίζειν, vigil, vigilax,
watch, watchful, to watch, to wake.

Das Wachen und die Schlummerlosigkeit wird Naturerscheinungen, wie der Sonne, dem Monde, den Sternen, dem
Sturme, dem Blitze, der Flamme, dem Lichte, insbesondere
dem Wasser, ferner. den Pflanzen zugeschrieben; Lenau, Savonarola p. 94: Wenn hoch die Sonn' am Himmel wacht. Im
orphischen Hymnus 9, 7 (Herm.) wird Selene mit φιλάγρυπνε
angeredet, vgl. Lenau, Gedichte 1 p. 214: Niemand als der
Mondenschein wachte auf den Strassen. Lord Byron, Cain
1, 1 sagt vom Morgensterne: the star, which watches, wel-
coming the morn. Ibid. p. 29: Der Sturm ist aufgewacht.

Der Blitz wird von Aesch. Prom. 361 Ζηνὸς ἄγρυπνον βέλος, καταιβάτης κεραυνός genannt. Von der Flamme sagt Pindar Isthm. 3, 83: τοῖσιν ἐν δυσμαῖσιν αὐγᾶν φλὸξ ἀνατελλομένα συνεχὲς παννυχίζει αἰθέρα κνισσῶντι λακτίζοισα καπνῷ. Vgl. Virg. Aen. 4, 200 vigilem sacraverat ignem, Ovid. A. A. 3, 463 vigiles flammas. Vom Lichte und Lampenlichte: Hölderlin 1 p. 49: Wacht denn, wie vormals nimmer des Aethers Licht? Meleager 66, 3 (Jac. Anth. 1 p. 21) καὶ φιλά-γρυπνον λύχνον ἐμῶν κώμων πολλὰ πίοντα μέλη. Ovid. Trist. 4, 5, 4 ut vigil infusa Pallade flamma solet, Hor. carm. 3, 8, 14 vigiles lucernas perfer in lucem. Gallienus in der Anth. lat. 3, 258 p. 654 vigiles nolint exstinguere lychnos.
— Wie die Quellnymphen ἀκοίμητοι heissen bei Theocr. 13, 44, so bei Soph. OC. 685 ἄϋπνοι κρῆναι, vgl. Hölderlin, Des Morgens (p. 36): Vom Thau glänzt der Rasen, beweglicher eilt schon die wache Quelle, und Aesch. Prom. 159 ἀκοιμήτῳ ῥεύματι. Lenau, Gedichte 1 p. 247: Wie betroffen stehn die Bäume, lauschen, ob kein Lüftchen, keine Welle wacht. Hölderlin, Empedokles (1 p. 200): an seinen alten Ufern wacht und ruft das alte Meer. Hiermit verwandt ist, dass auch die Meeresküste ἄϋπνος genannt wird: Eur. Iph. T. 408 ἄϋπνους ἀκτάς, vgl. Archias 33 (Jac. Anth. 2 p. 97) οὐδὲ νέκυς — ἀγρύπνων λήσομαι ἠϊόνων. Von Pflanzen: Geibel, Gedichte p. 70: Der Wald ist nun erwacht, und — was er dem Lichte verschwiegen, das singt er leise der Nacht. Neue Gedichte p. 69: Wie sie mit Götterlächeln die Gefilde durchzieht und tausend Blumen weckt im Schreiten.

2. Schön sagt Ibycus fr. 6 (Bergk p. 626) von dem Morgen, dass er, der schlummerlose, herrliche, die Nachtigallen erwecke: τᾶμος ἄϋπνος κλυτὸς ὄρθρος ἐγείρησιν ἀηδό-νας. Vgl. Geibel, Gedichte p. 169: Bis mich der Morgen weckt mit ros'gem Kusse. Verwandt ist watchful vom Tage: Shaksp. K. John 3, 3 (Del. p. 59): in despite of brooded-watchful day. Rückert, Gedichte p. 244: Alle Stern' in Lüften sind ein Liebesblick der Nacht, in des Morgens Düften sterbend, wann der Tag erwacht, Lenau, Gedichte 2 p. 330: Kaum erwacht der Tag im Osten. Nächtliche Feste (παν-νυχίδες) werden φιλάγρυπνοι genannt in dem epigr. adesp. 525

(Jac. Anth. 4 p. 229). Die Minuten sind wachsam: Shaksp.
K. John 4, 1 (Del. p. 68) and, like the watchful minutes to
the hour, still and anon cheer'd up (Arthur) the heavy time.
Vom Greisenalter Eur. Iph. A. 4: μάλα τοι γῆρας τοὐμὸν
ἄϋπνον καὶ ἐπ᾽ ὀφθαλμοῖς ὀξὺ πάρεστιν.

3. Von den Abstractis sind schlummerlos und wachsam
die Sorgen, die Sehnsucht und dergl., da ja auch die Μνη-
μοσύνη in dem orphischen Hymnus 77, 6 φιλάγρυπνος ist:
Meleag. 112, 5 (Jac. Anth. 1 p. 33) ὥς με πόνων ῥύσαιο παναγρύ-
πνοιο μερίμνης. Phanocles 1, 5 (Jac. Anth. 1 p. 204) ἀλλ᾽
αἰεί μιν ἄγρυπνοι ὑπὸ ψυχῇ μελεδῶνες ἔτρυχον (den Orpheus).
Statyll. Fl. 8, 1 (Jac. Anth. 2 p. 239) sagt (vom Eros):
εὕδεις ἀγρύπνους ἐπάγων θνητοῖσι μερίμνας. Vgl. Arist.
nub. 420 δυσκολοκοίτου τε μερίμνης. Ovid. Met. 3, 336
extenuant vigiles corpus miserabile curae, Vgl. ibid. 2, 779
vigilacibus excita curis. Shaksp. Jul. Caes. 2, 1 (Del. p. 38)
what watchful cares do interpose themselves betwixt your
eyes and night, vgl. Romeo 2, 3 (Del. p. 55) care keeps his
watch in every old man's eye. Meleager 103, 1 (Jac. Anth.
1 p. 30) ὦ φιλάγρυπνος ἐμοὶ πόθος Ἡλιοδώρας, vgl. Lenau, Albigenser p. 27: Und wich der Sehnsucht schlummer-
losen Klagen. Meleag. 67, 1 (Jac. Anth. 1 p. 21) ἀκοίμη-
τοί τε πνέοντες Ζῆλοι, vgl. Shaksp. All's well 5, 3 (Del.
p. 99) our own love, waking, cries to see, what's done. Lucrece 24 (Del. p. 57) pure thoughts are dead and still, while
lust and murder wakes. Arist. av. 1413 τουτὶ κακὸν οὐ
φαῦλον ἐξεγρήγορεν, vgl. Aesch. Eum. 696 ἐγρηγορὸς φρού-
ρημα γῆς καθίσταμαι. — Geibel, Gedichte p. 195: denn
grosser vergangener Zeit Erinnerung wacht in Athen.

4. Von mechanischen Gegenständen ist δόρυ mit ἀκοίμητος verbunden bei Bianor 18, 6 (Jac. Anth. 2 p. 145), welcher von den Söhnen des Oedipus sagt: ὦ ἐλεεινοὶ παῖδες, ἀκοιμήτων ἁψάμενοι δοράτων. Zu bemerken ist
auch Aesch. Sept. 189: ὅτε τε σύριγγες ἔκλαγξαν ἁλίτροχοι,
ἱππικῶν τ᾽ ἀγρύπνων πηδαλίων δία στόμια περιγενετᾶν
χαλινῶν.

87. '*Εγείρειν* und Composita, to awake, to waken,
to rise from sleep.

Ebenso wird das Erwecken oder Erwachen auf Naturerscheinungen, abstracte Begriffe und sachliche Gegenstände
bezogen.

1. Von der Sonne Lenau, Albigenser p. 126: wie er
zur Morgenstunde die Sonne aufgeweckt mit seinem Horne.
Vom Feuer sagt Aesch. Ag. 287: *σθένουσα λαμπὰς ἤγειρεν
ἄλλην ἐκδοχὴν πομποῦ πυρός*, vgl. Arist. Lys. 306 *τὸ πῦρ
ἐγρήγορεν* (erwachte) *καὶ ζῇ*. Von der Luft Schiller, Die
Erwartung: Und all ihr Schmeichellüfte, werdet wach und
scherzt und spielt um ihre Rosenwangen. — Den Feuerstein
nennt Philipp. 22, 5 (Jac. Anth. 2 p. 201) *τὸν ἐγερσιφαῆ πυρὸς ἔγκυον ἔμφλογα πέτρον*. Hölderlin 1 p. 26:
und von der Stimme des Göttersohns erwachen die Berge
rings. — Von Blumen Rückert, Gedichte p. 26: Ach, ich bin
die Blume nur, die des Maies Kuss geweckt. Geibel, Gedichte p. 88: Und leise singt der laue Wind: Wacht auf,
wacht auf, ihr Veilchen. Grossartig sagt Shaksp., dass der
Tod erweckt wird: Henry IV II, 3, 1 that with the hurly
death itself awakes. Othello 2, 1 (Del. p. 45) may the
winds blow, till they have wakened death. K. John 3, 1
(Del. p. 62) then with a passion would I shake the world,
and rouse from sleep that fell anatomy (das grässliche Gerippe, den Tod).

2. Von der Zeit wird der Tag durch die Lerche
erweckt: Shaksp. Troil. 4, 1 (Del. p. 84) but that the busy
day, wak'd by the lark, hath rous'd the ribald crows. Schiller, Abschied vom Leser: Der Lenz erwacht.

3. Von Abstracten werden erweckt der Aufruhr und
Krieg, das Unheil, die Reue, die Geduld, das Erbarmen, die
Keuschheit, die Ehrerbietung und dgl. Solon fr. 3, 19
(Bergk) *ἢ στάσιν ἔμφυλον πόλεμόν θ' εὕδοντ' ἐπεγείρει*.
Arist. ran. 360 *στάσιν ἀνεγείρει καὶ ῥιπίζει*. Vgl. hier die
Epitheta der Pallas *ἐγρεκύδοιμος* Hes. th. 923 und *ἐγρεμάχη*
Hymn. Cer. 424. Aesch. Ag. 337 *ἐγρηγορὸς τὸ πῆμα τῶν
ὀλωλότων γένοιτ' ἄν*. Lenau, Albigenser p. 31: So klang

17*

das Lied des Allzukecken, vom Schlaf das Unheil aufzuwecken.
Tieck, Fortunat p. 443 von der Reue: die bittre Reue, die
ich betäubte, hast du nun erweckt, dass ihre Stimme laut
und lauter mahnt und mich ihr grauser Donnerton betäubt.
Shaksp. Much ado 5, 1 (Del. p. 72) we will not wake
your patience. K. John 4, 1 (Del. p. 67) if I talk to him,
with his innocent prate he will awake my mercy which
lies dead. Tw.-night 5, 1 (Del. p. 78) it may awake my
bounty further. Cymbel. 2, 2 (Del. p. 41) our Tarquin
thus did softly press the rushes, ere he waken'd the chastity
he wounded. Troil. 1, 3 (Del. p. 33) I ask that I might
waken reverence. Mids. 1, 1 (Del. p. 13) awake the pert
and nimble spirit of mirth. Vgl. Pind. Isthm. 7, 3 ἀνεγείρετε κῶμον. Die Gedanken, der Gesang: Shaksp. Rich. III
3, 7 (Del. p. 90) whiles, in the mildness of your sleepy
thoughts, which here we waken to our country's good, this
noble isle doth want her proper limbs, vgl. Procl. 1, 7 (Jac.
Anth. 3 p. 148) ἐγερσινόοιο προνοίης. Ar. ran. 370 ὑμεῖς
ἀνεγείρετε μολπήν. Tieck, Zerbino p. 42: So wacht die ein-
geschlafne Harmonie im Ohre auf und dehnt die goldnen
Flügel. Geibel, Juniuslieder p. 227: Kein brünstig Sehnen
kann mit heil'ger Kraft den Wohllaut deiner goldnen Harfe
wecken. —

Die Thätigkeit des Erweckens selbst wird zugeschrieben
dem Gesetze, der Arbeit, der Armuth: Orph. hymn. 64, 7
νόμος, ὃς καὶ θνητοῖσι βιοτῆς τέλος ἐσθλὸν ἐγείρει.
Theocr. 21, 12 τοὺς δ᾽ ἁλιεῖς ἤγειρε φίλος πόνος. 21,
1 ἁ πενία μόνα τὰς τέχνας ἐγείρει. •

4. Von mechanischen Gegenständen wird der Schild
aus dem Futteral erweckt: Arist. Ach. 548 τίς Γοργόν᾽ ἐξή-
γειρεν ἐκ τοῦ σάγματος;

88. Γελᾶν und Composita, μειδιᾶν, ἐπιμειδᾶν,
γέλως und Composita, ridere, cachinnare,
cachinnus, to smile, to laugh.

1. Naturgegenstände werden häufig durch γελᾶν,
μειδιᾶν personificirt. Von der Morgenröthe sagte das Sprichwort bei Apostolius 8, 77: Ἕως ὁρῶσα τἄργα τῆς νυκτὸς

γελᾷ. — Von der Sonne Hölderlin 1 p. 60: So steht und
lächelt Helios über uns. Vgl. Hyperion (1, 147): still in seinem heimathlichen Aether lächelte das Licht. Geibel, Gedichte 2 p. 49: Wenn die Sonne hoch und heiter lächelt. —
Lenau, Gedichte 2 p. 177: Der heitre Mond am Himmel lacht.
Albigenser p. 33: doch oft bei Nacht, wenn·Mond und Stern am
Himmel lacht. Vom Sternbilde der Venus vgl. De planetis 4
(Meyer, Anth.lat.2p.51): nectareum ridens late splendet Cytherea.
Vom Aether, Hölderlin 1 p. 42: und lächelnd über Silber-
wolken neigte sich segnend herab der Aether. Im übertragenen Sinne vom Himmel Shakspere Romeo 2, 6 (Del. p. 67):
so smile the heavens upon this holy act. Ibid. 4, 3 (Del.
p. 101) for I have need of many orisons to move the heavens to smile upon my state. — Die Erde lächelt bei der
Geburt des Apollo und der Artemis: Hymn. Apoll. 118
μείδησε δὲ γαῖ᾽ ὑπένερθεν. Theogn. 9 ἐγέλασσε δὲ γαῖα
πελώρη, Hymn. Cer. 14. Hom. Il. 19, 362 ἐγέλασσε δὲ
πᾶσα περὶ χθὼν χαλκοῦ ὑπὸ στεροπῆς. Lenau, Gedichte 1
p. 76: Froh lächelt seine Mutter Erde nach ihrem langen
Harm. Geibel, Juniuslieder p. 140: Da wacht die˙ Erde grü-
nend auf, weiss nicht wie ihr geschehen, und lacht in den
sonnigen Himmel hinauf. Bemerkenswerth Hor. carm. 2, 6,
14 ille terrarum mihi praeter omnes angulus ridet. Von der
Natur überhaupt Fr. von Stolberg, Homer: Da lächelte die
Natur, weihte dich und säugte dich an ihrer Brust. Vgl.
Virg. ecl. 7, 55 omnia nunc rident. — Der Fels bei Eleusis,
auf welchem nach der Sage Ceres trauernd sass, wurde ἀγέλαστος genannt, vgl. Voss zu Hymn. Cer. 200.

Wiesen, Aecker, Pflanzen, Blumen werden durch γελᾶν
personificirt: Meleager 110, 5 οἱ δ᾽ ἀπαλὴν πίνοντες ἀεξιφύτου δρόσον Ἠοῖς λειμῶνες γελόωσιν. Ibid. 92, 5 (Jac.
Anth. 1, p. 27) λειμῶνες, τί μάταια κόμαις ἔπι φαιδρὰ γε-
λᾶτε; — Ovid. Met. 15, 204 florumque coloribus almus ridet
ager. Petron. in der Anth. lat. 143 (Meyer 1 p. 51) hic
rivo tenui pervia ridet humus. Vgl. ibid. 168 (p. 58) area-
que attritis ridet adusta pilis. — Arist. pac. 581 ὥστε σε τά
τ᾽ ἀμπέλια καὶ τὰ νέα συκίδια, τἄλλα θ᾽ ὁπόσ᾽ ἐστὶ φυτά,
προσγελάσεται λαβόντ᾽ ἄσμενα. Vgl. Lenau, Gedichte 2

p. 413: Wo auf sonnenfrohen Höhen die Tokaiertraube lacht. Hölderlin 1 p. 57: Die Erstlinge, die Bäum' und Blumen, seiner (des Sonnengottes) Jugend lächelnde Kinder. — Meleager 105, 2 (Jac. Anth. 1 p. 30) πλέξω καὶ τὰ γελῶντα κρίνα. Petron. in der Anth. lat. 152 (Meyer 1 p. 54) albaque de viridi riserunt lilia prato. Crinagoras 9 (Jac. Anth. 2 p. 129) εἴαρος ἠνθοῦμεν τὸ πρὶν ῥόδα, σοὶ ἐπιμειδήσαντα. Vgl. Lenau, Gedichte 1 p. 183: So lächelt die Rose still durch Abendgedüfte. Virg. Ecl. 4, 20 mixtaque ridenti colocasia fundet acantho. —

Ebenso lacht und lächelt das Meer. Beispiele von diesem Sprachgebrauche hat Blomfield im Gl. zu Aesch. Prom. 89 angeführt. Aesch. Prom. 89 ποντίων δὲ κυμάτων ἀνήριθμον γέλασμα. Ein dem Euripides zugeschriebnes Fragment (Wagner p. 490): ἀκύματος δὲ πορθμὸς ἐν φρικᾷ γελᾷ. Satyrius Thuill. 6, 3 (Jac. Anth. 2 p. 253) γαληναίη δὲ θάλασσα μειδιάει, in mythischer Form Leonidas Alex. 28, 1 (Jac. Anth. 2 p. 180) οὐδ' εἴ μοι γελόωσα καταστορέσειε Γαλήνη κύματα. Vgl. hiermit Theophylact. Simoc. Quaest. phys. 7 p. 11 ἐντεῦθεν ἐπιγελᾷ γαλήνην ἡ θάλασσα, Alciphron 3, 1 καὶ μειδιᾷ τῆς θαλάσσης γαληνιώσης χαριέστερον. Bei Philostr. Imag. 2, 1 heisst das Lächeln von Mädchen γαλήνης αἴνιγμα. Hymn. Cer. 14 ἐγέλασσε — ἁλμυρὸν οἶδμα θαλάσσης. Oppian. Halieut. 4, 334 κύματος ἀκροτάτοιο γέλως ὅθι χέρσον ἀμείβει, vgl. Arist. Probl. 23 διὰ τί τὸ κῦμα οὐκ ἐπιγελᾷ ἐν τοῖς βαθέσι πελάγεσιν; Apollonidas 31, 3 (Jac. Anth. 2 p. 226) χαίρει δ' ἀμφί σε (die Aphrodite) πόντος, ὑπὸ ζεφύροιο πνοῆσιν ἁβρὸν ὑπὲρ νώτου κυανέου γελάσας. Lucret. 1, 8 tibi (der Venus) rident aequora ponti, ibid. 5, 1063 nec poterat quemquam placidi pellacia ponti subdola pellicere in fraudem ridentibus undis. Ebenso wird cachinnus gebraucht: Catull. 63, 275 leni resonant plangore cachinni (undarum). Ebenso to smile: Lord Byron, the Corsair 3, 1 where gentler ocean seems to smile, vgl. Milton, Verl. Par. 4, 164 noch meilenweit Okeanos des süssen Duftes lächelt. Schiller, Tell: Es lächelt der See. Vom Flusse Plutarch bei Blomf. gl. Prom. 89 καὶ βενθοὶ ποταμῶν διαγελῶσιν. Lenau, Gedichte I p. 21: Nur der

Bach, der nimmer ruht, hat ihn gleich vernommen, lächelt ihm den Gruss zurück, flüstert ihm: willkommen! Vom Meeresufer und anderen Oertlichkeiten: ein Dichter bei Eustath. Il. A. p. 159, 24 (bei Blomf. gl. l. l.) *αἰγιαλὸς γελᾷ κύμασιν εἰαρινοῖς ἠρέμα κλυζόμενος.* Apoll. Rh. 4, 1169 *αἱ δ' ἐγέλασσαν ἠιόνες νήσοιο,* vgl. (Virg.) Cir. 103 purpureis late ridentia litora conchis. Lord Byron, the prisoner of Chillon 13: and then there was a little isle, which in my very face did smile.

Von der Luft und dem Zephyr: Sosicrates (bei Meineke, fr. com. 4 p. 591) *λεπτὴ δὲ κυρτοῖς ἐγγελῶσα κύμασιν αὔρα,* vgl. den mythischen Ausdruck bei Marc. Argent. 24, 4 (Jac. Anth. 2 p. 248) *πρηϋγελως Ζέφυρος.* — Vom Echo: Attius 571 (Ribbeck, fr. tr. lat. p. 179) simul et circum magna sonantibus excita saxis suavisona echo crepitu clangente cachinnat. Vgl. Paul Heyse, Die Hochzeitsreise an den Walchensee p. 244, von der Kochelymphe und dem Echo: So glaubt sich denn die schöne Nymphe sicher, und hört sie Nachts sein schmachtendes Gestöhn, verspottet sie's mit silbernem Gekicher, dass rings das Echo lacht von allen Höh'n. Vgl. auch Hor. carm. 1, 12 jocosa montis imago (vom Echo gesagt).

Vom Blute: Eur. Troad. 1176 *ἐκγελᾷ ὀστέων ῥαγέντων φόνος,* vgl. Aesch. Eum. 249 *ὀσμὴ βροτείων αἱμάτων με προσγελᾷ.* Von Städten heisst es bei Arist. pac. 531 in ausgeführter Personification: *ἴθι νῦν, ἄθρει, οἷον πρὸς ἀλλήλας λαλοῦσιν αἱ πόλεις διαλλαγεῖσαι, καὶ γελῶσιν ἄσμεναι.* Mythisch ist die Anschauung des Theodoridas 11 (Jac. Anth. 2 p. 45): *ὦ πόποι, ἀνὴρ οἷος ἀμειδήτῳ κεῖται ἕλωρ Ἀΐδῃ.* Im Sinne von „verlachen, verhöhnen" wird to laugh dem Tode zugeschrieben von Shaksp. Henry VI I, 4, 7 (Del. p. 78): thou antick, death, which laugh'st us here to scorn, vgl. K. Rich. II 3, 2 (Del. p. 62) for within the hollow crown, that rounds the mortal temples of a king, keeps death his court, and there the antick sits scoffing his state, and g r i n n i n g at his pomp.

2. Die Zeit, der Frühling, die Jahreszeit, der Morgen, der Tag werden durch „Lachen" personificirt: Möricke, Ge-

dichte p. 48: Aus tausend grünen Spiegeln scheint zu gehen
vergang'ne Zeit, die lächelnd mich verwirrt. Eine gezwungene
Wendung bei Lenau, Gedichte 1 p. 204: Die Ruine dort,
der Zeit steinern stilles Hohngelächter. Meleager 110, 2
(Jac. Anth. 1 p. 32) *πορφυρέη μείδησε φεραν&έος εἴαρος
ὥρη*. Lucret. 5, 1391 tempestas ridebat. Paul Heyse, Braut
von Cypern 3, 1: Hier an des Mittagsmeers besonnten Borden klingt kerngesund des Frühlings goldnes Lachen. Rückert,
Gedichte p. 10: Der Frühling lacht von grünen Höhn. Ibid.
238: Und vom Flore meiner Blätter blick' ich zwischenhin
auf den des Frühlings draussen, lächl' ihm zu und seh' ihn
wieder lächeln. Lenau, Gedichte 1 p. 75: Der Lenz —
lächelt seinen Gruss. Von der Jahreszeit Lord Byron, The
Giaour, zu Anfang: Fair clime! where every season smiles
benignant o'er those blessed isles. Vom Morgen: Shaksp.
Romeo 2, 3 (Del. p. 54) the grey - ey'd morn smiles on the
frowning night. Vom Tage: Hor. carm. 4, 4, 41 dies —
alma risit adorea, wozu Orelli anführt Heliod. 1 init. *ἡμέρας
ἄρτι διαγελώσης*.

3. Abstracte Begriffe werden durch „Lachen und Lächeln" personificirt. Das Epitheton *φιλομμειδής*, von Homer
(Il. 3, 424. 5, 375. Od. 8, 362 u. a. St.) mythisch der
Aphrodite beigelegt, kehrt in verschiedenen Formen wieder,
vgl. Hymn. in Ven. 49 *ἡδὺ γελοιήσασα φιλομμειδὴς Ἀφρο-
δίτη*, Sapph. fr. 1, 13 *μειδιάσαισ' ἀθανάτῳ προσώπῳ*, Hor.
carm. 1, 2, 34 Erycina ridens. Mythisch ist auch Orph.
hymn. 84, 1 *Ἱστίη μειδιόωσα*. Wichtig ist Palladas 93 (Jac.
Anth. 3 p. 133): *Νίκαι πάρεσμεν, αἱ γελῶσαι παρθένοι,
νίκας φέρουσαι τῇ φιλοχρήστῳ πόλει*. Vgl. Menand. fr. 218
(Meineke, fr. com. 4 p. 282) *ἡ εὐπατέρεια φιλόγελώς τε
παρθένος Νίκη μεθ' ἡμῶν εὐμενὴς ἔποτ' ἀεί*. Stat. Silv.
2, 3 protenus exorto dextrum risere sorores Aonides. Vgl.
Geibel, Gedichte p. 164: Wen einst die Muse mit dem Blick
der Weihe hat angelächelt, da er ward geboren. — Philemon 14 * (Meineke, fr. com. 4 p. 39) *ὅταν ποτ' ἀνθρώποισιν ἡ τύχη γελᾷ*, vgl. Ovid. Trist. 1, 5, 27 dum iuvat et
vultu ridet Fortuna sereno, vgl. die Elegia de fortunae vicissitudine 81 in der Anth. lat. 920 (Meyer 2 p. 15): tuta nec

in solido rerum fortuna favore est, cum minime credas, impulit illa rotam. Tum quoque, cum nitido ridet placidissima vultu, turpis in adverso pectore fucus inest. Petron. in der Anth. lat. 1, 173, 12 (Meyer 1 p. 69) et quandoque mihi fortunae adriserit hora, Shaksp. K. Lear 2, 2 (Del. p. 56) Fortune, good night; smile once more; turn thy wheel. Macbeth 1, 2 (Del. p. 19) and fortune on his damned quarrel smiling show'd like a rebel's whore. Sehr schön Licymnius fr. 4 (Bergk) von der Gesundheit: λιπαρόμματε μᾶτερ, ὑψίστων θρόνων σεμνῶν Ἀπόλλωνος βασίλεια ποθεινά, πρηΰγελως Ὑγίεια. — Wichtig Chaeremon fr. 14, 11 (Nauck p. 610): καξεπεσφραγίζετο ὥρης (Anmuth) γελώσης χωρὶς ἐλπίδων ἔρως, vgl. Petron. in der Anth. lat. 166 (Meyer 1 p. 57) sermonis puri non tristis gratia ridet. — Als personificirend kann auch Theon 2, 13 (Jac. Anth. 3 p. 225) angesehen werden: τούτῳ (durch den Helios) γὰρ ἅπασα δικαίως καὶ θνητὴ διάνοια γελᾷ, vgl. Aesch. fr. 439 (Herm.) φρὴν ἀγέλαστος. Bei Shaksp. lacht die Fülle, der Ruhm, die Trübsal: Rich. III 5, 4 (Del. p. 137) and let their heirs enrich the time to come with smooth-fac'd peace, with smiling plenty. Troil. 2, 2 (Del. p. 49) so rich advantage of a promis'd glory, as smiles upon the forehead of this action. Love's l. l. 1, 1 (Del. p. 18) affliction may one day smile again and till then, sit down, sorrow! Geibel, Juniuslieder p. 116: Von dessen Lippen heiss die Wollust lacht. Lenau, Gedichte 2 p. 333: Leise lächelt dem die Freude auf den kummerbleichen Wangen. P. Heyse, Michelangelo p. 219: Draus ihm das Laster froh entgegenlacht. Vom Lachen selbst wird ridere gesagt bei Catull. 31, 14: ridete quidquid est domi cachinnorum.

4. Von Gegenständen mechanischer Art wird der Flasche, dem Kochgeschirr, dem Hause, den Schuhen Lachen zugeschrieben: Marc. Argent. 18, 2 (Jac. Anth. 2 p. 246): εὔλαλε, πρηΰγελως — λάγυνε. — Eubul. Tit. 1 (Meineke, fr. com. 3 p. 259) προσγελῶσά τε λοπὰς παφλάζει βαρβάρῳ λαλήματι. — Hesiod. Th. 40 γελᾷ δέ τε δώματα πατρὸς Ζηνὸς ἐριγδούποιο θεᾶν ὀπὶ λειριοέσσῃ σκιδναμένῃ. Catull. 64, 286 quo permulsa domus iocundo risit odore. Hor. carm. 4, 11, 5

risit argento .domus. Petron. Sat. 5 sive armigerae rident
Tritonidis arces seu Lacedaemonio tellus habitata colono Sire-
numque domus. — Vom weissen Schuhe: Myrin. 2, 5 (Jac.
Anth. 2 p. 94) *φαικάδα τ' εὐτάρσοισιν ἐπ' ἀστραγάλοισι
γελῶσαν*, vgl. Lucret. 4, 1125 argentum et pulcra in pedibus
Sicyonia rident. — Im Sinne von „verlachen" wird laugh von
einer Burg und von der Glocke gesagt: Shaksp. Macb. 5, 4
(Del. p. 119) our castle's strength will laugh a siege to scorn.
Lord Byron, The island 2, 15 by the clock's funereal chime,
which — points and mocks with iron laugh at man.

89. *Κλαίειν, δακρύειν*, lacrimare, lacrima, flere,
to weep, tear.

1. Naturgegenstände werden als weinend klagende gedacht, der Himmel, die Sonne, die Wolke, die Erde, Berge,
Felsen, Wälder, Bäume und Pflanzen, Flüsse: Shaksp. Tit.
Andr. 3, 1 (Del. p. 53) when heaven doth weep, doth not
the earth o'erflow? Othello 3, 3 (Del. p. 82) do deeds to
make heaven weep, all earth amaz'd. Vgl. Rückert, Gedichte p. 241: der Himmel hat eine Thräne geweint. In
weiterer Uebertragung Shaksp. Rich. II 2, 4 (Del. p. 55):
thy sun sets weeping in the lowly west, witnessing storms
to come, woe, and unrest. Henry IV II, 1, 3 (Del. p. 32)
a naked subject to the weeping clouds. Virg. Georg. 4, 462
flerunt Rhodopeiae arces altaque Pangaea et Rhesi Mavortia
tellus. Shaksp. Lucrece 176 (Del. p. 90) but as the earth
doth weep the sun being set. Rückert, Gedichte p. 140:
die schönste Thräne, welche, süss durchdrungen, von Sonnen-
inbrunst, dir die Erde weint, als goldner Wein ist sie für
dich entsprungen. Virg. Ecl. 9, 14 pinifer illum etiam sola
sub rupe iacentem Maenalus et gelidi fleverunt saxa Lycaei.
Ovid. Met. 6, 312 lacrimas etiamnum marmora manant.
Vgl. Shaksp. Tit. Andr. 3, 1 (Del. p. 47) therefore I tell
my sorrows to the stones, who, though they cannot answer
my distress, yet in some sort they are better than the
tribunes, for that they will not intercept my tale. When
I do weep, they, humbly at my feet, receive my tears, and
seem to weep with me.

Sehr wichtig ist die Stelle bei Ovid. Met. 11, 45: tua carmina saepe secutae fleverunt silvae, positis te frondibus arbos tonsa comam luxit. Virg. Ecl. 10, 13 illum etiam lauri, etiam flevere myricae. Nicand. Alex. 544 nennt das Pech δάκρυα πεύκης, vgl. hiermit Ov. Fast. 1, 339 lacrimatae cortice myrrhae. Von Blumen häufig Shaksp.: Mids. 3, 1 (Del. p. 45) the moon, methinks, looks with a watery eye, and when she weeps, weeps every little flower, lamenting some enforced chastity. Troil. 1, 2 (Del. p. 17) where every flower did, as a prophet, weep what it faresaw in Hector's wrath. Winter's tale 4, 3 (Del. p. 80) the marigold, that goes to bed wi' the sun, and with him rises weeping, vgl. Lucrece 176 (Del. p. 96) each flower moisten'd like a melting eye. Von der Weinrebe Rückert, Gedichte p. 51: Daneben eine Thräne floss der neubeschnittenen Rebe. Geibel, Juniuslieder p. 359: Und dann küsst sie (die Rebe) der Strahl, da weint sie, aber die Zähren sind noch süss. Neue Gedichte p. 157: denn deutschen Lebens Bild und Zeuge bist du (der Rhein), seit von süssen Zähren auf deinen Höh'n der Rebstock feurig schwillt. Von der Traube Geibel, Juniuslieder p. 359: Der Geburt ursprüngliche Reinheit geht ihr verloren, sie weint blutige Thränen des Leids. Vom Holze: Shaksp. Temp. 3, 1 (Del. p. 51) when this burns, 't will weep for having wearied you. Vgl. die höchst individuelle Darstellung in K. Rich. II 5, 1 (Del. p. 88): for why, the senseless brands will sympathize the heavy accent of thy moving tongue, and in compassion weep the fire out; and some will mourn in ashes, some coal-black, for the deposing of a rightful king. Von Flüssen: Bion 1, 33 καὶ ποταμοὶ κλαίοντι τὰ πένθεα τᾶς Ἀφροδίτας καὶ παγαὶ τὸν Ἄδωνιν ἐν ὤρεσι δακρύοντι. Mosch. 1, 2 καὶ ποταμοὶ κλαίοιτε τὸν ἱμερόεντα Βίωνα. Der Fluss Meles beweinte den Homer und den Bion: Mosch. 3, 72 καί σε λέγοντι μύρεσθαι καλὸν υἷα (den Homer) πολυκλαύστοισι ῥεέθροις, πᾶσαν δ' ἔπλη- σας φωνᾶς ἅλα· νῦν πάλιν ἄλλον υἱέα (den Bion) δακρύεις, καινῷ δ' ἐπὶ πένθεϊ τάκῃ. Ovid. Met. 11, 46 lacrimis quoque flumina dicunt increvisse suis. Shaksp. Haml. 4, 7 when down her weedy trophies, and herself, fell in the weeping

brook. Schiller, Hectors Abschied: Der Kocytus durch die
Wüsten weinet. Lenau, Gedichte 1 p. 283: Hört den Bach
vorüberweinen. — Von Städten: Seneca in der Anth. lat.
1, 128 (Meyer 1 p. 46) Corduba, solve comas et tristes
indue vultus, illacrimans cineri munera mitte meo.
2. Von den Jahrzeiten weint der Lenz bei Rückert,
Gedichte p. 381: Nur einmal weinte Gärtner Lenz um eine
Rose. Der Morgen und die Nacht weinen: Shaksp. Venus
and Adonis 1 (Del. p. 7) Even as the sun with purple-
colour'd face had ta'en his last leave of the weeping morn.
Lenau, Savon. p. 37: Und war dein Herz am heissen Tage
auch mit den Brüdern wild und rauh, so kühlt es dir zu
milder Klage die Nacht mit ihrem Thränenthau. — Von der
Jugend Göthe, Jahreszeiten, Sommer 26: Und die Liebe, die
Blumen, der Thau und die Jugend vernahmens, alle gingen
sie weg weinend von Jupiters Thron.
3. Abstracta werden durch Thränenvergiessen personificirt. Mythisch ist Mosch. 3, 67: καὶ στυγνὸν περὶ σᾶμα
τεὸν κλαίουσιν Ἔρωτες. Bion 1, 91 αἱ Χάριτες κλαίοντι
τὸν υἱέα τὸν Κινύραο, 94 καὶ Μοῖσαι τὸν Ἄδωνιν ἀνακλαί-
ουσιν. Rein personificirend Shaksp. K. John 4, 3 (Del.
p. 82): the vildest stroke, that ever wall-eyed wrath, or
staring rage presented to the tears of soft remorse. K.
Henry VIII 3, 1 (Del. p. 73) shiprak'd upon a kingdom,
where no pity, no friends, no hope, no kindred weep for me.
K. Rich. II 2, 2 (Del. p. 45) for sorrow's eye, glazed with
blinding tears, divides one thing entire to many objects.
Schiller, Die Künstler: Wo er des Elends Thränen sicht.
4. Von mechanischen Gegenständen weinen die Keller
bei Shaksp. Tim. 2, 2 (Del. p. 41): when our vaults have
wept with drunken spilth of wine.

90. Γηράσκειν, γῆρας, γέρων und Composita,
γερόντιον, senescere, senectus, anus, to grow
ancient, old.

1. Von Naturgegenständen werden die Sonne, der Mond,
die Erde, der Berg Tmolus, die Flüsse Iris und Apidanus

in mythischer Weise als Greise bezeichnet: Shaksp. K. John
5, 4 (Del. p. 96) the old, feeble, and day-wearied sun. Vgl.
Sonn. 7 (Del. p. 120) but when from high-most pitch with
weary car, like feeble age, he (the gracious light) reeleth
from the day. Petron. in der Anth. lat. 145, 4 Lunae senectus. Ovid. ep. Pont. 1, 4, 14 fructibus assiduis lassa
senescit humus. Ovid. Met. 11, 156 iudice sub Tmolo cer-
tamen venit ad impar. Monte suo senior iudex consedit et
aures liberat arboribus: quercu coma caerula tantum cingitur
et pendent circum cava tempora glandes. — Marian. 2, 7
(Jac. Anth. 3 p. 212) γέρων παρανήχεται Ἶρις, Ovid. Met. 1,
580 Apidanusque senex. Vgl. Hölderlin, der Archipelagus
(1 p. 105): und der Erstgeborne, der Alte, der zu lange sich
barg, dein majestätischer Nil jetzt hochherschreitend aus fernem Gebirg, wie im Klange der Waffen, siegreich kommt
und die offenen Arme, der sehnende, breitet. — Derselbe vom
Archipelagus: Komm ich zu dir und grüss' in deiner Stille
dich, Alter. — Offenbar personificirend ist γέρων in der Verbindung mit οἶνος z. B. in der höchst bemerkenswerthen
Stelle des Eubulus bei Meineke, fr. com. 3 p. 460, wo es
vom Weine heisst: ἔσται καὶ μάλα ἡδύς γ᾽, ὀδόντας οὐκ
ἔχων, ἤδη σαπρός, λέγων (Bergk conjicirte γελῶν) γέρων γε
δαιμονίως. Vgl. Eubul. bei Meineke 3 p. 263: Θάσιον ἢ
Χῖον λαβὼν ἢ Λέσβιον γέροντα νεκταροσταγῆ, Epinicus bei
Meinecke 4 p. 504 γέροντα Θάσιον, Long. 3, 16 οἴνου γέρον-
τος, Juvenal. 13, 214 senectus pretiosa Albani vini. Aus-
geführte Personification bei Klopstock, der Rheinwein: Da du,
edler Alter, noch ungekeltert, aber schon feuriger, dem
Rheine zuhingst, der dich mit auferzog. — Aus der Pflanzenwelt gehört hierher das Räthsel Εἰς πάππον ἀκάνθης in
den Aenigmata 11 (Jac. Anth. 4 p. 288): οἶδ᾽ ἐγώ, ὃς νέος
ὢν ἐστὶν βαρύς· ἂν δὲ γέρων ᾖ, ἄπτερος ὢν κούφως πέταται. Danach zu erklären Soph. fr. 748 (Dind.) γραίας ἀκάνθης πάππος ὡς φυσώμενος. Von der Rose: Idyllium de
rosa 35. 36. 43—46 (Meyer, Anth: lat. 2 p. 48) mirabar
celerem fugitiva aetate rapinam, et dum nascuntur, conse-
nuisse rosas. Quam longa una dies, aetas tam longa rosa-
rum, quas pubescentes iuncta senecta premit. Quam modo

nascentem rutilus conspexit Eous, hanc rediens sero vespere vidit anum. Von einer alten Eiche Shaksp. As you like it 4, 3 (Del. p. 86): under an old oak, whose boughs were moss'd with age et high top bald with dry antiquity. — Durch Angabe der Lebensalter, insbesondere des Greisenalters wird der Schatten personificirt in dem Räthsel des Theodektes bei Nauck, fr. tr. gr. p. 627: ἀλλ' ἐν μὲν γενέσει πρωτοσπόρῳ ἐστὶ μεγίστη, ἐν δὲ μέσαις ἀκμαῖς μικρά, γήρᾳ δὲ πρὸς αὐτῷ μορφῇ καὶ μεγέθει μείζων πάλιν ἐστὶν ἁπάντων. — Vom Schmutze Soph. OC. 1258: τῆς ὁ δυςφιλὴς γέρων γέροντι συγκατῴκηκεν πίνος πλευρὰν μαραίνων. — Der Demos wird γέρων, γερόντιον genannt in starker Personification bei Arist. eq. 749: ὁ γὰρ γέρων οἴκοι μὲν ἀνδρῶν ἐστι δεξιώτατος, ὅταν δ' ἐπὶ ταυτησὶ κάθηται τῆς πέτρας, κέχηνεν ὥςπερ ἐμποδίζων ἰσχάδας, ibid. 42 Δῆμος Πυκνίτης, δύσκολον γερόντιον ὑπόκωφον, vgl. Shaksp. As you like it 4, 1 (Del. p. 79) the poor world is almost six thousand years old. Von der Stadt Rom sagt Paul Heyse, Rafael: Heut eine Greisin, tief gebeugt, kahlköpfig mit verdorrter Brust, die nie mehr ein Lebendes säugt, verstummt, versteint für Leid und Lust, von Kummerspur gefurcht die Wangen, drin längst vergossne Zähren hangen — die öden Gräber hütest du in schlaflos reueloser Ruh. Wenn rings des Nachtthaus weiche Wellen der Greisin hagern Leib umschwellen.

2. Die Zeit selbst wird durch γηράσκειν und γῆρας personificirt; der Uebergang zu diesen Wendungen bildet παρηβᾶν. Vgl. Aesch. Ag. 950 χρόνος δέ τοι πρυμνησίων ξὺν ἐμβολαῖς ψαμμίας ἀκάτας παρήβησεν. — Aesch. Prom. 985 Herm. ἀλλ' ἐκδιδάσκει πάνθ' ὁ γηράσκων χρόνος. Eum. 283 χρόνος καθαιρεῖ πάντα γηράσκων ὁμοῦ. A. Passow, quaest. Soph., Halberst. 1867, p. 10 nimmt in beiden Stellen γηράσκειν unrichtig als transitivum, „quum γηράσκω apud Aeschylum ad senium ducere sit in Prom. 983: πάνθ' ὁ γηράσκων χρόνος (cfr. Eum. 276)." In beiden Stellen gehört πάντα nicht zu γηράσκω, sondern zu ἐκδιδάσκει und καθαιρεῖ, γηράσκειν heisst in beiden Stellen alt werden und personificirt den Begriff von χρόνος. Die Zeit, wenn sie alt wird, sagt der Dichter in der ersten Stelle, lehret alle Dinge

(vgl. Soph. fr. 586 Dind. *γῆρας διδάσκει πάντα καὶ χρόνου τριβή*), wie bei Shaksp. Rich. II 5, 1 (Del. p. 89) sagt: die Zeit wird nicht viel Stunden älter sein als sie nun ist (the time shall not be many hours of age more than it is), oder der Prinz Heinrich von „dem unmündigen Alter der gegenwärtigen Mitternacht" spricht (Henry IV I, 2, 4 (Del. p. 47) the pupil age of this present twelve o' clock at midnight). Die Personification von *χρόνος* durch *γηράσκειν* ist auch in Inc. tr. fr. 427 (Nauck p. 718): *μετὰ τὴν σκιὰν τάχιστα γηράσκει χρόνος.* Vgl. Soph. fr. 59 (Dind.) *ἀλλ' οὐδὲν ἕρπει ψεῦδος εἰς γῆρας χρόνου*, Pacuv. 304 quamquam aetas senet. Martial. 1, 5, 3 nec se miretur, Caesar, longaeva vetustas. Shaksp. Sonn. 19 (Del. p. 126) old Time. Hierher gehört auch die Personification der Zeit durch *πολιός*: Epigr. adesp. 440 (Jac. Anth. 4 p. 211) *ἀργαλέως φέρεται πολιὸς χρόνος. ἀλλὰ παρέρπων καὶ φωνὰς κλέπτει φθεγγομένων μερόπων.* Hiermit vgl. Catull. 61, 162 cana anilitas, ibid. 108, 1 cana senectus, Pind. Isthm. 5, 15 *γῆρας πολιόν*, ebenso Eur. Suppl. 170, Bacch. 258, Ion. 700, Erechth. fr. 6, 3. Vom Jahre Shaksp. Winter's Tale 4, 3 (Del. p. 79): the year growing ancient. Vom Frühlinge und Winter: Hölderlin 1, 67: Wo zu schnell die Frühlinge nicht altern. Göthe, Faust: Der alte Winter in seiner Schwäche zog sich in rauhe Berge zurück. Lenau, Gedichte 1 p. 75: Er (der Lenz) schickt sich gleich zu all den Streichen an, die er auch sonst dem alten Recken, dem Winter angethan.

3. Abstracta werden durch *γέρων, γηράσκειν, γῆρας* personificirt. Mythisch wird Momus als Greis dargestellt von einem unbekannten Dichter der Anthologie 272 (Jac. Anth. 4 p. 174) in der Beschreibung eines Bildes des Momus, welcher liegend erscheint und das Haupt mit der greisen Rechten stützt: *ὡς ὁ γέρων (Μῶμος) ἐπὶ γᾶς βεβλημένος, οἷά τις ἔμπνους, ἀμπαύει λύπας, γυῖα βαρυνόμενος — ψιλὸν γηραιᾷ χειρὶ βαλὼν κρόταφον.* Hiermit vgl. in der Anth. lat. 1011 (Meyer 2 p. 45) die Personification der Megära: Utilis es nulli, cunctis ingrata senectus, te Stygio peperit cana Megaera deo. Aesch. Sept. 679 *οὔκ ἐστι γῆρας τοῦδε τοῦ*

μιάσματος. Theodectes fr. 12 (Nauck p. 626) ἀπάντ' ἐν
ἀνθρώποισιν γηράσκειν ἔγυ πλὴν ὡς ἔοικε τῆς ἀναιδείας
μόνον.· — Eur. Herc. fur. 1223 χάριν δὲ γηράσκουσαν
ἐχθαίρω φίλων. Vgl. Menander monom. 347 (Meineke 4 p.
349) μετὰ τὴν δόσιν τάχιστα γηράσκει χάρις.· Critias bei
Athen. XIII p. 600 E οὔ ποτέ σου φιλότης γηράσεται οὐδὲ
θανεῖται. Strato 74 (Jac. Anth. 3 p. 85) γηράσκει τὸ καλόν.
Menander bei Meineke 4 p. 209 οὐ πάνυ τι γηράσκουσιν αἱ
τέχναι καλῶς. Soph. OC. 726 καὶ γὰρ εἰ γέρων ἐγώ, τὸ τῆςδε χώρας οὐ γεγήρακε σθένος. Vom Zorne Soph. OC. 954
θυμοῦ γὰρ οὐδὲν γῆράς ἐστιν ἄλλο πλὴν θανεῖν. Sprichwörtlich bei Gregor. Cor. 2, 66 (Paroemiographi von Leutsch
und Schneidew. p. 364): ὁ θυμὸς ἔσχατον γηράσκει. Man
beachte noch die Stelle des Soph. OT. 871 über die Gesetze:
μέγας ἐν τούτοις θεός, οὐδὲ γηράσκει. Vgl. dagegen Martial.
1, 15, 2 si quid longa fides canaque iura valent, zu erklären aus Aesch. Suppl. 673 ὃς πολιῷ νόμῳ αἶσαν ὀρθοῖ.
Liv. 3, 12 senescentibus vitiis, maturescente virtute. — Vgl.
noch solche Wendungen wie Pind. Pyth. 2, 52 κῦδος ἀγή-
ραον, Eur. Iph. A. 567 ἔνθα δόξα φέρει κλέος ἀγήρατον βιοτᾷ.
Catull. 79, 10 nam te omnia saecla noscent et, qui sis, fama
loquetur anus, Martial. 1, 39, 2 quales prisca fides famaque
novit anus, vgl. Eur. El. 701 κληδὼν ἐν πολιαῖσι μένει φή-
μαις. — Wichtig ist, dass der ἄδικος λόγος bei Arist. nub.
908 den δίκαιος λόγος anredet: τυφογέρων εἶ κἀνάρμοστος.
Vgl. Shaksp. Henry IV I, 2, 4 (Del. p. 57) that grey ini-
quity, that vanity in years. Oft wird γέρων mit λόγος verbunden:
Aesch. Ag. 722 γέρων λόγος, Choeph. 314 τριγέρων μῦθος,
Eur. Herc. fur. 26 γέρων δὲ δή, τίς ἐστι Καδμείων λόγος.
Vgl. hiermit Cic. Brut. 2, 8 cum oratio haberet suam quan-
dam maturitatem et quasi senectutem. Mit τριγέρων μῦθος
und dergl. vgl. die witzigen Wendungen bei Shaksp. Love's l. l. 4, 1 (Del. p. 43): shall I come upon thee with an
old saying, that was a man, when king Pepin of France was
a little boy? — So I may answer with one as old, that was
a woman, when queen Guinever of Britain was a little wench,
as touching the hit it. Hier sei auch die Wendung erwähnt,
dass ein Vorsatz von Shaksp. Measure for Measure 1, 4

(Del. p. 21) runzlicht, um die Ehrbarkeit des Alters zu bezeichnen, genannt wird (why I desire thee to give me a secret harbour, hath a purpose more grave and wrinkled etc.) — Vgl. auch die Bezeichnung durch canus: Virg. Aen. 1, 292 cana Fides, Varro ap. Non. 2, 138. 4, 25 et ecce de improviso accedit ad nos cana veritas, Atticae philosophiae alumna. — Cic. de orat. 2, 2, 7 laudem eorum iam prope senescentem. Vgl. Phocas in der Anth. lat. 288 (Meyer 1 p. 117) tu senescentes titulos laborum flore durantis reparas iuventae. Vgl. fr. 316 (Herm.) γέρον γράμμα. — Aesch. Ch. 792 γέρων φόνος.

4. Von sachlichen Gegenständen werden die Schiffe personificirt, indem sie als Greisinnen dargestellt werden Bei Arist. eq. 1301 spricht ein Schiff, ἥτις ἦν γεραιτέρα, ebenso 1328 καταγηράσομαι, vgl. Theocr. 21, 12 γέρων τ' ἐπ' ἐρείσμασι λέμβος. Starke Personification ist auch bei Catull. 4, 25: (phaselus) nunc recondita senet quiete seque dedicat tibi, gemelle Castor et gemelle Castoris. Häufig wird γέρων, γραῖα, anus mit sachlichen Gegenständen, doch nur im Sinne von „alt" verbunden: Hom. Od. 22, 184 und Aesch. fr. 400 (Herm.) σάκος γέρον, Theocr. 7, 17 γέρων πέπλος, vgl. dagegen Eur. Ion. 1391 ἰδοὺ περίπτυγμ' ἀντίπηγος εὐκύκλου ὡς οὐ γεγήρακ' ἔκ τινος θειλάτου. Vgl. Martial. 6, 27 amphora anus. Catull. 68, 47 haec charta loquatur anus. Plaut. Rud. 5', 2, 15 nam quidem hoc vere natum est verum: ita in manibus consenescit. Shaksp. Sonn. 17 (Del. p. 125) so should my papers, yellow'd with their age, be scorn'd, like old men of less truth than tongue.

91. Νοσεῖν, νόσος, νόσημα, aegrotare, aegrotus, morbus, to sicken, sickness, disease, unwholesome, fever, feverous. Ἕλκος, τραῦμα, τραυματίζειν, vulnus, vulnerare, saucius, sauciare, to wound. Οἰδεῖν, οἰδαίνειν, ἔπουλος.

1. Naturerscheinungen werden Krankheitszustände zugeschrieben, z. B. dem Monde, der Erde: Shaksp. Romeo 2, 2 (Del. p. 47) arise, fair sun, and kill the envious moon, who

is already s i c k and pale with grief, that thou, her maid,
art far more fair than she: be not her maid, since she is
envious; her vestal livery is but sick and green, and none
but fools do wear it; cast it off. Ueber Duncans Ermordung
bebt die Erde fieberkrank: Shaksp. Macb. 2, 3 (Del. p. 57)
Some say, the earth was feverous and did shake, vgl. Coriol.
1, 4 as if the world were feverous and did tremble. Dem
Glendower, welcher behauptet, zur Stunde seiner Geburt
habe der Erde Bau und Gründung gebebt wie eine Memme,
erwiedert Percy in Shakspere's Heinrich IV I, 3, 1 (Del.
p. 61) in übertreibender Verspottung: Die krankende Natur
bricht oftmals aus in fremde Gährungen; die schwangre Erde
ist mit 'ner Art von Kolik oft geplagt durch Einschliessung
des ungestümen Windes in ihren Schooss, der, nach Befrei-
ung strebend, Altmutter Erde ruckt, und niederwirft Kirch-
thürm' und moos'ge Burgen. In der Zeit hat unsre Mutter .
Erde, davon leidend, krankhaft gebebt. — Das Weltgebäude
ist gedankenkrank über die That der Königin in Hamlet 3,
4 (Del. p. 100): this solidity and compound mass, with tristful visage, as against the doom, is thoughtsick at the act.
Von der unfruchtbaren Erde sagt Xenoph. de rep. Athen.
2, 6: οὐ γὰρ ἅμα πᾶσα γῆ νοσεῖ. Ovid. Met. 1, 102 nec
ullis saucia vomeribus per se dabat omnia tellus. Orph. lith.
592 αἰηρήν τε χάλαζαν ἀπειρεσίοισι βελέμνοις ἀγρῷ τραῦμα
ᾗ ἔρουσαν ἀμήχανον ἐξακέσασθαι. Vgl. Ovid. Fast. 1, 665
rusticus emeritum palo suspendat aratrum: omne reformidat
frigida vulnus humus. Der Erde im Sinne von Vaterland
wird Krankheit zugeschrieben: Soph. OT. 636 γῆς οὕτω νοσούσης. Eur. Phoen. 871 νοσεῖ γὰρ ἥδε γῆ πάλαι. Herc.
fur. 542 νοσισάσης χθονός. In höchst individuellem Stile
bezeichnet Macbeth die Krankheit Schottlands, indem er
wünscht, der Arzt könne aus dem Urin des Patienten (des
Landes) auf die Natur der Krankheit schliessen: Sh. Macb. 5,
3 (Del. p. 118) if thou could'st, doctor, cast the water of
my land, find her disease, and purge it to a sound and pris-
tine health, I would applaud thee to the very echo, that should
applaud again. Vgl. Shaksp. Henry IV II, 3, 1 (Del. p. 60)
then you perceive, the body of our kingdom how foul it is;

what rank diseases grow, and with what danger, near the
heart of it. Vgl. Henry IV II, 4, 4 (Del. p. 97) o my poor
kingdom, sick with civil blows. — Hier seien auch die Städte
erwähnt, denen Krankheit, Wunden und dgl. zugeschrieben
wird: Soph. Ant. 1015 καὶ ταῦτα τῆς σῆς ἐκ φρενὸς νοσεῖ πόλις. Eur. Herc. fur. 273 οὐ γὰρ εὖ φρονεῖ πόλις στάσει
νοσοῦσα καὶ κακοῖς βουλεύμασιν. Solon 3, 17 (Bergk) τοῦτ'
ἤδη πάσῃ πόλει ἔρχεται ἕλκος ἄφυκτον. Aesch. Ag. 623
πόλει μὲν ἕλκος ἓν τὸ δήμιον τυχεῖν. Platon. Gorg. p. 518
E. οἰδεῖ καὶ ὕπουλός ἐστιν ἡ πόλις, Vgl. Eur. Phoen. 897
πόλει παρασχεῖν φάρμακον σωτηρίας. Herc. fur. 34 στάσει
νοσοῦσαν τήνδ' ἐπεσπεσὼν πόλιν. Auch prosaische Schrift-
steller, wie Herodot, Thucydides, Plato, Xenophon haben
öfter die Uebertragung von νοσεῖν auf Städte; Stellen bei
Stephan. s. v. νοσεῖν. Hiermit vgl. Cic. de fin. 4, 24, Att.
5, 17 quae hic reipublicae vulnera imponebat, eadem ille
sanabat. Sest. 7 scelera et vulnera inusta reipublicae. Div.
in Verr. 21 aegrota ac paene desperata respublica. Sull. 27
ex magnis et diuturnis et iam desperatis reipublicae morbis
ista repente vis erupit, ut ea confecta et eiecta convalescere
aliquando et sanari civitas posset.

Der Nordwind ist von einem Eingeweideleiden geschwollen bei Shakspere, Troil. and Cr. 4, 5 (Del. p. 93) blow, villain,
till thy sphered bias cheek out-swell the cholic of puff'd Aquilon. Vgl. Ant. and Cl. 2, 2 (Del. p. 46) that the winds were love-
sick with them. Wolken, das Meer, das Eis, Bäume werden als
verwundet bezeichnet: Claudian. Cons. Prob. 101 stridunt Zephyri
cursuque rotarum saucia dividuis clarescunt nubila sulcis. Shaksp.
Ant. and Cl. 1, 4 (Del. p. 31) the sea — which they ear
and wound with keels of every kind. Ovid. Met. 2, 808:
liquitur, ut glacies incerto saucia sole. Virg. Aen. 2, 630
von einer Esche: vulneribus donec paulatim evicta supremum
congemuit. Ovid. Met. 8, 764 von einer Eiche: cuius ut in
trunco fecit manus impia vulnus, haud aliter fluxit discusso
cortice sanguis. Vgl. hiermit die wichtige Stelle bei Shaksp.
K. Rich. II 3, 4 (Del. p. 73), wo die Personification der
Fruchtbäume auch durch die Wörter skin und blood geför-
dert wird: we at the time of year do w o u n d the bark, the

skin of our fruit-trees, lest, being over-proud in sap and blood, with too much riches it confound itself. Ov. Met. 10, 372 securi saucia trabs ingens. Ebenso in der Prosa der Griechen, vgl. Stephanus s. v. νοσεῖν, vom Weinstock bei Columella, vgl. Forcell. s. v. sauciare.

2. Die Zeit wird als krank bezeichnet von Shaksp. K. John 5, 1 (Del. p. 86) for the 'present time 's so sick, that present medicine must be minister'd, or overthrow incurable ensues. Henry IV I, 4, 1 (Del. p. 82) I would the state of time had first been whole, ere he by sickness had been visited.

3. Abstracte Begriffe werden durch οἰδεῖν, νοσεῖν, νόσημα personificirt. Bei Aristophanes ran. 937 fg. sagt Euripides, er habe die Dichtkunst von Aeschylus geschwollen von Pomp und ungeschlachten Worten überkommen und ihr die „Taille“ (Seeger) gemindert durch kleine Verse und „Wasserkur“ u. s. w. (ἀλλ' ὡς παρέλαβον τὴν τέχνην παρὰ σοῦ τὸ πρῶτον εὐϑὺς οἰδοῦσαν ὑπὸ κομπασμάτων καὶ ῥημάτων ἐπαχϑῶν, ἴσχνανα μὲν πρώτιστον αὐτὴν καὶ τὸ βάρος ἀφεῖλον ἐπυλλίοις καὶ περιπάτοις καὶ τευτλίοισι λευκοῖς etc.) Hiermit vergleiche, dass Shaksp. All's well that ends well 2, 3 (Del. p. 46) von einer wassersüchtigen Ehre spricht: where great additions swell 's, and virtue none, it is a dropsied honour. Das Unrecht ist krank in sich: Eur. Phoen. 474 ὁ δ' ἄδικος λόγος νοσῶν ἐν αὑτῷ φαρμάκων δεῖται σοφῶν. Von der Tyrannis heisst es bei Aesch. Prom. 225: ἔνεστι γάρ πως τοῦτο τῇ τυραννίδι νόσημα τοῖς φίλοισι μὴ πεποιϑέναι. Das Urtheil: Diphil. nupt. 1 (Meineke fr. com. 4 p. 385) αἱ κρίσεις δ' ἡμῶν νοσοῦσιν. Hiermit zu vergleichen Cratin. fab. inc. 1 (Meineke fr. com. 2 p. 172) τῷ δὲ ϑεάτρῳ 'νόσησαν αἱ φρένες. Die Wahrheit: Inc. trag. fr. 29 (Wagner 3 p. 188) ἕλκος γὰρ πέλει τῆς ἀληϑείας φϑόνος. Vgl. Shaksp. Measure for M. 3, 2 (Del. p. 66) none, but that there is so great a fever on goodness, that the dissolution of it must cure it. Vgl. noch Aesch. Prom. 386 ὀργῆς νοσούσης εἰσὶν ἰατροὶ λόγοι, vgl. Themist. orat. 1 p. 98 φάρμακον δὲ ὀργῆς οἰδαινούσης τὸ μὲν αὐτίκα λόγος ἐστίν. Menander monom. 550 (Meineke, fr. com. 4 p. 355) ψυχῆς

νοσούσης ἐστὶ φάρμακον λόγος. Isocrates de pace p. 167
ταῖς ψιχαῖς ταῖς νοσούσαις καὶ γεμούσαις πονηρῶν ἐπι-
θυμιῶν οὐδέν ἐστιν ἄλλο φάρμακον πλὴν λόγος. Eur.
Alc. 878 ἔμνησας ὅ μου φρένας ἥλκωσεν. — Plaut. Bacch.
1, 1, 30 facta et famam sauciant. Lucret. 4, 1124 aegrotat
fama vacillans. Vgl. Monosticha de moribus 5 in der Anth.
lat. 938 (Meyer 2 p. 24) nunquam sanantur deformis vulnera
famae. — Plaut. Trin. 1, 1, 8 mores boni aegrotant, 1, 2, 34
in te aegrotant artes antiquae tuae. Sehr häufig werden Abstracta bei Shakspere durch sick, to sicken, unwholesome
personificirt, wie der Handel, die Abstufung, die Meinung,
die Ruhe, das Recht, das Wohlsein, der Verstand, die Zerstörung, die Sehnsucht. Zuweilen geschieht die Personification in so individueller Weise, wie im Cymbeline 1, 6 (Del.
p. 26), wo es heisst: „damit der Handel nicht den Schnupfen
und die Abzehrung bekomme (lest the bargain should catch
cold and starve). Troil. 1, 3 (Del. p. 28) o when degree is
shak'd, which is the ladder to all high designs, the enterprize is sick. K. John 4, 2 (Del. p. 72) makes sound opinion sick. Ant. and Cl. 1, 3 (Del. p. 27) and quietness,
grown sick of rest, would purge by any desperate change.
K. Henry VIII 3, 1 (Del. p. 72) would ye have me put
my sick cause into his hands that hates me? Macb. 3, 1
(Del. p. 69) who wear our health but sickly in his life,
which in his death were perfect. Othello 4, 1 (Del. p. 100)
I pr'ythee, bear some charity to my wit; do not think it so
unwholesome. Macb. 4, 1 (Del. p. 91) even till destruction
sicken. All's well 4, 2 (Del. p. 77) but give thyself unto
my sick desires, who then recover. Vgl. auch Othello 2, 1
(Del. p. 39) therefore my hopes, not surfeited to death, stand
in bold cure. Lenau, Faust p. 48: Nach eurem Walzer mag
sich drehen die sieche Lust auf lahmen Zehen. — Eben
so werden Abstracta durch wound personificirt z. B. die
Bosheit, der Friede, das Glück, die Bescheidenheit: Shaksp.
Rich. III 2, 3 (Del. p. 60) lest, by a multitude, the new-
heal'd wound of malice should break out. Rich. III
5, 4 (Del. p. 138) let them not live to taste this
land's increase, that would with treason wound this fair

land's peace, vgl. Troil. and Cr. 2, 2 (Del. p. 43) the wound
of peace is surety, surety secure. Ant. and Cl. 3, 8 (Del.
p. 84) I 'll yet follow the wounded chance of Antony, though
my reason sits in the wind against me. All's well 1, 3
(Del. p. 23) for then we wound our modesty. Vgl. Lenau,
Gedichte 2 p. 34: Zu heilen jene Wunde, die mit dem Falle
Warschau's — so tief dem heil'gen Herzen der Freiheit ward
geschlagen.

Man bemerke noch solche Wendungen, dass das Haus
im Sinne von Familie, das Lager im Sinne von Ehe, das
Gemeinwohl als krank oder wund bezeichnet wird: Eur. Iph.
T. 662 *ἐπὶ νοσοῦσι δώμασι.* Suppl. 222 *λαμπρὸν δὲ θο-
λερῷ δῶμα συμμίξας τὸ σὸν ἥλκωσας οἴκους.* Iph. T. 694
νοσοῦντα μέλαθρα. — Hipp. 465 *νοσοῦνθ᾽ ὁρῶντας λέκτρα.*
— Shaksp. Henry IV II, 1, 3 (Del. p. 33) the commonwealth is sick of their own choice, their over-greedy love
hath surfeited. — Man bemerke noch die Personification durch
„Narbe“: Shaksp. All's well 3, 2 (Del. p. 61) whence honour
but of danger wins a scar.

4. Von sachlichen Gegenständen wird der Mastbaum
und das Schiff, die Thür mit saucius bezeichnet: Hor. carm.
1, 14, 5 malus celeri saucius Africo antennaeque gemant,
Orelli z. d. St. citirt Claudian. de Cons. Hon. VI, 132 puppis — antennis saucia fractis, Liv. 37, 24 navem volnera-
tam und *νῆας τραυματισθείσας.* — Propert. 1, 16, 5 ianua
nocturnis potorum saucia rixis. — Bemerkenswerth Shaksp.
K. John 2, 1 (Del. p. 33) to make a shaking fever in your
walls. — Hier mag die komische Stelle stehen, in welcher
bei Arist. Acharn. 331 vom Kohlenkorbe gesagt wird: *ἐπὶ ὁ
τοῦ δέους δὲ τῆς μαρίλης μοι σιγνὴν ὁ λάρκος ἐνετί-
λησεν, ὥςπερ σηπία.* Von einem Hause sagt Plaut. Pseud.
4, 1, 42, dass ihm übel sei und dass es einen Kuppler
ausspeie: Sim. Tace, aedes hiscunt. Pseud. credo animo ma-
lest aedibus. Sim. Quid iam? Pseud. Quia edepol ipsum
lenonem evomunt.

92. Θνήσκειν und Composita, mori, to die, death.

1. Von Naturerscheinungen erhalten das Licht, die Flamme, die Asche, die Kohlen durch ϑνήσκειν und mori Personification: Babrius 114, 7 τῶν ἀστέρων τὸ φέγγος οὐκ ἀποϑνήσκει. Vgl. Claud. B. Get. 248 von einem Kometen: donec in exiguum moriens vanesceret ignem. Vgl. Lenau, Don Juan p. 34: Wär' ich der Lichtstrahl, der aus Abendglut, bis er hinstirbt, auf deinem Antlitz ruht. Ovid. Amor. 1, 2, 11 flammas et vidi nullo concutiente mori, vgl. Shaksp. K. John 4, 1 (Del. p. 70) the fire is dead with grief. Aesch. Ag. 792 σινϑνήσκουσα δὲ σποδὸς προπέμπει πίονας πλούτου πνοάς. Arist. Ach. 329 ὀλίγου τ' ἀπέϑανον ἄνϑρακες Παρνάσσιοι. Oefter werden Blumen und Pflanzen mit dem Prädikat „sterben“ verbunden: Virg. Aen. 9, 435 purpureus veluti cum flos succisus aratro languescit moriens; bei Shaksp. Mids. 1, 1 (Del. p. 15) die Rose: but earthhier happy is the rose distill'd, than that which, withering on the virgin thorn, grows, lives, and dies, in single blessedness. Sonnets 94 (Del. p. 162) the summer's flower is to the summer sweet, though to itself it only live and die. Schiller, Klage der Ceres: Wenn des Frühlings Kinder sterben. Vgl. das Gedicht Rückerts: Die sterbende Blume. Lenau, Gedichte 2 p. 204: Blumen, euch in der krystallnen Vase, fiel ein schönes Loos im Sterben auch. Ibid. p. 234: Für die Kräuter sanftes Sterbgeläute. Lenau, Savonarola p. 42: Wohl stürbe gern in seinem Grame der Strauch, der jene Dornen trug. Lenau, Gedichte 2 p. 365: Einsam verkümmert steht der Strauch, der kahle, hat Regen nur und Sturm und Frost erlebt, stirbt ungeliebt vom süssen Sonnenstrahle. Ibid. 2 p. 57: Sieht man den Wald so tief in Tod versunken. Ibid. p. 153: Die Wälder sind gestorben. Ibid. 1 p. 243: Es stürzten Eichen, die frühentseelten. Ibid. 1 p. 36: Der Mond bescheint die alten Fichten, die sehnsuchtsvoll zum Tod geneigt. Geibel, Juniuslieder p. 23: Es will noch einmal blühen der Wald, bevor er starb. Witzig Plaut. Capt. 3, 4, 117 vae illis virgis miseris, quae hodie in tergo morientur meo. — Vom Flusse und der Welle: Petron. Sat. 122

nec vaga passim flumina per notas ibant morientia ripas.
Geibel, Gedichte p. 320: Sie warf mich wie die sterbende
Welle hier aus in deine Einsamkeit. — Von der Krankheit
Shaksp. All's well 1, 1 (Del. p. 14): I think it would be the
death of the king's disease. Ibid. 2, 1 (Del. p. 38) health
shall live free and sickness freely die. -- Bion 1, 12 $\vartheta\nu\acute{\alpha}\sigma\varkappa\epsilon\iota$
$\varkappa\alpha\grave{\iota}\ \tau\grave{o}\ \varphi\acute{\iota}\lambda\alpha\mu\alpha,\ \tau\grave{o}\ \mu\acute{\eta}\pi\sigma\tau\epsilon\ K\acute{\upsilon}\pi\varrho\iota\varsigma\ \acute{\alpha}\varphi\acute{\eta}\sigma\epsilon\iota.$ — Auch auf
Städte wird mors übertragen, wie Rutil. Itiner. 1, 415 sagt:
Cernimus exemplis oppida posse mori. In diesem Stile bittet das
gefallene Berytus um Theilnahme bei Joann. Barbucallus 8,
5 (Jac. Anth. 3 p. 234): $\grave{\alpha}\lambda\lambda\grave{\alpha}\ \pi\epsilon\varrho\iota\sigma\tau\epsilon\acute{\iota}\chi\sigma\nu\tau\epsilon\varsigma\ \dot{\epsilon}\mu\grave{\alpha}\nu\ \sigma\tau\sigma\nu\alpha$-
$\chi\acute{\eta}\sigma\epsilon\tau\epsilon\ \mu\sigma\tilde{\iota}\varrho\alpha\nu\cdot\ \sigma\pi\epsilon\acute{\iota}\sigma\alpha\tau\epsilon\ B\epsilon\varrho\upsilon\tau\tilde{\omega}\ \delta\acute{\alpha}\varkappa\varrho\upsilon\alpha\ \varkappa\alpha\grave{\iota}\ \varphi\vartheta\iota\mu\acute{\epsilon}\nu\bar{\alpha}.$ Vgl.
Jac. Anth. 8 p. 318.

2. Aus dem Gebiete der Zeit wird der Tod des Sommers erwähnt bei Shaksp. Winter's Tale 4, 3 (Del. p. 79):
the year growing ancient — not yet on summers death,
nor on the birth of trembling winter. Vom Frühlinge:
Lenau, Gedichte 1 p. 98: Das ist des holden Frühlings
Todesstunde. Und an des Lenzes grünem Sterbepfühl
weint noch sein Kind, sein liebstes, Philomele. Der Tag
wird als sterbend bezeichnet: Plaut. Men. 1, 2, 45 dies
quidem iam ad umbilicum est dimidiatus mortuus. Stat.
Silv. 4, 6, 3 iam moriente die rapuit me coena. Shaksp.
Rich. III 1, 3 (Del. p. 39) long die thy happy days before
thy death. Der Schlaf wird der Tod von jedem Lebenstag
genannt von Shaksp. Macb. 2, 2 (Del. p. 51): the death of
each day's life. Vgl. Schiller, Erwartung: Des Tages Flammenauge bricht im süssen Tod und seine Farben blassen.
Lord Byron, Harold 4, 29 parting day dies like the delphin.
— Von den Minuten Lenau, Albigenser p. 67: Du Folter-
bank der flüchtigen Minuten, wo man sie weiss zu strecken und
zu zerren, zu quälen, bis sie langsam sich verbluten.

3. Abstracta erhalten oft das Prädikat „sterben", z. B.
die Treue, die Frömmigkeit, der Segen, die gute That, die
Ordnung, die Hoffnung, der Zweifel und dergl.: Soph. OC.
611: $\vartheta\nu\acute{\eta}\sigma\varkappa\epsilon\iota\ \delta\grave{\epsilon}\ \pi\acute{\iota}\sigma\tau\iota\varsigma,\ \beta\lambda\alpha\sigma\tau\acute{\alpha}\nu\epsilon\iota\ \delta'\ \acute{\alpha}\pi\iota\sigma\tau\acute{\iota}\alpha,$ vgl. Theogn.
647 $\check{\eta}\delta\eta\ \nu\tilde{\upsilon}\nu\ \alpha\grave{\iota}\delta\grave{\omega}\varsigma\ \mu\grave{\epsilon}\nu\ \dot{\epsilon}\nu\ \dot{\alpha}\nu\vartheta\varrho\acute{\omega}\pi\sigma\iota\sigma\iota\nu\ \check{\sigma}\lambda\omega\lambda\epsilon\nu,$ Eur. Phoen.
926 $\dot{\alpha}\pi\acute{\sigma}\lambda\omega\lambda\epsilon\nu\ \dot{\alpha}\lambda\acute{\eta}\vartheta\epsilon\iota',\ \dot{\epsilon}\pi\epsilon\grave{\iota}\ \sigma\grave{\upsilon}\ \delta\upsilon\sigma\tau\upsilon\chi\epsilon\tilde{\iota}\varsigma;$ — Soph. Phil.

1443 ἡ γὰρ εὐσέβεια συνθνήσκει βροτοῖς. Phalar. p. 288
θνῄσκει χάρις. Sehr wichtig ist Aesch. Ag. 723 vom ὄλβος:
γέρων τέτυκται λόγος, μέγαν τελεσθέντα φωτὸς ὄλβον τεκνοῦσθαι, μηδ᾽ ἄπαιδα θνῄσκειν. Shaksp. Winter's Tale 1, 2
(Del. p. 24) one good deed, dying tongueless, slaughters a
thousand waiting upon that. Henry IV II, 1, 1 (Del. p. 20)
let order die. L. Tieck, Zerbino p. 67: Die Ordnung liegt
ebenfalls in den letzten Zügen. Lenau, Savonarola p. 55:
Dass auf dem grünen Lebensanger die Freude todt zu Boden fällt. Vgl. Pentad. in der Anth. lat. 241 (Meyer 1 p. 96)
occubuit telo violentis ictus Achillis, occubuere simul spesque
salusque Phrygum. Vgl. Lenau, Gedichte 1 p. 231: Das
Land, bei dessen lockendem Verheissen die Hoffnung oft vom
Sterbelager sprang und ihr Panier durch alle Lüfte schwang.
— Ovid. epist. ex Pont. 3, 2, 27 tunc igitur meriti morietur
gratia vestri, cum cinis absumpto carmine factus ero. — Lenau, Albigenser p. 87: Weil Tausende gethan den letzten
Hauch, meint Innocenz, der Zweifel thut ihn auch. — Die
Poesie und das Wort: Arist. ran. 869 ὅτι ἡ ποίησις οὐχὶ
συντέθνηκέ μοι. Mosch. 3, 11 ὅττι σὺν αὐτῷ καὶ τὸ μέλος
τέθνακε καὶ ὤλετο Δωρὶς ἀοιδά. Lenau, Gedichte 2 p. 369:
Gieb mir ein wildes Herz, dass mein Gesang auf seiner Bahn
vor Schreck nicht sterben dürfe. Vgl. Mosch. 3, 65 πάντα
τοι, ὦ βῶτα, ξυγκάτθανε, δῶρα τὰ Μοισᾶν, παρθενικᾶν
ἐρόεντα φιλάματα, χείλεα παίδων, ibid. 33 μάλων οὐκ ἔρρευσε
καλὸν γλάγος, οὐ μέλι σίμβλων, κάτθανε δ᾽ ἐν καρῷ λυπεύ-
μενον· οὐκέτι γὰρ δεῖ, τ ῷ μ έ λ ι τ ο ς τ ῶ σ ῶ τ ε θ ν α κ ό-
τ ο ς, αὐτὸ τρυγᾶσθαι. Mit der letzteren Stelle vgl. Shaksp.
Sonn. 1 (Del. p. 117) that thereby beauty's rose might never
die. — Aesch. Ch. 833 λόγοι πεδάρσιοι θρώσκουσι θνῄσκον-
τες μάτην. — Vgl. noch Soph. fr. inc. 65 θνῄσκειν καὶ
τὰ θεῶν (δῶρα). Bei Shakspere wird to die sehr häufig
mit Abstracten verbunden, vgl. noch folgende Stellen: K. John
3, 1 (Del. p. 52): O! if thou grant my need, which only
lives but by the death of faith, that need must needs infer
this principle, that faith would live again by death of need.
Measure for measure 1, 4 (Del. p. 22) so our decrees, dead
to infliction, to themselves are dead. Ibid. 2, 2 (Del. p. 38)

the law hath not been dead, though it hath slept. Cymbeline
3, 4 (Del. p. 75): O, for such means, though peril to my
modesty, not death on 't, I would adventure. — K. Henry VI
II, 1, 1 (Del. p. 36) and shall these labours, and these ho-
nours, die? Ant. and Cl. 4, 2 (Del. p. 98) or I will live,
or bathe my dying honour in the blood shall make it live
again. Macb. 2, 3 (Del. p. 58) renown, and grace, is dead.
K. Rich. II 2, 1 (Del. p. 96) mine honour lives when his
dishonour dies. Geibel, Neue Gedichte p. 66: Da neigt ihr
Haupt und starb die deutsche Ehre. — Sonnets 101 (Del.
p. 165) o truant Muse! what shall be thy amends for thy
neglect of truth in beauty dyed? Lucrece 24 (Del. p. 57)
pure thoughts are dead and still, while lust and murder
wake, to stain and kill. K. John 4, 1 (Del. p. 67) with his
innocent prate he will awake my mercy, which lies dead.
Tit. Andr. 5, 1 (Del. p. 84) let not your sorrow die. Ibid.
5, 3 (Del. p. 94) die, die, Lavinia, and thy shame with thee;
and with thy shame thy father's sorrow die. K. Henry IV
II, 1, 3 (Del. p. 32) grant, that our hopes, yet likely of fair
birth, should be still-born. — K. Rich. II 2, 1 (Del. p. 38)
live in thy shame, but die not shame with thee. — Henry V
1, 1 (Del. p. 20) but that his wildness, mortified in him,
seem'd to die too. Much ado 5, 1 (Del. p. 77) and so dies
my revenge. Temp. 2, 1 (Del. p. 44) for else his project
dies. Measure for M. 5, 1 (Del. p. 100) and must be
buried but as an intent that perish'd by the way. Vgl. Tieck,
Fortunat p. 471: Man bringt 'nen frischen graden Wunsch
ins Haus und muss als Leichnam ihn zurücke schleppen.
Tw.-night 1, 1 (Del. p. 11) that, surfeiting, the appetite may
sicken and so die. Ibid. 1, 5 (Del. p. 27) Lady, you are the
cruell'st she alive, if you will lead the graces to the grave,
and leave the world no copy. Much ado 2, 2 (Del. p. 31)
what life is in that to be the death of this marriage. As
you like it 2, 6 (Del. p. 47) thy conceit is nearer death than
thy powers. Timon 2, 2 (Del. p. 38) there will little learning
die then, that day thou art hanged. In seinem individualisirenden Stile personificirt Shaksp. durch „Ertrinken": Troil.
and Cress. 1, 1 (Del. p. 14) when I do tell thee, there my

hopes lie drown'd. Ant. and Cleop. 2, 7 (Del. p. 65) in thy vats (des Bacchus) our cares be drown'd.

4. Auf Gegenstände mechanischer Art angewandt dient ϑνήσκειν dem Ausdrucke des Komischen bei Arist. ran. 985: τὸ τρυβλίον τὸ περυσινὸν τέϑνηκέ μοι ("der Topf wird wie eins der Familienglieder betrauert, wenn er gestorben ist" Kock). Vgl. Martial. 1, 18, 8 amphora non meruit tam pretiosa mori (indessen vom Falernerweine gesagt, der durch Beimischung einer schlechten Sorte verdorben wird). Vom Schilde des Hector sagt Hecuba bei Eur. Troad. 1223: σύ τ', ὦ ποτ' οὖσα καλλίνικε μυρίων μῆτερ τροπαίων, Ἕκτορος φίλον σάκος, στεφανοῦ· ϑανεῖ γὰρ οὐ ϑανοῦσα σὺν νεκρῷ. In Bezug auf Monumente sagt Auson. ep. 34: miramur periisse homines, monimenta fatiscunt, mors etiam saxis nominibusque venit.

Berichtigungen.

Es ist immer Macbeth (nicht Makbeth) zu lesen. Seite 1 Zeile 21 von oben lies *Κωρύκου*. S. 3 Z. 13 von oben lies commonwealth. S. 5 Z. 4 von unten l. *θράνου*. S. 9 Z. 22 von oben l. 93. S. 9 Z. 1 von unten l. frosts. S. 10 Z. 10 von oben l. odoratos Elegeia nexa. Ibid. Z. 28 von oben l. Phantasie: — S. 13 Z. 11 von oben ist „serm. 1, 1, 13" zu streichen. S. 13 Z. 26 l. him. Lear. S. 14. Z. 14 l. Philiadas. S. 15 Z. 5 von oben l. *συνήγομεν*. S. 18 Z. 8 von oben l. doth (statt his). S. 18 Z. 25 l. *ζῇ τὸ*. Ibid. Z. 33 l. matter. S. 19 Z. 1 von oben l. ghastly. S. 22 Z. 16 von oben l. prosperity 's. S. 22 Z. 27 von oben l. yon (statt you). S. 25 Z. 3 von unten l. *εἰδές τιν'*. S. 29 Z. 3 von oben l. night. S. 30 Z. 15 von oben l. o' the. S. 31 Z. 33 von oben l. voltus Pontica terra meos. S. 32 Z. 8 von oben l. lightning in the eyes of. S. 33 Z. 15 von oben l. *οἷα γαλήνης, ὄμμασι*. S. 35 Z. 2 von unten l. green, gilding. S. 37 Z. 6 von oben l. *ἔν τ'*. S. 39 Z. 1 von oben l. *Ἐρινῦς*. S. 39 Z. 19 von oben l. *Λιπαρόμματε*. Ibid. Z. 20 l. *πρηΰγελως*. Ibid. Z. 32 l. 73 (statt 173). S. 41 Z. 3 von unten l. *ἄελπτον*. S. 42 Z. 26 von oben l. Eur. Hel. S. 45 Z. 3 von oben l. out. S. 47 Z. 3 von oben l. litus (statt latus). Ibid. Z. 30 l. Hauses: — S. 48 Z. 12 von oben l. temsere. S. 50 Z. 9 von oben l. *χαλκοπάρᾳον*. S. 51 Z. 28 von oben l. mouths. Seite 53 Z. 16 von oben l. *χασμᾷ*. S. 55 Z. 6 von oben l. into. S. 55 Z. 30 von oben l. *υἱός τε*. S. 56 Z. 23 von oben l. out. S. 56 Z. 31, 32 l. and we ourselves compell'd, even to the teeth and forehead of our faults, to give in evidence. S. 60 Z. 7 von oben l. Edelsteine Hals. S. 60 Z. 25 von oben l. *ἡδύγελως*. S. 64 Z. 25 von oben l. *δείλαιος, ὡς*. S. 65 Z. 10 von oben l. Winter's tale (statt Troil.). Ibid. Z. 11 l. complexion, and. S. 66 Z. 26 von oben l. Serm. 2, 6, 91. S. 67 Z. 4 von unten l. *Ὠκεανὸς*. S. 68 Z. 17 von oben lies *ἀγκάλη σε*. S. 70 Z. 26 von oben l. sovereign. S. 71 Z. 12 von oben l rich-proud. S. 71 Z. 30 von oben l either's. S. 73 Z. 18 von oben l. we (statt re). S. 79 Z. 7 von oben l. through. S. 79 Z. 11 von oben l. re-worded. S. 80 Z. 1 von oben l. cholic. S. 80 Z. 27 von oben l. Chaeremon. S. 82 Z. 1

von unten l. apud. S. 84 Z. 15 von oben l. ᾿Ἀλ. S. 84 Z. 24 von oben l. 430. S. 85 Z. 30 von oben l. ὁρῶ. S. 86 Z. 8 von oben l. στεφα-νηφόρον. S. 87 Z. 30 l. Leon. Tar. S. 88 Z. 19 von oben l. insperata. S. 92 Z. 3 von oben l. who, like. S. 94 Z. 2 von oben l. διολέσῃ. S. 95 Z. 3 von unten l. κακόν τι περιβαίνει με. S. 98 Z. 8 von unten l. it 2. S. 98 Z. 6 von unten l. your fears. S. 100 Z. 7 von unten l. affairs that. S. 100 Z. 5 von unten l. flighty. S. 101 Z. 7 von oben l. Sprüchwort. — S. 101 Z. 20 von oben l. κιθαρῳδός. S. 106 Z. 2 von oben l. who, like a foul. S. 106 Z. 15 von oben l. thou. Ibid. Z. 16 l. behind, restraining. S. 106 Z. 8 von oben l. διεπεράσαμεν. S. 106 Z. 1 von unten l. ὀνομάζεται. S. 109 Z. 3 von unten l. πυρφό-ρος. S. 110 Z. 10 von oben l. placidissime Somne. S. 110 Z. 22 l. πραΰγελως. S. 110 Z. 6 von unten l. σὲ. S. 112 Z. 10 von unten l. δέ γ'. S. 113 Z. 5 von oben l. ἔρις. S. 116 Z. 9 von unten l. quam-vis. S. 118 Z. 8. von oben l. βλεφάροις. S. 118 Z. 6 von unten l. ἔχεν. S. 119 Z. 25 von oben l. πτερύγων. Ibid. Z. 26 l. παριπέταται. S. 122 Z. 7 von oben l. μέμφομαι. Ibid. Z. 9 l. πωτῶνται, πίπτειν und ὄφελον. Ibid. Z. 17 von oben l. ἐπίσταμαί τε. Ibid. Z. 24 von oben l. vengeance. S. 123 Z. 9 von oben l. πεδ' und ἐκπεποταμένα. S. 124 Z. 5 von unten l. κροκόπεπλος. S. 125 Z. 9 von unten l. prata. S. 126 Z. 12 von unten l. Thess. — S. 127 Z. 19 von oben l. Dema-des. S. 127 Z. 23 von oben l. Göttin, heisst. S. 128 Z. 1 von oben l. Henry VI (statt Ibid.). S. 128 Z. 18 von oben l. ᾿Ηώς wird. S. 136 Z. 19 von oben l. juvenis. S. 139 Z. 7 von oben l. violenta. S. 139 Z. 20 von oben l. σπῆλυγξ. S. 142 Z. 6 von oben l. 2 (statt 20). S. 142 Z. 18 von oben l. out o' door. S. 142 Z. 29 von oben l. sure. S. 144 Z. 1 von unten l. κλαῖδας. S. 145 Z. 2 von oben l. κληῖδας. S. 146 Z. 21 von oben l. Μοῖσαισί τ'. S. 147 Z. 24 von oben l. ἐνέβαλ'. S. 150 Z. 23 von oben l. ἄρμα. S. 151 Z. 22 von oben l. ᾿Ωκεανοῖο. S. 151 Z. 24 von oben l. παῖδάς τε. S. 154 Z. 10 von oben l. orte. S. 156 Z. 20 von oben l. 2 (statt 20) und Wagner (statt Nauck). S. 158 Z. 10 von oben l. 4 (statt 5). S. 159 Z. 4 von unten l. commotion's. S. 163 Z. 19 von oben l. lay'st. S. 164 Z. 12 von unten streiche die Worte: und dem Vergessen. S. 165 Z. 7 von oben l. a broad. S. 165 Z. 26 von oben l. erstere. S. 167 Z. 21 von oben l. περιώσια. S. 170 Z. 23 von oben l. εἴ σ'. S. 171 Z. 8 von oben l. δᾳδοῦχε. S. 171 Z. 23 von oben l. thee (statt the). S. 183 Z. 10 von unten streiche einmal μέγαν. S. 185 Z. 7 von oben l. ἄθλιός γ' εἰμ', ὡς ἕτερός γ'. S. 188 Z. 1 von oben l. ἔδεκτο. S. 192 Z. 4 von unten l. σε (statt με) S. 194 Z. 3 von unten l. ἔκυσε. S. 199 Z. 17 l. hateful. S. 200 Z. 21 von oben l. 623 (statt 632). S. 201 Z. 12 von oben l. δέ γ'. S. 203 Z. 21 von oben l. were. S. 206 Z. 9 von unten l. 2 (statt 3). S. 206 Z. 4 von unten l. ἔκγονοι. S. 208 Z. 6 von oben l. ἀποφθινύθουσιν. S. 208 Z. 10 von unten l. ἔκγονος. S. 208 Z. 5 und 4 von unten l. whereon und charm'd. S. 209 Z. 10 von unten l. that, like und presently, all. S. 211 Z. 14 von oben l, κυρτοῖς. S. 213 Z. 11 von unten τό γ'. S. 214 Z. 8 von unten l. Himer. S. 214 Z. 1 und 2 von oben l. allow-ance und bosom's. S. 215 Z. 10 von oben l. 12 (statt 121). S. 215 Z. 2 und 1 von unten l. γαίαν und ἦ und θρέψασά τ'. S. 216 Z. 21 von oben l. ἔναυλοι. S. 217 Z. 18 von oben l. ἀρότροις. S. 219 Z. 22 von oben l. γλυκεῖά οἱ. S. 220 Z. 1 von unten l. 909(statt 959). S. 221 Z. 1 von oben l. ἡμένης. S. 221 Z. 11 von oben l. cradle und ragged. S. 221 Z. 20 von oben l. noon-tide. S. 222 Z. 1 von unten l. fool Honesty. ‑S. 223 Z. 1 von oben l. gentleman. K. Rich. II 5, 1. S. 223 Z. 5 von unten l. re-worded. S. 226 Z. 12 von unten l. verwandt: und ibid. Z. 10 von unten l. despair. — S. 227 Z. 18 von oben l. καλλιπάρθενοι. S. 228 Z. 8 von oben l. ἦχί περ. S. 231 Z. 9 von oben l. 35 (statt 42). S. 232 Z. 6 von oben l. τοσσοῦτόν με. S. 236 Z. 4 von oben l. οἰνίσκον. S. 236 Z. 12 von oben l. the (statt thee). S. 239 Z. 3 von unten l. δαίνυσθαι. S. 241 Z. 17 von oben l. Αΐδης. S. 242 Z. 10 von unten l. ἐκεῖνό σ'. S. 246 Z. 20 von oben l. ξυνοικοῦν. S. 249. Z. 15 von oben und S. 250 Z. 18 von oben l. Childe (statt Child). S. 252 Z. 5 von unten l. Saturninus' health; whom, if. Ibid. Z. 4 von unten l. off. S. 262 Z. 15 von oben l. φρίκη. S. 265 Z. 22 von oben l. forehead. S. 267 Z. 10 von oben l. foresaw. Ibid. Z. 13 von oben l. 90 (statt 96). S. 271 Z. 1 von unten l. οὐκ ἔστι.

Halle, Druck der Waisenhaus-Buchdruckerei.

www.ingramcontent.com/pod-product-compliance
Lightning Source LLC
Chambersburg PA
CBHW031356270326
41929CB00010BA/1209